香港史

香港史

從遠古到九七

劉智鵬

劉蜀永

編著

香港城市大學出版社
City University of Hong Kong Press

鳴謝為本書提供圖片的部門及人士

香港歷史博物館（頁110–112、189）
香港政府檔案處（頁59）
香港政府新聞處（頁7、113、290–291、351、408）
香港大學（頁145、184）
新華通訊社（頁349、405–407）
英國國家檔案館（頁56–58）
東江縱隊歷史研究會（頁245）
達德學院校友會（頁288）
北京航空食品有限公司（頁410）
北京兩航人員聯誼會（頁289）

高添強先生（頁142–143、188、240、242、292、346–347、352–355）
鄧聰教授（頁2）
黎錫先生（頁186）
蘇萬興先生（頁241）
羅歐鋒先生後人（頁244）

©2019 香港城市大學
2020 年第二次印刷
2020 年第三次印刷
2023 年第四次印刷

國際統一書號：978-962-937-420-4

出版
　　香港城市大學出版社
　　香港九龍達之路
　　香港城市大學
　　網址：www.cityu.edu.hk/upress
　　電郵：upress@cityu.edu.hk

©2019 City University of Hong Kong

A Brief History of Hong Kong: From Ancient Times to the 1997 Handover
(in traditional Chinese characters)

ISBN: 978-962-937-420-4

First published 2019
Second printing 2020
Third printing 2020
Fourth printing 2023

Published by
　　City University of Hong Kong Press
　　Tat Chee Avenue
　　Kowloon, Hong Kong
　　Website: www.cityu.edu.hk/upress
　　E-mail: upress@cityu.edu.hk

Printed in Hong Kong

目錄

詳細目錄

第七章　變遷中的香港社會

第八章　社會的發展變化與港英政策的調整

第九章　從中英談判到香港回歸

前言

　　歷史研究是一個艱難的探索過程。人們對歷史的認識會隨着觀念和資料的更新，而不斷深化和充實，甚至摒棄過去一些片面的看法。

　　與面積約 960 萬平方公里的中國大地相比，香港只是彈丸之地。然而近代以來，香港是東西方文明衝突和交融之地，是中國走向世界的橋樑，也是世界了解中國的一個窗口。近現代香港社會的發展與世界史和中國史有着密不可分的關係，歷史內涵極其豐富。

　　最早從事香港史研究的主要是英國學者。20 世紀 80 年代初中英關於香港問題的談判開始後，中國內地和香港一些華人學者逐漸重視香港史研究。近年香港學界似乎掀起了香港史研究一股小小的熱潮。過去的香港史研究無疑已經取得了相當的成績，但我們感到仍然有一些薄弱環節，還有一些史家不大注意，實際又是歷史發展重要關節的問題，值得從頭研究或深入探討。解密檔案陸續公佈為我們提供了良好的資料條件。因而我們決定編寫一本新的香港史，拋磚引玉，期待和香港史學界同仁共同努力，把香港史研究推向深入。

　　開埠前的香港屬於中國傳統的漁農社會，和開埠後發展迅速的香港社會自然不可同日而語，但並非不毛之地，也有一些閃光的亮點。我們的研究發現香港的屯門是中國古代海上絲綢之路的重要港口，宋朝出版的國家正史《新唐書》對此曾有記載，唐朝時屯門的駐軍已有兩千人之多。

戰前香港歷史的論述中，我們加入了關於新界土地問題的討論。英國接管新界之後，違背《展拓香港界址專條》的規定，宣佈新界土地全部為官地，將新界土地業權人的永業權變為永租權。1922 年，香港政府通過《修訂收回官地條例》，以低價收回新界土地作拓展之用，與新界原居民產生重大矛盾和衝突。另一方面，香港政府將新界土地納入法律框架之中，令新界的農地逐漸具備商品價值。新界原居民和香港政府通過協商，使新界的土地利用出現雙贏的局面。

戰後影響香港本地社會發展的一些重大事件和社會現象是本書關注的重點之一。我們根據新的檔案資料和最新研究成果，對 20 世紀五六十年代香港三次社會動亂，以及麥理浩時代作出比較深入的檢討。檢討內容包括事件和社會現象形成的本土和外在因素，以及社會影響。

歷史上兩地的關係一直比較密切。但從中國政府的角度看，戰前不太重視香港。戰後，特別是 1949 年以後有很大變化。中國政府格外重視香港在中國社會發展中的獨特地位，竭力維持香港的繁榮穩定。香港的社會經濟發展中，有了更為明顯的中國因素。從中國政府對香港「長期打算，充分利用」的政策，到一國兩制的實施，其實有其歷史的必然性。

香港史研究成果應該有助人們不斷調整對香港史的看法，使其更成熟、更全面和更加持平。這是我們的願望和努力方向。

劉智鵬　劉蜀永

第一章

英佔以前的香港

1996 年，香港中文大學中國考古藝術研究中心
和中國社會科學院考古研究所合作發掘香港南
丫島大灣，發現 6,000 年前的房屋聚落遺跡。
（照片由鄧聰教授提供）

羅越國又南至大海

廣州東南海行二百里至屯門山乃帆風西行二日至

九州石又南二日至象石又西南三日行至占不勞山

山在環王國東二百里海中又南二日行至陵山又一

日行至門毒國又一日行至古笪國又半日行至奔陀

浪洲又兩日行到軍突弄山又五日行至海硤蕃人謂

之質南北百里北岸則羅越國南岸則佛逝國

東水行四五日至訶陵國南中洲之最大者又西出硤

三日至葛葛僧祇國在佛逝西北隅之別島國人多鈔

暴乘舶者畏憚之其北岸則箇羅國箇羅西則哥谷羅

國又從葛葛僧祇四五日行至勝鄧洲又西五日行至

婆露國又六日行至婆國伽籃洲又北四日行至師子

國其北海岸距南天竺大岸百里又西四日行經沒來

國南天竺之最南境又西北經十餘小國至婆羅門西

境又西北二日行至拔颶國又十日行經天竺西境小

國五又至提颶國其國有彌蘭大河一日行至新頭河自北勃

崑國來西流至提颶國北入于海又自提颶國西二十

日行經小國二十餘至提羅盧和國一曰羅和異國國

人於海中立華表夜則置炬其上使船人夜行不迷又

西一日行至烏剌國乃大食國之弗利剌河南入于海

《新唐書‧地理志》關於屯門與海上交通的記載。

1901 年的新界原居民。

1950 年代的屯門青山灣。明朝正德年間中國與西方的第一場海戰就發生在這一帶海域。(照片由香港大學圖書館提供)

深港同根同源的歷史見證——位於深圳南頭的
新安縣城門遺址。（劉蜀永攝於 2006 年）

長洲太平清醮中的會景巡遊。（香港政府新聞處照片）

大約 7,000 年前，來自大陸的先民已經在香港這片土地上勞動生息。[1] 本地的考古發現也足以説明，香港古文明的根在大陸。新石器時代和青銅器時代的香港與廣東大陸具有相同的文明發展，同樣受到中原文化的影響。從社會發展的過程來看，香港從新石器時代到清代，可以分為不同的歷史時期；逐步由原始走向文明，然後以位處中國邊陲的地利參與中西海上貿易，名聞四方。

　　香港所在的廣東地域在史前時期以至歷史時期之初，一直屬於嶺南古越族（亦稱南越族）的常居地。秦始皇三十三年（公元前 214），秦平定南越，設置南海、桂林、象郡三郡；其中南海郡領番禺、龍川等縣。香港與番禺治地相接，歸番禺管轄。秦末，南海尉趙佗趁群雄並起之際據地建立南越國，以番禺為首都，傳歷五世九十三年；其間香港屬南越國管轄。漢武帝元鼎六年（公元前 111），伏波將軍路博德平定南越趙氏，於其地先後置南海、蒼梧、交趾等九郡；南越國土重新納入中國大一統王朝疆域。漢南海郡領番禺、博羅等六縣，香港回歸番禺縣管轄，直至東晉初年為止。[2]

　　東晉成帝咸和六年（331），南海郡東南地帶設置東官郡，下領寶安、興甯等六縣。東官郡治與寶安縣治同在南頭，即今日深圳南頭。自此香港劃入寶安縣範圍，直至唐肅宗至德元年（756），前後 425 年之間，香港一直屬寶安縣管轄。[3]

　　唐肅宗至德二年（757），寶安縣改為東莞縣，縣治由南頭移往到涌，即今日東莞莞城。此後直至明穆宗隆慶六年（1572），前後共 815 年，香港屬於東莞縣管轄。[4]

明神宗萬曆元年（1573），東莞縣南部分拆出新安縣，香港自此改屬新安縣管轄。直至清朝政府道光二十二年（1842）割讓香港島，咸豐十年（1860）割讓九龍和光緒二十四年（1898）租借新界予英國為止，以上三個地區才先後脫離新安縣管轄。

古代香港的居民與中國內地有着密不可分的歷史文化淵源。他們幾乎全部由內地遷入，並且把傳統中國族群的生活方式以至信仰風俗帶到香港。他們以血緣家庭關係建立宗族，並組成「祖」和「堂」管理土地房舍等共有財產。古代的香港是中國南方宗族社會的一種主流形態，無論在形式或內容上，與周邊華南地區的其他宗族社會並無二致。香港的居民憑藉這地域豐富的海岸資源，促成農耕、捕撈、採珠、製鹽、陶瓷、燒灰、造船等產業持久發展。另外，香港的自然條件亦造就製香、採礦、打石這些特殊行業的出現。隨着香港人口不斷增加，墟市應運而生，並且發展成為區域性的貿易中心。

就宏觀地理角度而言，香港是中國大陸南端的港口；從這裏往南啟航，下一片陸地已是東南亞的島國。香港西北水域鄰近珠江出口，可以從此處循水路直通古代中國貿易重鎮廣州。地處西北的屯門至少早在唐朝已經發揮廣州外港的功能，成為古代海上絲綢之路的樞紐港口。從唐朝到晚明，外國商船從東南亞北上南中國海，首先經過屯門，然後沿着珠江東岸上溯至廣州。到了 19 世紀，英國人覬覦龐大的中國市場，亟欲在遠東建立一個貿易據點，最後看準這處濱海之地的優越地理區位，以武力迫使清政府割讓香港島。踏入 20 世紀，香港繼續利用地理區位的有利條件，創造了中國有史以來最繁榮的城市；成為閃爍亞洲，名聞寰宇的東方之珠。

第一節　遠古時期的香港

香港最早期的居民

　　大約 7,000 年前的新石器時代中期，香港的先民已在這片土地上勞動生息，這段時期的文明以南丫島大灣遺址命名，稱為「大灣文化」。[5]

　　大灣人是目前所知最早在香港地域居住的居民。他們在海灣沙堤或台地建造簡陋的住屋，以漁獵採集為生，並掌握不同工具的利用；例如砍伐樹木的石斧和敲啄蠔蠣殼取肉的尖嘴石器，還有一種製作樹皮布的有槽石拍，製成品與珠江三角洲一帶的樹皮布同出一源。在生活用具方面，大灣人懂得燒製陶器作為煮食用具，有些在燒製前加上彩繪紋飾，亦即彩陶。類似的文化遺存也見於廣東增城金蘭寺、珠海後沙灣、深圳咸頭嶺等地。另外，大灣文化彩陶與長江中游地區大溪文化彩陶相似，可見香港先民創造的物質文化，既與附近地域的文化有共通之處，也蘊涵長江中游地區史前文化的影響。[6]

　　新石器時代距今 4,000–7,000 年間，香港與長江地區的古文化明顯交流頻繁。1991 年初，本地考古學者初次考慮香港南丫島大灣遺址彩陶盤、白陶與長江流域中游大溪文化的關係，初步提出大灣文化中的圈足盤、彩陶技術和白陶三者是從長江流域中游大溪文化輾轉傳到珠江口沿岸的地域。[7]

　　距今四五千年前，香港地區經常發生氏族戰爭，並受長江良渚文化的影響。考古學者認為，香港屯門湧浪出土的玦、鉞、鐲三者的淵源，毫無疑問來自長江流域。其中如豎寬型的玉鐲在中國東部沿海的良渚文化中就相當盛行。鐲在廣東境內受良渚文化影響的範圍分佈各處，湧浪出土的石鐲是迄今所知良渚玉鐲最南的代表。[8]

珠江三角洲地區中的馬灣人

1997 年，在赤鱲角香港國際機場施工期間，考古隊搶救發掘香港馬灣島東灣仔北考古遺址，發現 20 座墓葬，成為當年中國十大考古新發現之一。

東灣仔北遺址第二期屬於新石器時代晚期後段，大約在公元前 2,200 至 1,500 年之間。考古學家推測，馬灣的先民並非按季節在島上暫時棲居，而是以此地為長期居所。另外，在墓葬中發現的人骨有亞洲蒙古人種和一些熱帶地區種族的特徵。他們與華南地區特別是珠江流域的新石器時代晚期人骨的體質特徵有明顯共性。另外，在一具約 40 歲的女性頭骨上，發現事主約在 17 歲時拔除上門齒，這與相鄰的佛山河宕貝丘遺址出土的新石器時代人骨中普遍存在的拔齒風俗相似。因此，無論從體質或者風俗上看，都可以說明香港新石器時代晚期的先民與珠江三角洲地區的先民為同一種屬。[9]

青銅器時代的香港居民

青銅器時代的香港有數量不少的居民。本地出土的青銅時代文物有斧、鉞、匕首、削、簇等，其特點與廣東地區的出土文物一樣；武器較多，禮器和容器較少。其中大灣出土的一件人面紋匕首，和清遠三坑東周墓、曲江石峽遺址上層的匕首幾乎一模一樣。至於香港常見的春秋時期夔紋和雲雷紋陶器，以及戰國時期的米字紋陶器，則至少和廣東大陸 200 處以上的遺址和五六十座墓葬的出土文物相似。甚至遠在廣西、福建、湖南等省，也有相同發現。[10]

1989 年，南丫島大灣遺址發現屬於商代的墓葬群。其中第 6 號墓出土的玉牙璋及完整串飾，被文物專家譽為國寶級文物。牙璋是禮

器，起源於黃河中下游新石器時代晚期文化。大灣牙璋與商代二里頭墓葬中的牙璋，微刻風格完全一致，是商代華北地區禮制物質文明向南延伸的表現。[11]

古越族與香港的先民

從新石器時代到青銅器時代的考古發現可以說明，香港與中國大陸多處地域的文化源頭相同，尤其是廣東地域。成書於東漢的《漢書・地理志》對長江以南的地域提出一種概括性的觀察，認為「自交趾至會稽七八千里，百粵雜處，各有種姓」。「百粵」即「百越」，是歷史時期以前起源於廣東地域而流佈至長江下游一帶的古越族。從新石器時代和青銅時代文化港粵兩地的同一性看來，遠古時期生活在香港的居民應該是嶺南古越族的成員。秦統一中國後古越族開始與漢族雜居；漢武帝將嶺南地域重新納入中國大一統王朝之後，嶺南古越族與漢族的距離也更為接近，並逐步走向融和。

第二節　秦漢至元朝時期的香港

李鄭屋漢墓與秦漢時期的香港

秦漢是中國歷史上第一個大一統時期。香港位處中國南方的海濱，不論在地理或文化上，都與中原的政治經濟中心有相當長遠的距離。這時期的香港歷史並不見載於文字記錄，只能通過地下的文物點滴重構。有趣的是，在這段年代湮遠的歷史時期中，竟然有人選擇在這偏遠的海濱建造一座具有相當規模的墓地；這墓地又通過千多年的歷史洗禮而完好保留至現代，為香港遙遠的過去留下一個惹人遐思的神秘故事。

1955 年，在深水埗李鄭屋村興建徙置大廈的工地中，偶然發現一座古墓，頓時轟動全港。這座被考古學家鑑定為屬於東漢時期的李鄭屋漢墓，是香港最有份量的漢代文化遺址。關於李鄭屋漢墓的年代，參與發掘的學者認為屬於漢代及六朝時代。[12] 歷史學家亦據此推斷東漢或六朝時代的香港已經有相當文明的發展。[13] 後來有學者通過與廣州、佛山等地發掘的東漢磚墓的對比研究，進一步認定李鄭屋漢墓屬於東漢中期；這漢墓反映漢代香港居民漢化的生活面貌，也顯示漢代中國文化的統一性。[14] 漢墓結構保存完好，墓室有陶器、銅器及呈現文字或圖案紋樣的墓磚；可惜並無人體遺骸，無法確認墓主身份。[15] 根據近年的考古發掘成果，有學者從墓室規模、銘刻等推斷，估計墓主可能是當時的官吏。[16] 墓室在結構上呈十字形，墓頂作穹窿形狀，圓整堅實。經專家考證，這種形貌的漢墓在廣州、佛山、南海、深圳、珠海、曲江、韶關、徐聞等地都有大量發現；墓葬形制、墓磚花紋、模印文字、陶器造型、銅器風格等大致相同。[17] 李鄭屋漢墓部分墓磚側面刻有「番禺大治曆」、「大吉番禺」等字樣，可以推斷漢墓所在地區歸番禺管轄。[18]

　　除了李鄭屋漢墓，香港還發現多個漢代文化遺址。大嶼山白芒和馬灣東灣仔都有發現「U」字形鐵鍤、鐵斧、鐵刀等工具和農具。東灣仔還發現「五銖」和「大泉五十」貨幣。滘西洲和竹篙灣則出土不少戳印紋陶罐；掃管笏也發現戳印紋陶罐碎片和數量不少的五銖錢。[19] 這些出土文物雖然零碎且欠缺系統，但從中可以窺見漢代香港先民在生產和生活方面的歷史面貌。

　　三國兩晉南北朝時期，北方連年混戰，不少北方氏族南遷逃避戰禍。從考古發掘可以看到，這些南下的氏族之中有部份成員遷到香港地區。[20] 這些出土文物從側面描繪了當時的一些生活細節；但這時期最吸引歷史學家注目的，卻是兩個互不相干但脈絡相連的歷史故事。

民族大遷移下的香港傳奇故事

東晉末年有范陽人盧循起兵反晉，曾一度攻佔廣州城。盧循最終失敗身亡，餘部則避居海島。清朝遺老陳伯陶纂修《東莞縣志》追述晉朝故事，認為盧循餘部在大嶼山匿居，其中有盧循遺種，名為盧亭或盧餘云云。[21]

盧循的事跡，以及後代發展出來的盧亭故事，頗有傳說味道，難以據此與歷史互相引證。同一個時代另有杯渡禪師的傳奇故事，遠比盧循的傳說接近歷史，因而留下了綿延多代的影響。杯渡禪師的事跡在梁朝釋慧皎的《高僧傳》中有詳細記載，文中提到禪師於晉末宋初之際自中原南遊至「交廣之間」；[22]結果這故事演變成杯渡禪師南下屯門駐錫的傳奇，自宋朝以來傳誦至今。[23]杯渡禪師南下的路徑符合南北朝時期北方氏族向南遷移的歷史。另外，杯渡禪師離開屯門之後繼續向南海進發，亦與當時廣州至東南亞一段海上交通史有一定的關連。從杯渡禪師的傳奇故事可以推想，兩晉南北朝時期的香港漸漸在日益興盛的中西海上貿易活動中嶄露頭角，並將會成為聞名中外商旅的港口。

唐代的屯門 —— 古代海上絲綢之路的樞紐港口

古代的香港由於所在位置偏離政治經濟中心，因此一直處於官方史家的視界之外，結果香港的歷史發展面貌只能通過地下的文物作有限度的重整。到了唐朝，這種情況發生意義重大的改變。唐朝政府終於注意到香港地區的屯門，並在這裏設置軍鎮，將屯門帶上中國歷史的舞台。屯門亦因此成為最早記載在中國官方史籍中的香港地名。能夠在中國的正史中佔上一段三言兩語的敘述，對於遠在南海之濱的香港來說，確實是空前的歷史突破。

事實上，在屯門設置軍鎮的時候，這地域已經在華南一帶薄享名氣。唐朝大詩人劉禹錫在《踏浪歌》中描述這處南方海隅的地理特徵：「屯門積日無回飆，滄波不歸成踏潮。」另一位大文豪韓愈也在《贈別元十八協律》中提及相類的景色：「屯門雖云高，亦映波濤沒。」這兩位活動年代相若的詩人在同一時期詠唱屯門的滄波浪濤，說明屯門確實有其引人之處。不過，目前所知的史料並無劉、韓二人曾經到訪屯門的證據；[24] 屯門的景色見於二人詩作中，估計是從他人的印象轉借而來。令人好奇的是，一處偏遠的海濱何以引發文人雅士的詩興。從理性的角度可以這樣解釋，屯門是商旅往來的地方，經行其地的人將屯門的地貌特點傳播到內地，這些特別的海岸風景引起了陸上文人雅士的注意，最終構成他們詩作的靈感。

　　在詩人的文字之中，屯門的風景有感性而生動的詮釋；但詩人未必注意到，屯門更動人心弦的景色，是風浪背後川流上下的海舶。事實上離屯門不遠處的廣州，是唐朝時期全球最大的貿易中心和海上交通樞紐。唐朝政府在廣州設置管理海路邦交和貿易的市舶使，以便有效管理中外貿易活動，廣州貿易活動的盛況可見一斑。必須指出，廣州並非海岸城市，與海上交通銜接的是珠江口接海的一段河道。珠江口西岸乃淺水地帶，不利於航行；東岸則有深水航道沿佛堂門、急水門、屯門、南山、南頭城、虎頭門而入珠江直達廣州。[25] 屯門位於這條深水航道之中，屯門的青山灣是進入珠江前最大的深水港口。屯門優越的地理條件正好為中外海舶提供灣泊的地點，以配合廣州的商貿活動。在這種中外貿易的操作模式之中，屯門扮演一個相當於廣州外港的角色，成為古代海上絲綢之路的必經之港。

　　唐朝時期中外商船往來中國貿易，都必須按季候風的規律行事。外國商船來廣州前先在屯門稍作停留，然後沿珠江北上廣州；離開廣

州之後，亦需要回到屯門停泊，等待季候風啟航回國。官修正史《新唐書》中〈地理志〉記載了廣州與南洋之間海上交通的情況：

> 廣州東南海行，二百里至屯門山。乃帆風，西行二日，至九州石。又南二日，至象石。又西南三日行，至占不勞山。山在環王國東二百里海中。又南二日行，至陵山。又一日行，至門毒國。又一日行，至古笪國。又半日行，至奔陀浪洲。又兩日行，至軍突弄山。又五日行，至海峽，蕃人謂之質，南北百里，北岸則羅越國，南岸則佛逝國。[26]

這是屯門最早見載於史籍的其中一條重要資料，説明屯門在中西交通航線中確實有其地位。上述引文中的佛逝國即室利佛逝國（Srivijaya），宋代稱三佛齊國，地處今日蘇門答臘島，以今日的淳淋邦（Palembang）為國都。唐宋時代，室利佛逝為南洋群島重要大國，各國商舶到中國貿易，一般先到其地，然後再向北航行到屯門等地。自中國回航各國的商舶，亦會先在其地稍作安頓，然後分別前往各國。[27] 另外，宋人周去非撰《嶺外代答》，其卷三「航海外夷」條亦詳細記載了這條海上貿易的路線：

> 三佛齊者，諸國海道往來之要衝也。三佛齊之來也，正北行，歷上下竺與交洋，乃至中國之境。其欲至廣者，入自屯門；欲至泉州者，入自甲子門。[28]

無論《新唐書》或者《嶺外代答》，都清楚地説明屯門乃廣州的入口要衝，可以推想此地對唐宋兩代廣州的貿易發展起到重要的作用。羅香林教授注意到屯門在古代中外交通史上的重要性，他對這種中外商貿活動的操作作出補充説明：

> 每當夏季西南風發，凡波斯阿剌伯，以至印度與中南半島，及南洋群島等，其海舶欲至中國者，每乘風向東北駛，抵中國海後，則先集屯門，然後轉棹駛入廣州等地。而自廣州出海之中國商舶，

或回航諸蕃舶，亦必候至冬季東北風發，然後經屯門出海，揚帆南駛，而至中南半島，或南洋群島，以達印度與波斯灣等地。[29]

有了上述的一段歷史陳述，兩位詩人對屯門的詠唱就有合理的解釋。其實《新唐書》卷四十三上〈地理志〉「嶺南道廣州南海郡」條下的註文也透露出相關的信息：

有府二：曰綏南，番禺；有經畧軍，屯門鎮兵。[30]

原來屯門不但風景引人，商旅往來不斷，兼且設有軍事基地。至於屯門設軍鎮的日期及其他細節，則見載於《唐會要》卷七十三「安南都護府」條：

開元二十四年正月，廣州寶安縣新置屯門鎮，領兵二千人，以防海口。[31]

這兩條資料雖然簡短，但置於上述中外交通路線的語境之中，則足以建構成一幅宏大的海上絲綢之路的圖像。中國古代邊防素來以北方為重，南方濱海之地並無外患，何以要置軍鎮並派 2,000 兵員駐守？所謂「以防海口」，其實就是出動軍隊保護停泊在屯門的海舶，以防備滿佈沿海的海盜劫掠。綜合上述零碎的史料，可以看出屯門在盛唐時期的中外海路貿易上扮演一個重要的角色，以外港的地位為廣州的水路運輸提供無可替代的支援。

儘管唐代屯門的海事活動只有零星的史料可考，但香港地區的唐代出土文物卻十分豐富，可以印證當年的盛況。香港的唐代遺址散見於屯門小欖、石角咀、龍鼓洲，赤鱲角深灣村、虎地灣，大嶼山沙咀頭、狗虱灣、東灣、二浪，馬灣東灣仔，南丫島沙埔村、蘆鬚城，長洲大鬼灣，港島春坎灣，西貢沙下等海灣。大嶼山白芒發現過唐代一些窰址及陶瓷。窰址出土不少窰磚、箅、泥棒等與窰結構相關的遺

物，以及碗、燈盞、罐、盆、碟、器蓋和壺等唐代陶瓷器。另外，赤鱲角深灣村沙堤較高的位置亦發現 12 座製作精緻的唐代窰址，相信是唐代居民聚落的遺址。[32] 就地理位置而言，香港地區的唐代遺址大多分佈在屯門及與其隔海相望的大嶼山，可以作為史籍中關於屯門記載的佐證。

五代十國的南漢與香港

五代十國是中國歷史上的一個分裂時期，南漢在嶺南割據稱雄，繼承並發揚唐朝的經濟發展。南漢國王為滿足奢侈的生活，對沿海寄舶的外商抽取較重的關稅；因此南漢政府格外重視屯門這個沿海重鎮，在此處設置管理屯門鎮的靖海都巡及軍寨。至於南漢時屯門的軍事設置是否承襲唐代的「屯門鎮」，至今無法稽考；但唐朝及五代時期屯門都駐有軍隊，說明此地扼往來船舶的要衝，是中外交通的樞紐地帶。

除了以行政及軍事力量保護屯門的貿易活動，南漢對屯門一地有異乎尋常的重視。大概出於對杯渡禪師和屯門山的崇敬，屯門鎮的靖海都巡陳巡於南漢乾和十一年（953）命人雕刻杯渡禪師石像供奉於屯門山，以紀念東晉末南來駐錫的杯渡禪師。南漢末代國王劉鋹更於大寶十二年（969）敕封屯門山為瑞應山，為此而刻的碑銘一直保存到宋朝時期。[33] 這些軍事史和宗教史的片段顯示出南漢對屯門以及香港的重視程度已經超越前朝。瑞應山的敕封在相當程度上持續影響至明清時期，瑞應山被升格稱為「聖山」。

宋朝時期的香港與宗族社會的創建

宋代是中外貿易高度發展的時期，但這時候的香港卻沒有在史籍上留下太多的記錄。從唐代的貿易活動推斷，宋代的香港繼續扮演中國南方門戶的角色，屯門仍然是一個中外商旅泊船的港灣。宋朝政府亦因襲前朝，在屯門鎮地域設置營壘以示保護。[34]

在頻繁的商貿活動以外，宋朝時期亦見證了香港歷史發展的另一個里程碑。香港因着水運之利，吸引中原氏族向南遷移至此定居。早於宋太祖開寶六年（973），江西吉水人鄧漢黻宦遊至廣東，定居於今日的錦田，成為鄧族遷粵的始祖。[35] 其後有進士侯五郎（1023-1075）由廣東番禺遷至今日上水地區，後人侯卓峰於明初在河上鄉開基，是為另一大族。[36] 彭桂則於南宋時移居今日粉嶺定居，子孫繁衍而成為大族。[37] 自此香港陸續有其他氏族到來開村墾荒，逐漸改變香港近世的歷史面貌。

南宋亡國前夕，香港一度從天朝的邊緣地帶變為民族存亡的焦點；香港貫通中外的海上絲路為南宋末代皇帝提供一道現成的南逃路線。丞相陸秀夫（1238-1279）率兵保護宋帝趙昺自浙逃亡，經東南沿海抵達香港的官富場（今九龍城以南一帶），最後轉往荃灣和大嶼山再奔崖山，成為香港古代史中一段可歌可泣的傳奇故事。[38] 至於傳頌千古的《過伶仃洋》詩中引起文天祥感觸的伶仃洋，其實就是屯門往廣州航道以西的海面。宋末的史事，是香港與中國古代大一統政府最近距離的接觸，對這偏遠的南海之濱來說可謂別具意義。

元代的香港與海上貿易的持續發展

元朝初年，中央政府曾經在東莞縣境內設置屯門巡檢司，由巡檢一人統轄寨兵 150 人。[39] 屯門巡檢司管轄今日香港所在地域，並負責維持當地的治安。這種設置可以說明，元朝時期的香港已經聚居相當的人口，需要引入一定程度的地方行政管治。

事實上元朝時期的香港不斷有中原氏族南遷。其中較具規模者有文天祥堂弟文天瑞後人和福建汀州廖氏。前者於元朝元統年間（1333-1334）由深圳遷入大埔泰坑和新田人壽圍；[40] 後者則於元朝中葉遷入屯門，再遷福田，三徙雙魚，最後定居上水。[41] 元朝末年，吳成達由東莞縣靖康場白石村遷往九龍灣畔，以「衙前村」之名開村定居，是為衙前圍吳氏的始祖。[42]

歷史證明，元朝在商業貿易方面的發展並沒有受到政權交替的影響，宋朝興盛的海上貿易一直延伸至元朝。香港在這方面的發展可以從近年的考古發掘中看出端倪。2012 至 2014 年間在港鐵沙中線工地發掘了約 20,000 平方米宋元遺址，包括有房址、井窖、墓葬、灰坑、水井等遺跡。[43] 這不但說明宋元時期今九龍城一帶有頻繁的人類活動，從水井的密集分佈且靠近海邊的佈局看來，遺址所在的地點似非一般以漁農為業的村落，有可能是宋元時期海上絲綢之路的一處港口；一方面處理港產海鹽的轉運，同時也為泉州、廣州兩地穿梭的海舶提供食水和食糧的補給。

第三節 明清時期的香港

明朝時期的香港延續前代的歷史發展，居民以農業漁業為生，過着與世無爭的生活。不過，這些自宋朝以來陸續遷入香港的中原氏族根本無法意料，香港這地域又再次因為地理條件的關係，在中國歷史以至世界歷史的大關節中留下重要的一章。

古地圖上的香港

15 世紀初，鄭和奉明成祖之命帶領龐大的船隊七度下西洋。鄭和的船隊每次從蘇州出發，均循着東南沿海的航路前往南海再轉往西洋。明崇禎元年 (1628)，茅元儀編《武備志》，刊載《鄭和航海圖》。據一些學者研究，該地圖應該是鄭和下西洋時繪製，發給鄭和船隊上舟師的航海圖底稿。《鄭和航海圖》是研究鄭和下西洋的重要資料，也是探索香港古代史的珍貴文獻；因為這幅海圖是最早載有香港地方名稱的古代地圖；圖中標出官富寨、大奚山（大嶼山）、佛堂門和蒲胎山（蒲台島）等香港地名，並以簡約的筆觸勾畫出香港海岸線的梗概。[44]

《鄭和航海圖》的繪製，目的主要為便利航海，所記地方均為航路上的地標，因此圖中的香港地名只有寥寥數處。即使如此，《鄭和航海圖》已經足以描畫出一個相對立體的香港地貌，並首次為重構香港的歷史提供「視覺上」的佐證。自此以後，地圖成為探究香港古代社會發展的重要工具。應櫃於明嘉靖三十二年 (1553) 編修《蒼梧總督軍門志》，在書中所附〈全廣海圖〉上同樣繪出類似《鄭和航海圖》上的地標，包括急水門、佛堂門、將軍澳等。《蒼梧總督軍門志》最惹人注目的是在古代地圖中首次出現的「九龍」。萬曆年間 (1573–1620) 郭棐

編纂地方志《粵大記》，繪製了比較符合地理比例的〈廣東沿海圖〉。圖中在香港範圍內標出更多地名，包括屯門、大嶼山、大澳、長洲、蒲台、香港、赤柱、大潭、黃泥涌、筲箕灣、鯉魚門、尖沙咀、九龍山、北佛堂、將軍澳、鹿頸、荔枝窩等。這些地名大致與現代香港同一地方的名稱相符，可見幾百年來香港的歷史確實一脈相承。[45] 這幅地圖中最值得注意的地方是，「香港」作為一處地名首次在史籍中出現。根據地圖的繪製方法，當時的「香港」應該指今日的鴨脷洲或香港仔，與晚清外國人所認識的「香港」同出一源。

屯門之戰 —— 中國和西方國家的第一場海戰

鄭和下西洋後一個世紀，當中國的海舶絕跡於海洋的時候，歐洲的冒險家已經掌握遠航的技術而成功抵達中國，揭開世界歷史的新一頁。這個東西方偶遇的大歷史場景並沒有發生於傳統的政治軍事熱點，反而選擇遠離政治中心的香港；結果引發一場廣東水師與葡萄牙船隊對壘的中西海上大戰，影響深遠。

明武宗正德九年（1514），葡萄牙使者阿爾華列士（Jorge Alvarez）乘船抵達屯門，在其地樹立刻有葡國徽章的石柱以示佔領。葡萄牙人繼而在該處設立營寨，製造火鎗，並設置防禦工事。[46] 葡萄牙人這種看似貿易又似軍事的行徑最初並無引起明朝地方軍政人員的重視。正德十二年（1517），葡萄牙馬六甲總督派遣船主安達拉（Fernao Perez d'Andrade）率葡萄牙船四艘，連同使者皮利司（Thomas Pirez），帶上文書、貢物等，經屯門駛入虎門，最後抵達廣州。葡萄牙人自稱佛郎機貢使，意圖通過廣州向明朝政府呈請與中國建立商貿關係。

明朝的中國以朝貢貿易制度處理中外關係，葡萄牙不在明朝貿易國之列，因此無法通過正當途徑與中國通商，唯有叩門。可惜葡萄牙提交呈請之後不久，廣州發生瘟疫，安達拉及船員唯有退返屯門。次年，馬六甲總督再派遣安達拉之弟西眇（Simao d'Andrade）率船隊到屯門接替其兄職位。西眇為人躁急，於附近島嶼私設刑場，拒絕課稅，甚至大肆掠奪。[47] 廣東人陳文輔記述了當時的情況：

> 近於正德改元，忽有不隸貢數，號為佛郎機者，與諸狡猾湊雜屯門、葵涌等處海澳。設立營寨，大造火銃，為攻戰具。佔據海島，殺人搶船，勢甚猖獗。虎視海隅，志在吞併。圖形立石，管轄諸番。瞻炙生人，以充常食。民甚苦之。眾口嗷嗷，俱欲避地，以圖存活，棄其墳墓室廬，又極悽愴。[48]

就這段文字的內容而言，西眇侵佔屯門的事態顯然極其嚴重，無怪乎要出動廣東巡海道副使汪鋐督師出征，驅逐佔據屯門的葡萄牙人。正德十六年（1521），汪鋐帶領大小戰船包圍屯門海域，一場世紀海戰隨即爆發。陳文輔記載了海戰的始末：

> 事聞於公，赫然震怒，命將出師，親臨敵所，冒犯矢石，劬勞萬狀。至於運籌帷幄，決勝千里，召募海舟，指授方畧，皆有成算。諸番舶大而難動，欲舉必賴風帆。時南風急甚，公命刷賊敝舟，多載枯柴、燥荻，灌以脂膏，因風縱火，舶及火舟，通被焚溺。命眾鼓譟而登，遂大勝之，無孑遺。是役也，於正德辛巳出師，至嘉靖壬午凱還。[49]

就陳氏所記，汪鋐主要以火攻戰勝葡人。據當代學者考證，戰事開始時葡萄牙人據險頑抗，以佛朗機火槍轟擊明軍，並企圖佔據南頭城。汪鋐以 50 艘戰船包圍屯門，指揮明軍用輕舟裝載枯柴和乾草，乘着風勢縱火焚燒葡萄牙的戰船；又派善於游泳的人潛水鑿穿葡萄牙船隻。屯門之役持續戰鬥了 40 天，結果葡萄牙人傷亡慘重，被迫拋棄部

分船隻，乘三艘大船趁海上風暴驟起之機狼狽潛逃。經此一役，葡萄牙人轉往閩浙沿海活動，最後在明朝政府同意下入駐澳門。汪鋐在屯門一戰，不但衛國有功，更不經意在歷史的大關節中揭開葡萄牙人此後幾百年經營澳門的序幕。[50]

這場中葡屯門海戰是中國和西方國家之間的第一場戰爭，比起1652 年爆發的中俄雅克薩戰役早了百多年；比發生在 1662 年而被西方史家稱為「歐洲與中國的第一場戰爭」的台灣熱蘭遮城之戰也早了大約一個半世紀，更比鴉片戰爭早了超過 300 年。中葡屯門海戰可說是中西關係史上極具意義的一章，它預示中國此後的國防重點將由北方的陸地轉移至南方的海洋，而歐洲以海上力量崛起的國家亦將取代傳統的草原民族，成為中國的主要外患。至於引發中葡海戰的商貿利益，亦在此後的數百年間逐步萌發為歐洲國家競相東來的動力。最終歐洲國家再次以海上武力，亦再次以香港為起點打開中國的大門，並全盤改變中國的命運。

新安縣的設置

在後設的歷史視界之中，中葡屯門海戰是中西關係史上一件重大事件；不過，當時在地的歷史卻另有一件大事直接關係到香港的發展，香港地域在明朝後期轉屬一個新的地方行政單位管轄。

中國古代地方行政區一直有拼合或分拆的情況；明朝以前，香港曾經先後屬番禺和寶安縣管轄，唐朝至明朝則改屬東莞。嘉靖四十年（1561）起，東莞南頭時有饑民聚眾搶米，幸有鄉紳等起而平息事件。隆慶六年（1572），曾出手平亂的鄉紳吳祚等向廣東海道副使劉穩進

言，指出饑民搶米「雖由天變，實亦人事」；因此，「為海濱萬年計久安，不如立縣」。[51] 當時眾多官紳皆認為南頭離東莞縣治有百餘里之遠，不利於管治，於是紛紛附議。此外，南頭位處海邊，經常受海寇騷擾，廣東的海防力量亦往往鞭長莫及。因此，將南頭所在地域另建新縣，對於加強廣東南部水域的防衞有明顯的好處。劉穩接受有關建議，並將吳祚的陳請轉呈廣東布政使，最後奏准於東莞縣內另設新縣。

根據地方史料所載，這次設置新安縣的陳請出於鄉紳吳祚等人，導火線是饑民搶米。不過，官方以正面的態度迅速回應鄉紳的陳請，顯然十分重視設置新安縣對強化廣東海防的作用。其實明朝政府一直關注新安縣的情況，並早在洪武三年（1370）延續元朝的做法，在九龍半島的官富寨設置官富巡檢司管轄境內土客村莊。[52] 然而明朝人口不斷增加所帶來的社會經濟發展總量，已經逐漸超越巡檢司的管治能力。[53] 半個世紀前發生的中葡屯門海戰就是因為無法就地處理問題，因此要動用上級行政單位的軍事資源去平亂。

無論如何，南方地域隨着歷史的發展而愈見開發，另闢地方行政單位有其實際必要。萬曆元年（1573）新縣成立，以其地能「革故鼎新，去危為安」，因此取名「新安」縣，治所設於南頭。新安縣與東莞縣平行，同屬廣州府管轄。廣州府自東莞縣轄地南端海岸線起向北劃出 56 里範圍，撥作新安縣土地，包括今日深圳的主體和香港全境。原屬東莞的 7,608 戶共 33,971 人改隸新安。[54] 自此至 19 世紀英國逐步佔領香港地域為止，除康熙五年至七年一度改併外，香港歸屬廣州府新安縣管轄。

遷海復界與客家氏族的遷入

　　明朝二百多年的香港社會大致可以用「民豐物阜」來形容，這裏的居民萬萬想不到改朝換代會為世代平安的生活帶來空前的浩劫。康熙元年（1662），清朝政府為斷絕閩粵沿海居民與鄭成功的聯繫，實行遷海 30 至 50 里的政策，迫令沿海居民內遷。康熙元年（1662）三月，清朝政府派遣總鎮曹志等帶領士兵「折界驅民，遷入內地」。新安縣三分之二的土地落入遷海範圍，覆蓋今日香港全境。面對這突然其來的措施，本地的住民根本沒有時間準備，更沒有反抗的餘地，只好「棄其資，攜妻挈子以行」。[55] 康熙二年（1663）八月，清廷再派遣都統宜里布等查勘粵界，確定再遷新安縣東西二路共 24 鄉，並於次年由城守尉蔣孔閏、知縣張璞等落實執行。[56]

　　遷界令實施之後，本地所有居民一夜之間流離失所，家破人亡。當時廣東著名學者屈大均也記錄了這件慘事，並在他的名著《廣東新語》中描述了遷界的慘狀：

> 人民被遷者，以為不久即歸，尚不忍舍離骨肉。至是飄零日久，養生無計，於是父子夫妻相棄，痛哭分攜。斗粟一兒，百錢一女，豪民大賈，致有不損錙銖，不煩粒米，而得人全室以歸者；其丁壯者去為兵，老弱者輾轉溝壑；或合家飲毒，或盡帑投河。有司視如螻蟻，無安插之恩；親戚視如泥沙，無周全之誼。於是八郡之民，死者又以數十萬計。[57]

　　這種情景如果以現代語言述說，境況必定更為悽慘。這段在香港古代史中所佔篇幅不多的歷史片斷對香港的衝擊可謂空前絕後。在實質的意義上，香港等於全體重整，然後從頭發展。據《新安縣志》記載，明朝崇禎十五年（1642）新安縣有 3,589 戶，人口 17,871 人；清朝順治年間（1643–1661）尚有 2,966 戶，6,851 人；康熙元年（1662）

開始遷海後僅剩男丁 2,172 人。[58] 康熙九年（1670），「遷民未歸者尚眾。……及復歸，死喪已過半」。[59] 即使到了復界後大半個世紀的雍正九年（1731），新安縣人口仍然只得 7,289 人；可見這地域經過遷界之後，元氣大傷。[60]

事實證明，遷界措施未見其利先見其弊；鄭成功的勢力並沒有因此而受到制約，反而東南沿海社會經濟發展遭到滅絕性的破壞。清朝政府結果於康熙八年（1669）接受地方官員的倡議而中止遷界，並恢復原界；自此原居民陸續遷回。康熙二十二年（1684），遷海令完全撤除。不過，復界並沒有立即為回遷者帶來安樂的生活。倖存者回到原居地要面對重整生計的挑戰。復界之初，「牛種無資，編茅不備」是家家戶戶都要解決的基本問題。[61] 後來清朝政府採用資助耕牛和種子等措施，鼓勵客籍農民到新安沿海墾荒。於是客籍移民舉家合族由江西、福建、惠州、潮州、嘉應州等處「負耒橫經，相率而至」。[62] 據現代學者考證，這些客籍移民多數經由惠州淡水而至沙魚涌、鹽田、大梅沙、西鄉、南頭、梅林、沙頭角、大埔、沙田、西貢、九龍城、官富場、筲箕灣、荃灣、元朗等地，分佈極廣。[63] 部份遷移到新安的客家人因為開墾「軍田」，因而稱為軍籍居民。政府為這批客籍居民的子弟特設「軍籍考試」，以示優待。雍正十三年（1735）裁併軍籍學額，軍民同考一試。嘉慶七年（1802），政府又恢復客籍學額，以照顧客籍子弟。[64]

在政府的大力推動下，清朝中後期香港的居民結構發生很大的變化。復界後招墾的客家人大多成批遷入，因而保留原有的客家語言和風俗，並自成村莊，在清代香港地區形成一個獨特的族群。[65] 康熙年間，新安縣五都、六都大致相當於今日的香港。其中的客籍村莊，至少有麻雀嶺、荔枝窩、碗寮村、蓮麻坑、掃管鬱、沙田村、葵涌村等

25 條。[66] 嘉慶年間，新安縣客籍村莊進一步增多，因此在嘉慶《新安縣志》中官富巡檢司管屬村莊中，特別劃分出一個「官富司管屬客籍村莊」的類別；其中在香港的客籍村莊，至少有蓮麻坑、石湖墟、九龍塘、萬屋邊、麻雀嶺、沙田、橫台山、碗窰、鹿頸、烏蛟田、谷埔、吉澳、深水埔、擔水坑、沙螺洞、山嘴、城門、油甘頭、鶴藪等 86 條。[67] 從嘉慶《新安縣志》成書之後到英國租借新界為止的七十多年間，有接近三百個村莊在香港開基立業，大多屬於客家村莊。從復界到 19 世紀末的二百多年間，大量客家人到香港落地開村，形成今日新界本地和客家兩大族群分庭抗禮的局面。

第四節　香港古代的社會與經濟

　　香港古代的經濟活動與歷史發展的規律緊密相連。從考古發現得知，遠古時期的先民大致上過着自給自足的生活。到了歷史時期，從出土的錢幣可以說明，當時在香港的居民曾經以某種形式參與買賣活動，可由此推想這地域的經濟面貌。按照香港歷史發展的步伐，早期經濟活動離不開區域內以至跨區域的往來。隨着人類航海技術提升，中國南方海岸漸漸出現北方大陸難以企望的經濟機遇。上述盧循的傳說和杯渡的故事，說明歷史的發展在漢末魏晉之際逐漸轉向；南方地域開始乘海運興起之利而增加經濟活動的空間。唐朝以後，隨着屯門港口的不斷發展，香港亦逐漸為人所知，亦陸續有人在這地域開發農耕捕撈以外的產業，包括採珠、製鹽、陶瓷、製香、製灰、造船、採礦、打石等。直至清朝政府割讓香港島予英國之前，這些經濟活動帶動了香港社會的繁榮，亦催生了分佈境內的大小墟市，蔚為大觀。

農業

香港有大片肥沃的耕地分佈於西北的元朗、錦田以至東北的上水、粉嶺，適合農業及畜牧業的發展。從宋代起，先後有鄧、侯、廖、文、彭等家族從華南地域遷入香港開村定居，在錦田、元朗、粉嶺、上水、新田等處開發土地務農為生；世世代代順應自然，保守生計；漸漸將香港的新界地域發展成中國南方一個稍具規模的農業社會。

到了明朝，香港已是一個人口聚居，自給自足的地域；不少早期開村立業的家族經過累世經營，成為地方上的大地主。萬曆年間岑田水尾村的鄧元勳富甲一方，擁有稅田萬畝，分佈遠至香港仔、泊湖林、裙帶路、鵝頸、九龍、長沙灣等處。萬曆十五年（1587）新安縣西部旱災，義倉空虛。知縣邱體乾下鄉籌款賑災，各處捐助者少只有數石，多者不過二三十石；鄧元勳慨然捐穀二千石，義風一時廣披邑內。邱體乾對鄧元勳穀石之多欽羨不已，並且發現岑田「土地膏腴，田疇如錦」，於是將當地改名為錦田，自此錦田之名一直沿用至今。[68]

清代的香港仍以農業為主要產業。農產品以水稻為大宗，每年出產兩季，主要在新界的平原上種植，也有少量稻米產於依山開墾的梯田，地勢最高的稻田可達海拔 1,200 英尺。香港出產的水稻以元朗絲苗最具代表性，這種享譽華南的白米曾經出口到舊金山供應當地華人社區。除了稻田，新界亦闢有大片土地種植麥類、菽類、蔬類、果類、茶類、藥類、竹類、木類、花類、草類等。另外，農業的副業畜牧業也有適度的發展。[69]

康熙初年的遷界政策給農業造成致命打擊，境內土地荒蕪，慘不忍睹；復界以後農業生產逐漸恢復。據嘉慶《新安縣志》所載，不少客籍農民在香港開村落戶，墾殖周邊荒地如竹角、茅笪、徑口、大灣山頂、白角山頂、大塘、石排灣、薄寮、平洲等處，歲歲繳納稅銀。這類移民潮的高峰期大概在嘉慶年間，至道光後逐漸低落。除了廣邀客籍農民前來開墾荒地，清廷亦調動軍隊屯田。嘉慶年間在新安縣設置廣前衞屯及廣後衞屯，分別在譚那、白沙、葵涌、泉峒、滑橋、清湖、黃崗、新村、梅林、屯門、白凹、水斗、大小二焦以及梅蔚、官富等地實行軍墾，以增加生產力。[70] 其中屯門、梅蔚、官富等地屬於今日的香港。

經過百多二百年的經營，香港恢復民豐物阜的狀態。當英國人於咸豐十年（1860）佔領九龍的時候，已經查悉當地的農業生產具有相當的規模，耕地面積達 2,000 畝之多。[71] 40 年後英國人租借新界，事前對新界土地作了一次概略的普查，推算出當時新界耕地總面積達 50.4 萬英畝。

清代香港農田水利設施大量修建，反映出當時農業高度發展。嘉慶年間，上水村、石湖墟、松柏蓢村、水蕉村、馬田及錦田等地築有沙塘陂、石陂、石湖陂、松柏蓢陂、蓮塘陂、大陂頭、三灣陂、羅卜山陂、河上鄉陂等陂堰，作灌溉農田之用。[72] 農民在陂堰引接溝渠，沿着山坡將蓄水送入稻田，以簡單有效的方式解決灌溉問題。另一種與農業有關的水利建設是在海濱圍海造田。農民用粗碎石及泥巴砌成堤壩將海水與陸地隔開，並以木板製成的水閘造成滑槽嵌入石頭側壁，以隔開海水並在退潮時放掉多餘的淡水。通過改進及擴大這種開墾工程，可以開墾大片的耕地。[73]

漁 業

　　香港面向南中國海，海洋資源豐富，是發展漁業的好地方。在遠古時期，聚居於海濱地帶的先民已掌握近岸捕撈的方法，可説是香港漁業的萌芽期。歷史時期的漁業發展並無文獻可徵；從近代情況推斷，香港漁民大抵有疍家和鶴佬兩大群組。另外，從香港天后崇拜的習俗看來，香港的漁業於明清時期相當發達，分佈地域甚廣；是以嘉慶《新安縣志》稱「邑地濱海，民多以業漁為主」，[74] 所指新安縣濱海地帶多在今日香港境內。

　　香港的漁民以海為業，閑時則灣泊於各處近岸海澳，漸而聚眾而成漁港。漁港除了漁民船艇之外，亦有陸上設施配合漁業發展，例如售賣漁業用品的店舖以及修理漁船的船廠等。至於漁獲的銷售和加工，無論鮮魚鹹魚，亦主要在陸上操作。漁民聚集的港灣於是形成大小漁村，其中有漁民以舊船艇擱置岸上而變成棚屋，亦有其他人等遷入建屋落戶，以漁農兩業為生。清代香港較為重要的漁港有大澳、青山灣、長洲、西貢、大埔、赤柱、香港仔、筲箕灣等。1841 年英國人佔領香港島，參與其事的英國官員莊士敦（A. R. Johnston）對赤柱漁港印象深刻。他眼中的赤柱村是全島最大和最重要的村落，人口多達 800 人，共有房屋及商舖 180 間，居民從事農耕、商業及醃曬鹹魚，經常有為數達三百五十多艘的大小船艇在此碇泊。[75] 據 1841 年上半年的粗略統計，香港村是一個有 200 人的大漁村，群大路是一個有 50 人的漁村。當時在香港島的船民有 2,000 人之多，相信其中不少是漁民。[76]

　　漁民的作業分別有近岸及離岸兩大範圍。近岸有罾棚、鈎釣、撒網、圍網等操作方式，所得漁獲可即時自用或就近出售。至於離岸則

以拖網為主，一般以兩艘大型漁船聯合操作。魚季主要在每年 10 月至次年 5 月之間，以避開颱風季節。每次出海作業的時間可以長達 10 天，所到海域往往離陸地 100 英里之遠。這種遠程漁船載有大量海鹽作為漁獲保鮮之用。在漁船鹽艙裏醃過的鮮魚會放在船上或岸上晾曬成鹹魚，然後在附近的港口出售。鹹魚是魚市貿易的主要貨品，它們從香港出口到四面八方；從事鹹魚買賣的代理商和貿易行因而應運而生。

鮮魚則主要來自靠近香港的地方。這些鮮魚於夜間捕撈，天亮前送抵魚市場出售。夜間捕魚會因為天氣、風力、海潮的變化而影響收獲，魚價亦因而波動。另外，香港東西兩處水域漁獲時有差異，以至兩處漁市價格高低不一；魚商會因應市場信息而調整出售漁獲的地點，從中賺取最多的利潤。

除了捕撈，亦有漁民經營水產養殖。位處香港西北地域的稔灣、白泥、流浮山、尖鼻咀一帶遍佈蠔田，是新安縣的主要產蠔區。據近代學者研究，該區有香港地區獨有原生蠔種，十分珍貴。西北地域從新田到屏山一帶亦闢有漁塘養殖淡水魚，於后海灣畔則利用基圍以海水混合淡水養殖魚蝦。總體而言，漁業是香港古代的重要經濟命脈，並且從中發展出多元化的產業。[77]

採珠

香港所在的廣東沿海地域，自秦漢以來都有沿海採珠的作業。南漢時期香港乃南方兩大採珠地域之一。當時大嶼山與大埔海域均有珠蚌生長，採珠和賣珠成為一門獨特的生意。南漢幾位君主都喜愛珠寶，後主劉鋹曾派人往大埔海設立名為「媚川都」的軍事單位，招募

2,000 兵員入海潛取珠蚌；結果士兵因入水過深而溺斃者不計其數。宋統一天下之後，太祖以採珠害民而解散媚川都，並明令禁止民間採蚌。北宋末年，徽宗再於大埔設官採蚌上貢，歷時 40 年之久。宋室南渡後高宗廢止貢珠，聽任民間開採。元朝時採珠業經歷過官辦和民間自採交替發展。從元世祖到元順帝，廣州採珠都提舉司時設時廢，香港採珠業此後亦逐漸式微。[78]

製 鹽

香港三面環海，長年日照充足，是製鹽的上佳地區。就史籍所載，至少早於東晉時期已有鹽官管轄東莞，其疆域範圍包括今日的香港，可以推斷此地已經發展出一定規模的鹽業。南宋時期本地製鹽業頗具規模。當時在九龍灣西北一帶設置官富場製鹽，由政府派遣鹽官管理，並有士兵駐防保護。這段歷史至少可以追溯到高宗，當時朝廷曾招降大嶼山來佑等人，選出少壯者做水軍，並寬解當地的漁鹽之禁。大嶼山遂成為香港重要製鹽地區之一，所產鹽稱為醃造鹽。雖然香港的官辦鹽場始終未能成為南方的產鹽重鎮，甚至有提舉廣東鹽茶司於孝宗登位後以鹽場位置偏遠為理由，上奏建議廢置官富場，但香港的官私鹽場仍然不斷發展，並且互相競爭。[79] 宋寧宗時廣東提舉鹽茶徐安國就曾派人前往大嶼山緝捕私鹽販子，引起島上大規模的鹽民暴動。以萬登為首的鹽民更一度乘漲潮攻打至廣州城下。[80] 根據西貢大廟灣南宋度宗十年（1274）刻石所載，官辦鹽場至少到南宋末年仍在運作，可見宋朝時期香港鹽業的盛況。

自宋以還，香港製造海鹽的產業延續不斷，屯門也是產鹽的重鎮之一。當地望族陶氏於明代兼營鹽業及農業，擁有由屯門舊墟、新墟

至急水門一帶土地，並沿海產鹽，收入極為豐厚；全盛時期財富堪與錦田鄧族相比，反映製鹽乃明代香港濱海氏族主要收入來源。[81]

清代的製鹽業仍然是香港的一個重要行業。元朗大王廟內有一塊約立於乾隆四十一年至五十一年（1776–1786）間的《鹽道禁革經紀碑》，從碑文可以看出，自山貝河注入后海灣的淺海沿岸皆有鹽田，包括橫洲、穿鼻港、元朗三地。這些鹽田均為新安縣東莞場鹽課司管轄下的分場，由鄧姓鹽丁管理。[82] 清代後期，香港鹽業漸走下坡，所餘鹽田主要集中在屯門、大澳兩地，所產海鹽主要供應漁業醃制鹹魚；大埔及沙頭角亦有小規模操作，其他地方的鹽業則見式微。

製陶燒瓷

從明朝中葉起，香港的大埔碗窰開始生產青花瓷，直到大約 20 世紀 20 年代始全部停產，前後經歷四五百年。大埔碗窰位於大埔墟西南面的碗窰村，佔地寬廣，分為上碗窰村和下碗窰村兩處燒製陶瓷；碗窰附近有開採瓷土的礦洞。碗窰設置一應俱全，有水碓作坊打碎瓷土礦；有俗稱牛碾的轆轤碾壓瓷土瓷石成粉末；有淘洗池淘洗瓷土瓷石以提煉製瓷用瓷泥；最後是製坯工廠和窰爐。

大埔碗窰陶瓷業最初由文、謝二姓人管理經營。文氏據說是文天祥同輩兄弟文天瑞後人，原籍江西省吉水縣，於元末明初輾轉遷徙至今日新界立村。文氏先居屏山，後遷大埔泮涌村一帶建立文家莊。文氏來自江西陶瓷業發達之地，族人之中有燒製瓷器的工匠，正好重操故業。大埔碗窰蘊藏豐富的高嶺土和高嶺岩等製瓷原料，又有充足的燃料及水力資源，而且海路交通方便，造就了當地陶瓷業的發展。

清初遷界令下，文、謝二姓村民被迫撤離窰場，復界後僅有文氏返回大埔。康熙十三年（1674），原籍廣東省長樂縣的馬彩淵與族人移居大埔碗窰地區，並向文氏購買瓷窰，恢復生產各類青花日用瓷器。其後馬氏青花瓷器不斷發展，出產數量更勝文、謝二氏。

馬彩淵有子嗣四人，於碗窰村創立馬四於堂共同管理擴張中的陶瓷工業。馬四於堂除了在當時擁有上碗窰三區13座水碓作坊及下碗窰青花瓷窰土地業權外，馬氏族人所擁有碗窰上、下兩村土地面積最廣。下碗窰的青花窰場乃馬彩淵後人馬文合於道光年間監建，其產業及管理完全受馬氏所控制，村內操瓷業者大多受僱於馬氏。現今馬文合後裔馬世安之孫馬家順仍保存「碗陶」發貨圖章，「碗陶」即馬氏窰場名稱。

除了馬氏「碗陶」，大埔尚有其他規模較小的瓷業經營者。張屋地村有張姓居民祖上以務農為主業，亦兼製瓷業，以家庭式及合夥式經營。由於產量不多，從業者不能獨自裝滿一條窰爐燒造，只能把各生產戶產品集中裝燒，按所佔窰室面積攤分燒窰成本。大埔碗窰的青花窰場屬民窰，規模宏大，獨家經營較為困難。晚清時期，由於碗窰產品質量低劣，且每況愈下，逐漸無法與國內外產品競爭。於是個體戶與小規模合夥經營者紛紛歇業，只剩馬氏一家於下碗窰獨力支撐繼續經營，其他操瓷業者或轉而受僱於馬氏。

清代大埔碗窰以生產日常生活所用瓷器為主，產品主要有碗，另外亦生產杯、盂、盅、盤、碟、小碟、壺、罐、燈座、燈盞、燭台、煙斗頭、煙嘴及算盤子。瓷器胎質除一部分比較細白並且施滿釉之外，大部分器壁粗糙、器底露胎，是南方民窰的典型產品。

大埔碗窰的窰爐屬於龍窰，既長且闊，窰室有寬至 5.2 米。每座窰一次可裝燒超過一萬件產品。瓷器產量如此巨大，除本地市場消化之外，大部分利用水路運輸至外地銷售。晚清時期大埔每年生產約 40 萬件瓷器，絕大多數輸出到中國內地。[83]

製香

香港地區於明朝時盛產香木，屬於莞香一類，又名女兒香，製成香品備受廣東及江浙等地歡迎。嘉慶《新安縣志》曾提及香港地區往昔出產香木，以瀝源、沙螺灣等處為佳。[84] 瀝源即今日新界沙田一帶，沙螺灣則位於大嶼山西北部。今日沙田白田村附近尚有名為香粉寮的地方，估計與製香業有關。清初遷界期間香業中斷，至復界後輾轉恢復生機。雍正年間，東莞有縣令因承旨購求異香而杖殺里役，種香人家紛紛忍痛砍樹四出逃亡。自此香港地區香木生產一蹶不振，無復當年盛況。[85] 清末於荃灣尚能見到製香工廠以水車生產拜神用的線香。[86]

製灰

製灰是香港古代的地方主體產業，發展起源可以追溯至唐代，而且盛極一時；香港沿海各處地方都有古代灰窰遺址。製灰的原料來自香港出產的貝殼、蠔殼及珊瑚。燒成的灰用途很多，可以加工成建築用的灰泥，也可以修補船殼，或者作為肥料。[87] 道光十年（1830），有新安縣客家黃姓族人到西貢大網仔開村建窰，燒造石灰及磚瓦供銷香港地區，產業頗具規模。黃氏所居村落位於灰窰上方，於是得名為「上窰村」。其後西式建材水泥輸入香港，該村生產大受影響。村民於是逐漸移居香港市區或往海外謀生。[88] 晚清時期，青山灣附近仍有大型石灰工廠，較小規模者散見於大埔、沙頭角、沙田、荃灣、屏山等地。

造 船

　　香港漁業發達，促進了古代造船業的發展。另外，運輸業亦對造船業有推動作用。宋朝時有林長勝舉家由福建莆田遷往今日新九龍黃大仙附近的彭蒲圍，此後一連幾代靠行船為生，並經營艚船往來於閩、浙、粵等地。[89] 晚清時期，香港船廠主要分佈在深水埗及長沙灣沿岸，長洲、大澳、坪洲、坑口、吉澳、塔門、西貢也有造船的棚廠。[90]

採 礦

　　香港的採礦業在清代曾經有一段輝煌的發展。早年澳門葡人曾與香港華人合作開採銀礦及鋁礦。礦場之一在銀礦灣，另一在是蓮麻坑。[91] 1885 年，廣州南海南村沙鄉人何昆山創辦大嶼山銀礦公司，大量開採礦材。何昆山是留學德國的企業家，曾於廣州創辦自來水廠不成，後轉而經營礦業。何昆山親自主持業務，並於香港、廣州及寶安招股，以增加經營資金。何氏又聘請香港英籍礦冶技師亞簡（Game）協助技術工作。1898 年，大嶼山成為英國租借地，大嶼山銀礦公司仍繼續經營，直至礦藏枯竭為止。大嶼山銀礦的採掘、選礦及冶煉等工序，均以機器代替人力，是中國最早使用機器開採銀礦的企業。據測定，每百斤礦砂約可得白銀 13 斤，其回報率超過經營普通工商業的收益。大嶼山銀礦伴生於鉛鋅礦中，故在開採、冶煉銀礦過程中，可以同時生產鉛、鋅兩種礦產品。[92]

　　除了金屬礦業，香港地區大範圍的火成岩地質也造就了石礦業的發展。香港所產石質堅固，可供建堤及建築房屋之用。早於清初，香港地區已出現從事石礦開採的打石業，操業者多屬客家人；其中又以廣東長樂、嘉應、惠州等地客家人居多。英國人佔領香港島後，於該

地建設道路，修築堤壩，並發展維多利亞城；這些建設需要使用大量花崗石，本地出產的石材正好供給使用。其時適逢台山、鶴山、赤溪等地居民南遷香港避亂，其中多有採石及打石能手，正好促進打石業發展。咸豐年間，太平軍於廣西金田村起義後，廣東各地居民多舉家逃往香港地區，這批新添的人力對發展打石業作用甚大。

香港的打石業從業者眾多，石匠可以分為肇慶、嘉應州、惠州及連州等派。肇慶派多本地人，善於雕製端硯及碑刻，材料多為水成岩。嘉應州、惠州及連州三派皆客家人，前者尤以善打花崗石柱見稱。當時工種分為打蠻石，打光面石，打地牛，打碑石及打石碎五類。港島亦有數處石礦供應麻石，其中石塘咀頗受惠州石匠歡迎，從業者不惜遠從沙頭角取道新界迆往取石。石塘咀的麻石從海濱開始向山上方向採集，日久採石處低陷如大塘，其近海處較狹，遠望如鳥咀。乾隆三十六年（1771），有朱姓石匠於此地聚眾而居，並建村名為石塘咀。[93]

第二次鴉片戰爭後法國於廣州佔地興建教堂，遍尋花崗岩石材，最後發現九龍東面蘊含大量石礦，於是要求清廷准予租地開採。起初採石集中於牛頭角，後來延伸至茶果嶺、茜草灣和鯉魚門，形成四山採石的局面。四山全盛時期面積達 100 英畝之巨，各山設有「頭人」主理採石業務，雄霸香港石材市場。四山之外還有赤鱲角和屯門出產石材，供應廣州及西江鋪路之用，採石工人幾乎全屬惠州的客家人。

墟市

香港古代社會以農業漁業為主要生產模式，所得產品除自給之外，亦不時以有易無，互相交換物資，於是衍生出作為此類商業活動中介的墟市，定期提供空間予人交易買賣。宋元明時期人口次第滋

長，但墟市發展並無文獻可徵；清康熙年間（1662–1722），香港墟市有大橋墩墟、天岡墟及大步頭墟。[94] 嘉慶年間（1795–1820），較盛者有圓朗墟、石湖墟、大步墟及長洲墟。[95]

圓朗墟即元朗墟，又稱元朗舊墟，地處今元朗長盛街大王廟一帶。大王廟內有道光十七年（1837）《重修大王古廟碑》，記載元朗墟的歷史。碑上有鄧英華所撰《重建大王古廟序》，記述康熙八年（1669）復界後，錦田進士鄧文蔚倡議將原屬錦田的大橋墩墟市遷往元朗，並在墟市兩旁建兩圍村，墟市中建大王廟。元朗墟建成後迅速發展為新界西部最重要的墟市，每月逢三、六、九日為墟期。當時該墟已有長盛街、利益街、和合街、大吉街、合吉街等大街五條，店舖近百所，其盛況可想而知。[96]

天岡墟即今日石湖墟，由上水廖氏、粉嶺侯氏、龍躍頭鄧氏共建於清初復界之後。石湖墟由最初只得一條小巷「咱婆街」，後來逐漸發展為上水圍的主要墟市，每月逢一、四、七日為墟期。

大埔墟有新、舊之分。舊墟位於汀角路口，面向大浦口，在觀音河東北岸。墟中天后廟有石刻《大埔示諭》，揭示該墟於康熙十一年（1672）由鄧族所建，目的以墟市所得盈利為孝子祀糧。嘉慶年間，文元著於文屋村越界起舖經營，引起大埔舊墟反對。鄧族入稟新安縣衙門，謂文屋村建舖貿易，搶去鄧孝子祀糧。新安縣遂「斷結勒石」，下令「文姓只可起做房屋，不得起舖」。同治十二年（1873），文屋村被颶風毀為平地，文屋村得大埔地區林村、下坑、粉嶺、汀角、船灣、翕和及樟樹灘七約鄉民支持，招商合作，重建屋舖。當時舊墟主事又入稟新安縣衙門投訴，但文屋村家園被毀，必需重建，況且得七約鄉民支持；而且文屋村重建屋舖又在河西岸，並無越界，是以縣官未有理會舊墟投訴。光緒十八年（1892），七約鄉民共同入稟縣官，要求

建立新墟市。縣官於是到大埔視察，並批准建立新墟，命名為太和市。為安撫舊墟的鄧氏墟主，縣官在該地天后廟中立一告示，嚴禁文族越界至舊墟建舖。該碑刻告示至今仍在廟內。[97]

太和市出現的時間較晚。根據《馬氏族譜》，該處墟市建於光緒十九年（1893）。其後不久英國租借新界，並於 1909 年興建九廣鐵路，設大埔站於太和市。太和市得到交通便捷的地利，遂取代舊墟地位，成為晚清大埔最大市集。[98]

清代九龍半島亦有一定程度的商業發展。九龍城侯王廟內道光二年（1822）所立《重修楊侯王宮碑記》，題助芳名中有義和店、永合店等一百一十多家店舖，乃九龍城市集商業活動的歷史印證。[99]

第五節　英佔以前香港社會的發展

族群結構

英佔以前香港居民主要有本地、客家、疍家、鶴佬四個族群。本地族群本來生活在中國嶺南以北地域，南宋以來陸續南移定居於廣東，然後再移居香港。這批移民在香港使用的方言屬於粵語系統，是一種與廣州話有相當差別的「圍頭話」（或稱「本地話」）。「圍頭話」與東莞一帶的「本地話」（以莞城話為代表）從口音到用詞都非常接近。[100] 據香港輔政司駱克（James Stewart Lockhart）1898 年統計，新界的本地人人口有 64,140 人，聚居於 161 個村莊裏，主要分佈在深圳河和元朗河（又名山貝河）谷地，務農為生，亦能經商。[101]

客家人祖輩相傳是中原漢族，在不同歷史時期陸續遷徙至華南各地，通用方言為客家話，也有獨特的風俗習慣和建築特色。駱克的統計資料顯示，新界客家村莊有 255 個，人口 36,070 人。客家人節儉持家，克苦耐勞，生計以務農和採石為主。一般而言，本地和客家各有自己同一族群人村莊，亦有少數村莊出現本地與客家混居的情況。[102]

疍家是以船為家的漢族族群，獨立存在，不屬於漢族中的廣府民系。廣東疍家人的母語為粵方言中的疍家話，語音與粵語廣州話相近，但辭彙並不盡同。疍家居住在溪流、港口、水道和島嶼上；諳熟水性，善於操縱木船和小船，主要從事漁業。疍家飄泊江湖河海，自古以來遭陸地居民歧視。

鶴佬亦稱福佬或河洛人，先輩來自福建，其後聚居於粵東潮汕、海陸豐一帶，最後移居香港，成為香港另一類漁民。鶴佬的方言是「福佬話」，即粵東腔的閩南話，被認為是新界最難懂的方言。[103]

表 1.1　1898 年新界族群分佈表 [104]

分區	本地村莊數目	人口	客家村莊數目	人口	疍家村莊數目	人口
沙頭	4	5,000				
深圳	20	12,900	6	1,180		
沙頭角	1	70	54	8,530		
元朗	49	20,980	10	2,040		
雙魚	60	10,210	122	10,660		
九龍	22	5,830	32	9,200		
島嶼	5	9,150	31	4,460	7	110
合計	161	64,140	255	36,070	7	110

表 1.2　1911 年新界方言人口統計表 [105]

分類	人數
本地	47,990 人
客家	44,374 人
鶴佬	1,444 人
其他	438 人
合計	94,246 人

　　駱克《香港殖民地展拓界址報告書》中並未列出鶴佬族群，鶴佬稍後被列入《1911 年香港殖民地人口統計報告》（*Report on the Census of the Colony 1911*）之中，大致可以看出鶴佬在清代新界人口構成中所佔的比例。

社會狀況

　　明清香港居民與同時期的中國族群一樣，以宗族為核心，擁有宗祠、土地等宗族共有財產。中國族群的太公嘗產，有「祖」和「堂」的區別。以「祖」的名義登記的祖嘗，表示財產屬於宗族內某個祖先，凡是該祖的後裔都有權享用其財產。以「堂」的名義登記的物業，則指子孫自立門戶所建私房的財產，此種財產只由份屬該「堂」的子孫享有。「堂」可以由具有血緣關係的兄弟建立，也可以由異姓的宗族合作建立。[106]

　　宗族的族長一般由輩分最高和最年長的族人擔任，其下是各房的房長；房數多寡視乎該族的開基祖誕下兒子的數目而定。族長和房長是名義上的領袖，其重要性主要體現在禮儀方面，實權則掌握在司理

手中。「祖」和「堂」均設有司理，司理的人數可以多於一個。司理負責管理「祖」和「堂」的嘗產，職責包括交地稅、收田租、管理賬目、主持春秋二祭、打掃祖祠等。[107]

清初，海盜頻繁侵犯新安沿海地區，居民紛紛修築圍牆及礮樓自保，因此出現圍村及圍屋的建築風格。香港地區最早的圍村約建於康熙年間，其中最有代表性的是錦田吉慶圍，其型制與廣東沿海地區的廣府圍村相同。乾隆以後，客家人士入遷者日眾，其圍屋型制則與東江一帶相同，以建於乾隆年間的荃灣「三棟屋」為代表。同治年間建造的沙田山廈圍「一貫世居」，碩大宏偉，冠絕新界。[108]

為確保鄉村安全並維護地區利益，居民常與鄰近村落組織鄉村聯盟，稱為鄉約。鄉約之間時有械鬥，客家人稱之為「打傢伙」。新界地區較著名的鄉約有打鼓嶺六約、打鼓嶺四約、沙頭角十約、報德祠舊約、新約、沙田九約、大埔墟七約、元朗（錦田）八鄉、元朗十八鄉、屯門忠義堂等。這些鄉約補充了地方政府保安力量的不足，對維持香港社會的安定發揮積極的作用。[109]

人才培養

英佔以前的香港雖然地處偏遠，但有條件的居民都會興辦教育，培育人才參與科舉考試。宋朝時有錦田鄧符協聚眾講學，曾在桂角山下創設力瀛書院，其基址於清初尚存。[110] 力瀛書院的始創年代，早於廣東省著名書院廣州禺山書院及番山書院等，可見香港地域文明發展並不遜內地。[111] 目前香港仍能確認位置並追溯歷史源頭的清代書院至少有 49 處；包括廈村 2 處、屏山 7 處、八鄉 5 處、錦田 7 處、沙田 3 處、沙頭角 4 處、上水 8 處、粉嶺 2 處、龍躍頭 2 處、大埔 6 處、荃

灣 3 處。[112] 云云書院之中，比較著名的有康熙年間錦田鄧氏創辦的周王二公書院、同治年間屏山鄧氏創辦的覲廷書室、清初上水廖氏創辦的應龍廖公家塾、乾隆以後九華徑曾氏創辦的養正家塾等。清代的學校確實培養出不少人才。據嘉慶《新安縣志》統計，從南宋到清嘉慶二十三年（1818）之間，新界本土及離島人士考取功名的有甲科進士 1人、鄉試中式 11 人、恩貢 4 人、歲貢 9 人、例貢及增貢 60 人、例職17 人。[113] 其中錦田鄧文蔚在康熙二十四年（1685）乙丑科會試中式第68 名，是為香港進士第一人。廣東巡撫李士楨特此為鄧文蔚題寫進士牌匾，至今仍懸挂在錦田永隆圍，光宗耀祖。

民間習俗

明清時期香港居民按時令季節奉行中國傳統民間習俗，例如祖先崇拜、諸神崇拜、太平清醮、盂蘭勝會等，體現出家族與民族的凝聚力。不少習俗一直流傳至今，部份如長洲太平清醮、香港潮人盂蘭勝會、大坑舞火龍等更名列國家級非物質文化遺產名錄，極具價值。[114]

香港居民重視孝道、崇敬祖先。除了在住所內供奉先人神主牌位，亦普遍在村內修築祠堂，供奉家族先人神主牌位，並舉行祭祀活動，以體現中國人「慎終追遠」的傳統觀念。香港具規模的祠堂有廈村鄧氏宗祠、屏山鄧氏宗祠、錦田清樂鄧公祠、錦田鎮銳鋗鄧公祠、龍游尹泉菴鄧公祠、松嶺鄧公祠、居石侯公祠、粉嶺彭氏宗祠、廖萬石堂、麟峰文公祠、文氏宗祠、萃野文公祠、明遠堂、明德堂等。[115] 部份祠堂歷史價值超然，名列香港法定古蹟，由政府依法保護。

香港的船民、漁民以及沿海聚居的農民和中國沿海其他許多地區的居民一樣，視天后為守護神。香港現存規模較大的天后廟超過 50

座，[116] 除了據說建於宋代的佛堂門天后廟外，絕大部分修建於清代。今日香港漁民所餘無幾，但新界原居民仍視每年農曆三月廿三日的天后誕辰為重大節日，各區天后廟均有地區團體舉行盛大慶祝活動。元朗的大型花炮會景巡遊以及西貢糧船灣天后古廟的漁船巡遊極具特色，成為現代香港不少市民熱烈參與的節慶活動。

「打醮」亦是明清時期本地流行的民間信仰活動。「醮」是通過道士、和尚為媒介與鬼神溝通的大規模祭祀儀式，「打醮」就是舉行祭祀。在香港，除了沙頭角的吉澳、西貢的高流灣及塔門等地稱為「安龍清醮」外，大部分的醮都稱為「太平清醮」。「太平清醮」和「安龍清醮」都是祈求地方平安的「祈安醮」。打醮的頻率因地而異，一般地區每隔十年舉行一次，上水廖氏每六十年一次，為香港之最；新田文氏每三年一次。長洲則每年一次。長洲的打醮加插會景巡遊和搶包山活動，近年漸成香港的主要民間風俗，吸引無數本地和外地遊客到來觀看盛會。[117]

注釋

1. 2004 至 2005 年香港考古學會與中山大學嶺南考古研究中心對香港西貢黃地峒遺址進行發掘，發現 3,600 多件石器。發掘者認為該遺址早期遺存距今約 40,000 年，即舊石器時代晚期。後來有學者再次檢測黃地峒的石器樣品，認為該文化堆積的年代僅為距今約 7,700 至 2,500 年。也有學者在實地考察後，認為黃地峒出土的石器不具備舊石器時代文化的特徵。香港考古學家鄧聰教授認為，黃地峒出土石器年代，與鄰近的沙下遺址新石器時代晚期的年代大致相當。他還在其著作中寫道：「1994 年香港考古學會在西貢滘西洲的山崗，發現一些打製石片，並採樣進行了碳十四測年，所得資料為七千年左右」。（參看王國華主編、蕭國健、鄧聰等著《香港文化發展史》第 27-29 頁）本書採用傳統的說法，認為香港的歷史可追溯到約 7,000 年前。

2. 羅香林等：《一八四二年以前之香港及其對外交通 —— 香港前代史》，香港：中國學社，1959 年，第 5 至 6 頁。嘉慶二十四年刊行的《新安縣志》認為為本地區在漢和三國時屬博羅縣管轄。羅香林教授考證後，否定了縣志的說法。本書採用羅香林教授的看法。

3. 《晉書》，志第五卷〈地理下〉，第 9 頁，載《縮印百衲本二十四史·晉書》，北京：商務印書館，1958 年，第 4945（113）頁；東莞市地方志編志編纂委員會編：《東莞市志》，廣州：廣東人民出版社，1995 年，第 70 頁；羅香林等：《一八四二年以前之香港及其對外交通 —— 香港前代史》，香港：中國學社，1959 年，第 6 頁。

4. 羅香林等：《一八四二年以前之香港及其對外交通 —— 香港前代史》，香港：中國學社，1959 年，第 6 頁。

5. 安志敏：〈香港考古的回顧與展望〉，《考古》，1997 年第 6 期，第 4 至 5 頁。王國華主編、蕭國健、鄧聰等著：《香港文化發展史》，香港：中華書局（香港）有限公司，2014 年，第 32 至 33 頁。

6. 楊建芳：〈從考古發現看香港古代文化及其淵源〉，見蕭國健、游子安主編：《鑪峰古今 —— 香港歷史文化講座 2012》，香港：珠海學院香港歷史文化中心，2013 年，第 7 至 11 頁。

7. 王國華主編、鄧聰、蕭國健等著：《香港文化發展史》，香港：中華書局（香港）有限公司，2014 年，第 33 至 39 頁。

8. 王國華主編、鄧聰、蕭國健等著：《香港文化發展史》，香港：中華書局（香港）有限公司，2014 年，第 54 至 55 頁。

9. 香港古物古蹟辦事處、中國社會科學院考古研究所：〈香港馬灣島東灣仔北史前遺址發掘簡報〉，《考古》，1999 年第 6 期，第 1、14、15 頁。

10. 楊式挺：〈香港與廣東大陸的歷史關係〉，《嶺南文史》，1983 年第 2 期，第 3 頁。

11. 鄧聰：〈從東亞考古學角度談香港史前史重建〉，《中國文物報》，1996 年 1 月 21 日。

12. 香港歷史博物館編：《李鄭屋漢墓》，香港：香港歷史博物館，2005 年，第 76 頁。

13. 羅香林等：《一八四二年以前之香港及其對外交通 —— 香港前代史》，香港：中國學社，1963 年，第 231 頁。

14. 屈志仁：《李鄭屋漢墓》，香港：香港市政局，1970 年，中文部分第 5 至 6 頁、第 9 頁。

15. 羅香林等：《一八四二年以前之香港及其對外交通 —— 香港前代史》，香港：中國學社，1963 年，第 221 頁。

16. 王國華主編，蕭國健、鄧聰等著：《香港文化發展史》，香港：中華書局（香港）有限公司，2014 年，第 115 至 123 頁。

17. 商志譚：《香港考古論集》，北京：文物出版社，2000 年，第 157 頁。

18. 香港歷史博物館編：《李鄭屋漢墓》，香港：香港歷史博物館，2005 年，第 28 至 29 頁。

19. 香港歷史博物館編：《李鄭屋漢墓》，香港：香港歷史博物館，2005 年，第 54 頁；楊式挺：《嶺南文物考古論集》，廣州：廣東省地圖出版社，1998 年，第 345 至 346 頁。

20. 香港古物古蹟辦事處：〈香港澳門五十年來的考古收穫〉，《新中國考古五十年》，北京：文物出版社，1999 年，第 501 至 524 頁。

21. 廣東省地方志辦公室輯：《廣東歷代方志集成》廣州府部〔二十四〕【民國】陳伯陶纂修：《東莞縣志》，卷二十九〈前事略一〉，廣州：嶺南美術出版社，2006 年，第 310 頁。

22. 釋慧皎：《高僧傳》，卷十〈神異下〉，北京：中華書局，1992 年，第 384 頁。

23. 廣東省地方志辦公室輯：《廣東歷代方志集成》廣州府部〔二十六〕【康熙】靳文謨修、鄧文蔚纂：《新安縣志》，卷十二〈藝文志〉、卷十三〈雜志・僊釋〉，廣州：嶺南美術出版社，2006 年，第 170、176 至 177 頁。

24. 許地山：〈香港考古述略〉，《許地山集》，瀋陽：瀋陽出版社，1998 年，第 683 頁；羅香林等：《一八四二年以前之香港及其對外交通 —— 香港前代史》，香港：中國學社，1963 年，第 36 至 37 頁。

25. 張一兵：《深圳古代簡史》，北京：文物出版社，1997 年，第 87 頁。

26. 歐陽修、宋祁：《新唐書》，卷四十三下，北京：中華書局，1975 年，第 1153 頁。

27. 羅香林等：《一八四二年以前之香港及其對外交通 —— 香港前代史》，香港：中國學社，1963 年，第 22 頁。

28. 周去非：《嶺外代答》，卷三「航海外夷」條，上海：上海遠東出版社，1996 年，第 70 頁。

29. 羅香林等：《一八四二年以前之香港及其對外交通 —— 香港前代史》，香港：中國學社，1963 年，第 20 頁。

30. 歐陽修、宋祁：《新唐書》，卷四十三上，北京：中華書局，1975 年，第 1095 頁。

31. 王溥：《唐會要》，卷七十三，台北：世界書局，1982 年，第 1321 頁。

32. 王國華主編，鄧聰、蕭國健等著：《香港文化發展史》，香港：中華書局（香港）有限公司，2014 年，第 128 至 129 頁。

33. 蔣之奇：〈杯渡山紀略〉，載廣東省地方史志辦公室輯：《廣東歷代方志集成》廣州府部〔二十六〕【嘉慶】舒懋官修、王崇熙纂：《新安縣志》，卷二十三〈藝文志二〉，廣州：嶺南美術出版社，2006 年，第 458 頁。

34. 屯門砦的設置一直保留到明初洪武三年（1370）併入固城砦為止。見阮元：《廣東通志》〔二〕，卷一百二十四〈海防略二〉，上海：上海古籍出版社，1990 年，第 2380 頁。

35. 鄧聖時：《屏山鄧族千年史探索》，香港：鄧廣賢，1999 年，第 32 頁；廣東省地方史志辦公室輯：《廣東歷代方志集成》廣州府部〔二十六〕【嘉慶】舒懋官修、王崇熙纂：《新安縣志》，卷二十一〈人物志三·流寓〉，廣州：嶺南美術出版社，2006 年，第 436 頁。

36. 侯子城：《金錢村侯氏族譜》，道光十二年（1832）。另見譚思敏：《香港新界侯族的建構：宗族組織與地方政治和民間宗教的關係》，香港：中華書局（香港）有限公司，2012 年，第 21 頁。

37. 《寶安縣粉嶺彭氏族譜》；蕭國健：《香港新界家族發展》，香港：顯朝書室，1991 年，第 84 頁。

38. 羅香林等：《一八四二年以前之香港及其對外交通 —— 香港前代史》，香港：中國學社，1963 年，第 67 至 72 頁。

39. 廣東省地方史志辦公室輯：《廣東歷代方志集成》廣州府部〔一〕【大德】陳大震、呂桂孫纂修：《南海志》，卷十〈兵防〉，廣州：嶺南美術出版社，2006 年，第 35 頁。

40. 蕭國健：《香港古代史》，香港：中華書局（香港）有限公司，2006 年，第 95 至 96、106 頁。

41. 廖翰芬：《廖氏族譜》，1929 年；蕭國健：《香港古代史》，香港：中華書局（香港）有限公司，2006 年，第 96 頁。

42. 蘇萬興：《衙前圍 —— 消失中的市區最後圍村》，香港：中華書局（香港）有限公司，2013 年，第 32 至 33 頁。

43. 王國華主編，蕭國健、鄧聰等著：《香港文化發展史》，香港：中華書局（香港）有限公司，2014 年，第 138 頁。

44. Hal Empson, *Mapping Hong Kong: A Historical Atlas*, Hong Kong: Govt. Printer, 1992, pp. 16, 83.

45. 廣東省地方史志辦公室輯：《廣東歷代方志集成》省部〔二十六〕【萬曆】郭棐纂修：《粵大記》，廣州：嶺南美術出版社，2006 年，第 540 至 541 頁。

46. 陳文輔：〈都憲汪公遺愛祠記〉，載廣東省地方史志辦公室輯：《廣東歷代方志集成》廣州府部〔二十六〕【嘉慶】舒懋官修、王崇熙纂：《新安縣志》，卷二十三〈藝文志二〉，廣州：嶺南美術出版社，2006 年，第 460 頁；Anders Ljungstedt, *An Historical Sketch of the Portuguese Settlements in China; and of the Roman Catholic Church and Mission in China*, Boston: James Munroe & Co., 1836, p. 6.

47. 羅香林等：《一八四二年以前之香港及其對外交通 —— 香港前代史》，香港：中國學社，1963 年，第 26 至 27 頁。

48. 陳文輔：〈都憲汪公遺愛祠記〉，載廣東省地方史志辦公室輯：《廣東歷代方志集成》廣州府部〔二十六〕【嘉慶】舒懋官修、王崇熙纂：《新安縣志》，卷二十三〈藝文志二〉，廣州：嶺南美術出版社，2006 年，第 460 至 461 頁。

49. 陳文輔：〈都憲汪公遺愛祠記〉，載廣東省地方史志辦公室輯：《廣東歷代方志集成》廣州府部〔二十六〕【嘉慶】舒懋官修、王崇熙纂：《新安縣志》，卷二十三〈藝文志二〉，廣州：嶺南美術出版社，2006 年，第 461 頁。

50. 黃鴻釗：《澳門簡史》，香港：三聯書店（香港）有限公司，1999 年，第 35 至 36 頁；彭全民：〈汪鋐與「佛朗機」之緣〉，載深圳博物館：《深圳博物館開館十周年紀念文集》，北京：中華書局，1998 年，第 191 至 205 頁。亦有說法謂葡人所佔地為東涌，見吳志良、湯開健、金國平：《澳門編年史》，卷一，廣州：廣東人民出版社，2009 年，第 18 頁。

51. 廣東省地方史志辦公室輯：《廣東歷代方志集成》廣州府部〔二十六〕【嘉慶】舒懋官修、王崇熙纂：《新安縣志》，卷一之二〈人物志一・行誼〉，廣州：嶺南美術出版社，2006 年，第 411 頁。

52. 廣東省地方史志辦公室輯：《廣東歷代方志集成》省部〔三〕【嘉靖】黃佐纂修：《廣東通志》，卷三十二〈政事志五・弓兵〉，廣州：嶺南美術出版社，2006 年，第 811 頁。

53. 蕭國健：《香港新界家族發展》，香港：顯朝書室，1991 年，第 4 至 7 頁。

54. 廣東省地方史志辦公室輯：《廣東歷代方志集成》廣州府部〔二十三〕【雍正】周天成修、鄧廷喆、陳之遇纂：《東莞縣志》，卷十九〈沿革〉，廣州：嶺南美術出版社，2006 年，第 35 頁。廣東省地方史志辦公室輯：《廣東歷代方志集成》廣州府部〔二十六〕【嘉慶】舒懋官修、王崇熙纂：《新安縣志》，卷之八〈經政略・戶口〉，廣州：嶺南美術出版社，2006 年，第 310 頁。

55. 廣東省地方史志辦公室輯：《廣東歷代方志集成》廣州府部〔二十六〕【康熙】靳文謨修、鄧文蔚纂：《新安縣志》，卷十一〈防省志・初遷〉，廣州：嶺南美術出版社，2006 年，第 128 頁。

56. 廣東省地方史志辦公室輯：《廣東歷代方志集成》廣州府部〔二十六〕【嘉慶】舒懋官修、王崇熙纂：《新安縣志》，卷十三〈防省志・再遷〉，廣州：嶺南美術出版社，2006 年，第 362 頁。

57. 屈大均：《廣東新語》，北京：中華書局，1985 年，第 57 頁。

58. 廣東省地方史志辦公室輯：《廣東歷代方志集成》廣州府部〔二十六〕【嘉慶】舒懋官修、王崇熙纂：《新安縣志》，卷八〈經政略一・戶口〉，廣州：嶺南美術出版社，2006 年，第 310 至 311 頁。

59. 廣東省地方史志辦公室輯：《廣東歷代方志集成》廣州府部〔二十六〕【康熙】靳文謨修、鄧文蔚纂：《新安縣志》，卷十一〈防省志・遷復〉，廣州：嶺南美術出版社，2006 年，第 130 頁。

60. 廣東省地方史志辦公室輯：《廣東歷代方志集成》廣州府部〔二十六〕【嘉慶】舒懋官修、王崇熙纂：《新安縣志》，卷八〈經政略一・戶口〉，廣州：嶺南美術出版社，2006 年，第 310 至 311 頁。

61. 廣東省地方史志辦公室輯：《廣東歷代方志集成》廣州府部〔二十六〕【康熙】靳文謨修、鄧文蔚纂：《新安縣志》，卷十一〈防省志・遷復〉，廣州：嶺南美術出版社，2006 年，第 130 頁。

62. 羅香林等：《一八四二年以前之香港及其對外交通 —— 香港前代史》，香港：中國學社，1963 年，第 147、149 頁。

63. 羅香林：〈客家源流考〉，載香港崇正總會編：《崇正總會三十周年紀念特刊》，1950 年，第 29 頁。

64. 羅香林：〈客家源流考〉，載香港崇正總會編：《崇正總會三十周年紀念特刊》，1950 年，第 29 頁。

65. 劉義章主編：《香港客家》，桂林：廣西師範大學出版社，2005 年，第 47 頁。

66. 廣東省地方史志辦公室輯：《廣東歷代方志集成》廣州府部〔二十六〕【康熙】靳文謨修、鄧文蔚纂：《新安縣志》，卷三〈地理志・都里〉，廣州：嶺南美術出版社，2006 年，第 16 至 17 頁。

67. 廣東省地方史志辦公室輯：《廣東歷代方志集成》廣州府部〔二十六〕【嘉慶】舒懋官修、王崇熙纂：《新安縣志》，卷二〈輿地一・都里〉，廣州：嶺南美術出版社，2006 年，第 240 至 243 頁。

68. 蕭國健：《香港古代史》，香港：中華書局（香港）有限公司，2006 年，第 55 頁。

69. "Report by Mr. Stewart Lockhart on the Extension of the Colony of Hongkong", *The Hong Kong Government Gazette*, 8 April 1899, p. 539.

70. 廣東省地方史志辦公室輯：《廣東歷代方志集成》廣州府部〔二十六〕【嘉慶】舒懋官修、王崇熙纂：《新安縣志》，卷十一〈經政略四・屯田沿革〉，廣州：嶺南美術出版社，2006 年，第 352 頁。

71. 〈量地官克萊弗利致輔政司馬撒爾函〉，1860 年 7 月 19 日，載劉蜀永編著：《割佔九龍》，香港：三聯書店（香港）有限公司，1995 年，第 28 至 29 頁。

72. 廣東省地方史志辦公室輯：《廣東歷代方志集成》廣州府部〔二十六〕【嘉慶】舒懋官修、王崇熙纂：《新安縣志》，卷四〈山水略・水〉，廣州：嶺南美術出版社，2006 年，第 265 頁。

73. "Report by Mr. Stewart Lockhart on the Extension of the Colony of Hongkong", *The Hong Kong Government Gazette*, 8 April 1899, p. 539.

74. 廣東省地方史志辦公室輯：《廣東歷代方志集成》廣州府部〔二十六〕【嘉慶】舒懋官修、王崇熙纂：《新安縣志》，卷二〈輿地一・風俗〉，廣州：嶺南美術出版社，2006 年，第 232 頁。

75. A. R. Johnston, ESQ., Note on the Island of Hong Kong, in *The Hong Kong Almanack and Directory for 1846, with An Appendix*, Hong Kong: The China Mail, 1846, unpaged.

76. *The Chinese Repository,* Vol. 10, No. 5, May 1841, p. 289.

77. *Report on the New Territories 1899–1912*, Hong Kong: Govt. Printer, 1913, pp. 53–55.

78. 羅香林等:《一八四二年以前之香港及其對外交通 —— 香港前代史》,香港:中國學社,1963 年,第 48 至 50 頁。

79. 羅香林等:《一八四二年以前之香港及其對外交通 —— 香港前代史》,香港:中國學社,1963 年,第 10 頁。

80. 羅香林等:《一八四二年以前之香港及其對外交通 —— 香港前代史》,香港:中國學社,1963 年,第 71、99、100 頁。

81. 陶福添續修:屯門《陶姓族譜》,1984 年。

82.《鹽道禁革經紀碑》碑文,元朗舊墟大王古廟。

83. 區家發等:《香港大埔碗窰青花瓷窰址調查及研究》,香港:香港區域市政局,1997 年,第 128 至 130 頁。

84. 廣東省地方史志辦公室輯:《廣東歷代方志集成》廣州府部〔二十六〕【嘉慶】舒懋官修、王崇熙纂:《新安縣志》,卷三〈輿地略二‧物產〉,廣州:嶺南美術出版社,2006 年,第 251 頁。

85. 羅香林等:《一八四二年以前之香港及其對外交通 —— 香港前代史》,香港:中國學社,1963 年,第 114 頁。

86. "Report by Mr. Stewart Lockhart on the Extension of the Colony of Hongkong", *The Hong Kong Government Gazette*, 8 April 1899, p.544.

87. 白德 (Solomon Bard) 著,招紹瓚譯:《香港文物志》,香港:市政局,1991 年,第 93 頁。

88. 葉農:〈明清時期香港地區的工商業及發展〉,《歷史文獻與傳統文化》,1999 年第 7 期,第 124 頁。

89. 羅香林等:《一八四二年以前之香港及其對外交通 —— 香港前代史》,香港:中國學社,1963 年,第 172 頁。

90. *Report on the New Territories 1899–1912*, Hong Kong: Govt. Printer, 1913, p.55.

91. 郭永亮:《澳門香港之早期關係》,台北:中央研究院近代史研究所,1990 年,第 119 頁。

92. 葉農:〈明清時期香港地區的工商業及發展〉,《歷史文獻與傳統文化》,1999 年第 7 期,第 125 頁。

93. 葉農:〈明清時期香港地區的工商業及發展〉,《歷史文獻與傳統文化》,1999 年第 7 期,第 126 頁。

94. 廣東省地方史志辦公室輯:《廣東歷代方志集成》廣州府部〔二十六〕【康熙】靳文謨修、鄧文蔚纂:《新安縣志》,卷三〈地理志‧墟市〉,廣州:嶺南美術出版社,2006 年,第 20 頁。

95. 廣東省地方史志辦公室輯:《廣東歷代方志集成》廣州府部〔二十六〕【嘉慶】舒懋官修、王崇熙纂:《新安縣志》,卷二〈輿地一‧墟市〉,廣州:嶺南美術出版社,2006 年,第 233 頁。

96. 科大衞、陸鴻基、吳倫霓霞合編:《香港碑銘彙編》第一冊,香港:香港市政局,1986 年,第 86 至 89 頁。

97. 科大衞等、陸鴻基、吳倫霓霞合編:《香港碑銘彙編》第一冊,香港:香港市政局,1986 年,第 250 頁。

98. 吳倫霓霞:〈歷史的新界〉,載鄭宇碩編:《變遷中的新界》,香港:大學出版印務公司出版,1983 年,第 13 至 14 頁。科大衞、陸鴻基、吳倫霓霞合編:《香港碑銘彙編》第一冊,香港:市政局,1986 年,第 250 至 251 頁。

99. 科大衞、陸鴻基、吳倫霓霞合編:《香港碑銘彙編》第一冊,香港:市政局,1986 年,第 75 至 78 頁。

100. 張雙慶、莊初昇:《香港新界方言》,香港:商務印書館(香港)有限公司,2003 年,第 2 頁。

101. Report by Mr. Stewart Lockhart on the Extension of the Colony of Hong Kong, 1898, CO 882/5/22, p. 42.

102. Report by Mr. Stewart Lockhart on the Extension of the Colony of Hong Kong, 1898, CO 882/5/22, p. 42.

103. 張雙慶、莊初昇:《香港新界方言》,香港:商務印書館(香港)有限公司,2003 年,第 4、25 頁。

104. 本表根據駱克《香港殖民地展拓界址報告書》附件三重新編成。深圳區村莊在深圳河以北,九龍區實際指新九龍。蜑家人多居住在船上,人口資料不易採集齊全,此表上蜑家人的人口統計為約數,聊備參照。

105. Report on the Census of the Colony for 1911, Hong Kong Sessional Papers 1911, pp.21–22;本表係根據《1911 年香港殖民地人口統計報告》表 12、13 南北約的統計資料編製而成。

106. 邱東:《新界風物與民情》,香港:三聯書店(香港)有限公司,1992 年,第 7 至 9 頁。

107. 蘇亦工:《中法西用:中國傳統法律及習慣在香港》,北京:社會科學文獻出版社,2007 年,第 335、340 頁。

108. 蕭國健:《香港新界家族發展》,香港:顯朝書室,1991 年,第 33 頁。

109. David Faure, *The Structure of Chinese Rural Society: Lineage and Village in the Eastern New Territories Hong Kong*, Hong Kong, Oxford, New York: Oxford University Press, 1986, p. 100;蕭國健:《香港新界家族發展》,香港:顯朝書室,1991 年,第 34 頁。

110. 廣東省地方史志辦公室輯:《廣東歷代方志集成》廣州府部〔二十六〕【嘉慶】舒懋官修、王崇熙纂:《新安縣志》,卷四〈山水略〉,廣州:嶺南美術出版社,2006 年,第 260 頁。

111. 王齊樂:《香港中文教育發展史》,香港:三聯書店(香港)有限公司,1996 年,第 36 頁。

112. Alice Ng Lun Ngai-ha, "Village Education in the New Territories Region under the Ching", in David Faure, James Hayes and Alan Birch eds., *From Village to City: Studies in the Traditional Roots of Hong Kong Society*, Hong Kong: Centre of Asian Studies, University of Hong Kong, 1984, p.108.

113. 廣東省地方史志辦公室輯:《廣東歷代方志集成》廣州府部〔二十六〕【嘉慶】舒懋官修、王崇熙纂:《新安縣志》,卷十五至十七〈選舉表〉,廣州:嶺南美術出版社,2006 年,第 372 至 396 頁。

114. 〈國務院關於公佈第三批國家級非物質文化遺產名錄的通知〉,中央政府門戶網站,2011 年 6 月 9 日,www.gov.cn/zwgk/2011-06/09/content_1880635.htm。

115. 白德(Solomon Bard)著,招紹瓚譯:《香港文物志》,香港:香港市政局,1991 年,第 28 至 37 頁。

116. 廖迪生:《香港天后崇拜》,香港:三聯書店(香港)有限公司,2000 年,第 16 至 17、26 至 28 頁。

117. 蔡志祥:《打醮:香港的節日和地域社會》,香港:三聯書店(香港)有限公司,2000 年,第 10 頁;陳蒨:〈香港的民間傳統風俗〉,載王賡武主編:《香港史新編》增訂版下冊,香港:三聯書店(香港)有限公司,2017 年,第 960 頁。

第二章

英佔香港和殖民體系的確立

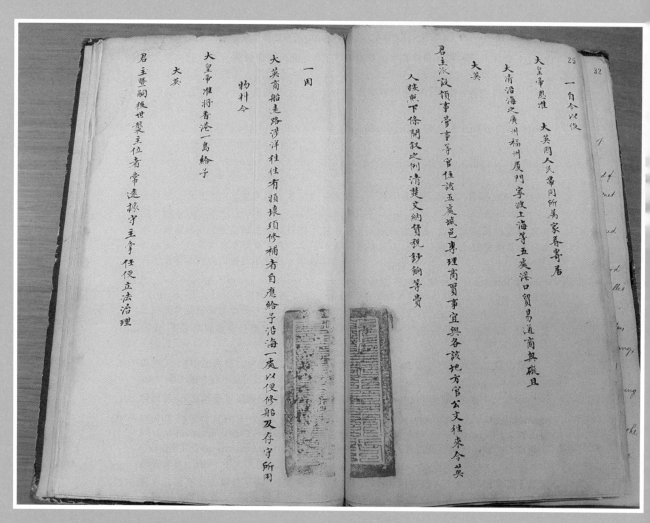

一 自今以後

大皇帝恩准 大英國人民帶同所屬家眷寄居

大清沿海之廣州福州廈門寧波上海等五處港口貿易通商無礙且

大英

君主派設領事管事等官住該五處城邑專理商賈事宜與各該地方官公文往來令英

人按照下條開敘之例清楚交納貨稅鈔餉等費

一因

大英商船遠路涉洋往往有損壞須修補者自應給予沿海一處以便修船及存守所用

物料今

大皇帝准將香港一島給予

大英

君主暨嗣後世襲主位者常遠據掌守主掌任便立法治理

中英《南京條約》關於割讓香港島的規定。（英國國家檔案館收藏的原件）

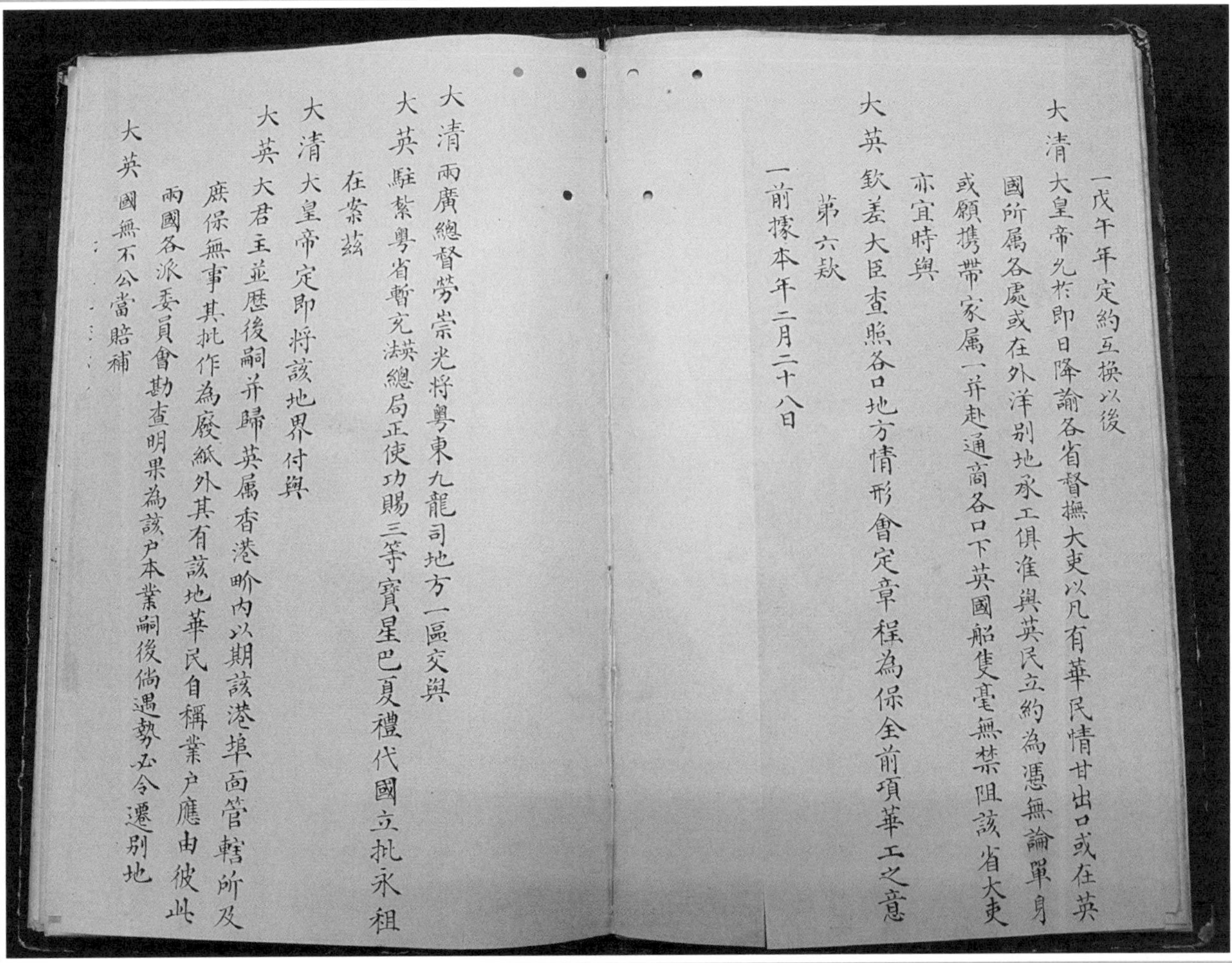

一戌午年定約互換以後

大清大皇帝允於即日降諭各省督撫大吏以凡有華民情甘出口或在英
國所屬各處或在外洋別地承工俱准與英民立約為憑無論單身
或願攜帶家屬一并赴通商各口下英國船隻毫無禁阻該省大吏
亦宜時與

大英欽差大臣查照各口地方情形會定章程為保全前項華工之意

　第六款

一前據本年二月二十八日

大英欽差大臣查照各口地方情形會定章程為保全前項華工之意

大清兩廣總督勞崇光將粵東九龍司地方一區交與

大英駐紮粵省暫充法總局正使功賜三等寶星巴夏禮代國立批永租

　在案茲

大清大皇帝定即將該地界付與

大英大君主並歷後嗣亦歸英屬香港畍內以期該港埠面管轄所及
庶保無事其批作為廢紙外其有該地華民自稱業戶應由彼此
兩國各派委員會勘查明果為該戶本業嗣後倘遇勢必令遷別地

大英國無不公當賠補

中英《北京條約》關於割讓九龍的規定。（英國
國家檔案館收藏的原件）

《展拓香港界址專條》粘附地圖。（英國國家檔案館收藏的原件）

1899 年中英雙方勘定新界北部陸界。圖為中方
代表王存善（左前方低頭站立者）和英方代表駱
克（手扶界樁者）在沙頭角海岸豎立界樁。（香
港政府檔案處照片）

香港第一位華人立法局議員伍廷芳。

香港第一位華人行政局議員周壽臣。

建於 1907 年的舊北區理民府。（劉蜀永攝於 2009 年）

鴉片戰爭和割讓香港島是中國近代史的轉捩點，也是香港近代史的起點，對中國社會和香港社會造成重大影響。經此一役，中國的大門逐漸向世界打開；香港也在一夜之間走進中國歷史視野的中心，逐漸成為中國近代一個舉足輕重的新興商港。不久，香港這個由外國人管治的華人社會開始在中國近現代史的發展中產生特殊作用，最終匯入歷史的洪流之中，推動中國傳統社會走上變革的道路。從鴉片戰爭開始，香港社會的發展和變化都與中國近現代史許多重大事件息息相關。兩次鴉片戰爭的歷史產物之一就是英國割佔港九。

　　鴉片戰爭期間，英國於 1842 年強迫清政府簽訂中英《南京條約》，割佔了香港島。第二次鴉片戰爭期間，英國於 1860 年強迫清政府簽訂中英《北京條約》，割佔了九龍半島南端和昂船洲。在列強瓜分中國、爭奪勢力範圍的背景之下，英國於 1898 年強迫清政府簽訂《展拓香港界址專條》，租借了新界。通過三個不平等條約，英國實現了對香港地區的佔領。

　　1843 年 4 月 5 日，英國維多利亞女皇（Queen Victoria）簽發《英皇制誥》，宣佈成立「香港殖民地」。6 月 26 日完成《南京條約》換約手續後，砵甸乍（Henry Pottinger）隨即按照這份「香港憲章」賦予的權力，宣佈就任香港總督，並且任命一批主要官員和太平紳士。不久以後，港督按照英皇 4 月 6 日簽發的《皇室訓令》的指示，成立行政局和立法局，大致上完成了香港管治架構的建設。英國接管新界之後，香港政府將香港法律應用於新界，但另設官署專門處理新界事務。英國租借新界之後最重要的措施，是將原居民的土地永業權變為永租權，並將新界土地納入香港的土地系統之中。

就體制而言，港督在殖民地範圍內享有至高無尚的權力。行政局和立法局是港督的諮詢機構，議員一直由港督委任，直至 1985 年，立法局才出現部分間接選舉產生的民選議員。佔香港人口大多數的華人長期被排斥在行政局和立法局之外。1880 年伍廷芳任非官守議員以後，立法局才開始有華人議員。1926 年周壽臣任非官守議員以後，行政局才開始有華人議員。

第一節　英佔香港

割佔香港島

英佔以前的香港是中國南方一處以漁農為業的濱海地域，因為地處邊陲而長期處於中國官方歷史的視界之外。當西方國家開拓世界市場的狂風巨浪席捲而來之時，香港因着歷史與地理的因素成為西方國家打開中國門戶的起點。有趣的是，開啟這大歷史里程的西方國家並非最先與中國較量的葡萄牙，而是英國。

英國是工業革命的先驅國家，自 17 世紀起不斷向海外擴張，與其他歐洲國家爭奪海上霸權和殖民地。到了 19 世紀初，英國已經是海上霸主，也因此成為為世界頭號殖民帝國。英國的海軍由歐洲往東方進發，在取得印度洋的控制權後再前往遠東，覬覦龐大而神秘的中國貿易市場。

事實上，英國早就希望在中國沿海取得一個海島作為立足點，可以不受中國政府監管而從事貿易，並以此為儲存貨物的基地。對於葡萄牙人一直獲准長期以澳門為居住地，英國羨慕不已。[1] 1792 年，英國政府派遣馬戛爾尼（Lord MaCartney）出使中國，正式向清朝政

府提出要求，把舟山附近一個沒有海防的小島讓給英商存放貨物和居住。乾隆皇帝按照常用的正規程序和禮節接見了馬戛爾尼，但拒絕了英國佔有中國土地的要求。[2]

1816 年，英國政府派遣阿美士德（Lord Amherst）為首的使團再次來華。使團曾在香港停留，並詳細調查過香港島及附近水域。隨團的史學家認為，從船舶進出的便利和陸地環繞的地形看，這個港口是世界上無與倫比的良港。[3]

1834 年 7 月 15 日，英國首任駐華商務總監督律勞卑（W. J. Napier）抵達中國。8 月 21 日，他致函格雷伯爵（Earl Grey）力陳香港島適合各種用途，並建議動用一支小型武裝力量佔領該島。[4]這封信函為日後英國以武力佔領香港島埋下了伏線。

律勞卑對香港的良好印象其實並非純粹出於個人喜好。早在 19 世紀 20 年代，英國東印度公司來華的船隻已經慣於停泊在香港海域。據《東印度公司編年史》記載，在 1829 年的冬天，該公司至少有六艘船停泊在香港水域。東印度公司將鴉片由印度運往珠江口的躉船然後出售給中國煙販，後者則以名為「快蟹」的小艇將鴉片銷往沿海各地。這些鴉片躉船平時大多停泊在伶仃洋一帶，到了颱風季節則移往金星門和香港水域。[5]

鴉片大量輸入中國，不僅使吸食者在身體和精神方面遭受毒害，更嚴重的問題是造成中國白銀大量外流，使中國對外貿易由入超變為出超，中國的社會經濟和國家財政遭受重大的破壞和損失。有鑑於此，道光皇帝於 1839 年 3 月派遣欽差大臣林則徐到廣東禁煙，強迫英美鴉片商交出煙土 20,000 多箱，並於 6 月 3 日在虎門海灘當眾銷

毀。[6] 英國駐華商務監督義律（C. Elliot）將英國在華人員和艦船集結在附近海面觀察事態發展。

同年 7 月 7 日，英船「考奈蒂克」號（*Cornatic*）和「滿加洛爾」號（*Mangalore*）的水手在九龍尖沙咀滋事並毆打當地居民，村民林維喜傷重死亡。兇案發生後，義律率先動手處理了事件。他首先付給林維喜之子林伏超 1,500 銀元喪葬費以平息事件，繼而在停泊於尖沙咀海面的英國船上設立臨時法庭審理案件。最後義律以未發現傷人致死的罪犯為由，對涉案水手從輕發落。

義律在中國領土上以英國法律審理涉及人命的案件，林則徐對此極表不滿；他要求英方交出兇手，按中國法律治罪；同時下令停止對澳門的英國人提供食品，撤走買辦及工人，更諭令澳門葡萄牙當局驅逐英國人出境。在禁售鴉片的大歷史背景下，一宗本來並不罕見的傷人致死糾紛演變成改變歷史的「林維喜事件」，並由此揭開中國近代史上中英兩國正面較量的序幕。[7]

虎門銷煙之後，中英兩國之間終於在香港及附近水域發生軍事衝突，包括九龍山之戰、穿鼻之戰和官涌之戰。這三次被視為鴉片戰爭前哨戰的較量，均以英方敗陣告終。林則徐以至中國朝野大概不會想到，中國將要為這三次小勝付出沉重的代價，並且影響深遠。

林則徐虎門銷煙和英軍的敗績震動了在華英商，也刺激起英國這海上霸主的神經。1840 年初，英國政府應英商要求，派出「東方遠征軍」對中國發動戰爭，史稱「鴉片戰爭」。同年 6 月，英國船艦 40 餘艘及士兵 4,000 人集結在香港島西南面的萬山群島，然後北上攻打福建廈門和浙江定海。[8] 到了 8 月中旬，當艦隊抵達離北京不遠的天津

白河口時，英國已經在這場以鴉片為主題的糾紛中佔了上風。義律向清朝政府投遞了外交大臣巴麥尊（Lord Palmerston）致清朝政府的照會，聲稱禁煙「褻瀆英國國家威儀」，並提出賠償煙價、割讓海島等要求。清朝政府驚慌失措，倉卒同意在廣東就地磋商，並派琦善為欽差大臣辦理對英交涉。[9]

英國發動這次戰爭的目的之一，其實就是要得到中國沿海的一個海島作為未來在華發展的基地。早在 1839 年春天，義律就曾經主張佔領舟山。鴉片戰爭初期，巴麥尊也認為浙江舟山群島鄰近長江入海口，有相當的地利，於是設定舟山為佔領的目標。1840 年 7 月，英軍攻佔定海後隨即派出重兵駐守舟山一償宿願。不過，舟山居民並不歡迎英軍，他們將各種生活必需品轉移出城以枯竭英軍的補給；同時，浙東有抗英組織不斷伏擊英軍，導致 20 多名英軍官兵被俘。英軍在舟山處境艱難，水土不服，陸續有士兵染病身亡。半年之間，英國駐守舟山的 3,000 軍人已經死去 450 人。可以預見，英軍長期佔領舟山將要動用極大的兵力。[10]

義律在回程的路上途經舟山，目睹了舟山英軍的困境，於是改變想法，將目標轉回廣東。1840 年 9 月 29 日，他致函巴麥尊提出將英軍撤出舟山，並建議「在廣州附近得到一個海島基地，並且在一種擴大的、穩固的、改善的基礎上在該地開闢貿易」。[11] 1840 年 12 月 12 日，義律作為英方全權代表，在廣東的中英交涉中提出賠償煙價 700 萬銀元，開放廣州、廈門、定海三口通商，並准許英軍在香港島臨時停駐。[12] 12 月 29 日，他進一步向清朝政府提出「在外洋割讓一個適當的地方，英國國旗可以在該處飄揚，就像葡萄牙國旗在澳門飄揚一樣」。[13]

對於義律提出的要求，清朝政府代表琦善尚未回覆，英軍已於 1841 年 1 月 6 日發兵奪取了大角和沙角炮台。義律在增添談判籌碼後，趁勢提出五項條件，其一是將沙角割讓給英國作為貿易及寄寓之所。[14] 琦善考慮到沙角在虎門口外，是廣州的第一重門戶，不敢允許；於是回覆英方，願意照義律早前要求「予給外洋寄居一所」，向道光皇帝奏請。[15] 義律見琦善語氣軟化，隨即提出「以尖沙嘴洋面所濱之尖沙嘴、紅坎（磡）即香港等處，代換沙角予給」。[16] 琦善還價謂尖沙咀與香港只能選擇一處。[17] 義律見目的已達，於是同意「以香港一島接收，為英國寄居貿易之所」。[18] 1841 年 1 月 20 日，琦善上奏道光皇帝，建議「仿照西洋夷人在澳門寄居之例，准其就粵東外洋之香港地方泊舟寄居」。[19] 中英雙方的談判至此終於得出結果，只等道光皇帝批准。結果道光皇帝並不同意割讓香港島，並將琦善撤職查辦。

道光皇帝的聖意在中國傳統政治體制中是一道不可逆轉的最高指令，按照中國的做法，中英雙方的談判理應告吹。不過，清朝政府上下都無法想像，英國竟然在談判的同時派兵佔領香港島。英軍「琉璜」號（*Sulphur*）艦長卑路乍（Edward Belcher）回憶説：

> 我們奉命駛往香港，開始測量。1841 年 1 月 25 日（星期一）上午 8 時 15 分，我們登上陸地。作為真正的首批佔領者，我們在佔領峰（Possession Mount）上三次舉杯祝女皇陛下健康。26 日艦隊到達，海軍陸戰隊登陸，在我們的哨站升起了英國國旗。司令官伯麥爵士在艦隊其他軍官陪同下，在陸戰隊的鳴槍聲和軍艦隆隆的禮炮聲中，正式佔領該島。[20]

英國在與中國談判尚未達成協議前出兵佔領了香港島，説明英國政府已經明白到己方在割地談判上佔了上風，取得中國土地只是早晚的事情，不如提早到手。結果一如所料，清朝政府不但無計可施，連起碼的外交抗議也沒有提出。義律於是趁着英軍佔領香港島的時機，

以實質的行動將佔領行動提升為既定事實。他甚至在沒有法律根據的情況下着手拍賣香港島的土地，並在島北岸的中心地帶建設名為「女皇城」（Queen's Town）的城市，開始鋪設沿海岸線東西伸延的馬路。至於英國人稱為「佔領角」（Possession Point）的登陸地點，卻因為地處香港島的西北部，沒有納入早期的城市發展計劃之中。佔領角後來反而被華人佔領，成為做小買賣的市集，一般稱為「大笪地」。

英國以軍事行動取得了實質的成果後，內閣在 1841 年 4 月 30 日決定停止廣東談判，擴大對華戰爭，並委派砵甸乍接替義律擔任駐華全權代表兼商務監督。外交大臣巴麥尊也在 5 月 31 日給砵甸乍的訓令中改變了重舟山輕香港的態度。他指出香港島在許多方面很有條件成為英國對華貿易的重要商業基地，並命令砵甸乍仔細考察香港島的自然位置，而且不能放棄該島。[21]

1841 年 8 月 20 日，砵甸乍乘船抵達香港。次日，他親率 14 艘艦船和 2,519 名士兵北上，先後佔領廈門、定海、鎮海和寧波。[22] 同時，他加快了香港島的建設步伐。鴉片商馬地臣（James William Matheson）率先在島上建成一座磚石結構的建築物，其他洋商也紛紛建造倉庫和住宅。不久，香港政府的幾座建築物和軍營也相繼落成。女皇城中還出現一個廣州市場（後改稱中央市場）。1842 年 2 月，砵甸乍宣佈將此前設在澳門的駐華商務監督署遷往香港島，確定了香港島在英國遠東商貿網絡上的樞紐地位。[23]

1842 年 6 月，砵甸乍集結從印度派來的英國增援部隊，再次揮軍北上進犯長江，並接連攻佔上海和鎮江，切斷南北漕運，最終於 8 月 9 日兵臨南京城下。[24] 這時候的道光皇帝眼見英軍勢如破竹，唯有妥

協。他沒有等到雙方的軍隊在長江沿岸分出勝負，就已經密令欽差大臣耆英和伊里布與英方就砵甸乍提出的要求協商議和的安排。[25]

1842 年 8 月 29 日，耆英和伊里布登上英國軍艦「皋華麗」號（*Cornwallis*），與砵甸乍簽訂中英《南京條約》，是為清朝政府與外國簽訂的第一條不平等條約。這一年，剛好是英國外交人員馬戛爾尼出使中國的五十周年。

《南京條約》的主要內容之一是中國割讓香港島予英國。清朝政府自然是在極度屈辱的情況下簽署了這條約。不過，條約中文版第三款的寫法卻很特別：

> 因大英商船遠路涉洋，往往有損壞須修補者，自應給予沿海一處，以便修船及存守所用物料。今大皇帝准將香港一島給予大英君主暨嗣後世襲主位者常遠據守主掌，任便立法治理。[26]

在英國軍艦和大炮的威脅下，清朝政府面對無法逆轉的局面，唯有在條約的行文上將被迫割讓香港島寫成體察英國無處修船之苦而恩賜「沿海一處」，以最無奈的方式保存了天朝的顏面。

割佔九龍

英國取得香港島之後，大大提升了對華貿易的效益；香港島北面海域亦逐漸變成一個繁忙的港口。在發展需要與地域安全兩重考慮下，英國密謀將海域對面的九龍半島納入其控制範圍。

九龍半島位於獅子山和筆架山的南面；境內丘陵起伏，沿岸則有較多平地；共有耕地 2,000 餘畝，以農業為主要生產模式。[27] 半島的

岬角尖沙咀與香港島的中環與灣仔隔海相望，是面向香港島的重要戰略位置。

尖沙咀的地理特點其實一直引起英國注意，至少在鴉片戰爭期間就有英國人鼓吹佔領九龍。反映英商意願的《廣州週報》(*Canton Press*)於 1842 年 5 月 7 日發文指出，九龍的海岸有良好的平地，比香港島更適合建造城市。[28] 同年 6 月 29 日，《泰晤士報》也附和說，儘管香港島應該保留，但九龍更適宜私人居住。[29]

英國軍方當然也注意到九龍半島在軍事和保安上的重要性。1847 年 8 月 14 日，英國遠東艦隊司令西摩 (M. Seymour) 在致皇家工兵司令的信函中指出，英國有迫切需要佔有九龍半島和昂船洲，以便為日益發展的香港社會提供安全保障和必需的供應。[30]

1856 年，英國終於遇上將九龍納入殖民地的大好機會。這年 10 月，中國商船「亞羅」號 (*Arrow*) 因窩藏海盜，12 名水手在廣州黃埔被中國水師拘捕。英國駐廣州代理領事巴夏禮 (H. S. Parkes) 趕到現場後，聲稱「亞羅」號是英國船並領有香港政府頒發的執照，企圖阻止中國水師捉人。其實事發時該船的香港執照已經過期，不過巴夏禮仍然照會兩廣總督葉名琛，指責中國水師違反《虎門條約》兼且侮辱英國國旗，要求送回被捕人員並賠禮道歉。這件史稱「亞羅號事件」的中英糾紛迅即演變成第二次鴉片戰爭的導火線。[31] 英國借此事件出兵攻佔珠江沿江炮台，並一度攻入廣州城。1857 年 4 月 20 日，英軍襲擊九龍寨城，將大鵬協副將張玉堂挾持到香港島，要求引渡抗英人士；奪取九龍一事隨之提上了英國的議事日程。[32]

1857 年 12 月，英法聯軍進攻廣州，清軍不戰而撤。次年 1 月，兩廣總督葉名琛被俘；廣東巡撫柏貴、廣州將軍穆克納德投降。英法聯軍任命英國駐廣州領事巴夏禮等三人擔任「大英法會理華洋政務總局正使司」（Allied Commissioners for the Government of Canton），對廣州實行軍事統治，並監督和指揮柏貴履行傀儡政權職能。

1858 年春，參加對華戰爭的英國軍官「加爾各答」號（HMS *Calcutta*）艦長霍爾（W. K. Hall）、駐廣州英軍司令斯托賓齊少將（C. van Straubenzee）等建議立即佔領九龍，並得到英國政府贊同。1858 年 6 月 2 日，外交大臣馬姆斯伯里（Malmesbury）命令駐華全權特使額爾金（Earl of Elgin）把握機會，盡力從中國政府手中取得九龍岬角和昂船洲；如果兩者無法兼得，則至少要得到九龍岬角。[33]

1859 年 6 月，英法聯軍在大沽慘敗。英國內閣得知後，連續召開會議商討對策，最後決定運用外交手段甚至武力迫使中國政府同意英國公使進駐北京。[34] 英國隨即從本土增派海軍，並在印度集結陸軍 10,000 人，準備和法國聯手對中國採取更大規模的軍事行動。英國在遠東的官員眼見形勢大好，都想利用這次增派援軍的時機實現佔領九龍半島的夙願。

1860 年 3 月 18 日，在克靈頓中將（J. H. Grant）的指揮下，英軍第 44 團特遣隊強行佔據了尖沙咀一帶，以既定事實左右中國政府的態度。到了 4 月，幾乎每天都有艦船運載英、法軍隊抵達九龍半島南部駐紮。一時之間在阡陌縱橫的九龍半島上，軍用帳篷星羅棋佈；九龍和香港島之間的海港亦充滿英、法的艦船。[35] 英軍在九龍半島為北上作戰做好各項準備工作，包括訓練錫克族騎兵，並測試新式武器阿姆

斯特朗炮的威力和精確性。[36] 這批軍隊一直逗留到 5 月 19 日才離開香港北上作戰。

就在佔領九龍的同時,英國駐廣州領事巴夏禮在香港就租借九龍半島的問題與克靈頓和港督羅士敏(Hercules Robinson)磋商。3 月 20 日下午,巴夏禮在廣州將照會當面呈交兩廣總督勞崇光,指出九龍半島的混亂狀態為維護英國的利益帶來不便,在採取永久性措施克服這一困難之前,建議租借這處地方。他用指示下級的語氣説:「兩廣總督要做的事情,就是正式同意英方的安排,並提出履行租約時應繳納的租金數目。」[37] 巴夏禮的照會其實是為勞崇光設定的劇本。當時廣州城仍在英法聯軍佔領之下,勞崇光名為兩廣總督,實際上是聯軍任命的管制委員會操縱下的傀儡。勞崇光按照劇情安排,在未向中央政府奏報的情況下即日回覆巴夏禮,應允英國「暫時租借和駐軍保護該地」。[38]

1860 年春季,英國政府再次任命額爾金為全權特使,前往中國以武力解決換約等問題。這時候租借九龍的消息尚未傳到倫敦,而英國政府已經定下強迫中國割讓九龍半島的方針。外交大臣羅素(J. Russell)寫信囑咐額爾金,務必在與中國簽訂的新條約中作出割讓九龍半島的規定。[39]

1860 年 8 月,英法聯軍攻佔天津,隨後於 10 月 6 日攻抵北京西郊海淀和圓明園。咸豐皇帝早於 9 月下旬逃往熱河避難,把恭親王奕訢留在北京議和。10 月 13 日,英法聯軍佔領安定門,德勝門守軍四散;清朝的京城即時暴露於外國軍隊的炮口之下。16 日,額爾金向奕訢發出最後通牒,限期簽訂中英《續增條約》(即中英《北京條約》)和交換中英《天津條約》批准書,否則英軍將奪取皇宮並採取其他措施。

為了掠奪珍貴文物並迫使清朝政府盡早接受投降條件，英法聯軍在圓明園大肆搶劫，並於 18、19 日兩天縱火焚燒園內的殿堂樓閣。清朝前後六代皇帝經營一百五十多年的世界名園瞬間變成一片廢墟。[40]

在英法兩國軍事和外交的雙重壓力之下，恭親王奕訢表示完全接受投降的條件；額爾金看到這是割佔九龍半島的最佳時機。換約前夕，英方突然要挾在中英《北京條約》中增加三條，其中第一條就是「廣東九龍司地方併歸英屬香港界內」。奕訢毫無議價的餘地，只好一概應允。

1860 年 10 月 24 日，奕訢與額爾金在北京交換了中英《天津條約》批准書並簽署了中英《北京條約》；後者第六款規定：

> 前據本年二月二十八日（1860 年 3 月 20 日），大清兩廣總督勞崇光，將粵東九龍司地方一區，交與大英駐紮粵省暫充英、法總局正使功賜三等寶星巴夏禮，代國立批永租在案。茲大清大皇帝定即將該地界，付與大英大君主並歷後嗣，併歸英屬香港界內，以期該港埠面管轄所及，庶保無事。其批作為廢紙外，其有該地華民自稱業戶，應由彼此兩國，各派委員會勘查明，果為該戶本業，嗣後倘遇勢必令遷別地，大英國無不公當賠補。[41]

「九龍司地方一區」在該條約英文版中的表述是「that portion of the township of Cowloon [Kowloon]」。按照條約第六款的規定，中國新安縣九龍司的一部分領土，即今日九龍界限街以南的部分（包括昂船洲在內）割讓予英國；今日九龍東西主幹道之一的界限街就是當年英國割佔九龍的歷史見證。[42]

租借新界

英國割佔九龍之後，香港進一步發展成為英國在遠東的商貿重鎮；隨着列強不斷覬覦中國的利益，英國也積極計劃在華擴大勢力。英國和香港軍商兩界很早就有拓界的呼聲。1894年，中日甲午戰爭爆發，清朝政府節節敗退；香港政府認為機會難得，於是向英國提出展拓界址的主張。1894年11月9日，港督威廉‧羅便臣（William Robinson）寫信給英國殖民地大臣里彭侯爵（The Marquess of Ripon），建議將香港界址拓展至大鵬灣到深圳灣一線，並將加普礁、橫瀾島、南丫島以及距香港3海里以內的所有島嶼割讓給英國。他認為「應當在中國從受到打擊和遭遇失敗中恢復過來以前，向她強行提出這些要求」。[43]

中日甲午戰爭後遠東局勢發生重大變化。俄、法、日、德等國登上了列強在遠東角逐的舞台，英國在中國近乎壟斷的地位受到挑戰。英國和香港軍商兩界要求拓界的呼聲越來越強烈。不過，由於英國在近東、中非和南非正同歐洲列強激烈角力，加上首相梳士巴利（Lord Salisbury）認為在中國瓜分勢力範圍於英國不利，因此拓界一事並無寸進。1898年3月，清朝政府先後與德、俄兩國簽訂《膠澳租界條約》及《旅大租地條約》；這事件引起了英國輿論的強烈反應。議員在議會中責怪政府將派往旅順口的英國軍艦撤走，讓俄國人獨佔該地；《泰晤士報》則責難梳士巴利對俄國軟弱。殖民地大臣張伯倫（J. Chamberlain）也主張在同列強的競爭中採取堅決態度，認為必須「堅持帝國的擴張，否則將永遠失去機會」。[44] 為了避免在爭奪中落後，梳士巴利內閣開始調整對華政策，參與在華租借地的爭奪。

1898 年 3 月 7 日，法國向清政府提出租借廣州灣等要求。3 月 17 日，英國駐華公使竇納樂（C. W. MacDonald）報告說，法國已要求總理衙門保證將雲南、貴州、廣西、廣東作為法國的勢力範圍；如果此項要求得逞，未來展拓香港界址將無法實現。[45] 3 月 28 日，英國政府指示竇納樂，要求他從清朝政府取得保證，如果法國租借廣州灣，英國隨時可以要求展拓香港界址。[46]

1898 年 4 月 2 日，租借新界的中英談判在北京展開；英方代表竇納樂對中方代表總理衙門大臣奕劻明確表示，香港殖民地希望展拓界址以為保衛香港之計。[47] 第二天，竇納樂會晤中方代表李鴻章，再次提出展拓香港界址。李鴻章表示如果展拓範圍不大，可以同意。[48]

16 日，竇納樂收到英國外交大臣貝爾福（Arthur James Balfour）關於展拓香港界址具體範圍的指示，要求拓界的範圍包括「深圳灣到大鵬灣一線以南，包括該兩灣水域及其鄰近島嶼在內的全部領土」，以及九龍城。[49] 4 月 24 日，竇納樂根據英國外交部的指示，向李鴻章出示展拓界址的地圖。李鴻章見英方索地面積廣大，馬上反對。竇納樂於是提出德國租借膠州灣和俄國租借旅大的例子，說明兩國租借地比英國要求展拓的香港界址要大得多。[50] 李鴻章最終屈服於英方壓力，但堅決反對英國佔領九龍城，理由是該處設有中國衙門。[51]

1898 年 6 月 9 日，中英《展拓香港界址專條》在北京簽字。李鴻章、許應騤和英國駐華公使竇納樂分別代表清朝政府和英國政府簽字。《展拓香港界址專條》有中英兩種文本，中文本內容如下：

> 溯查多年以來，素悉香港一處非展拓界址不足以資保衛。今
> 中、英兩國政府議定大略，按照黏附地圖，展擴英界，作為新租之
> 地。其所定詳細界線，應俟兩國派員勘明後，再行劃定，以九十九

年為限期。又議定：所有現在九龍城內駐紮之中國官員，仍可在城內各司其事，惟不得與保衛香港之武備有所妨礙。其餘新租之地，專歸英國管轄。至九龍向通新安陸路，中國官民照常行走。又議定：仍留附近九龍城原舊碼頭一區，以便中國兵、商各船、渡艇任便往來停泊，且便城內官民任便行走。將來中國建造鐵路至九龍英國管轄之界，臨時商辦。又議定：在所展界內，不可將居民迫令遷移，產業入官，若因修建衙署、築造礮台等官工需用地段，皆應從公給價。自開辦後，遇有兩國交犯之事，仍照中英原約、香港章程辦理。查按照黏附地圖所租與英國之地內有大鵬灣、深圳灣水面，惟議定，該兩灣中國兵船，無論在局內或局外，仍可享用。

《展拓香港界址專條》還規定，此約應於畫押後自 1898 年 7 月 1 日「開辦施行」。[52]

《展拓香港界址專條》的簽訂使英國將沙頭角海到深圳灣之間最短距離直線以南、今日界限街以北的廣大地區以及附近島嶼和大鵬、深圳兩灣水域租借 99 年。租借地陸地面積 376 平方英里（975.1 平方公里），其中大陸 286 平方英里，島嶼 90 平方英里（包括大嶼山等大小島嶼 235 個），[53] 約佔廣州府新安縣面積的三分之二；較原來香港所轄陸地面積擴大約 11 倍，水域面積則擴大四五十倍。這些原屬中國的領土和領海變為香港新增的界域，於是稱為新界（New Territories）。

《展拓香港界址專條》簽訂後不久，英國政界、軍界、商界對保留中國對九龍城的管轄權等內容表示不滿，並鼓吹違約擴大租借範圍。1898 年 10 月，駱克在《香港殖民地展拓界址報告書》中同意工務局長奧姆斯比（Omsby）的方案，主張修改新界北部陸界，除了取得深圳外，還要將大鵬灣以東以北、深圳灣以西的土地納入租借地範圍，即把新安縣全境劃入租借地。他指出這樣做就可以形成一條沿山脊而行的自然邊界，既易於防禦，又有助於制止走私。[54]

殖民地部大臣張伯倫認為駱克等提出的要求和《展拓香港界址專條》的規定似乎相差太大；他通知外交部表明並不完全同意「自然邊界」的方案，但是適當擴充租借地的北部陸界「對香港政府十分重要」。最後他也認為「無論如何要迫使清政府同意把深圳鎮包括在租借地內」。[55]

　　1899 年 3 月 11 日，新界北部陸界定界談判在香港舉行。中方委員廣東補用道王存善提出新界北部陸界定界應以《展拓香港界址專條》黏附地圖所標示為準。英方定界委員駱克雖然已按英國政府指示不堅持以新安縣北部界山為界，但在談判中卻仍然要求從深圳灣起經深圳北面山腳到梧桐山，再往東伸延至沙頭角以北一線為界。經過多次交涉，中方最終同意駱克提出的「以深圳河北岸為界」的要求。[56]

　　3 月 16 日，王存善與駱克出發勘定自深圳河源頭到沙頭角緊接大鵬灣的界限，並沿線樹立木質界椿。當時王存善提出沿線樹立界石，以昭鄭重。駱克不同意，並提出今後應沿九龍割讓地之例，全線樹立柵欄。其後英方並未樹立柵欄，反而於 1905 年在新界北界樹立界石，其中沙頭角界石的一側有「光緒二十四年，中英地界」的中文標誌；另一側為 "Anglo Chinese Boundary, 1898" 的英文字樣。英國樹立界石時中國官員並未到場。[57] 沙頭角 3 號至 8 號界石兩側逐漸形成一條通道，即後來的中英街。

　　1899 年 3 月 19 日，王存善與駱克在香港簽訂《香港英新租界合同》，這是英國無視《展拓香港界址專條》黏附地圖而刻意擴大侵越的產物。事後駱克向上級表示成功「誘使中方委員同意以深圳河北岸直抵該河河源作為中英地界」，從而完全控制了那條在《展拓香港界址專條》黏附地圖上沒有包括在英國租借地內的河流。[58]

《展拓香港界址專條》是清朝政府和英國政府簽訂的有關香港的第三個不平等條約。在起草條約時，締約雙方並非處於平等談判的地位；簽約的雙方只有一方從中得到好處。中國暫時喪失了土地，但沒有得到任何補償。[59] 1899 年 3 月的定界談判是唯一一次提及租金的會談；王存善在會上向駱克詢問新界的租值，駱克回答說不知道，但認為充滿友好感情的英國會像其他國家一樣公正地對待中國。[60] 結果租金問題不了了之，英國自始至終分毫未曾交予中國。

英國在不動干戈的情況下取得大片的新界土地，但接收時還是要用上武力。1899 年 3 月，英國開始接收新界。港督卜力（Henry A. Blake）派遣香港政府警察司梅含理（Henry May）前往新界大埔墟搭設警棚。3 月 28 日，梅含理選定在大埔附近涯涌的一個小丘上修建警棚；雖然附近居民堅決反對，但梅含理仍然強行動工。當時新界租借地尚未交接，梅含理的行動亦未知會清朝政府。另一方面，新界居民普遍不接受英國管治；[61] 香港警察的進駐即時引發新界居民武力反抗。

3 月 28 日，鄧族長老在廈村鄧氏宗祠集會，揭開了新界居民抗英的序幕。[62] 錦田、八鄉、十八鄉、屏山、廈村、青山等地的鄉紳先後在廈村鄧氏宗祠和元朗集會，共商抗英大計。大埔的居民也起而驅趕修建警棚的工人，準備武力抗爭。

4 月 3 日，梅含理一行前往大埔維持秩序，與在文武廟開會反對修建警棚的鄉紳發生衝突，並遭到當地居民投擲石塊。鄰近各村民眾紛紛趕至，並在晚上將警棚燒燬。梅含理在樹叢中躲避一晚後，次日早上潛回港島。[63] 4 月 4 日凌晨 2 時許，港督卜力派遣駐港英軍司令

加士居少將（W. J. Gascoigne）和駱克帶領 100 名英國皇家威爾士槍手，分乘兩艘魚雷艇趕往出事現場。村民見到英軍後紛紛逃散。

這時候林村、八鄉、錦田、十八鄉、屏山、廈村、青山、元朗和邊界各地的村民都加入了抗英行列。後來駱克根據繳獲的文件和告密者的報告，得悉帶頭人共 42 人，其中姓鄧的有 29 人，侯、彭、廖、文等大族都有人參加。[64]

為了平息村民的抗英情緒，卜力於 4 月 7 日派人在新界各地張貼中文告示，宣佈中國已將新界租與英國，並定於 4 月 17 日在界內一帶地方樹立大英旗號。告示明確指出：

> 自示之後，爾等照常安居樂業，守分營土，慎毋造言生事，煽動人心。……凡確屬爾等自置田產，仍歸爾等自行管業。如爾等善美風俗利於民者，悉仍其舊，毋庸更改。蓋凡守內屬於大英國土地之人民，我皇上皆一視同仁，務使各享昌熾康樂之福。……本部堂深信爾等具有天良，自能安分守法。須知國家立法，本為益民起見。如有自外生成作奸犯科者，定必按律懲治，決不姑寬。今與爾居民人等約，凡有田產、屋宇之業主，須將契券呈出，速行註冊，以便查核誰是真實業主，無得蒙混。倘國家需用公地，可按照價值給回爾等。」[65]

卜力的告示弄巧反拙。新界居民本來就擔心英國人奪走他們賴以生存的土地，卜力佈告中要求居民出示地契查核，愈使他們覺得英國人居心叵測。[66]

4 月 10 日，新界各鄉代表齊集元朗東平社學開會，決定成立武力抗英的領導機關太平公局，以東平社學為公局議事地點，並決定每村出銀 100 兩充作為抗英經費。4 月 14 日，抗英部隊在大埔西北面的山上挖好戰壕，嚴陣以待。[67]

4 月 15 日晨，梅含理和駱克帶同 22 名警察乘汽艇趕赴大埔，保護舉行升旗式的蓆棚，並樹立旗桿。伯傑上尉（Berger）帶領的香港兵團一連 125 人從陸路前往會師。[68] 與此同時，新界各地的抵抗者以及來自深圳和民間會社成員各 1,000 人紛紛趕來，在大埔墟山坡上開挖坑塹以拒阻英兵，[69] 並燒燬英國為準備升旗儀式而修建的蓆棚。[70]

梅含理帶領警察來到大埔時遭到抗英居民的攻擊，然後發現蓆棚所在地只剩下一片灰燼。這時，由伯傑率領的香港兵團抵達大埔附近，看見西北面山上聚集數千人，七面旗幟迎風招展。頃刻間，12 門輕型炮及無數步槍分別從兩個陣地向他們射擊，伯傑等人大驚失色。[71]

4 月 16 日，英軍增援大埔，同梅含理、伯傑所部匯合。英軍先從「名望」號（HMS *Fame*）炮艦上用大炮向村民的陣地猛轟，以掩護步兵衝鋒。抗英村民武器質素始終不如英軍，經過頑強抵抗後放棄山上的陣地。[72] 這天下午，英國接管新界的升旗儀式提前在大埔舉行。駱克、加士居和英國分艦隊司令、海軍准將鮑威爾（F. Powell）出席了儀式。儀式開始，香港兵團的 400 名士兵列隊入場，兩艘軍艦上禮炮齊鳴。駱克將英國國旗升起後，向當地鄉紳宣讀了 1898 年 10 月 20 日的英國《樞密院令》：新界是「女皇陛下殖民地香港的重要組成部分」，港督「有權制定法律」，香港的法律和條例適用於新界；[73] 以及港督的命令：從 1899 年 4 月 16 日下午 2 時 50 分起，新界的中國居民已歸英國管轄；從該日起，新界日出時要升英國國旗，日落降旗，不得有誤。4 月 17 日下午 3 時左右，英國人在九龍城外舉行了類似的升旗儀式，由港督卜力主持，參加者還有九龍各鄉村耆老。[74]

4 月 17 日下午 1 時許，數千名抗英村民重新出現在大埔附近山頭，並帶同幾門重炮不斷向大埔英軍兵營射擊。加士居立即命令英軍

狂轟抗英陣地，並由伯傑率領香港兵團的兩連士兵衝向山上。抗英村民英勇抵抗，打傷英軍少校布朗（Brown）等人，但最終不敵英軍猛攻而再度退卻。[75] 抗英村民埋伏在林村山谷，等到伯傑率領的英軍進入谷底後即從山上向下射擊；英軍反而利用當地易於隱蔽的地形向山上進攻。最後形勢逆轉，抗英村民沿山脊經上村向八鄉方向退卻。[76]

4月18日下午2時許，來自屏山、廈村、青山、橫洲和新界以北深圳、沙頭以及東莞大約2600名抗英人士，從空曠的平地向上村附近石頭圍的英軍反攻。[77] 結果抗英人士被打死打傷數十人，其餘且戰且卻，終被擊潰。[78] 英軍順勢推進至錦田，將吉慶、泰康兩條圍村的圍牆炸開，並把吉慶圍的兩扇連環鐵門掠去，由駱克送交港督卜力。[79]

新界居民這場抗英的六日戰爭結果以失敗告終，並且犧牲至少500人性命。[80] 抗英領袖鄧菁士、鄧儀石等於事敗後逃往廣州、南頭等地；香港政府於4月26日宣佈抗英事件平息，展拓界址任務正式完成。[81]

九龍城的糾紛

英國接收了新界後，隨即處理九龍城的問題。按照條約，九龍城是英國租借新界後位於香港境內但仍歸中國管轄的一片領土，但英國政府一直想以外交手段或軍事力量改變九龍城的奇特處境，於是趁鎮壓新界鄉民抗英之機，於1899年5月16日派出英國皇家威爾士火槍隊員和100名香港義勇軍在九龍城碼頭登陸，然後開進九龍寨城。駐城大鵬協副將對英軍提出強烈抗議，但沒有抵抗。英軍在城內清繳軍火槍械，又在南面城牆上升起英國國旗，並鳴禮炮21響。

英國違約侵越的行徑引起清政府多次強烈抗議，但英方置之不理。1899 年 12 月 27 日，英國樞密院更頒佈命令宣稱：「九龍城內中國官員行使管轄權於保衛香港之武備有所妨礙」，他們「應停止在城內各司其事」；在條約租期內，九龍城「為女皇陛下香港殖民地的重要組成部分」，香港的法律、條例「適用於九龍城」。[82]

《展拓香港界址專條》本來就是不平等條約，英國政府得寸進尺，單方面否認條約賦予中國對九龍城的管轄權，暴露出野蠻的態度。中國歷屆政府都關注九龍城的主權問題，並且反對英國干涉九龍城事務。九龍城問題曾引發中英兩國多次外交交涉，直至《展拓香港界址專條》所訂 99 年期限行將屆滿，才通過中英兩國政府的協商，與香港的前途問題一併解決。

第二節　殖民體系的確立

政治體制和政府架構

1843 年 4 月 5 日，維多利亞女皇頒佈了《英皇制誥》（*Letters Patent*，即《香港憲章》），宣佈設置「香港殖民地」，確定了香港的地位和政權性質。與此相關，《英皇制誥》規定了英國政府及香港總督統治香港的許可權，授予香港總督廣泛的統治權力，對設立行政局、立法局也作了原則規定。[83]

《皇室訓令》（*Royal Instructions*）是 1843 年 4 月 6 日以英皇名義頒發給第一任港督璞鼎查的指示，主要涉及行政局和立法局的組成、權力和運作程式，以及港督在兩局的地位和作用、議員的任免、如何作出決議和制定法律等。[84]《皇室訓令》是對《英皇制誥》的補充，二者具有同等效力。

英國的殖民地分為直轄殖民地（Crown colony，又稱皇家殖民地）和自治殖民地（Self-governing colony）兩種；香港屬於前者。

總督

香港由英皇任命的總督全權執行管治工作，這種管治模式大致上與英國其他直轄殖民地相同。在這種模式下，總督是殖民地的最高長官，同時也是英皇在殖民地的代理人；掌管行政、立法、財政、軍事等權力。按照《英皇制誥》規定，香港的文武官員和市民必須聽命於港督。就體制而言，港督在殖民地範圍內享有至高無上的權力。

早期的港督擁有極大權力，其實有特定的歷史原因。從砵甸乍到寶寧（John Bowring），這四任港督都要兼任英國駐中國全權代表和商務監督，他們確實需要更多的權力去執行任務。因此，在選派官員出掌港督的時候，英國政府也考慮到這些人選的背景是否適合處理中國事務。另外，香港距離英國極遠，在未有電報連接兩地之前，港英兩地通信動輒需時數月之久；港督必須做到即時在地行使權力，否則會延誤政務。

前四任港督之後，香港與英國之間的交通、通訊情況有了很大變化，但香港總督作為英皇派駐香港的代表而擁有極大的權力，這種情況並未發生根本性的改變。第二次世界大戰以後接替楊慕琦（M. Young）擔任港督的葛量洪（A. Grantham）對港督的權力有精到的說明：

> 在這個英國直轄殖民地，總督的地位僅次於上帝。他每到一處地方，人人都要起立，在任何情況下都遵從他的意見。[85]

研究香港政府和政治的學者邁樂文（N. J. Miners）更指出，港督只要願意行使全部的法定權力，就可以使自己成為一個小小的獨裁者。[86]

　　當然，英國政府殖民經驗豐富，不可能任由港督在海外建立獨立王國。港督始終是英國政府指派的官員，必須聽從英國政府的指令；原則上港督不能做出違反殖民地部訓令的行為，而且在決策時必須徵詢行政局的意見，並且通過立法局才能成事。另一方面，港督的權力也受到香港社會內部力量的制約。雖然行政、立法兩局的官守議員不會質疑總督的想法，但總督也不可能在非官守議員面前隨意做出不合常理的決策，即使這些成員在兩局之中只佔少數。某種程度上，港督亦要聆聽來自民間，特別是在港外商和上層華人的聲音。

　　其實這種制約的源頭雖然在香港，但最終產生作用卻要靠英國政府。港督的施政如果與外商的利益有所衝突，外商除了向總督提出抗議，也會直接向英國官員和議員告狀。總督寶靈的中區填海計劃就是因為外商的阻力而告吹；更有甚者，總督軒尼詩（John Pope Hennessy）因靠攏華人，引起外商極大不滿，遭到圍攻。另外，華人雖然一直被歧視和壓迫，但只要有重大事故發生，也會引起英國政府和國會的注意。特別當華人在香港社會漸漸累積經濟及政治資本後，華人的力量也會受到一定的重視。港督麥當奴（Richard Graves MacDonnell）的賭博合法化政策因為無法取得華人社會的支持，最終撤回。

　　事實說明，港督為了避免惹上太多麻煩，一般都會小心行使自己的權力，並盡量在香港社會各種力量之間保持平衡；曾經有總督打趣說，到香港任總督是件優差，只要在預備好的文件上簽名就可以平穩

渡過任期。[87] 不過，指派來香港的總督背景各自不同，因此也有不同的方法處理香港的事務。香港開埠早期的政務就在這些權力極大的總督的小心處理下開展，並且為繼任的港督留下許多可資借鑑的經驗。

行政局

行政局是英國殖民地常設的輔助港督的行政架構，香港亦不例外。在英皇簽署的《英皇制誥》和《皇室訓令》中，行政局成立的法理依據、組成辦法、權責範圍、成員任免等都有清楚的說明。根據 1843 年《皇室訓令》的規定，行政局除了港督之外，必須有三名成員。香港最早的行政局在 1843 年 8 月成立，成員是商務監督助理莊士敦、漢文正使秧馬禮遜（J. R. Morrison）、總巡理府威廉‧堅（W. Caine）。[88] 這種簡單的結構是為了讓港督在行使權力上享有更大的自主權，成員的官方身份亦令行政局的意向緊貼港督的決策。隨着香港社會逐步發展，行政局的成員人數亦隨之增加，後來擴大至加入非官方成員及華人成員；但行政局的基本精神和功能大致不變。

就功能而言，行政局是港督以下最高權力的行政層次；港督必須就所有政務諮詢行政局，然後作出決定。在特殊的情況下，港督可以繞過行政局，直接處理緊急和機密的事件。一般非政務的日常事情，港督亦不必經過諮詢行政局的程序。按規定，行政局每星期開一次會議，由港督親自主持。一般情況下，港督須於會議前向行政局提交諮詢事項；行政局成員亦可以提出討論議案，但必須向港督申請並得到同意後才可以提上議事桌。

行政局在性質上屬於諮詢架構，並無實質行政權力；但實際上行政局儼然港督的內閣，是協助港督在施政上作出決策的小組。在重

大事務的決策上，香港政府會以「總督會同行政局」（Governor-in-Council）的形式頒布政令，可見行政局具有特殊的地位。

行政局成立後八十多年，華人一直被拒於大門之外。直到省港大罷工期間，港督金文泰（Cecil Clementi）為了「緩和中國的反英情緒及鼓勵香港華人效忠」，[89] 才於 1926 年第一次提名英籍華人周壽臣擔任行政局非官守議員。這件違背傳統做法的事情遭到殖民地大臣艾默里（Leo Amery）和外交大臣張伯倫（Austen Chamberlain）的反對，他們認為華人在保密方面不可信任。經過金文泰一再請求，最後英國政府才同意這一任命；不過外交部仍然堅持：行政局議員不得閱覽機密文件。[90]

立法局

立法局也是按《英皇制誥》和《皇室訓令》的規定成立，主要功能是制定經港督和行政局討論後交付的法例；立法局議員也可以就政務向政府提出查詢。立法局成立的背後動機一如行政局，是輔助港督在殖民地執行職務的架構。香港立法局的成立與行政局同步，最初的成員和行政局完全相同。港督是立法局的主席，除了有作為成員的投票權外，也有以主席身份行使的決定票。主席的決定票其實是一項不必要的保險措施，至少在殖民地早期的情況如是。按照英國政府賦予港督的權力，他可以照樣執行立法局不通過的政策。當然，以早年立法局全體成員均為殖民地高官的情況看來，主席根本沒有必要投決定票；因為立法局必定會唯港督之命是從。麥當奴總督時期曾經有官守立法局議員反對英國政府在港徵收「捐獻」，殖民地大臣卡德威爾（E. Cardwell）就此事發信給港督訓斥有關官守議員，並申明按法律規定，官守議員必須對政府的既定政策和港督的提案投贊成票，否則必須離職。[91]

儘管早期行政、立法兩局成員相同，但兩者在社會上的接受情況卻大為不同。在相當程度上，在港外商較能容忍行政局的官方性質，但對封閉式的立法局卻意見多多。基本上外商期望能夠直接參與立法局的事務，以便有效地在法例通過前作出有利於商界的決定。因此，立法局甫成立就招來外商的猛烈非議，認為局中必須有非官方的代表方能體現文明的管治。港督戴維斯（J. F. Davis）以「幾乎所有擁有資本的非官方人士都從事鴉片貿易」為由，拒絕在立法局中加入非官方議員。[92] 事實上當時英國政府亦無意在新殖民地開始運作的時候開放管治權。

隨着外商數目迅速增加，外商的聲音亦漸漸在英國政府中引起正面的反應，於是在港督文咸任內，立法局增設了兩個由太平紳士提名的非官守議席，委任了怡和洋行的大衛・渣甸（David Jardine）和哲美森洋行的艾格（J. E. Edger）入局。其後在港督寶靈的改革下，立法局除了六名官守議員外，也有三名非官守議員，而且准許市民旁聽，可謂立法局發展歷程的一大改變。1855 年寶靈提出部分非官守議員由選舉產生，建議候選人必須是英國人；至於選民資格則限於每年向政府交稅 10 英鎊以上者，不分種族。[93] 可惜提議未能取得英國政府同意。

其實香港早期的管治架構並非一成不變的。英國是殖民大國，在處理屬土的開發和管治上經驗豐富。基本的原理是對應殖民地的發展速度，管治手法由緊到寬，管治團隊則由核心少數官員擴大至社會不同團體的代表。華人亦在人力與財力日益增長的背景下在香港政壇上建立影響力。軒尼詩就任港督的時候，華人已經成為香港最大的業主，並且是納稅最多的族群。這時候有一位同情華人的港督，加上一位具備多種條件和專長的華人菁英，於是在殖民地部的同意下，軒尼詩委任伍廷芳出任臨時代理立法局議員。[94]

伍廷芳的委任，雖然是臨時兼代理的性質，但已經足以打開立法局的大門，讓華人進入議事堂中與外籍議員平起平坐。繼任港督的寶雲（George Bowen）並沒有錯失這大好的時機去改革立法局。他成功爭取殖民地部的同意，在增加官守和非官守議員的同時，指定五名非官守議員中必須有一名華人，並委任黃勝正式出任這個華人的立法局議席。[95]

在 19 世紀結束之前，立法局經歷了開埠之後最激烈也是最後一次的議席爭論。英商對立法局六名官守議員和五名非官守議員的結構表示不滿。他們自恃對香港政府繳納大量稅款的勢頭，聯同菁英華商上書英國政府要求增加非官守議席至數目超越官守議席，並提出所有非官守議席由在港英國人自行選出。港督威廉·羅便臣和殖民地部當然不能同意這樣的要求，但也不能對強大的訴求充耳不聞，最後還是讓步了事。結果英國政府同意在立法局增加兩個議席，官守非官守各一，並指定新增非官守議席由華人出任。至此立法局共有七名官守議員，六名非官守議員；並在此後的 30 年間保持不變。[96]

政府架構

1843 年《英皇制誥》頒佈以後，香港政府先後設置了各種職官和政府機構。據 1845 年 1 月的《中國叢報》記載，當時香港政府的官員在總督之下，有副總督、總督私人秘書、按察司、律政司（即檢察長）、高等法院登記官、高等法院翻譯官、輔政司、庫務司（即司庫）、考數司（即審計長）、總巡理府、駐赤柱助理巡理府、總測量官、船政廳兼海事法院法官、華民政務司兼稅務官、總醫官及驛務司（即郵政局長）等。[97] 總巡理府一職於 1862 年廢除，改設地位相同的巡理府數人。此外，1845 年設置了警察司，1856 年設置視學官，

1863 年設置維多利亞監獄典獄長，1883 年設置潔淨局，1886 年設置進出口局。19 世紀末英國租借「新界」後，在當地設置了理民府官。

1843 年《英皇制誥》規定，在港督死亡、離港或由於其他原因不能行使職權時，由副總督代理；如尚未任命副總督，則由輔政司代行總督職權（代理總督被稱為 administrator，即護督）。香港第一任副總督是駐港英軍司令德己立少將（Major-General G. C. D'Aguilar）。以後歷任副總督一般由駐港英軍司令兼任。當時香港是英國在遠東的重要軍事基地，因此駐港英軍司令地位很高。1902 年英日同盟成立後，香港的軍事地位下降，駐港英軍司令的作用不如從前，於是副總督一職不再設置。

輔政司是港督在行政管理方面的主要助手，也是全體文職人員的首腦。早期香港的輔政司質素不高，1846 年出任輔政司的威廉‧堅就是一個大肆索賄受賄的貪官。馬撒爾（W. T. Mercer）則利用裙帶關係於 1854 年爬上輔政司職位。他在 1857 年返英休假時推薦了好友布烈治（W. T. Bridges）任代理輔政司，後者也涉貪。19 世紀 60 年代香港政府開始實行名為「官學生計劃」的文官銓選制度，此後輔政司的水準逐漸提高，在政府中發揮的作用亦越來越大，各政府部門的工作均由輔政司監督和協調。從 19 世紀 60 年代起，港督離職時多數指定由輔政司出任護督。這做法曾經引起副總督的不滿。1902 年以後，港督出缺時由輔政司代行職權成為慣例。

總登記官（Registrar General）一職設於 1844 年，初期的主要任務是負責全港人口登記。1846 年末，香港立法局通過該年第七號法例，授予總登記官撫華道、太平紳士和兼任警察司等頭銜，並規定他有權隨時進入任何華人住宅和船艇搜查。[98] 從此，香港華人處於其全面監控之下。從 1850 年代開始，港英政府將「總登記官」的中

文名稱譯為「華民政務司」。早期香港華民政務司質素低劣，高和爾（D. R. Caldwell）就是一個突出的典型。他利用職權胡作非為，聲名狼藉。1858 年，香港律政司安士迪（T. C. Anstey）曾對高和爾提出指控，列舉了 19 條罪狀，其中包括自營娼業、私通海盜、坐地分贓、貪污受賄、迫害無辜等。[99] 19 世紀 60 年代以後，華民政務司大多由官學生出身的官員擔任，情況與高和爾有所不同，但中下級官員仍然腐敗不堪。

法律體制

英國管治下的香港，法律基本上照搬英國模式，屬於普通法法系。香港的成文法包括三個部分：一是英國政府為香港制訂的法律，二是適用於香港的英國本土法律，三是香港政府制訂的法例。

香港的「憲法」文件由英國政府制訂和頒佈。基本的「憲法」文件是：1843 年 4 月 5 日關於設立香港殖民地的《英皇制誥》和 4 月 6 日的《皇室訓令》；1860 年 10 月 24 日關於將九龍併入香港殖民地的樞密院命令；以及 1898 年 10 月 20 日關於把新界併入香港殖民地的樞密院命令。其中《英皇制誥》最為重要。在法律方面，《英皇制誥》規定英國政府有權刪改、廢除或制訂香港法律。

香港立法局通過的《香港高等法院條例》規定，英國法律中除了不適用於香港的條文外，其餘均有充分效力。該法例同時規定，香港高等法院的辦案制度以英國法院為藍本。[100]

除成文法以外，法院判例也是香港法律的重要來源。「遵循先例」的原則是普通法系的特點。依據這一原則，較高一級法院所作的判決會構成先例，對下級法院處理類似案件具有絕對的約束力。英國樞密

院司法委員會是香港的終審法院。因此，香港法院在審理同類案件時必須遵循樞密院的判例。香港高等法院的判例，對巡理府法院也具有約束力。[101]

1841 年 1 月英軍佔領香港島以後，香港政府即設置了巡理府法院（Chief Magistrate's Court）。這個法院主要是為了審理香港華人的案件而設。4 月 30 日，英軍第 26 步兵團上尉威廉‧堅出任總巡理府。他以對華人濫施酷刑而聞名。香港島一些華人不知道有港督，威廉‧堅的名字卻人人皆知。[102] 現在港島半山區的堅道就是以威廉‧堅的名字命名的。

1844 年 8 月 21 日，香港立法局頒佈 1844 年第 15 號法例，宣佈設立香港高等法院並撤銷駐華刑事和海事法院。10 月 1 日，香港高等法院正式成立，曉吾（J. W. Hulme）擔任正按察司（Chief Justice，即首席大法官）。1873 年起，高等法院增設陪席按察司（Puisne Judge）一名，作為正按察司的副手。[103]

香港高等法院作為香港的最高司法機關，負責審理當地一切重要案件。同時，在英國管治香港初期，中國大陸各通商口岸較重要的英僑案件，由該地英國領事初審後，會提交香港高等法院審判定案。因此，香港高等法院一度成為英國在遠東的司法中心。[104]

警隊

英國佔領香港島初期，在佔領地實行軍事管制，以維持日常秩序。1841 年 4 月威廉‧堅出任總巡理府時，香港並無警察，只能從軍隊中借調一批士兵維護社會治安。1843 年，威廉‧堅招募了 28 名警察，並在翌年正式成立殖民地警察隊。這些香港警察身穿綠色制服，

當地華人稱他們為「綠衣」、「差人」。他們多是品行不端被淘汰的英籍及印籍士兵和水手，或者是流竄於太平洋各碼頭的無業遊民。

1829 年英國政府在倫敦建立警察機構，香港的警察制度不但在各方面效法英國警察，也會向倫敦警察廳招聘警官。1845 年春，香港政府聘請倫敦警官查理士・梅理（Charles May）來港主持警務。他上任後着手增聘警察，到了 1849 年，香港的警察增加到 128 人。這批警察由英警、印警和華警組成。英警被香港政府視為香港警察的「精英」；他們生活標準較高，但不熟悉香港的風俗民情和語言。印警「尊重歐洲人」，服從英國人指揮；一般認為基本可靠，但缺乏機智。華警沒有語言障礙，熟悉當地風俗民情；但香港政府認為他們不夠忠誠。

以上三種警察全部由警察司指派英國警官統領。英警地位最高，印警次之，華警最低。在武器裝備方面，英印警察都可以攜帶槍支，華警只配帶一根木棍。三種警察的物質待遇也高低懸殊。以 1865 年的人均年工資為例，英國警佐為 432 元，警察為 312 元；印度警佐為 240 元，警察為 156 元；華人警佐為 144 元，警察為 88 元。[105]

早期香港警察質素低劣，腐敗不堪。香港首任警察司梅理就是一個腐敗分子。1858 年 8 月，港督寶靈曾向英國政府報告，梅理唯利是圖，靠做房地產投機生意及其他財政來源賺了大錢，甚至公然在警署附近開設妓院。香港政府為了面子，不得不出面干涉，梅理才勉強地停止他的不法勾當。[106] 這種貪官非但未受懲處，反而得到重用，並連續擔任警察司 16 年，其後更獲擢升出任巡理府達 17 年之久。

警察索賄受賄的現象司空見慣。最普通的勒索方式是藉故逮捕無辜平民，搶走他們的財物，拘留數日，然後宣佈釋放。從妓女身上榨

財也是警察慣用的手段；向妓女非法徵收所謂特別費，幾乎成了他們一項重要的固定收入。不少警察甚至借查暗娼之名，蹂躪那些不幸墮入火坑的婦女。據統計，1869 年染上性病的的警察佔全港警察總數的 16.66%，1870 年佔 13.75%；同期患性病的士兵分別佔香港英軍總數的 6.83% 和 5.51%。[107]

更有甚者，有些警察實際上就是穿制服的匪徒。1856 年 2 月香港商業區大火，80 幢房屋化為灰燼，7 人喪生，千百人流離失所。警察非但不奮力救火，反而趁火打劫；動手搶劫的大部是印警，也有歐警參與其事。1897 年 6 月 21 日在香港破獲了一宗非法開賭的大案，案中涉及貪污的警察竟達 128 人之多，包括一名代理副警察司、13 名英國警官、38 名印警和 76 名華警。[108] 有學者認為，當時的香港警察腐敗到極點，實在難以想像有比他們更差的警察；乾脆沒有警察，可能比有警察更要好些。[109]

刑獄

為了強化殖民統治，香港政府早在 1841 年在香港島興建了域多利監獄。這是香港開埠後第一座花崗岩建築物。這座建築物連同後來在同一地段興建的中央裁判司署和中區警署，構成了香港開埠早期的司法和執法機關。

早年的香港監獄看守人員全部由歐洲人和印度人充任，負責看守分開監禁的華人囚犯和外國囚犯。1843 年香港監獄中有囚犯 482 人，華人約佔 90%，禁閉在兩所牢房中；其中一所牢房長 72 英尺，寬 29 英尺，另一所長 49 英尺，寬 16 英尺。外國囚犯約佔犯人總數 10%，大部分是印度水手和士兵，也有少數葡萄牙人和個別英美囚犯。他們的囚室長 64 英尺，寬 30 英尺，平均每個外國犯人所佔的面積比華人囚犯大四五倍。[110]

麥當奴任港督期間，虐待華人囚犯的情況發展到空前嚴重的地步。他提出所謂威懾政策，在犯人耳朵刺上標誌，減少華人囚犯的糧食，增加他們的勞動工作，同時廣泛地實行鞭刑，並且以殺傷性更強的九尾鞭代替藤鞭。堅尼地（Arthur E. Kennedy）出任港督後，繼續奉行麥當奴的政策。這十餘年是香港使用笞刑最頻密的時期。1860 年 6 月，一名華人囚犯病重不能做工，竟然遭到鞭笞，並罰以單獨禁閉，糧食減半，結果慘死獄中。即使驗屍官也禁不住在報告中指出，獄中採用笞刑的情況已經到了泛濫的程度。[111]

香港法律並未明文規定白種人可以免受笞刑，但事實上卻是獄中慣例。英國人普遍認為，即使是英國最不體面的人，也不應該在中國賤民面前公開受辱。1866 年以前，曾有個別白種犯人被判處公開鞭笞，結果引起香港英僑的強烈抗議；自此以後，白人被判笞刑的情況再沒有發生過。[112]

其實白人囚犯在任何方面都受到相對的優待，包括伙食。香港監獄的規矩十分嚴酷，但有些英國囚犯卻不必遵守。例如，1863 年 4 月代理典獄長賴亞爾（Ryall）舉行婚禮，囚犯史丹福（Stanford）竟身穿晚禮服前往赴宴，飲酒作樂通宵達旦。[113]

新界的管治機構

1899 年 5 月至 7 月，香港政府在大埔設立新界的行政總部，由駱克兼管。駱克卸任後，香港政府首先處理了新界的治安和土地兩大業務，然後逐漸發展出管治機構。警察裁判司是夏理德（E. R. Hallifax），警隊由梅含理管理；麥仕拿（Messer）則出任助理田土官。到了 1899 年年底，夏理德兼任助理警務總監，取代梅含理管理新界的治安問題，辦事處設於北約。1905 年 1 月 1 日，活特（J. R. Wood）

加入助理田土官的行列，設辦事處於南約。從此新界有兩位助理田土官，分別管理北約及南約的土地。

1905 年 8 月 1 日，政府刊憲設立兩個田土辦事處管轄新界南約和北約，並進一步確立兩約各自的管轄範圍：南約包括新九龍及東龍洲、佛堂洲、鐵篸洲三個島嶼；北約包括除新九龍以外的新界內陸，以及東經 114.1 度以東、北緯 22.15 度以北除上述三島以外的所有新界島嶼。[114]

1907 年 9 月，政府把原來已結合為一的警察裁判司及助理警務總監併合為 District Officer，中文譯作「理民府官」，其辦事處稱為 District Office，中文譯作「理民府」，官署設於大埔。[115] 理民府遂成為香港政府管治新界的機構。1948 年，新界理民府官易名新界民政署署長，職能不變，仍然是管理新界地區的最高官員。[116]

在管治新界的問題上，駱克和港督卜力看法相左。前者主張採用強硬手段，後者主張懷柔。實際上香港政府採用了軟硬兼施的手段來管治新界。1899 年 4 月接管新界後，香港政府在大埔、凹頭、沙田和虎地坳建立臨時警棚；其後數年，多座警署建成，包括 1899 年的大埔警署、1900 年的凹頭警署和屏山警署、1901 年的西貢警署和沙頭角警署、1902 年的上水警署和大澳警署等。截至 1911 年，香港政府已經在新界建立了 17 座警署，部署警力 164 人，包括 13 名歐洲人、106 名印度人和 45 名中國人。[117] 香港政府通過在新界設置理民府和多個警署，構成一個遍佈新界各地的管控網絡，達到對新界直接控制的目的。

在新界抗英的過程中，香港政府注意到鄉紳在指揮鄉民上的關鍵性作用；因此在接管新界後組織分約鄉事委員會，邀請鄉紳加入協助

管治，成員甚至包括上村謝香圃、屏山鄧青雲和泰坑文湛泉等三名抗英領袖。[118] 隨着香港政府加強直接管治，鄉紳在新界的影響力逐漸下降。1912 年香港政府向立法局遞交的《新界報告 1899–1912》指出，新界耆老的影響力日益衰落，因為地方官更大的權威近在咫尺。[119]

新界鄉議局的成立

對新界居民來說，英國租借前後的新界大致上沒有明顯的分別；新界居民依然務農為生，過着簡樸的小農生活。1923 年，新界理民府公佈《民田建屋補價規例》，規定在新界建屋必須補償地價；新界居民終於發現租借新界危及他們的傳統權益，於是群起反對。

新界居民明白到必須以集體的力量方能與香港政府較量；地方父老於是互通消息，然後由荃灣楊國瑞、上水李仲莊、元朗鄧偉棠等鄉紳召開大會商議對策。各區鄉紳決定成立「九龍租界維護民產委員會」，以合法組織代表新界居民與政府交涉；最後以「新界農工商業研究總會」的名義註冊成為代表新界居民的第一個合法組織。1926 年，港督金文泰往訪新界農工商業研究總會，對總會的業務表示支持，並建議總會改名「新界鄉議局」。自此之後，新界鄉議局成為香港政府管治新界的主要諮詢組織，並逐步在與政府交往的過程中推動新界的憲政發展。

新界的土地問題

英國租借新界後最重要的措施，是將新界土地納入香港的土地系統中。新界地域自宋元時期至英國租借新界前夕，土地制度屬於私有制，土地業權人享有土地的永久權益。理論上英國作為新界的「租戶」，大可在原有的機制上加上「二房東」的管理條款，不必亦無權改

變中國這「業主」與新界住民慣用的土地制度。英國接管新界之後馬上將新界土地納入大英帝國的土地制度中；這措施當然與香港政府的實際利益有密切關係。

香港政府於 1900 年頒佈《田土法庭條例》，距英國接管新界後不到兩年。條例中第 17 條規定：

> 在 1898 年 6 月 9 日條約所訂租約內，新界一切土地均屬政府產業，凡（於憲報所定日期後）佔有此等土地之人即被宣告為霸佔政府公地者，除非其所佔有之土地經由政府發給官批，或由田土法庭核發其他契據。

通過立法，香港政府在一夜之間改變了新界土地的性質，亦同時改變了新界土地的擁有方式。為了有效執行這項土地政策，香港政府在新界設立鄉村代表委員會作為官民之間的溝通橋樑。通過這種官民合作的機制，新界的業主和土地使用人被通知前往大埔和屏山登記土地權益。香港政府要求他們將土地房產的官印紅契和民間交易的白契交出審閱，作為業權的証明。香港政府則發給他們一張「紙仔」作為收據。大埔和屏山的田土廳順利完成田土登記後，次年由田土法庭統一接管。[120] 這次覆蓋全新界的田土登記，實際上是以香港政府授予的承租權，取代新界原居民根據中國法律世代享有的永業權。從此之後，新界土地業權人沒有任何有法律效力的契據可以證明他們的永業權。就算在 1905 年港督代表英皇簽署的「集體官批」（Block Crown Leases）正式租批原有私有田地予被認定的業權人時，給予的只是租期 75 年，可續租 24 年（減三日），並非原來擁有的永業權。

20 世紀 20 年代是英國租借新界之後的一個重要的年代。香港政府和新界原居民終於在土地權益上出現了重大矛盾。1922 年，香港政府通過《修訂收回官地條例》，賦予政府權力以低價收回新界土地以作

拓展之用；新界原居民立即面對「民產入官」的威脅。翌年，新界理民府公佈《民田建屋補價規例》，規定在新界建屋必須補償地價；新界原居民又面對失去傳統權益的威脅。在此之前，新界原居民在私有土地上建屋只需增繳地租，不需補地價；只有購入官地後建屋，才需要加租兼補地價。新界原居民先後上書港督司徒拔（Reginald Stubbs）、金文泰和殖民地部大臣艾默里，指出香港政府收贖民產辦法不公，並強調此舉嚴重破壞中英條約的規定。1926 年，金文泰應允新界農地建屋無需補地價的呈請，糾紛才暫告一段落。

新界原居民在家鄉累世同居，想不到在一夕之間成為英國屬土的居民，而祖先的田產亦瞬間變為英國皇室的田土。這是歷史強加於新界原居民身上的命運，雖然令人感到無奈，但當中基本上沒有討價還價的餘地。然而，當新界的土地漸具商品價值之後，香港政府和新界原居民都想盡辦法維護己方的利益，於是發生了 20 世紀 20 年代的土地問題爭議。關心這段歷史的人也許會覺得早期的新界原居民飽受香港政府的欺凌；今日的非新界人又可能認定新界原居民以維護傳統權益為借口，謀取不公義的利益。其實只要細心審視新界土地問題的由來，即不難理解為何上世紀 70 年代香港政府會提出俗稱「丁屋政策」的新界小型屋宇政策。這實際是香港政府對新界原居民的一種妥協和補償。

新界早期土地發展史所展示的，還有另一種視點：一方面英國將新界納入香港的版圖，得到大量的土地資源，為日後香港的城市發展創造了優越的條件；另一方面，香港政府將新界土地納入法律框架之中，令新界的農地逐漸具備商品的價值，從而提升了新界土地的經濟效益，新界原居民亦從中獲利。20 世紀 20 年代的土地糾紛可以說明，新界原居民和香港政府通過共同協商的辦法，使新界的土地利用出現了雙贏的局面。

注釋

1. 丁新豹：〈歷史的轉折：殖民體系的建立和演進〉，見王賡武主編：《香港史新編》增訂版上冊，香港：三聯書店（香港）有限公司，2017年，第67頁。

2. H. B. Morse, *Chronicles of the East India Company Trading to China, 1635–1834*, Vol. 1, in Patrick Tuck ed., *Britain and the China Trade 1635–1842*, London; New York: Routledge, 2000, p. 225.

3. A. Wright, *Twentieth Impressions of Hong Kong, Shanghai and Other Treaty Ports of China*. London: Lloyd's Greater Britain Pub. Co., 1908, p. 56.

4. "Lord Napier to Earl Grey, 21 August 1834," *British Parliamentary Papers, China 30, Correspondence Relative to the Opium War 1840*, Shannon: Irish University Press, 1971, pp. 265–266.

5. H. B. Morse, *Chronicles of the East India Company Trading to China, 1635–1834,* Vol. 4, in Patrick Tuck ed., *Britain and the China Trade 1635–1842*, London; New York: Routledge, 2000, p. 213；余繩武、劉存寬主編：《十九世紀的香港》，北京：中華書局，1993年，第33頁。

6. 徐中約：《中國近代史》上冊，香港：中文大學出版社，2001年，第176、179頁。

7. H. B. Morse, *The International Relations of the Chinese Empire*, Vol. 1, New York: Paragon Book Gallery, 1900, pp. 237–239.

8. John Ouchterlony, *The Chinese War: An Account of the Operations of the British Forces from the Commencement of the Treaty of Nanking*, London: Saunders and Otley, 1844, pp. 35–42.

9. W. D. Bernard, *Narrative of the Voyages and Services of the Nemesis from 1840 to 1843*, Vol. 1, London: Henry Colburn, 1844, pp. 225–226; Palmerston to the Minister of the Emperor of China, 20 February 1840, Inclosure 2 in No. 3, FO 881/75A, pp. 12,15.

10. Edgar Holt, *The Opium Wars in China,* London: Putnam, 1964, pp. 106–107,110–112；劉存寬：〈香港、舟山與第一次鴉片戰爭中英國的對華戰略〉，載於《中國邊疆史地研究》，1998年第2期。

11. The Plenipotentiaries in China to Palmerston, 29 September 1840, no. 31, FO 881/75A, p. 106

12. Elliot to Keshan, 12 December 1840, Inclosure 4 in No. 46, FO 881/75A, p. 180.

13. Narratives of the Negotiations between Keshan and the British Plenipotentiaries from 11 July 1840 to 20 January 1841, 13 May 1841, no. 57, FO 881/75A, p. 243.

14. 〈義律伯麥照會〉，載佐佐木正哉：《鴉片戰爭的研究（資料篇）》，東京：近代中國研究委員會，1964年，第56頁。

15. 〈琦善照會〉，載佐佐木正哉：《鴉片戰爭的研究（資料篇）》，東京：近代中國研究委員會，1964 年，第 61 頁。

16. 〈義律照會〉，載佐佐木正哉：《鴉片戰爭的研究（資料篇）》，東京：近代中國研究委員會，1964 年，第 62 頁。

17. 〈琦善照會〉，載佐佐木正哉：《鴉片戰爭的研究（資料篇）》，東京：近代中國研究委員會，1964 年，第 70 頁。

18. 〈義律照會〉，載佐佐木正哉：《鴉片戰爭的研究（資料篇）》，東京：近代中國研究委員會，1964 年，第 71 頁。

19. 〈欽差大臣琦善奏報英人願還定海並求在香港定居等情折〉，載中國第一歷史檔案館編：《鴉片戰爭檔案史料（二）》，天津：天津古籍出版社，1992 年，第 764 頁。

20. "H. M. Ship Sulphur's Voyage," *The Chinese Repository*, Vol. 12, No. 9 (September 1843), p. 492.

21. Palmerston to Pottinger, 31 May 1841, no. 62, FO 881/75A, p. 62.

22. H. B. Morse, *The International Relations of the Chinese Empire*, Vol. 1, New York: Paragon, 1900, pp. 291–292.

23. 季平子：《從鴉片戰爭到甲午戰爭》，台北：知書房出版集團，2003 年，第 211 頁。

24. H. B. Morse, *The International Relations of the Chinese Empire*, Vol. 1, New York: Paragon, 1900, pp. 295–297.

25. 〈道光帝密諭〉，載齊思和等整理：《籌辦夷務始末（道光朝）》，卷五十五，北京：中華書局，第 2127 頁。

26. Treaty: Peace and Friendship: Commerce: Indemnity [Also known as the Treaty of Nanking], 29 August 1842, FO 93/23/1B.

27. Surveyor General to Colonial Secretary, 19 July 1860, CO 129/78, p. 121.

28. G. R. Sayer, *Hong Kong 1841–1862: Birth, Adolescence and Coming of Age*, Hong Kong: Hong Kong University Press, 1980, p. 98.

29. E. S. Taylor, *Hong Kong as a Factor in British Relations with China, 1834–1860*, London: School of African and Oriental Studies, London University, 1967, p. 370.

30. Abstract from Papers Accompanying Lieut Col Lugard's Report on the Defences of Hong Kong, 14 August 1847, FO 17/287, pp. 252–253.

31. 徐中約：《中國近代史》上冊，香港：中文大學出版社，2001 年，第 201 頁。

32. Prevention of The Annoyances from Kowloon, 24 April 1857, CO 129/63, pp. 45–52.

33. Malmesbury to the Earl of Elgin, 2 June 1858, FO 17/284, p. 129.

34. W. C. Costin, *Great Britain and China 1833–1860*, Oxford: The Clarendon Press, 1937, p. 299.

35. G. Algood, *China War 1860, Letters and Journal*, London: Longmans, Green, and Co., 1901, p. 66.

36. G. J. Wolseley, *Narrative of the War with China in 1860*, London: Longman, Green, Longman, and Roberts, 1862, p. 3.

37. Parkes to Lao, 20 March 1860, FO 17/337, pp. 231–234.

38. Lao to Parkes, 20 March 1860, CO 129/77, pp. 235.

39. Russell to the Earl of Elgin, 18 April 1860, FO 881/933, p. 28.

40. H. B. Morse, *The International Relations of the Chinese Empire*, Vol. 1, New York: Paragon, 1900, pp. 595, 604–609.

41. Convention: Peace, Indemnity, Cession of Cowloon, Commerce [Also known as the Convention of Peking], 24 October 1860, FO 93/23/6.

42. W. F. Mayers ed., *Treaties between the Empire of China and Foreign Powers*, Taipei: Ch'eng Wen, 1966, p. 9.

43. Robinson to Ripon, secret despatch, no. 23, 9 November 1894, CO 537/34.

44. L. K. Young, *British Policy in China, 1895–1902*, Oxford: Clarendon, 1970, p. 65.

45. MacDonald to Salisbury, no. 85, 17 March 1898, FO 17/1343.

46. Bertie to MacDonald, Telegram, No. 113, 28 March 1898, FO 17/1338 pp. 222–223.

47. 中國第一歷史檔案館，軍機處錄副奏摺：帝國主義侵略類，租界項，案卷 487-3-18；Record Book of Interview with Yamen, FO 233/44 p. 155.

48. Record Book of Interview with Yamen, FO 233/44, p. 155.

49. Balfour to MacDonald, Telegram, no. 159, 16 April 1898, FO 17/1338.

50. MacDonald to Salisbury, no. 102, 27 May 1898, FO 881/7139, p. 32.

51. Book of Interview with Yamen, FO 233/44, p. 181.

52. Convention: Extension of Hong-Kong Territory [Also Known as the Second Convention of Peking], 9 June 1898, FO 93/23/18.

53. Report by Mr. Stewart Lockhart on the Extension of the Colony of Hong Kong, 8 October 1899, CO 882/5/22, p. 36.

54. Report by Mr. Stewart Lockhart on the Extension of the Colony of Hong Kong, 8 October 1899, CO 882/5/22, pp. 50–51.

55. Colonial Office to Foreign Office, secret dispatch, No. 123, 10 December 1898, FO 881/7129, p.126; CO 882/5/22, p. 79.

56. Report of Second Interview between Mr. Stewart Lockhart and Mr. Wong Tsun Shin, 14 March 1899, CO 882/5/22, p.121; Blake to Chamberlain, 1 April 1899, CO 882/5/22, p.105; Blake to Chamberlain, No. 66, 17 March 1899, CO 882/5/22, p.117; FO 881/7276, pp. 102–103.

57. Lugard to Crewe, Secret Despatch, 2 February 1910, CO 129/365, p. 237.

58. Blake to Chamberlain, 17 March 1899, Enclosure 2 in No. 66, CO 882/5/22, p. 118.

59. Peter Wesley-Smith, *Unequal Treaty 1898–1997: China, Great Britain, and Hong Kong's New Territories*, Hong Kong: Oxford University Press, 1998, p. 3.

60. Stewart Lockhart to Blake, 16 March 1899, Enclosure in CP102, p. 120, Quoted by Peter Wesley-Smith, *Unequal Treaty 1898–1997: China, Great Britain, and Hong Kong's New Territories*, Hong Kong: Oxford University Press, 1998, p. 40.

61. 中國第一歷史檔案館：軍機處錄副奏摺，外交類，《兩廣總督譚鍾麟等辦理九龍租界情形由》，案卷 124–1–17。

62. Peter Wesley-Smith, *Unequal Treaty 1898–1997: China, Great Britain, and Hong Kong's New Territories*, Hong Kong: Oxford University Press, 1998, p. 65.

63. Blake to Chamberlain, Telegram, 4 April 1899; Report to Blake by May, 7 April 1899, Enclosure 4, Despatches and Other Papers relating to the Extension of the Colony of Hong Kong, pp. 9–10,14–15, in Hong Kong Sessional Papers 1899, p. 511; R. G. Groves, "Militia, Market and Lineage: Chinese Resistance to the occupation of Hong Kong, New Territories", *Journal of the Hong Kong Branch of the Royal Asiatic Society*, vol. 9 (1969), pp. 46–47.

64. Peter Wesley-Smith, *Unequal Treaty 1898–1997: China, Great Britain, and Hong Kong's New Territories*, Hong Kong: Oxford University Press, 1998, p. 65.

65. 〈欽命總督香港等處地方提督軍務兼二等水師提督軍門佩帶頭等寶星卜佈告〉（中文附件），28 April 1899, CO 129/290, p. 705.

66. R. G. Groves, "Militia, Market and Lineage: Chinese Resistance to the Occupation of Hong Kong, New Territories", *Journal of the Hong Kong Branch of the Royal Asiatic Society*, Vol. 9 (1969), p. 48.

67. R. G. Groves, "Militia, Market and Lineage: Chinese Resistance to the Occupation of Hong Kong, New Territories", *Journal of the Hong Kong Branch of the Royal Asiatic Society*, Vol. 9 (1969), p. 49.

68. R. G. Groves, "Militia, Market and Lineage: Chinese Resistance to the Occupation of Hong Kong, New Territories", *Journal of the Hong Kong Branch of the Royal Asiatic Society*, Vol. 9 (1969), p. 49.

69. 中國第一歷史檔案館：軍機處錄副奏摺，外交類，案卷 124–1–17。

70. Report by Lieut.-Colonel the O'Gorman on the Military Operations in the Chinese Hinterland, 6 May 1899, Despatches and Other Papers relating to the Extension of the Colony of Hong Kong, p. 60, in Hong Kong Sessional Papers 1899, p. 511.

71. Further Papers relating to the Military Operations in Connection with the Disturbances on the Taking over of the New Territory, Hong Kong Sessional Papers 1899, p. 586; *The China Mail,* 15 April 1899.

72. Stewart Lockhart to Blake, Enclosure, 17 April 1899; Blake to Chamberlain, Telegram, 16 April 1899; Blake to Chamberlain, No. 107, 28 April 1899: Despatches and Other Papers relating to the Extension of the Colony of Hong Kong, pp. 22–23,27,32, in Hong Kong Sessional Papers 1899, p. 511.

73. Despatches and Other Papers relating to the Extension of the Colony of Hong Kong, pp. 49–50, in Hong Kong Sessional Papers 1899, p. 511; R. G. Groves, "Militia, Market and Lineage: Chinese Resistance to the Occupation of Hong Kong, New Territories," *Journal of the Hong Kong Branch of the Royal Asiatic Society,* Vol. 9 (1969), pp. 50–51.

74. Patrick H. Hase. *The Six-Days War of 1899: Hong Kong in the Age of Imperialism,* Hong Kong: Hong Kong University Press, p. 73.

75. Further Papers Relating to the Military operations in Connection with the Disturbances on the Taking over of the New Territory, Hong Kong Sessional Papers 1899, p. 587; *The China Mail,* 19 April 1899.

76. Further Papers Relating to the Military operations in Connection with the Disturbances on the Taking over of the New Territory, Hong Kong Sessional Papers 1899, p. 587; *The China Mail,* 19 April 1899.

77. Report of the Hin-an Hsien, 28 April 1899, FO 81/7241, p. 211; Operations on the Chinese Hinterland, 6 May 1899, CO 129/292, p. 107.

78. Despatches and Other Papers Relating to the Extension of the Colony of Hong Kong, pp. 27, 63, in Hong Kong Sessional Papers 1899, p. 511.

79. Peter Wesley-Smith, "The Kam Tin Gates," *Journal of the Hong Kong Branch of the Royal Asiatic Society,* Vol. 13 (1973), p. 42: *The China Mail,* 22 April 1899.

80. Patrick H. Hase, *The Six-Days War of 1899: Hong Kong in the Age of Imperialism,* Hong Kong: Hong Kong University Press, p. 111.

81. G. B. Endacott, *A History of Hong Kong,* Hong Kong: Oxford University Press, 1985, p. 265；1898 年 5 月至 1902 年 4 月，輔政司駱克兼任新界專員。Airlie, *Thistle and Bamboo: The Life and Time of Sir James Stewart Lockhart,* Hong Kong: Oxford University Press, 1989, pp. 102,108.

82. "Appendix IV—A Selection of Constitutional Documents, Conventions and Treaties", *Laws of Hong Kong,* Hong Kong: Government Printer, 1964, pp. L1–2.

83. *British Parliamentary Papers, China 24, Correspondence, Dispatches, Reports, Ordinances, Memoranda, and Other Papers relating to the Affairs of Hong Kong, 1846–1860,* Shannon: Irish University Press, 1971, pp. 230–232.

84. CO 381/35, pp. 17–52.

85. Alexander Grantham, *Via Ports: From Hong Kong to Hong Kong*, Hong Kong: Hong Kong University Press, 1965, p. 107.

86. N. J. Miners, *The Government and Politics of Hong Kong*, Hong Kong: Oxford University Press, 1981, p. 77.

87. William Des Voeux, *My Colonial Service in British Guiana, St. Lucia, Trinidad, Fiji, Australia, Newfoundland, and Hong Kong with Interludes*, Vol. 2, London: John Murray, 1903, p. 244.

88. G. B. Endacott, *Government and People in Hong Kong, 1841–1962*, Hong Kong: Hong Kong University Press, 1964, p. 26.

89. G. B. Endacott, *Government and People in Hong Kong, 1841–1962*, Hong Kong: Hong Kong University Press, 1964, p. 146.

90. Frank Welsh, *A History of Hong Kong*, London: HarperCollins, 1997, p. 400.

91. Cardwell to MacDonnell, 31 May 1866, CO 129/112, p. 92.

92. Davis to Stanley, 13 May 1844, CO 129/6, p. 4.

93. "Bowring to Labouchere, 26 March 1856", in *British Parliamentary Papers, China 24, Correspondence, Dispatches, Reports, Ordinances, Memoranda, and Other papers relating to the Affairs of Hong Kong, 1846–1860*, Shannon: Irish University Press, 1971, p. 197.

94. G. B. Endacott, *Government and People in Hong Kong, 1841–1962*, Hong Kong: Hong Kong University Press, 1964, pp. 91–94.

95. G. B. Endacott, *Government and People in Hong Kong, 1841–1962*, Hong Kong: Hong Kong University Press, 1964, p. 99.

96. 立法局的發展和流變參見 G. B. Endacott, *Government and People in Hong Kong, 1841–1962*, Hong Kong: Hong Kong University Press, 1964, pp. 89–96.

97. *Chinese Repository*, Vol. 14, No. 1, January 1845, pp. 13–14.

98. W. Tarrant, *Digest and Index of All the Ordinances of the Hong Kong Government to the Close of 1849*, Hong Kong: Noronha, 1850, pp. 135–139.

99. J. W. Norton-Kyshe, *The History of the Laws and Courts of Hong Kong, Vol. 1*, Hong Kong: Noronha, 1898, p. 504.

100. 丁新豹：〈歷史的轉折：殖民體系的建立和演進〉，見王賡武主編：《香港史新編》增訂版上冊，香港：三聯書店（香港）有限公司，2017 年，第 97 頁。

101. 劉蜀永主編：《簡明香港史》第三版，香港：三聯書店（香港）有限公司，2016 年，第 51 頁。

102. G. B. Endacott, *A Biographical Sketch-book of Early Hong Kong*, Singapore: Eastern Universities Press, 1962, p. 65.

103. J. W. Norton-Kyshe, *The History of the Laws and Courts of Hong Kong, Vol. 2*, Hong Kong: Noronha, 1898, p. 223.

104. 余繩武、劉存寬主編:《十九世紀的香港》,北京:中華書局,1993 年,第 207 至 208 頁。

105. "Colonial Estimates—Hong Kong: Expenditure Detailed, 1865", in *British Parliamentary Papers, China 25, Correspondence, Dispatches, Reports, Returns, Memorials, and Other Papers Relating to the Affairs of Hong Kong, 1862–81*, Shannon: Irish University Press, 1971, p. 93.

106. G. B. Endacott, *A Biographical Sketch-book of Early Hong Kong*, Singapore: Eastern Universities Press, 1962, p. 103.

107. "Report of the Colonial Surgeon for the Year 1870", in *British Parliamentary Papers, China 26, Correspondence, Annual Reports, Conventions, and Other Papers Relating to the Affairs of Hong Kong, 1882–99*, Shannon: Irish University Press, 1971, p. 533.

108. J. W. Noton-Kyshe, *The History of the Laws and Courts of Hong Kong, Vol. 2*, Hong Kong: Vetch and Lee, 1971, pp. 496–497,501.

109. J. W. Noton-Kyshe, *The History of the Laws and Courts of Hong Kong, Vol. 1*, Hong Kong: Vetch and Lee, 1971, pp. 376,381.

110. *Chinese Repository*, Vol. 12, No. 10, October 1843, pp. 534–536.

111. J. W. Noton-Kyshe, *The History of the Laws and Courts of Hong Kong, Vol. 1*, Hong Kong: Vetch and Lee, 1971, p. 645.

112. C. Crisswell and M. Watson, *The Royal Hong Kong Police, 1841–1945*, Hong Kong: MacMIllan, 1982, p. 46.

113. 劉蜀永主編:《簡明香港史》第三版,香港:三聯書店 (香港) 有限公司,2016 年,第 55 頁。

114. "Government Notification No. 482", *Hong Kong Government Gazette*, 1 August 1905, p. 1.

115. 黃文江:〈簡述理民府官〉,見劉智鵬主編:《展拓界址:英治新界早期歷史探索》,香港:中華書局 (香港) 有限公司,2010 年,第 64 至 65 頁。

116. 黃文江:〈簡述理民府官〉,見劉智鵬主編:《展拓界址:英治新界早期歷史探索》,香港:中華書局 (香港) 有限公司,2010 年,第 66 頁。

117. Report on the New Territories, 1899–1912, p. 5.

118. Patrick H. Hase, *The Six-Day War of 1899: Hong Kong in The Age of Imperialism*, Hong Kong: Hong Kong University Press, 2008, p. 128.

119. Report on the New Territories, 1899–1912, p. 3.

120. 楊少初:〈托倫斯土地系統與英國在新界的土地政策〉,見劉智鵬主編:《展拓界址:英治新界早期歷史探索》,香港:中華書局 (香港) 有限公司,2010 年,第 114 至 115 頁。

第三章

城市的興建與轉口港地位的確立

停泊在香港附近海域的英國鴉片躉船。(約
1839年，中國畫家油畫。)

在香港等候出洋的華工。

約 1880 年的港島灣仔和維多利亞港。（香港歷
史博物館照片）

19世紀中環填海工程進行中。（香港歷史博物館
照片）

位於尖沙咀的九龍倉有限公司大樓，約攝於
1910年。(香港歷史博物館照片)

1880 年的九龍羅便臣道（今彌敦道），左邊街
燈處是往威菲路軍營的入口。（香港政府新聞處
照片）

香港地處中國南海之濱，位於珠江口東岸，自漢唐以至宋元時期一直憑着優越的地理條件，在中國海上貿易方面扮演重要的角色。作為廣州的外港，香港的屯門曾經廣為中外商人所認識。中國的航海家在中世紀曾經明確指出，屯門是外國商船進入廣州之前的必經之地。大航海時代來臨之後，香港地域的不同地點經常出現在歐洲航海家繪製的地圖上。在英國以武力奪取香港之前，葡萄牙人率先在屯門發展貿易基地，並在這裏的一個海灣與明朝水師交鋒，最後以敗軍身份得到明朝政府准許，在香港以西的澳門建立據點。

19 世紀前半期，西方勢力崛起，並通過擴張殖民的手段主導全球貿易的發展。中西貿易自此形勢逆轉，中國在英國鴉片貿易的衝擊下不但蒙受經濟損失，更走向喪權辱國，接近被列強瓜分的困局。

1841 年 1 月 25 日，英軍登陸香港島。6 月 7 日，義律宣佈香港為自由港；不同國籍的商人都可以自由出入香港，在這裏貿易亦無需繳納任何稅款。[1] 義律的想法是，廣州將繼續是中國唯一對外開放的貿易中心，香港與廣州相去不遠，又有水深港闊的海灣，可以發展成為英國對華貿易的據點。義律利用自由港政策儘快達到這目的，[2] 結果香港島迅速演變成為鴉片和苦力貿易的中心。1860 年，英國通過第二次鴉片戰爭割佔九龍，香港政府控制了香港島與九龍之間的維多利亞港，香港的轉運條件大幅度升級，進一步確立 19 世紀後期香港的轉口港地位。

隨着轉口貿易發展蓬勃，香港的都市建設亦隨之展開；無論在城市、道路、港口以至公用事業等方面都有可觀的進展。在 19 世紀的下半葉，香港出現了香港島與九龍半島雙城對應的城市格局。「港九」亦在相當長的時間上成為香港地區的代稱。

回顧歷史，香港作為鴉片貿易下中國第一片流失的國土，卻在國運日塞的歷程中走出一條中國歷史從所未見的道路；香港從一個無名海島迅速發展成為遠東第一商港，並在前進的路上不斷回饋國家，在中國現代化的路上扮演舉足輕重的角色。

第一節　鴉片貿易和苦力貿易

鴉片貿易

鴉片貿易是打開香港歷史新一頁的背後動力，但因鴉片戰爭而產生的中英《南京條約》和《虎門條約》卻迴避了鴉片貿易問題，沒有對相關活動作出具體規定。兩條條約反映了清政府將鴉片貿易定性為非法活動的立場。然而，英國政府卻一直堅守鴉片貿易必須合法化，並希望通過談判設定鴉片稅率，以保證穩定的收入，同時避免因鴉片走私和中國發生外交糾紛。可是，這單方面的想法始終遭到清政府反對，英方多次交涉都未能取得結果。英國的鴉片貿易唯有繼續以走私的方式在香港經營。

香港是鴉片戰爭的產物，英國在華的鴉片貿易亦因為割佔香港島而大幅增長。香港開埠之初，鴉片是最大宗的商品。1847 年由帆船運送出口的鴉片市值約佔當年香港出口總值的 86.5%。[3] 1845 至 1849 年，從印度輸出的鴉片約有四分之三先貯存於香港，然後分銷往中國沿海各地。[4] 同期從印度經由香港輸入中國的鴉片每年平均有 39,000 箱，大大超過了鴉片戰爭前的數量。1855 至 1859 年，鴉片的平均輸入增至每年 68,500 箱，是第一個高峰時期。[5] 1847 年，香港出口總值 226,130 英鎊，其中鴉片佔 195,625 英鎊，[6] 是出口總

額的 86.5%。據中國海關代理總稅務司赫德（Robert Hart）1861 年的報告，當時運抵中國的大量鴉片，「並非至通商各口，全係先至香港……每月有火輪船四五隻，由香港裝載洋藥至上海。」[7] 這些數據都指向一個事實：香港是西方各國對華鴉片貿易的走私中心。1844 年港督戴維斯亦不得不承認：「幾乎所有擁有資本的非官方人士都從事鴉片貿易。」[8] 香港開埠不到 20 年間，總部設在香港而主要從事這項貿易的洋行，就有怡和、顛地（Dent & Co.）、太平（Gilman & Co.）、琳賽（Lindsay & Co.）、薳乜（Lyall, Still & Co.）、瓊記（Augustine Heard & Co.）、沙遜（David Sassoon & Co.）等十餘家；其中又以怡和、顛地兩家規模最大。1845 年，香港政府的年度工作報告也承認鴉片是出口的主要貨物。[9]

在第二次鴉片戰爭爆發之前，鴉片的輸入數量已經大增。據統計，1843 年怡和洋行有五艘飛剪船往來印度和香港，另有六艘於香港與中國沿海航行。用來貯存鴉片的躉船則分佈廣東、福建、浙江三地，計有廣州的黃埔、廈門外的六島[10]、寧波外的舟山、上海下游的吳淞、福建的泉州、閩粵分治的南澳、澳門西南的電白。顛地的情況也差不多，旗下鴉片走私活動也發展迅速。[11] 香港《德臣西報》（China Mail）在 1846 年提供數字，指出中國沿海有鴉片躉船 40 隻。[12]

怡和、顛地為保持在同行中的壟斷地位，於是配備武裝護航船隊。後來他們發現將鴉片貯存在香港島比存放在外港的躉船上更加安全，而且可節省高達九成的人力物力；兩家洋行於是轉而將鴉片存放在港島。1849 至 1850 年間，顛地洋行已完全停止使用躉船，鴉片全部存放在岸上。小商號為了避免因不能按期卸貨而繳納每箱 5 元的過期費，也把鴉片轉存在香港島。[13] 1850 年前，中國沿海的鴉片市場大

致由怡和、顛地兩家壟斷。1850 年大英火輪船公司將裝運鴉片的業務擴展到中國沿海各地，才打破這一壟斷局面。[14]

第二次鴉片戰爭後，鴉片貿易成為香港合法化的商業活動。1858 年，香港政府通過法例，准許將本來只限於本埠銷售的香港熬製鴉片煙膏，運往其他商埠發售。於是不論生熟鴉片，大部分均以在香港合法製銷的性質，通過非法方式運入中國銷售。19 世紀 60 年代中期，廣東省鴉片的年消費量約為 1.8 萬箱，其中報關入口的不足五分之一。[15]

鴉片走私貿易利潤豐厚，是外商積累資本的主要業務。以怡和洋行為例，據 1847 年估計，該行股東在過去二十多年中獲取 300 萬英鎊的利潤，其中大部分在 1837 至 1847 年之間積累而得。[16] 19 世紀 50 至 60 年代怡和自行投資的鴉片貿易，平均年利潤率約為 15%，代理業務的利潤率為 4%。[17] 怡和洋行把這些利潤用於維持鴉片貿易，同時投資於絲茶貿易、航運、造船、碼頭、貨棧、保險、匯兌及放款等業務，迅速成為英國在遠東最大的商行。怡和財大勢雄，時人視為「洋行之王」。

外商在鴉片貿易中獲取鉅利，端賴香港政府提供各種各樣的方便；香港政府當然不會錯過從中得利的機會。香港政府在本地實行鴉片專賣，又為消費和販賣鴉片的人提供法律保護，並通過鴉片包稅商向鴉片消費者徵收鴉片稅。據統計，1845 年的鴉片稅收約佔香港歲入的 10.8%；1858 年為 7.2%；1859 年為 9%[18]。1918 年，香港政府從鴉片貿易中取得歷史上最高比例的收入，佔當年歲入的 46.5%，[19] 成為香港財政的主要來源。

苦力貿易

苦力貿易就是販運華工出洋的勾當。這種中國人看來並不光彩的活動，卻成為近代香港轉口貿易發展的一股重要動力。香港從開埠之後迅即憑着港口與航運的優良條件，成為中國苦力販運的中心。

1847 至 1851 年美國加利福尼亞州和澳洲相繼發現金礦，掀起了全球淘金狂潮，也成為香港苦力販運的催化劑。從事苦力販運的人利用珠江三角洲基層群眾急於擺脫貧困的心理，引誘或者拐騙他們前往兩地充當淘金苦力，有時甚至出手綁架。實際上從香港出洋的華工並不限於前往以上兩地淘金，也有去西印度群島、南美、東南亞等地的種植場或其他工作場所。以英屬圭亞那和西屬古巴等地為例，當地的種植場原先依靠黑奴種植棉花、甘蔗、煙草、咖啡等作物；但隨着資本主義的發展，奴隸勞動已經不能適應生產的需要，中國的出洋苦力正好滿足這些國家對勞動力的需求。隨着海外勞動市場不斷發展，中國的苦力甚至遠赴秘魯開發鳥糞層，進一步壯大苦力販運的業務。

從香港赴美的苦力，絕大部分是廣東台山、新會、開平和恩平的「賒單工」；西方人稱這種做法為 Credit Ticket System，意為賒欠船票制。這些苦力貧窮到連船票都買不起，於是由招工經紀人墊付船費，到達目的地後以勞動所得加利償還。所謂加利，其實是另一種剝削；經紀人收取的月利率有時高達 5%；[20] 有的苦力則需另付 5% 至15% 的佣金，[21] 直至全數還清為止。賒單工沒有明文的勞務契約，名義上是「自由移民」，但在債務償清前，要聽從債權人的驅使，其地位與沒有人身自由的契約苦力並無根本區別。即使購得船票，也不能完全保證苦力能成功登船出發。1852 年，一艘將開往三藩市（舊金山）的英國客船「蘇丹娜」號（*Sultana*）上，570 名華人船客被趕下船。事

緣租船人收取了乘客支付的船費後，與船主發生爭執後潛逃。即使船客借貸支付船費餘額，船主及代理人卻出於種種原因拒絕開船。船客不但金山夢碎，被迫下船時還行李盡失，損失慘重；他們訴諸法律途徑不果，只能回廣東或滯留香港，甚至走上絕路。[22]

根據美國檔案資料，中國苦力早在 1848 年就已經前往加利福尼亞打工。當年有一名美國商人自香港返回舊金山，隨行帶上三名華工，開啟了華工赴美的熱潮。後來從香港到美國打工的華工人數陸續增加：1849 年有 323 人，1850 年有 447 人，1852 年爆升至 18,434人，1854 年繼續增長至 25,063 人。[23]另一種講法指出真正的數字還不止於此。據歐德理（E. J. Eitel）《歐西於中土》一書記載，1852 年自香港去加州的華工達 30,000 人，[24]比舊金山統計來自香港的苦力入境人數幾乎高出 12,000 人。這中間的差距是因為船主為了少付每個旅客5 美元的報關費而少報。[25]據香港船政廳報告，1854 年 11 月 1 日至1855 年 9 月 30 日不到一年的時間內，結關登載的苦力船有 128 艘；其中英國佔 64 艘，美國佔 24 艘。[26]另據統計，1848 至 1857 年 10 年間，從香港運往古巴的苦力有 23,928 人。[27]1851 至 1872 年間，從香港運往美洲、大洋洲和東南亞的苦力華工總計為 320,349 人。[28]

華工出洋謀生無疑是中國貧苦農民的一條出路，但絕非坦途。航運業主出於追逐客運利潤，往往以超載和扣減糧食食水來賺取最大的利益。在漫長的航程中，華工在船上過着非人的生活。以 1848 至1857 年間由香港運往古巴的中國苦力為例，航程中的平均死亡率為14%，最高的一宗個案更有 45% 之多。[29]另外，同一時期從香港出發去秘魯、舊金山、古巴的苦力船上，先後發生四次嚴重死亡事故：死亡率最高的一次是去秘魯的 66.66%，最低的是去舊金山的 20%，去古巴的兩次分別為 39% 和 45%。[30]可見出洋打工風險之高。

為了擺脫販運途中的不人道生活，華工曾經多次奮起反抗。1850至1860年從香港出發去秘魯、古巴等地的苦力船上大約發生10次暴動。[31] 1852年11月20日，廈門民眾因英國人販子掠販苦力而襲擊英國人，使英商和記洋行的貨棧受到嚴重威脅。[32] 這事件發生以後，港督寶靈擔心苦力販運繼續引起騷亂，危及英國對華正常貿易以及在鴉片貿易中得到的龐大利益。英國外交大臣克拉倫登（Lord Clarendon）也認為苦力販運會「給英國的在華利益帶來危險」，決定加以限制。[33] 1854年4月，有關的限制交由香港政府任命的移民官負責處理。同年8月，英國議會通過《中國乘客法》（Chinese Passengers Act），對中國乘客的住宿空間、糧水供應標準及醫療條件等作了具體規定。[34] 1858年7月，英國議會通過《中國乘客法》修正案，規定英國船載運中國乘客只限於前往英國屬地。[35] 自此以後，契約華工出洋的業務大部分轉向澳門。至於賒單工出洋，香港政府則從未限制。據香港移民官報告，1855至1867年間，華人從香港出洋的共有147,763人，其中赴加利福尼亞的有62,000人，赴澳洲的有62,147人。[36]

苦力貿易養活了香港不少勞動人口，包括船長和船員、西方殖民政府的移民代辦、在華經商多年的外商以及他們的捐客等。[37] 當然，從苦力貿易中獲利最豐的是直接參與販運苦力的商行。香港最初經營加利福尼亞苦力客運的是和行（Wo Hang）及興和行（Hing Wo），[38] 後來怡和、顛地等洋行陸續加入，苦力貿易愈見蓬勃。

苦力貿易除了直接衍生利益，也帶動了不少相關的行業。香港是苦力貿易的出口港，各國苦力船自然停在此處維修、改裝和補給；結果船舶修理、食品加工、飲食等業無不從中大獲其利。苦力貿易亦同時促進了香港對海外華人社區的貿易；以舊金山為例，苦力的輸入令人口大增，日用品需求隨之急升，必須增加供應方能解決問題。有商

人看準時機，在香港成立金山莊，專門供應三藩市華人生活必需品，包括大米、糖、藥材；甚至木屋。僅 1848 一年，香港即有 23 艘船運送上述貨品去加利福尼亞。[39]

香港從事苦力販運的人獲得暴利。例如，他們將一名中國苦力運到秘魯或西印度群島，平均付出 117 至 190 元；而當地種植園主收買苦力的價格是人均 350 至 400 元，他們從每個苦力身上獲得的利潤是 200 多元。[40] 據統計，1851 至 1875 年的 25 年中，僅販賣華工至美洲各地的商行所獲利益竟達 8,400 萬元，每年平均收益接近 340 萬元。[41]

西方船舶的船東是苦力貿易中獲益不少的一方。以 1853 年從香港往舊金山 3 萬名苦力每人船費 50 元計，該年船老闆和招攬人可收回 150 萬元。[42] 1854 年怡和洋行的一次航行即獲利 9 萬元。[43] 鉅利刺激了船東添製新船，大大帶動了香港航運業的發展。1854 至 1859 年的五年間，香港的遠洋航運平均每年增加船隻 487 艘，增加噸位 251,350 噸，年增長率為 68%。[44] 19 世紀 50 年代，香港因苦力出洋，客運異常興隆。[45] 從香港或澳門駛往美國太平洋沿岸的苦力船，每人運費成本不足 5 元，而每張船票的售價為 55 元，盈利率高達 10 倍，[46] 承運華工出洋成了航運界獲利最多的業務。[47]

出洋的中國苦力需要將血汗錢匯回家鄉。當時多通過香港的銀號辦理此項匯兌業務，[48] 因此有大利可圖。以在美華工為例，每月工錢 30 至 35 美元，伙食費 15 至 18 美元；華工所剩即使無幾，亦力求節省以供家用，估計平均每人每年可以匯回 30 美元。[49] 這些匯款數額逐年增大，成為香港金融業發展的重要動力。

第二節　轉口貿易

　　香港開埠後英國政府宣佈以自由貿易為建港方針，馬上收立竿見影之效。此後直到清朝覆亡，香港在鴉片及苦力兩類貿易的推動下，迅即發展成為遠東重要的港口；其他類型的貿易亦利用香港在航運網絡與港口設施上的便利，以此為貿易的中轉地，逐漸將香港發展成亞洲的主要轉口港。

轉口貿易的初創階段（1841–1860）

　　英國在佔領港島之初，將香港闢為自由港，迅即吸引外商前來發展。據統計，1843 年已有 22 家英國商行、6 家印度商行和一批來自新南威爾士的商人在港島落戶。1848 年在香港結關的外貿商船共 700 艘，總噸位 228,818 噸，比 1842 年分別增加 84% 與 68%。[50] 其中，英國的商船數和噸位數均居首位，其次為美國、西班牙和印度。

　　建港初期，運入香港的貨物有鴉片、百貨、棉花、棉紗、茶葉、絲綢、大米、鹽、糖、煤炭、木材等。其中，印度的鴉片、棉花和英國的百貨絕大部分轉銷中國內地。來自內地的茶葉、絲綢和土產品主要銷往英國和印度。各種大宗商業交易均掌握在洋行手中，特別是怡和、顛地和美國的旗昌（Russell & Co.）等幾家大洋行。

　　根據《中國叢報》記載，1841 年 8 至 12 月進出香港的商船共 145 艘，除 52 艘未列貨名，4 艘運輸英軍士兵及軍火外，其餘 89 艘運載貨物種類如下：[51]

表 2.1　1841 年 8 月至 12 月香港商船與運載貨物的種類

運載貨物名稱	船舶數	運載貨物名稱	船舶數
百貨	22	木材	6
鴉片	13	雜貨	5
棉花	13	煤	4
茶葉	12	米	3
銀錠	8	雜項	3

　　不過，香港開埠初期的貿易發展相對緩慢。當時中國內地的經濟仍然處於自給自足的狀態，從香港輸入的貨品未能打開龐大的市場；同時，五口通商後沿海港口與香港形成競爭關係，不利貨品由香港轉運往中國內地。1844 年，進出港船隻數目為 538 艘共 189,257 噸；三年後僅增加至 694 艘共 229,465 噸，可見貿易進展不如理想。[52]

　　在鴉片走私和苦力販運的帶動下，從 1848 年起，香港經濟漸趨興旺。1851 年，太平天國反清活動影響整個華南地區，大批內地人來港避亂，促進了香港的商業繁榮和貿易發展。1856 年以後，香港成為華南的貨物分配和貿易融資中心；中國四分之一的進口貨和三分之一的出口貨都經香港轉運，當中所涉的周轉資金亦在香港解決。1858 年，大多數從事對華貿易的外國商號都在香港設有總號。1859 年，共有 22 個國家的 1,158 艘船舶在香港停靠，總噸位達 626,536 噸。[53] 香港開埠至此不足 20 年，已經逐步發展成為東亞的一個主要轉口貿易港。

轉口港地位的確立階段（1860–1900）

1860 年，英國通過第二次鴉片戰爭割佔九龍，香港政府控制了香港島與九龍之間的維多利亞港，香港的轉運能力因而大幅度提升。

從 19 世紀 60 年代開始，外部形勢的變化對香港的轉口貿易的發展產生了積極的影響。當時西方國家經濟增長迅速，大量外國商品開始在華傾銷，香港成為各國商品進入中國華南市場的集散中心。1869 年，蘇伊士運河開通，香港與西歐之間的海上交通航程頓時縮短25.6%，貿易成本大降，刺激更多外商來港貿易。貿易的蓬勃發展推動了社會前進，為香港打造了一個現代化的通訊網絡；世界級電訊公司大北電報公司和大東電報公司分別於 1860 和 1871 在香港開設分公司。以先進的通訊設備支援的環球電訊業務使香港的轉口貿易進一步發展。1858 年中英《天津條約》和 1876 年《煙台條約》締結後，中國沿海和長江許多口岸陸續開放通商，貿易範圍進一步擴大。至於從 19世紀 60 年代開始推動的洋務運動也在相當程度上刺激中國市場對外國原材料、設備和商品的需求；香港位處交通要津，自然盡得其利。

在眾多有利因素的影響下，香港轉口貿易獲得巨大發展。這一時期香港的轉口貿易發展以 1885 年為界，可分為前後兩個階段。1860年至 1885 年為第一階段，經濟發展起伏較大。在 19 世紀 60 年代初期，英國發動第二次鴉片戰爭而引致軍需訂貨激增，香港的轉口貿易一度出現戰時的繁榮。其後，美國發生南北戰爭，美棉出口中斷，印度和中國一度成為歐洲的棉花供應者；香港作為中轉貿易港，從中獲利甚豐。1865 年，美國南北戰爭結束，恢復向英國供應棉花，香港的棉花中轉貿易頓然劇減。適逢香港商人在中國上海及長江流域的茶葉和地產投資失利，香港銀根緊絀，市面陷於蕭條。因此，1864 至

1868 年之間，香港的轉口貿易大幅度回落。1869 至 1872 年間香港經濟短暫回升。1873 年爆發世界性經濟危機的影響，香港的經濟再度衰退；1875 年經濟陷於谷底期間，不少商號和公司倒閉。直到 1880 年，香港經濟才走出低谷。

1887 年九龍設關之前，香港的中轉貿易數量雖無完整資料可稽，但根據某些年份的統計數字，仍可一窺香港轉口貿易的發展脈絡。[54] 1867 年，中國從香港進口貨物佔全部進口貨的 20%，其中英國佔 15%，新加坡、澳洲、印度佔 4%，其他佔 1%；[55] 經香港出口的中國貨物佔全部出口貨的 14%，其中輸往英國的佔 9%，輸往美國的佔 2%，輸往新加坡的佔 2%，輸往其他各國的佔 1%。[56] 據海關報告，中國 1880 年出口貨值的 21% 和進口貨值的 37% 均經過香港轉運，可見香港轉口貿量有可觀的增長。[57]

1886 年至 1900 年為第二階段，這期間香港的轉口貿易基本增長平穩，沒有出現大的起伏。第二階段的其中一個特點是，香港作為貿易分配中心的地位日益重要。1887 年，九龍和拱北分別設關，中國對外貿易第一次有完整報告。這一時期香港的對華出口貿易一直佔中國外貿進口總額的一半左右，最高時曾達到 56%。香港的對華進口貿易則一直維持在中國出口總額的四成左右，足以說明香港在中國對外貿易中的地位舉足輕重，並一直在對華貿易中處於出超的有利地位。[58]

這時候的香港已發展成為中國進出商品的集散地和中國沿海各通商口岸轉運貿易的中心。香港的貿易範圍已不僅限於華南，亦向華東、華北、西南等地區擴張。香港的進出口商品的結構也發生變化，種類比前更加豐富。在出口方面，除了早期的絲、茶等產品外，大豆、皮革、植物油、大麻、煙草等大幅度增長；在進口方面，除了棉

花、鴉片外，還增添了煤油、食油、火柴、燃料、大米、金屬製品等商品。從貿易的對象看，此時的香港仍是英國對華商品傾銷的重要基地，但英國在對華貿易中所佔的比重已有所下降；新興的美、日等國在香港轉口貿易中所佔的比重開始上升，香港對外貿易的服務對象開始表現出國際化的傾向。[59]

從開埠到 19 世紀末，香港在短短幾十年間由一個鮮為人知的小島搖身變為對華貿易的主要中轉港口；除了外在經濟的刺激，城市設施的配套也是香港成功的因素。香港開埠之後經過多年建設，碼頭、貨倉和船塢等重要基礎設施日漸完備。另外，與貿易有關的銀行和保險等金融服務性行業亦迅速崛起。1865 年，滙豐銀行成立，成為首家總部設在香港的銀行，意義重大。有了這些配套設施和服務，加上龐大的貿易流量，香港迅速晉身遠東地區主要轉口貿易港之列，舉足輕重。

第三節　城市基礎建設

香港島的規劃與發展

從任何角度觀察，香港島都是一個面積細小的海島；與大英帝國其他屬地相比，香港島約 80 平方公里的土地面積根本微不足道。雖然如此，英國佔領香港島之後並沒有全面開發這小島，反而在島的北岸劃出一片細小的土地建立一個新的城市。後來的情況證明，這樣做可以集中資源發展和管理城市，並且令土地的價值提升，有利於吸引各國商人前來投資。1843 年 6 月 29 日，英國以女皇命名這座新建的城市，亦即維多利亞城。[60]

1842 年 2 月一期《廣州週報》報道了香港島的城市規劃：

> 沿北面海灣由西往東約四英里，東面是怡和洋行的建築物所在的半島，西面是孟加拉志願軍駐紮的營盤，一條馬路聯結東西兩據點。因地段不平坦，建築此路十分費力，但建成後居民將從中得到很大方便，足以補償付出的勞動和開支。開闢這條路時一般在路和海面之間留下了足夠的空地供建築倉庫之用，已分成每塊有 30 米寬的面海空地，其中幾塊已於去年拍賣時按每年繳一定租金處理給商人，同時政府保留大部分自用。[61]

規劃中的四英里馬路是皇后大道；這條馬路於 1841 年興建，一年後竣工；工程僱用中國工人 600 至 1,500 名。[62] 所有經海路到達香港的訪客，甫上岸便踏足皇后大道，隨着地勢逐漸增高，走在大道上帶有種覲見皇后的意味。[63] 1845 年，道路伸延至柴灣一帶，次年更遠及港島南面的香港仔。[64] 道路修建後兩旁陸續發展出倉庫、商店和住宅。1844 至 1846 年，環島的道路大部份建成。[65] 1844 年，香港街道開始安裝路燈。[66] 1847 年，建造完成 2,440 碼的下水道。1844 年，維多利亞城只有約 100 幢建築物；[67] 到了 1846 年，建築物的數目倍增至 1,874 幢，可見城市發展步伐之快。[68] 修建道路是陸上基建的重要內容。到了 19 世紀末，從維多利亞城到香港仔再到赤柱的道路主幹線的總長度已達 95 英里。[69] 1888 年，山頂纜車通車，開香港陸上集體運輸的先河。1904 年，東西向的堅尼地城至筲箕灣的電車啟用，港島的交通進入了新紀元。[70]

香港島是港口城市，航運設施必不可少；碼頭和貨倉都是最先開發的基本設施。1845 年，維多利亞城建成三個渡輪碼頭，[71] 其中一個是怡和洋行在東角所建供該行裝卸貨物用的深水碼頭。隨着中轉貿易迅速發展，碼頭的建設促進了貨倉需求的急增。1871 年，香港貨棧公司成立，是香港第一家商用貨倉企業；提供倉庫、港口駁運和輸送

等服務。[72] 貨倉的建設又帶動了碼頭、船塢和其他港口設施的發展。香港政府面對日益增長的貿易需要，於 1878 年撥款修建維多利亞碼頭，增加了港口的吞吐容量。1888 年，香港貨棧公司投資修建第一號和第二號深水碼頭，容納大型遠洋貨輪停靠，進一步提升了香港轉口港的地位。其後香港九龍倉有限公司和均益附揭貨倉有限公司相繼於 1886 年和 1896 年成立，大大提高香港港口的倉儲能力。1882 年，香港已有五個船塢，其中規模最大的是 1863 年成立的香港黃埔船塢公司；1888 年，該公司在九龍紅磡建成第一船塢，為來港商船和遠東海域航行的船舶提供服務。[73]

航運事業的日益發達，也促進了夜間航行的發展，燈塔於是應運而生。1875 年，香港政府在港島東邊的德忌笠角建第一個一級燈塔；隨後在港島西邊的青洲建造一個四級燈塔。[74] 1892 年建於橫欄島的一級燈塔為離島夜航提供了方便。[75]

公用事業方面，香港煤氣公司於 1865 年元旦在西營盤成立，是香港社會進化的里程碑。最初煤氣只供維多利亞城照明之用，後來逐步供給廚房、取暖及商業使用。[76] 1889 年，英商仁記洋行創立香港電力公司，香港邁進電燈照明的時代。[77]

香港四面環海，僅有的幾條溪流不足以提供充足的食水。香港開埠後的食水主要來自井水和雨水，興建水塘是長治久安的必然選項。1863 年，薄扶林水塘第一期工程竣工；[78] 1889 年和 1899 年分別建成大潭水塘和黃泥涌水塘，總蓄水量增至 7.47 億加侖，足以為香港島提供足夠的食水供應。[79]

香港是內河、沿海、遠洋各線輪船停泊的港口，因而成了中國郵政的集散中心。中國通商五口的郵政支局於 1848 至 1854 年間相繼成立，統轄於香港郵局。[80] 至於往來印度和海峽殖民地的郵件則通過印度的鴉片快船運輸至香港。1869 年，美國太平洋鐵路建成後，送往美國的信件不再經英國運輸而直接經橫濱至舊金山。1870 年，香港郵局開辦郵政匯票，為華僑開郵匯的方便之門。[81] 1860 年，大北電報公司在香港成立分公司，從中國北面通過俄國與歐洲相聯繫。1871 年，大東電報公司在香港成立分公司，從南面通過新加坡和歐洲相聯繫。[82] 至此香港在郵匯通訊方面已經與全球主要板塊連接，大大提高香港作為中轉貿易港口的效率和地位。

香港城市建設的費用，最初幾年主要依靠鴉片戰爭的賠款；另外，賣地收益也是重要的財政來源。事實上香港政府十分重視賣地收益，並早在 1841 年 11 月設官署管理土地檔案。[83] 1841 年第一次拍賣 35 幅計 9 英畝的地皮[84]，所得共 3,431 英鎊；[85] 1844 年 1 月和 7 月兩次拍賣則合共得到 4,862 英鎊。1845 年香港政府從土地中得到的收入是 1.3 萬鎊，居於各類收入的首項，佔當年香港政府收入約六成之多。[86] 1846 年，維多利亞城的地皮已盡數賣出，第一階段建城工作可謂完成。[87]

必須說明，英國在建設維多利亞城上扮演的角色主要是規劃、設計和監督，實際施工的是中國工人。開埠伊始，華人即佔香港總人口九成以上，他們聚居於維多利亞城外緣的太平山和西營盤，從事各種職業，包括建造城市的工人。[88] 港督戴維斯也曾經表揚中國工人在這方面的貢獻：

過去 18 個月（1844 年 10 月 – 1846 年 4 月）公私建設及翻修進展的速度確實驚人，但若無有技巧和價廉的中國工人可供僱用，是難以實現的。[89]

維多利亞城順利建城後不久，香港政府已經要面對土地不敷應用的問題。誠如上文所述，開埠不到幾年，維多利亞城所有商用土地都已賣完；港島市區面積狹小，根本無法追上經濟發展和人口膨漲的步伐，擴大商業和居宅用地迅即成為當務之急。香港島山多平地少，就地理環境和工程技術而言，填海是解決土地問題的第一良方。開埠僅十年光景，港督寶靈已經提出填海造地的計劃。1868 年，香港政府開始建造從威利麻街伸展到文咸西街長達 2,700 英尺的海堤，並在海堤後圈海造地。1870 年，東部堤岸部分建成，即今日的德輔道。此後幾十年間，香港政府在香港島北岸東西兩端填海造地達 100 英畝之多，包括 1884 年在銅鑼灣造地 23 英畝和 1886 年在西部堅尼地填造 22 英畝。另外，1903 年完成建造二英里海堤，圍海造地 65 英畝。此計劃歷時 20 年，完成後形成香港維多利亞城的西部地帶。從皇后大道所在的海岸線起計，港島北面已經用填海的方式把海岸線推前了四分之一英里，大大有助於維多利亞城的發展。[90]

割佔九龍與港九雙城的形成

香港開埠後不久，九龍亦納入香港的版圖之中；維港南北是一水之隔但互相呼應的兩處地域，久而久之形成「港九」雙城。

在割佔九龍的過程中，英國軍方和商人對此地的興趣最大；香港政府則抱着謀取最大利益和不干預本地華人風俗的一貫態度，盡量隔離華人與歐美人士，以免引起衝突。[91] 這些取向很大程度上決定了早期九龍的建設和發展方向。

在九龍正式割讓給英政府後，軍方與香港政府立刻就九龍的用途發生爭執，雙方對峙達數年之久。簡而言之，軍方堅持九龍應直屬於英國政府；同時，軍方作為英國政府的代表，可以全面管理和使用這片土地。不過，這說法立即遭到港督羅士敏強烈反對，他認為《北京條約》清楚列明九龍劃歸殖民地，交給軍方只會限制九龍的發展潛力，無益於整個殖民地的發展。1864 年，在英國政府的調停下，香港軍政雙方對九龍的土地用途終於達成共識，香港政府劃出九龍西岸九龍角部份土地給軍隊興建軍需倉庫和軍營，其餘土地則全由政府管理。[92] 為了方便軍隊運輸，政府在九龍角開闢兩條道路，分別是羅便臣道和麥當奴道，成為九龍半島最早開闢的道路。[93]

九龍角一帶規劃為軍事及商業用地之後，當地的數百華人居民被遷往九龍西面人口較多的油麻地天后廟附近。油麻地亦因為人口增多而發展迅速，不久形成一個市集。香港政府為方便交通往來，在油麻地開闢道路，始於天后廟前開闢的廟街，繼而在上述市集旁建造眾坊街，並將九龍角的麥當奴道（今廣東道）延伸至油麻地。油麻地社區發展中的一個重點項目是 19 世紀 60 年代末興建的油麻地警署，以及在其旁開闢的差館街（今上海街）。1885 年，油麻地海傍的沼澤地被填平，香港政府先後在填海地上開闢第一街至第八街，擴大油麻地的社區範圍。[94] 隨着人口增加，居民的食水問題又成了備受關注的議題。1895 年，香港政府在油麻地建成一個 14.8 萬加侖的儲水池，儲存來自山谷引水道的雨水；[95] 同年油麻地抽水廠落成，透過通往九龍各處的水管，為九龍提供自來水供應。[96]

九龍原有的另一個華人聚落紅磡亦在割佔後得到發展的機會。1863 年黃埔船塢在紅磡成立並併購香港多間船塢，成為香港一家規模龐大的重型工業，吸納大量紅磡居民作為員工。圍繞船塢的道路亦陸

續開闢，包括寶其利街、船塢街、大街、差館街等。1884 年紅磡發生大火，災後香港政府重新興建市場、警署；其後再開闢新的道路，包括邠嘉街、曲街、機利士路等。[97] 1885 年，香港政府在紅磡老龍坑山興建貯水池，為紅磡一帶居民供應自來水。[98] 另外，香港政府於 1861 年和 1896 年分別在馬頭角和紅磡興建屠宰牛隻的屠房，解決了華人屠宰牲畜的衛生問題。[99]

縱觀香港政府在油麻地與紅磡的建設，不難發現兩地興建的設施大同小異，大致上都是基本建設：開闢道路為促進交通，興建市場以便利交易，興建警署則為維持治安。1882 年查維克報告（Chadwick Report）提出香港的衛生問題和建議，[100] 其中要改善的包括建設九龍的供水系統、公共浴室、市場等。[101] 香港政府在 19 世紀 80 年代興建貯水池和牛房，以實質的建設回應了報告提出的建議。

油麻地和紅磡兩地雖然人口密集，但並非香港政府積極建設的地區。香港政府曾經在 1876 年拍賣油麻地 70 幅土地，只能售出 15 幅，顯示這地區並無太大的發展潛力。[102] 香港政府只在社區內興建基本設施，然後放任區內華人繼續以原來的方式生活。其實九龍的發展基本上參照香港島的發展模式，香港政府首先把華人從城市的中心遷徙到外圍的村落，然後在不影響政府管治的情況下聽任華人自行發展。事實上香港政府在開闢了第一段羅便臣道（今彌敦道）和麥當奴道（今廣東道）之後，即暫停了九龍主要道路的建設；直至 1892 年九龍地價上升，香港政府才重新投放資源開展建設。[103]

相較之下，香港政府建設尖沙嘴就明顯積極得多。除了興建軍用設施和兩條主要道路外，香港政府在 1867 年開始在尖沙嘴西南方的海岸填海和興建海堤。1874 年，政府決定把尖沙嘴建設成花園城市。

為配合這個計劃，政府在尖沙嘴開闢多條道路以建設完整的道路網。值得注意的是，這個尖沙嘴道路網並不與九龍半島其餘地方互相連接，香港政府似乎仍然要將尖沙嘴保持在一種城中城的規劃狀態。[104]天星碼頭落成後，港九之間的渡輪服務將尖沙嘴與中環連接起來，尖沙嘴這九龍半島中心城區的地位就更形重要。[105]

　　香港政府早期對九龍地區的規劃建設，基本上以利益為依歸；地區利益的差異又與政府對地塊的選擇有密切的關係。香港政府看中尖沙嘴作為九龍的中心地帶，就如開埠時看中港島北岸的中環一樣。尖沙嘴地價發展潛力深厚，香港政府不惜與軍方碰撞，也要得到這塊的土地，然後一直積極建設成中環以外的另一個商運中心。油麻地和紅磡這兩處華人聚落地價停滯不前，並未得到香港政府持續的關顧；直到多年後兩區人口和地價顯著上升，才引起政府投入更多的資源發展兩區。

注釋

1. G. B. Endacott, *A History of Hong Kong*, Hong Kong: Oxford University Press, 1973, p. 27.

2. G. B. Endacott, *A History of Hong Kong*, Hong Kong: Oxford University Press, 1973, p. 17.

3. G. B. Endacott, *A History of Hong Kong*, Hong Kong: Oxford University Press, 1973, p. 75.

4. A Very Interesting Paper on The Prospects of The Colony Drawn Up By Mitchell and Calls Attention to It as Containing Much Valuable Information, 28 December 1850, CO 129/34, pp. 310–371.

5. A. J. Sargent, *Anglo-Chinese Commerce and Diplomacy*, Oxford: Clarendon Press, 1907, p. 132.

6. G. B. Endacott, *A History of Hong Kong*, Hong Kong: Oxford University Press, 1973, p. 75.

7. 〈赫德稟呈二件清單七件〉，賈楨等編：《籌辦夷務始末》，咸豐朝卷七十九，北京：中華書局，1979 年，第 2933 頁。

8. Davis to Stanley, 13 May 1844, CO 129/6, p. 4.

9. G. B. Endacott, *A History of Hong Kong*, Hong Kong: Oxford University Press, 1973, p. 73.

10. 有人認為是指大擔島、二擔島等六島。請參見 Robert Loney ed., *The China Pilot: Chiefly from the Surveys of Captain Collinson,* Vol. 1, London: Hydrographic Office, Admiralty, 1855, pp. 33–34.

11. J. K. Fairbank, *Trade and Diplomacy on the China Coast: The Opening of Treaty Ports 1842–1854*, Vol. 1, Cambridge, Mass.: Harvard University Press, 1953, p. 135.

12. J. K. Fairbank, *Trade and Diplomacy on the China Coast: The Opening of Treaty Ports 1842–1854*, Vol. 1, Cambridge, Mass.: Harvard University Press, 1953, p. 239.

13. A Very Interesting Paper on The Prospects of The Colony Drawn Up By Mitchell and Calls Attention to It as Containing Much Valuable Information, 28 December 1850, CO 129/34, pp. 310–371.

14. Edward Le Fevour, *Western Enterprise in Late Ching China: A Selective Survey of Jardine, Matheson & Company's Operations, 1842–1895*, Cambridge, Mass.: East Asian Research Center, Harvard University, 1968, p. 9.

15. Robinson to Stanley, 28 February 1867, FO 17/481.

16. R. M. Martin, *China, Political, Commercial and Social*, London: Madden, 1847, p. 258.

17. Edward Le Fevour, *Western Enterprise in Late Ching China. A Selective Survey of Jardine, Matheson & Company's Operations, 1842–1895*, Cambridge, Mass.: East Asian Research Center, Harvard University, 1968, p. 29.

18. Hong Kong Opium Revenue from 1848 to 1882, 14 March 1883, CO 129/207, p. 557; CO 133, *Hong Kong Blue Book,* 1844–1860.

19. N. J. Miners, *Hong Kong under Imperial Rule: 1912–1941.* Hong Kong: Oxford University Press, 1987, p. 232.

20. 陳澤憲譯：〈美國國會參眾兩院調查中國人入境問題聯合特別員會報告書〉，載陳翰笙主編：《華工出國史料》第三輯，北京：中華書局，1981 年，第 256 頁。

21. Kil Young Zo, *Chinese Emigration into the United States, 1850–1880*, New York: Arno Press, 1978, p. 96.

22. Elizabelth Sinn, *Pacific Crossing: California Gold, Chinese Migration, and the Making of Hong Kong*, Hong Kong: Hong Kong University Press, 2013, pp. 61–67.

23. Jules Davids ed., *American Diplomatic and Public Papers: The United States and China, Series 2: The United States, China, and Imperial Rivalries, 1861–1893*, Vol. 2, Wilmington, Del.: Scholary Resources, 1979, p. 1.

24. E. J. Eitel, *Europe in China: The History of Hong Kong from the Beginning to the Year 1882*, London: Luzac & company: Hong Kong, Kelly & Walsh, Ltd., 1895, p. 259.

25. Jules Davids ed., *American Diplomatic and Public Papers: The United States and China, Series 2: the United States, China, and Imperial Rivalries, 1861–1893*, Vol. 2, Wilmington, Del.: Scholary Resources, 1979, p. 4.

26. Gunther Paul Barth, *Bitter Strength, A History of the Chinese in the United States, 1850–1870*, Cambridge, Mass.: Harvard University Press, 1964, p. 62.

27. H. B. Morse, *The International Relations of The Chinese Empire,* Vol. 2, London: Longmans, Green & Co., 1911, p. 171.

28. 嚴中平主編：《中國近代經濟史（1840–1894）》下冊，北京：人民出版社，2001 年，第 1602 頁。

29. H. B. Morse, *The International Relations of The Chinese Empire*, Vol. 2, London: Longmans, Green & Co., 1911, p. 171.

30. 彭家禮：〈十九世紀西方侵略者對中國勞工的擄掠〉，載陳翰笙主編：《華工出國史料》第四輯，北京：中華書局，1981 年，第 204 至 205 頁。

31. 嚴中平主編：《中國近代經濟史（1840–1894）》下冊附錄，統計表 4：〈1850–1872 年苦力船海上暴動和遇難事件表〉，北京：人民出版社，2001 年，第 1604 至 1608 頁。

32. 柯斯丁：〈大不列顛與中國 1833–1860〉，載陳翰笙主編：《華工出國史料》第四輯，北京：中華書局，1981 年，第 512 頁。

33. 柯斯丁：〈大不列顛與中國 1833–1860〉，載陳翰笙主編：《華工出國史料》第四輯，北京：中華書局，1981 年，第 512 頁。

34. P. C. Campell, *Chinese Coolie Emigration to Countries within the British Empire*, London: P. S. King & Son, 1923, p. 115.

35. *British Parliamentary Papers, Vol. 1: 1857–1858*, London: Government of Great Britain, pp. 333–336.

36. Wang Sing-wu, *The Organization of Chinese Emigration, 1848–1888*, San Francisco, Calif.: Chinese Materials Center, 1978, p. 128.

37. Wang Sing-wu, *The Organization of Chinese Emigration, 1848–1888*, San Francisco, Calif.: Chinese Materials Center, 1978, pp. 53–56.

38. Wang Sing-wu, *The Organization of Chinese Emigration, 1848–1888*, San Francisco, Calif.: Chinese Materials Center, 1978, p. 96.

39. *British Parliamentary Papers, Vol. 36: 1850*, London: Government of Great Britain, p. 111.

40. Wang Sing-wu, *The Organization of Chinese Emigration, 1848–1888*, San Francisco, Calif.: Chinese Materials Center, 1978, pp. 86–87.

41. 鄭有奎：〈豬仔的掠奪及其利潤〉，載陳翰笙主編：《華工出國史料》第四輯，北京：中華書局，1981 年，第 244 頁。

42. *British Parliamentary Papers, Vol. 62: 1852–1853*, London: Government of Great Britain, p. 342.

43. W. F. Mayer, N. B. Dennys and Charles King, *The Treaty Ports of China and Japan: A Complete Guide to Open Ports of Those Countries, Together with Peking, Yedo*, Hong Kong, Macao, London: Trubner, 1867, p. 67.

44. E. J. Eitel, *Europe in China: The History of Hong Kong from the Beginning to the Year 1882*, London: Luzac & company: Hong Kong, Kelly & Walsh, Ltd., 1895, pp. 344–345.

45. *British Parliamentary Papers, Vol. 43: 1857–1858*, London: Government of Great Britain, pp. 588–589; Wang Sing-wu, *The Organization of Chinese Emigration, 1848–1888*, San Francisco, Calif.: Chinese Materials Center, 1978, p. 166.

46. C. Denby, *China and Her People*, Vol. 2, Boston, Mass.: L. C. Page, 1906, p.110.

47. W. F. Mayer, N. B. Dennys and Charles King, *The Treaty Ports of China and Japan: A Complete Guide to Open Ports of Those Countries, Together with Peking, Yedo*, Hong Kong, Macao, London: Trubner, 1867, p. 67.

48. 周亮全：〈戰前金融業的發展〉，載劉蜀永主編：《20 世紀的香港經濟》，香港：三聯書店（香港）有限公司，2004 年，第 75 頁；馮邦彥：《香港金融業百年》，香港：三聯書店（香港）有限公司，2002 年，第 19 頁。

49. Kil Young Zo, *Chinese Emigration into the United States, 1850–1880*, New York: Arno Press, 1978, pp. 171–172.

50. *British Parliamentary Papers, Vol. 31: 1852*, London: Government of Great Britain, pp. 296–297.

51. *Chinese Repository*, Vol. 12 No. 1, January 1843, pp. 46–49.

52. G. B. Endacott, *A History of Hong Kong*, Hong Kong: Oxford University Press, 1973, p. 74.

53. *British Parliamentary Papers, Vol. 40: 1861*, London: Government of Great Britain, p. 284.

54. H. B. Morse, *The International Relations of The Chinese Empire*, Vol. 2, London: Longmans, Green & Co., 1911, p. 396.

55. H. B. Morse, *The International Relations of The Chinese Empire*, Vol. 2, London: Longmans, Green & Co., 1911, pp. 398, 402–403.

56. H. B. Morse, *The International Relations of The Chinese Empire*, Vol. 2, London: Longmans, Green & Co., 1911, pp. 402–403.

57. G. B. Endacott, *A History of Hong Kong*, Hong Kong: Oxford University Press, 1973, p. 194.

58. 楊端六、侯厚培等：《六十五年來中國國際貿易統計》，上海：國立中央研究院社會科學研究所，1931 年，表 15，第 99 頁；何炳賢：《中國的國際貿易（上冊）》，北京：商務印書館，1973 年，第 18 至 21 頁；何炳賢：《中國的國際貿易（下冊）》，北京：商務印書館，1973 年，第 797 至 799 頁。

59. G. B. Endacott, *A History of Hong Kong*, Hong Kong: Oxford University Press, 1973, p. 254.

60. *Historical and Statistical Abstract of the Colony of Hong Kong, 1841–1930, Third edition*, Hong Kong: Noronha & Co., Govt. Printers, 1932, p. 2.

61. G. R. Sayer, *Hong Kong 1841–1862: Birth, Adolescence and Coming of Age*, Hong Kong: Hong Kong University Press, 1980, Appendix 4, p. 206.

62. G. R. Sayer, *Hong Kong 1841–1862: Birth, Adolescence and Coming of Age*, Hong Kong: Hong Kong University Press, 1980, p. 113.

63. Ho Pui-yin, *Making Hong Kong: A History of Its Urban Deveopment*, Cheltenham: Elgar, 2018, p. 14.

64. Chiu T. N., *The Port of Hong Kong: A Survey of Its Development*, Hong Kong: Hong Kong University Press, 1973, p. 19.

65. *British Parliamentary Papers, Vol. 46: 1847–1848*, London: Government of Great Britain, p. 317.

66. Basil Lubbock, *The Opium Clippers*, Glasgow: Brown, Son & Ferguson, 1933, p. 274.

67. G. R. Sayer, *Hong Kong 1841–1862: Birth, Adolescence and Coming of Age*, Hong Kong: Hong Kong University Press, 1980, p. 151.

68. G. R. Sayer, *Hong Kong 1841–1862: Birth, Adolescence and Coming of Age*, Hong Kong: Hong Kong University Press, 1980, p. 153.

69. Arnold Wright ed., *Twentieth Century Impressions of Hong Kong, Shanghai and Other Treaty Ports of China: Their History, People, Commerce, Industries, and Resources*, Singapore: Graham Brash, 1990, p. 129.

70. G. B. Endacott, *A History of Hong Kong*, Hong Kong: Oxford University Press, 1973, pp. 259, 277.

71. *Historical and Statistical Abstract of the Colony of Hong Kong, 1841–1930, Third edition*, Hong Kong: Noronha & Co., Govt. Printers, 1932, p. 4.

72. Chiu T. N., *The Port of Hong Kong: A Survey of Its Development*, Hong Kong: Hong Kong University Press, 1973, p. 25.

73. Hongkong and Whampoa Dock Co. Ltd, *A Century of Service in Hong Kong to Ships of all Flags*, Hong Kong: the Company, 1963, pp. 4–5.

74. *British Parliamentary Papers, Vol. 51: 1875*, London: Government of Great Britain, p. 355.

75. Arnold Wright ed., *Twentieth Century Impressions of Hong Kong, Shanghai and Other Treaty Ports of China: Their History, People, Commerce, Industries, and Resources*, Singapore: Graham Brash, 1990, p. 131.

76. *British Parliamentary Papers, Vol. 48: 1867*, London: Government of Great Britain, p. 255.

77. *British Parliamentary Papers, Vol. 48: 1867*, London: Government of Great Britain, p. 112.

78. *British Parliamentary Papers, Vol. 69: 1870*, London: Government of Great Britain, p. 275; *British Parliamentary Papers, Vol. 42: 1872*, London: Government of Great Britain, p. 187.

79. Arnold Wright ed., *Twentieth Century Impressions of Hong Kong, Shanghai and Other Treaty Ports of China: Their History, People, Commerce, Industries, and Resources*, Singapore: Graham Brash, 1990, pp. 130–131.

80. Arnold Wright ed., *Twentieth Century Impressions of Hong Kong, Shanghai and Other Treaty Ports of China: Their History, People, Commerce, Industries, and Resources*, Singapore: Graham Brash, 1990, p. 133.

81. *British Parliamentary Papers, Vol. 47: 1871*, London: Government of Great Britain, pp. 253–254.

82. Arnold Wright ed., *Twentieth Century Impressions of Hong Kong, Shanghai and Other Treaty Ports of China: Their History, People, Commerce, Industries, and Resources*, Singapore: Graham Brash, 1990, p. 134.

83. G. B. Endacott, *A Biographical Sketch-book of Early Hong Kong*, Singapore: D. Moore for Eastern Universities Press, 1964, pp. 57–58.

84. W. D. Bernard, *Narrative of the Voyages and Services of the Nemesis, from 1840 to 1843, and the Combined Naval and Military Operations in China*, London: H. Colburn, 1844, p. 88.

85. *Chinese Repository* Vol. 10 No. 12, December 1841, p. 592; *Historical and Statistical Abstract of the Colony of Hong Kong, 1841–1930, Third edition*, Hong Kong: Noronha & Co., Govt. Printers, 1932, p. 1.

86. Stanley to Earl Grey, 26 February 1848, in *British Parliamentary Papers, Vol. 46: 1847–1848*, London: Government of Great Britain, p. 317.

87. *British Parliamentary Papers, Vol. 29: 1846*, London: Government of Great Britain, p. 725.

88. Chiu T. N., *The Port of Hong Kong: A Survey of Its Development*, Hong Kong: Hong Kong University Press, 1973, p. 19.

89. Davis to Gladstone, 11 April 1846, *British Parliamentary Papers, Vol. 29: 1846*, London: Government of Great Britain, p. 723.

90. Chiu T. N., *The Port of Hong Kong: A Survey of Its Development*, Hong Kong: Hong Kong University Press, 1973, p. 21; D. S. Webb, *Hong Kong*, Singapore: D. Moore for Eastern Universities Press, 1961, pp. 4,6.

91. G. B. Endacott, *A History of Hong Kong*, Hong Kong: Oxford University Press, 1973, p. 122.

92. Plans of Military Reserves at Kowloon and Hong Kong, 10 May 1864, CO 129/98, pp. 264–265.

93. 九龍的「羅便臣道」和「麥當奴道」分別為今天的彌敦道和廣東道。梁濤:《九龍街道命名考源》,香港:香港市政局,1993 年,第 6、8 頁。

94. 蕭國健主編:《油尖旺區風物志》,香港:油尖旺區議會,2000 年,第 135 頁。

95. Report of Public Works for 1895, Hong Kong Sessional Papers 1896, p. 201.

96. "Hongkong-Kowloon Waterworks", *The Hong Kong Government Gazette*, 28 August 1897, p. 707.

97. 鄭寶鴻、佟寶銘:《九龍街道百年》,香港:三聯書店(香港)有限公司,2012 年,第 24 頁;鄭寶鴻:《香江半島:香港的早期九龍風光》,香港:香港大學美術博物館,2007 年,第 196 頁。

98. 鄭寶鴻:《香江半島:香港的早期九龍風光》,香港:香港大學美術博物館,2007 年,第 196 頁。

99.Report of Public Works for 1896, Hong Kong Sessional Papers 1897, p. 173.

100.Report on the Finance of the Colony, Hong Kong Sessional Papers 1885, p. 95.

101.G. B. Endacott, *A History of Hong Kong*, Hong Kong: Oxford University Press, 1973, p. 188.

102.鄭寶鴻、佟寶銘:《九龍街道百年》,香港:三聯書店(香港)有限公司,2012 年,第 20 頁。

103.Arnold Wright ed., *Twentieth Century Impressions of Hong Kong, Shanghai and Other Treaty Ports of China: Their History, People, Commerce, Industries, and Resources*, Singapore: Graham Brash, 1990, p. 129.

104.鄭寶鴻、佟寶銘:《九龍街道百年》,香港:三聯書店(香港)有限公司,2012 年,第 28 頁。

105.天星小輪由羅魯治(Dorabjee Nowrojee)在 1870 年代創辦,起初旗下只有三艘船提供渡輪服務。1898 年,天星小輪改組為公共有限公司,當年兩岸的碼頭分別設在中環雪廠街及九龍倉附近。Bedikton Co., *Commercial and Industrial Hong Kong: A Record of 94 Years Progress of the Colony in Commerce, Trade, Industry, and Shipping, 1841–1935*, Hong Kong: The Company, 1935, pp. 174–175.

第四章

開埠初期的香港社會

顛地洋行的職員合影。（高添強提供）

1905 年兩名帶木枷示眾的華人囚犯。（高添強提供）

落成於 1872 年的東華醫院。（劉蜀永攝於 2019 年）

香港大學主樓。（攝於 1912 年，照片由香港大
學提供）

理雅各（左一）和他的三個華人學生。

何啓‧胡禮垣的政論著作。

英國佔領香港以後，以英國人為核心的歐洲人主導了香港的管治與發展；他們高高在上，享受種種特權。英商在佔領香港的過程中發揮了極大作用，因此在開埠之後成為管治香港的一股重要力量。19世紀後期香港有一句流行用語，指出香港社會由怡和洋行、賽馬會、滙豐銀行和港督依次管治。[1] 這句話在一定程度上反映出英國商人和英國官員統治香港社會的實際狀況。

　　另一方面，香港在開埠之後以自由港的政策招徠投資者，吸引了大量中國商人、手工業者和勞工前往謀生。儘管香港的人口一直以華人佔絕大多數，但香港政府對一般華人的種族歧視十分嚴重。到了19世紀後期，香港華商已經發展成為不容忽視的社會力量。華商亦先後組織南北行公所、東華醫院、保良局、華商公局等社會團體。香港政府願意利用這些社團協助管治華人，但對華人領袖並不放心，擔心政府的權力會被華人社團攤分。

　　教育是社會發展的根本，但香港政府從英國的利益着眼，只向願意學習英語和西方知識的華人青年提供西式教育，並無推行普及教育的計劃。儘管如此，香港為數不多的西式學校對華人學生帶來不少積極的影響；這些學生之中不乏關心國家前途的志士仁人，在近代中國不同歷史時期為中國社會的進步作出過貢獻。

　　香港地處中西交通要衝，獨特的地理環境，加上英國佔領香港之後華洋雜處、交往頻繁的社會條件，使香港逐漸成為中西文化匯聚、交流和輻射的中心。理雅各翻譯中國經典著作，容閎組織幼童出國留學，王韜、何啟、胡禮垣等中國近代名人改良主義思想的形成等事例，體現出香港在中西思想文化交流中的重要地位和作用。

第一節　社會結構與社會狀況

英國人主導的社會

　　香港在鴉片戰爭後成為英國殖民地，但就人口組成的成分和比例而言，香港基本上是一個華人社會；以廣東人為主體的華人自開埠之後一直佔總人口百分之九十以上。不過，從英國人踏足香港至九七回歸，主導香港社會發展的是佔總人口不到一成的西方人，包括英國人、葡萄牙人、美國人、德國人、法國人、西班牙人、荷蘭人、意大利人等；其中又以英國人、葡萄牙人佔多數。

　　一如其他英國殖民地，英國官員和英國商人控制着香港的政治經濟命脈。港督由英國直接委派，香港政府的其他高官亦由英國人出任。這種情況自開埠之後延續了一百多年，直至中英聯合聲明簽署之後才有華人擔任政府高官。

　　西商是香港西方人社會的重要組成部分。他們帶來了資本、技術、西方經營管理方式以及廣泛的國際聯繫，推動了近代香港經濟的起步。香港是英國殖民地，西商之中自然英商居多；他們亦憑着英國的背景在商業競爭中處於有利地位，成為香港最大的投資者和受益者。19世紀末，英資財團已經控制了香港的經濟命脈，其中怡和洋行和滙豐銀行的實力尤為雄厚，其活動範圍遠及中國內地和世界各地。另外，英商顛地、太古和美商旗昌、瓊記等幾家大洋行亦具備相當實力。

　　香港的洋行是香港政府的重要支柱，1850年至1900年，港督任命的全部43名立法局非官守議員中，除四名政府官員、一名律師、

三名華人外，其餘 35 人都是英商的經理或大股東，佔總數 80% 之多；其中怡和洋行獨佔鰲頭，共有九人入局。1896 年行政局首次設立非官守議員，兩個席位都落入英商之手；其中阿美尼亞裔的英商遮打（Catchick Paul Chater）更曾擔任立法、行政兩局非官守議員近 40 年之久。另外，港督任命的太平紳士亦以英商佔多數；例如 1883 年 12 月初委任的 79 名非官守太平紳士之中，62 名有英國血統，並且多數來自商界和銀行界。[2] 這種政商互動的機制行之有效，當然有其現實意義；這些英商對重大問題的觀點往往與香港政府一致，對強化殖民地的管治十分有利。總結香港殖民地的早期歷史，英國人無論身在官場或者商界，都扮演着主導香港社會發展的角色。

種族歧視和種族壓迫

英國佔領香港的時候，正值西方殖民主義全球擴張，歐洲人對殖民地住民的種族歧視和壓迫可謂常態，香港亦不例外。英國統治者對香港華人的種族歧視和壓迫十分嚴重，身處社會下層的貧苦華人尤其悲悽。香港政府的管治階層基本上排斥華人，社會上對華人的歧視和壓迫也十分普遍。

1844 年 8 月 21 日立法局通過法例，決定在華民政務司的主持下登記全港人口，並對居民徵收人頭稅。這條法例的本意主要針對中國居民，[3] 但措辭上予人一視同仁的感覺，因而引起香港英僑的不滿。英文報紙發表評論說，「在英國殖民地，一張白色面孔當然就是具有充分效力的護照」；要求白種人與華人一樣登記和繳稅，就是對他們的侮辱。[4] 另一方面，佔香港人口大多數的中國居民亦不堪香港政府的凌辱和榨取，實行集體抵制，並發表《華民公啟》提出申訴：

舊例重收地租，已無限辛苦，新例加收身價，又何等艱
難。……或時身票遺失，搜檢便捉擔枷，訟從此繁，刑從此酷。
嗟呼唐人受害，種種難堪，設不預為杜漸防微，其禍將不佑於胡底
也。今者公議：各行工商暫行停止，貿易者罷其市，傭僱者歇其
工，大眾踴躍同心，務必抶制之法，俾得聯情懇免，然後再開生意
之門。倘有不虞，變生莫測，切須患難相顧，協力扶持。若其執例
必行，寧可席捲而去，天下豈無佳境，何必香港乃為樂郊？[5]

　　儘管英僑和華人都表達了不滿，但到了法例生效前一天的 10 月
31 日，香港政府仍然無意收回成命；結果引發全港工人罷工。第二
天，所有華人商店和市場罷市，各行各業完全停頓，港灣中找不到一
艘裝卸貨物的小艇；粵港之間的交通和糧食供應完全中斷。香港政府
頓時方寸大亂，隨即在 11 月 2 日發出通告，宣佈該法例在修訂以前暫
不實施。[6]

　　香港政府雖然以最快的反應平息了因種族歧視而引發的社會危
機，但卻絲毫不改以英國為上的管治方針；種族歧視的意識與行為在
司法制度裏有淋漓盡致的演繹。對英國人和華人採取雙重標準，是香
港高等法院審理案件時最常見的種族歧視；其中一個典型的例子發生
在 1850 年，英人斯蒂爾（Newton Steele）持刀傷人後被高等法院判
處監禁一年；在同一個法庭上，一名華人卻因為干犯類似的罪行而被
判處 15 年流放。[7]

　　香港政府對雙重標準的另一種演繹的方式是「以華律治華人」。
1841 年 2 月 1 日，義律和伯麥（James Bremer）聯名向島上華人發佈
通告，宣佈今後「未奉國主另降諭旨之先，擬應大清律例規矩之治，
居民除不拷訊研鞫外，其餘稍無所改」。[8]英國一方面指責清朝法律
「野蠻」，並以此作為向清政府勒索治外法權的藉口，但另一方面卻在

剛到手的香港島上向華人實施清政府的法律。事實上「以華律治華人」並非尊重中國的法律和風俗習慣，更遑論改變英國法律在香港至高無上的地位；而是企圖用野蠻的手段統治香港華人，在東方封建專制的基礎上建立西方殖民專制。1845 年 3 月，香港港督戴維斯曾經致函殖民大臣史丹利（Lord Stanley）討論刑法的運用：

> 按照英國法律或習慣對一貧如洗、頑梗不化的中國罪犯從寬處治，只會招致他們的嘲笑，看來需要採取他們所習慣的懲罰方式，按照中國刑法統治他們。[9]

這番話道出了英國的真實意圖。所謂「以華律治華人」，並非以適用於華人的法律處理華人的事務，而是以鞭笞、戴木枷、站木籠等野蠻手段恣意對付華人。英國佔領香港島初期，幾乎每天都有華人被警察公開鞭笞。1846 年 4 月 25 日的一天之內，至少有 54 名華人因為細故被警察處以笞刑，並受到割去髮辮的侮辱。同年 10 月，英國篷帆製造商鄧肯（Duncan）丟失現金 200 元，鄧肯和英國警官一起前往一艘民船拘捕疑人；船員和乘客慌亂逃跑，五人落水溺死，其他多數落網。被捕的 13 名華人中，四人自稱香港居民但未註冊，於是每人被抽打五十籐鞭後驅逐出境；其餘九人則被當作流氓和遊民，判處三個月苦役，然後驅逐出境。事後證實，他們全部清白無辜。[10] 這種任意鞭打、虐待華人的現象，直到軒尼詩擔任港督期間才逐漸停止。

為了維持殖民統治秩序，香港政府一直頒佈法例實行宵禁。早在 1842 年 10 月 4 日，香港巡理府就發出通告，宣佈所有華人除更夫外，晚上 11 時後均不准在街上行走，違者由警察拘捕，押解巡理究治。[11] 1857 年 1 月 6 日，港督寶靈頒佈《維持地方治安條例》（*Peace of the Colony Ordinance*），規定華人每晚 8 時至次日黎明前若身處住宅之外，必須攜帶由警察司頒發的「夜紙」，否則會受到太平紳士

的即時懲處，包括罰款 1 至 50 元、拘留服役 1 至 14 日、當眾鞭笞 20 鞭以上、或者帶枷示眾兩小時以上。同一時間內，值勤哨兵或巡邏兵在室外發現任何華人，若有理由懷疑其圖謀不軌，該人又對盤查不加理會或拒絕回答，可以即場擊斃。[12] 這種宵禁制度使香港華人生活在恐怖的氣氛中，夜間外出難保安全。宵禁在香港實施達五十多年之久，直到 1897 年 6 月才廢止；期間全體華人所承受的生活限制和壓迫是英國在香港施行種族歧視政策的明證。

香港政府除了控制華人在晚間出行，也限制華人在白天的活動空間。1864 年香港政府頒布公園章程，其中第三條規定：「中國技工和勞工不准在園內穿行」。第四條規定：「轎子和轎夫不得進入公園，狗若無人牽着亦不得進入公園。」[13] 這些規定，特別是將轎夫和狗相提並論，無異將華人貶低至動物的層次。這種不容華人處身於西人空間的歧視後來更進一步發展為種族隔離，1888 年，港督德輔（George William Des Voeux）制訂了《保留歐人區法例》（*European District Reservation Ordinance*），規定在威靈頓街和堅道之間的地區內只許建造歐式房屋，並限制居民人數，以防華人遷入。德輔認為華人尚未具備進步的品質，而且在未來的長時期內亦不可能改善，因此必須有大批歐洲人住在香港，才能保持香港的繁榮。[14] 1902 年，香港政府通過同類條例，規定尖沙咀至九龍城地區為歐人住宅區。1904 年，香港政府通過《山頂區居住法例》（*Hill District Reservation Ordinance*），禁止華人在山頂區居住，使山頂成為西人的專區。這項法例在立法局辯論及通過前後，曾經引起華人議員的猛烈批評，甚至有華人提出強烈抗議。結果法例生效之後，只有何東一位「華人」經港督特許後在山頂區居住。即使如此，何東年幼的兒女經常被外籍小孩排斥，甚到叫他們從山頂搬走。[15]

隨着社會發展和華人影響力日增，種族歧視漸漸成為社會議題；1908 年 9 月，香港的報紙曾經就種族歧視的問題展開一場激烈的辯論。當時有兩個美國人寫信給英文報紙《南華早報》，指出香港政府治理地方欠佳，公共場所充滿不潔淨的華人，西人避無可避。信中建議在電車及公園等場所另設西方人座位，以分別中西界限，避免與不潔華人接近。[16] 此信刊登後，全港華人嘩然，認為這是鼓吹種族歧視的謬論。華商李惠霖於是致函該報，痛斥美國人的荒謬言論，指出香港的繁榮主要得力於華人，若屏棄華人於香港之外，香港的地位將不保。[17] 不過，儘管華人對種族歧視表現出強烈不滿，但情況並未因此而改善。即使個別華人在經濟實力方面與西人看齊，並且在政治和行政上發揮愈來愈大的影響力，但始終無法改變英國人對華人的歧視。

華商的崛起

19 世紀的香港既是一個種族歧視的殖民地社會，又是一個西式的商業平台；在社會上被歧視的華人可以在商業上享受相對的平等，並從中獲取可觀的利益。香港在開埠之後逐步發展成為轉口港，香港政府為了配合商業發展的需要，陸續制定一系列經濟法規，例如《市場條例》（*Market Ordinance*）（1854 年）、《購買地產條例》（*Lis Pendens and Purchasers Ordinance*）（1856 年）、《銀行票據及詐騙法修正條例》（*Bankers Cheques–False Pretence Ordinance*）、《修正遺囑檢證及遺產管理條例》（*Probate and Administration Ordinance*）、《受託人欺詐治罪條例》（*Fraudulent Trustees, and Etc. Ordinance*）（1860 年）、《本港發明創造專利條例》（*Patents Ordinance*）（1862 年）、《防止假冒商品條例》（*Merchandise Marks Ordinance*）（1863 年）、《破產條例》（*Bankruptcy and Insolvency*

Ordinance）、《商貿修正條例》（*Mercantile Law Amendment Ordinance*）（1864 年）、《惡意損害物產治罪條例》（*Malicious Injuries to Property Ordinance*）、《偽造貨幣治罪條例》（*Coinage Offences Ordinance*）（1865 年）等。這些法規保證了香港商業活動的正常運作，界定人與財產的關係，充分表現出香港社會資本主義的本質。香港政府亦採用自由競爭的原則處理經濟活動，經常以公開招標方式批出合約或者經營權，包括市政設施修建、土地和店舖拍賣、石山開採、鹽和鴉片專賣等。政府亦注意到華商對促進香港經濟的重要性，因此在批出一些以華人為主要經營者的合約時，會特意用中文招標。這種招標廣告在 19 世紀五、六十年代的《香港政府憲報》上經常可見，說明政府在自由競爭的原則下，亦處處以務實的態度處理華洋商務上的差異。[18]

香港是自由港，香港政府又以西方經營方式管理商業操作，於是開埠後不久迅即吸引中國內地商人到來營商。其時適逢中國內地社會動盪此起彼落，大量中國商人和手工業者南下香港避難並重操故業；這種情況在 19 世紀 50 年代廣東天地會起事後更為明顯。以 1858 年為例，當時整個香港島僅有居民 75,000 餘人，但華人開辦的店舖就有 2,000 餘家。這些店舖有雜貨舖 287 家、洋貨店 49 家、行商 35 家、買辦 30 家、錢幣兌換商 17 家、米商 51 家、造船工棚 53 家、印刷所 12 家、金、銀、銅、鐵匠舖 116 家、木匠舖 92 家等。這些新移民為開埠僅十多年的香港帶來了多元的商機。[19]

19 世紀 70 年代後期以至 80 年代前期，香港華商已經發展成為不容忽視的社會力量。避居香港的思想家王韜注意到這種社會變化，並曾經在《循環日報》撰文介紹這個時期香港華商的崛起：

近十年以來，華商之利日贏，而西商之利有所旁分矣。即如香港一隅，購米於安南、暹羅，悉係華商為之。凡昔日西商所經營而擘畫者，今華商漸起而予其間。[20]

事實上香港華商的經濟力量之強，早已成為香港政府關注的社會現象。統計資料顯示，1876 年香港納稅最多的 20 人中有 12 名歐洲人，納稅 62,523 元，人均 5,210 元；8 名華人，納稅 28,267 元，人均 3,533 元。但五年之後，香港納稅最多的 20 人中僅有 3 名歐洲人，納稅 16,038 元，人均 5,346 元；華人增到 17 人，納稅 99,110 元，人均 5,830 元。[21] 1881 年 6 月 3 日，港督軒尼詩曾經向立法局交代，香港的稅收十居其九來自華人。[22] 綜合這兩條資料，可知在 1881 年，香港最富有的商人中無論是納稅總額，還是人均納稅額，華商已經超過了西商。這時候香港開埠不過 40 年光景，華人的經濟力量已經成為左右香港社會發展的重要支柱。

隨着華商力量的增長，華商組織的社會團體亦相繼出現。其中較早成立而具有相當規模和影響力的是 1868 年由香港華商建立的南北行公所。南北行公所的成立與華人崛起的形勢息息相關，當時香港政府面對擁有巨大社會經濟力量的華商，亦不得不力謀對策。1870 年，政府主導推動成立東華醫院，交由梁安、李陞，陳桂士、高滿華等華商和買辦籌辦，成為匯聚香港華商的領頭社會組織。不過，港督麥當奴雖然支持建立東華醫院，而且認為這樣做可以得到「道義上的好處」，[23] 但對華人始終不放心，甚至懷疑東華醫院的董事抱有政治目的，因此責令撫華道密切注意。[24] 儘管如此，華商力量的膨脹已經超越了政府行政操控的範圍；中法戰爭期間政府和東華醫院就曾經在處理群眾事件上產生矛盾。當時香港紅磡船塢的華工拒絕為法國船艦

工作，華人船艇、碼頭工人、航運工人、運煤工人及其他行業的工人也紛紛響應罷工，卻遭到政府強硬鎮壓及罰款。罷工演變為反港府運動，華人與政府之間的對立升級，釀成騷亂，後來軍隊加入驅趕群眾，並進駐東華醫院，與罷工群眾形成對立的緊張局面。[25] 代理華民政務司駱克於是召集太平紳士和東華總理商討對策，代理輔政司史釗域（F. Stewart）亦有出席。會上東華醫院創院主席梁安提議政府發佈公告平息事件，公告內容提及「經由商賈調解，政府已原諒暴動工人」的說法，即時引起極大爭議；史釗域表示不能接受這種說法。梁安轉而提議軍隊撤離東華醫院，改由東華醫院在醫院大門舉行公開會議，勸工人復工，但這提議同樣被拒；會上有人提議以東華醫院名義頒發公告，亦即時遭到史釗域拒絕，認為此舉等於政府讓位予社團行使政府的權力。[26]

無論如何，香港政府確實不斷借助東華醫院的力量協助處理日益繁重的華人事務，東華醫院亦實際上成為一個代表整體華人的團體，對推進在港華人的發展產生巨大而深遠的作用。自東華醫院成立之後，陸續有華商組成有份量的團體，以對應華商和華人社會的需求。1878 年，華商盧賡揚等倡議創辦慈善團體保良局；1896 年，華商古輝山等發起組織中華會館；1900 年，華商馮華川、陳賡如等發起組織華商公局；1913 年，華商劉鑄伯改組華商公局為香港華商總會，與屹立於香港半世紀的西商會分庭抗禮。從 19 世紀中期到 20 世紀初期，香港的華人無論在商界或者勞工界都能夠奮力向前，逐步在英國人管治的香港站穩陣腳，繼而影響社會經濟命脈，成為左右香港社會發展的重要力量。

第二節　早期教育

開埠初期的學校

　　教育是現代社會的根本，學校一般佔用龐大的社會資源，但這種社會發展模式並不見於開埠早期的香港。英國佔領香港之初，香港政府關心的只是設置管治機構，修築辦公房舍，以滿足商業貿易的需求；對辦學以及其他社會發展並不熱心。事實上在西方列強進入中國的過程中，各國政府主要關心的是在華獲取的整體利益，辦學這類文化事務往往是教會承擔的工作，香港也不例外。最早在香港成立西式學校的辦學團體是基督教教會。馬禮遜教育會開辦的馬禮遜學校於1842年11月1日由澳門遷往香港，是香港最早成立的西式學校；校長勃朗（S. R. Brown）是美國公理會傳教士。1843年末，倫敦傳道會傳教士理雅各（James Legge）將馬六甲的英華書院遷往香港。1843年12月22日英國聖公會殖民地隨軍牧師史丹頓（V. J. Stanton）抵達香港以後，着手籌辦聖保羅書院，該書院於1851年落成。[27] 1860年香港首任維多利亞會督司蔑（G. Smith）的妻子創辦了日字樓女館（Disocesan Native Female Training School），該校在1869年由聖公會接管，改組為日字樓男女館，即現今的拔萃男書院。[28] 1864年，天主教香港教區利蒙蒂主教（T. Raimondi）在砵甸乍街設立聖沙勿畧學校，該校在1875年改組更名為聖約瑟書院，後在1882年遷到羅便臣道新校舍。[29] 香港最早幾所西式學校全部由教會創辦其實並非巧合，外國傳教士辦學的主要目的是培養本地的傳教士，作育英才實際上是西式學校的副產品。

　　不過，香港在英佔之前，其實早已就有中式學校為居民的子弟提供教育。至少在英國佔領香港島100年以前，島上的黃泥涌、赤柱、

香港仔等村落已經有中國人開辦的私塾。1848 年 2 月，香港政府在島上的維多利亞城、赤柱及香港仔分別選擇了一所私塾納入政府管轄的範圍，正式任命這三所學校的教師，並給予每所學校每月 10 元的補助。這次行動標誌着香港一種新教育制度的開始；這些接受補助的學校時稱「皇家書館」（Government School），亦即「官立學校」。[30] 香港政府這種做法是出於鞏固殖民統治秩序的需要；香港政府成立的教育委員會在 1850 年 3 月 8 日的報告中明確指出，政府推動教育和開辦學校，目的就是要通過這種手段安撫及籠絡當地的居民。[31]

中央書院的建立

隨着香港商貿活動的急速發展，加上華人人口迅速增加，政府過去以權宜之計處理教育的做法已經無法應付社會的需要。1860 年 7 月 3 日，教育諮詢委員會委員理雅各提出了他的教育計劃；主要內容包括：(1) 在維多利亞城修建校舍一座，將分散在太平山等地的幾所學校集中在該處；(2) 由一名歐籍教師組織和管理英語班；(3) 由該歐籍教師負責管理香港仔及全島其他農村學校。理雅各指出，許多在中國受過良好教育，與香港殖民地華人商行和華人家庭有關係的青年可以進入歐籍教師的英語班學習。[32]

理雅各的計劃迅即得到港督羅士敏的支持，因為計劃不止着眼於照顧香港的學童，更將辦學的視界擴展到中國。理雅各給幾位英國大學校長寫信討論挑選中央書院校長一事時，強調該人選主理的這所學校，將不僅有利於殖民地的華人，亦將對毗鄰大陸的啟蒙與進步產生重大的影響。[33] 事實上香港政府興辦教育的着眼點不斷隨着中英關係的發展而變化。理雅各提出教育計劃之前，中英《天津條約》已經簽訂；教育計劃提出後不久，又簽訂了中英《北京條約》。這些不平等條

約為英國擴大在華勢力提供了諸多方便，中英兩國之間的交往也將更加頻繁。在這種形勢下，英國政府自然樂意通過教育手段對中國社會施加影響，為英國在中國取得更大的利益。香港作為英國在華勢力的基地，香港的政府學校自然要負起影響中國的責任。

1862 年 2 月，由四所學校合併而成的中央書院（Central School）開學，未併入該校的其他官立學校成為純粹的中文小學，為中央書院提供學生來源。中央書院起初分為中文部及英語部。中文部學生要學習《中庸》、《論語》、《孟子》；只有通過對這些書籍的口試，他們才能進入英語部。英語部學生除了學習英文編寫的課程外，還要學習五經和《史記》。這種教學安排使學生能夠接受中英兩種語言的基礎訓練。除了語文，中央書院的課程還有算術、歷史、地理等。關心自然科學的港督麥當奴曾建議在中央書院講授化學、電學等科學常識。在他的推動下，中央書院於 1869 年開設了化學及幾何課，並增設了實驗室。中央書院 1889 年更名為維多利亞書院（Victoria College），1894 年起改稱皇仁書院（Queen's College），後一校名一直沿用至今。

歷史發展證明，理雅各確實有超卓的眼光；中央書院培養了不少對香港和國家作出重大貢獻的學生；孫中山、何啟、胡禮垣、謝纘泰、何東、韋玉、周壽臣、劉鑄伯等歷史名人就是其中的表表者。

香港西醫書院

1887 年 10 月 1 日，香港開辦了第一所高等專科學校 —— 香港西醫書院（The Hong Kong College of Medicine for Chinese）。創辦這所醫學院的成員除了白文信（P. Manson）、康德黎（J. Cantlie）等一批外籍醫生，還有香港的華人領袖何啟。不過，這所私立醫學院的

開設，主要是培養華人醫生和護士，然後通過他們將西方醫學傳播到中國去。1892 年 7 月，康德黎在香港西醫書院首屆畢業典禮上發表講演時，仍不忘強調西醫書院的教授並非為金錢報酬或其他補助而執教鞭，而是自願奉獻於科學並不發達的中國而已。康德黎還鼓勵學生牢記一個偉大的原則：為科學和醫術輸入中國而奮鬥。[34]

在康德黎的薰陶下，西醫書院的學生不僅學到醫學知識，同時養成了良好的醫德。1894 年 5 月香港爆發鼠疫，此後 30 年間鼠疫幾乎每年都在香港肆虐。這段時期 21,867 宗病例記錄中，共 20,489 名病患死亡，死亡率高達 93.7%。[35] 疫區的居民紛紛從逃走，但西醫書院的學生則自告奮勇到雅麗氏紀念醫院管轄下的瘟疫醫院值班，充當辦事員、敷裹員或護士。[36]

香港西醫書院的課程設計與英國的醫科學校相似，教師大部份是在香港居住的外籍醫生，當中不少人擁有博士或碩士學位，也有豐富的理論知識和臨床經驗。[37] 何啟亦在校兼課，講授生理學與法醫學。西醫書院成立之前，中國內地已有兩所傳授西方醫學知識的學校，其一為 1866 年美國人開辦的廣州博濟醫院附設的南華醫校，另一為 1881 年李鴻章等人在天津開辦的醫學館。就師資背景和教學水平而言，香港西醫書院大大超越了上述兩所學校；因此吸引了在廣州南華醫校肄業的孫中山前來就學。

十九世紀中後期的教育發展

19 世紀中葉英國佔據香港島以後將近 60 年的時間內，香港教育事業隨着社會的變化而發展。1848 年香港僅有 3 所官立學校和為數不多的幾所教會學校。1873 年發展為 30 所官立學校，6 所接受政府

補助的學校。1900 年則有 13 所官立學校，97 所接受政府補助的學校。不過，即使英國在香港佔領的地域不斷擴大，香港的經濟不斷發展，人口不斷增加，香港政府亦無意在教育方面投放更多資源。對香港政府來說，提供教育的目的無非在於培養政府和商界所需的人員。1867 年港督麥當奴就曾經宣稱，香港的學校在造就可靠的職員和買辦方面已經有所進展。[38] 在這種教育制度下，當時有大批青少年被排斥在學校大門之外。1867 年香港 6 至 16 歲的青少年有 12,400 人，其中有 10,800 人未能入學，佔 87%。[39] 1901 年香港 6 至 15 歲的青少年 28,449 人中，19,732 人未能入學，佔 69%。[40] 這些失學青少年絕大多數是華人子弟。香港政府視學官歐德理曾經指出，沒有人會在 19 世紀的香港想到要振興華人社會，使其達到歐洲的水平。[41] 香港政府十分清楚，英國不重視在港華人的生活需要，因而不會向華人子弟提供普及教育的機會。

進入 20 世紀之後，香港政府對教育有了新的看法。1902 年香港教育委員會提交的報告書建議：

> 從大英帝國的利益着眼，值得向所有願意學習英語和西方知識的中國青年提供這方面的教育。如果所用經費不多，即使他們不是本殖民地居民，也值得這樣做。[42]

這政策雖然在精神上仍然以英國的利益為依歸，但實際上惠及在港以至來自外地包括內地的華人子弟。華人子弟學習英語之後，不但對英國產生好感，長遠而言對英國在華利益亦會有所貢獻。事實上香港確實需要更多懂英語的華人，他們有的在政府任職翻譯，有的在香港或中國其他通商口岸做洋行買辦，有的甚至被中國官方機構聘任。[43] 他們當中有不少人曾經在中國近代史上推動中國社會前進，甚

至改變了中國的命運，包括容閎、伍廷芳、何啟、胡禮垣、孫中山、楊衢雲、王寵惠、王寵佑等。

　　香港西式學校能夠培養傑出的中國畢業生，教學制度是主要的原因。事實上香港西式學校無論在教學內容、教學方法以至學習環境方面都優於傳統私塾。在 19 世紀末，香港西式學校開設的中學課程已經有拉丁文、閱讀、作文、聽寫、翻譯、文學、算術、代數、幾何、三角、測量、常識、歷史、地理等。這些課程使中國學生接觸到西方比較先進的人文、社會和科學知識。西式學校的教師在課堂上運用啟發式的教學方法，有助於開發學生的智力。至於在考核方面，西式學校的考試着重評估考生的分析說理能力，[44] 與中國式私塾死記硬背的要求有所不同。中國學生在這種學習環境中成長，自然容易受到西方知識的影響而產生改變中國社會的思想。

香港大學的建立

　　香港大學的建立是香港教育發展史上的一個里程碑。從開埠之後香港政府處理教育的態度來看，開辦大學絕非一個需要優先處理的選項。事實上香港在開埠幾十年後才注意到發展高等教育的必要。1872 年，英國安立甘教會的牧師哈奇森（A. B. Hutchson）提出在香港開辦一所大學；這時候香港已經開埠 30 年，中央書院也培養出好幾屆畢業生，開辦大學的建議顯然相當滯後。1880 年，香港政府終於在這課題上走出第一步；港督軒尼詩成立專門委員會，研究把中央書院改造成大學的可行性。結果委員會否定建立大學的想法，並且認為香港需要的只是商業學校。[45]

踏入 20 世紀，英國相繼建成伯明翰、曼徹斯特、利物浦、列斯、錫菲等多所大學；英國高等教育的蓬勃發展為香港開辦大學製造了良好的氛圍。同時，中國內地廢除科舉興辦新式教育，加上西方國家為擴大本國在華影響，開始在中國開辦大學。在這種形勢下，在香港創立一所大學的想法再次成為社會議題。[46]

1905 年 12 月 15 日，香港《德臣西報》刊登一篇題為〈在香港設立一所帝國大學〉的社論，指出中國的未來將會被日本和英國操縱；日本已經在華投入鉅資擴大其在思想領域的影響，要對應這種局面，英國應該在香港設立一所大學，以吸引中國南方甚至北方的學生前來就讀。社論強調這是一筆對於英國的繁榮來說頗有價值的投資。此文一出，立即引起社會極大反響。[47]

1907 年 7 月，香港總督盧嘉（Frederick Lugard）上任後，對在港開辦大學的主張大表支持。1908 年 1 月，盧嘉在聖士提反書院的畢業典禮上，首次公開提出要在香港創建一所大學。此言一出，香港各界立即表示熱烈響應，創建大學迅即由概念變為實質計劃。印度裔富商麼地爵士（H. N. Mody）慷慨捐出 15 萬元用作建校經費，華人商紳何東、何啟、曹善允等人以及各國商行自然不甘後人，港督盧嘉和政府高官也紛紛解囊。海外華人聞訊後亦積極捐助。有趣的是，革命黨人和清朝官員竟然一同出力支持在香港建立大學。陳少白、李煜堂、關心焉位列籌款委員；兩廣總督張人駿則送來 20 萬元捐款；郵傳部尚書及天津海關道等官員也捐出善款。到了 1909 年底，來自內地的捐款已達 65 萬元，佔當時已募集捐款的一半。

香港政府撥出般咸道和薄扶林道交界的地皮作為大學的校址，並於 1910 年奠基動工興建。這所香港首次成立的大學理所當然地被命

名為香港大學，並於 1911 年 3 月通過《香港大學條例》取得法定地位。港督盧嘉兼任香港大學校長，作為名義上的領導；大學另聘著名東方學家愛理鄂（C. Eliot）為副校長，具體負責大學的管理。1912 年 3 月 11 日，香港大學宣告正式成立，同年 9 月開學，有 77 名學生登記入學。大學起初自設工學院和文學院，醫學院則由香港西醫書院併歸而成。[48]

香港大學的建立，對提高香港的學術水平和專門人才培訓起到一定的促進作用，同時也對中國內地產生一定的影響。《香港大學條例》中清楚說明香港大學「與我友邦中華，彼此更得深切之了解。」[49] 因此，香港大學建立初期一直注重吸引內地學子前來就讀。北洋政府與各省教育部門亦曾經選送多批學生赴港公費留學，這批學生學成後大多返回內地，成為中國不同領域中的棟樑之材。[50]

中文教育的發展

香港開埠以後，儘管華人持續佔總人口九成以上，但香港政府的施政方針一直向歐籍居民傾斜；華人在各方面都被忽視，包括教育。香港政府的教育政策強調英文教學，並未顧及佔人口大多數的華人，中文教育可謂聊備一格，發展十分緩慢。1873 年，政府制訂補助法規（Grant Code），中文及英文學校所受資助有顯著差別，導致校舍簡陋及設備不足的中文小學逐漸被淘汰。[51] 1895 年香港政府進一步規定，新設的學校若不以英語為教學媒介，即不能獲得政府補助。政府更一度停辦官立中文學校和補助學校的中文班，直至 1902 年和 1904 年才恢復開設。[52]

1920 年以後，香港的中文教育有了比較顯著的發展。這時候香港
經濟發展迅速，華商的經濟實力不斷壯大，社會地位愈見提高；同時
華人人口日增，社會對中文教育有極大的需求。[53] 另一方面，從辛亥
革命到五四運動，愛國主義和民族主義思想在中國廣泛傳播，香港社
會也受到影響。1925 年爆發省港大罷工，香港華人反英情緒高漲；影
響所及，在香港英文學校讀書的華人學生都不敢回校上課。英國政府
認為提倡中文教育以示尊重中國文化，可以緩和反英情緒。[54] 不過，
香港政府在 1924 和 1925 的教育年報中都指出，當時香港中文學校或
塾館的教師背景令人憂慮；他們大多來自廣州附近，有的資歷及學識
不足，有的滿懷激烈民族主義，亦有從事政治宣傳及活動。任由這些
教師在港教導華人子弟，後果將難以估計。[55]

　　為了防止激進的民族主義思潮在私立中文學校中傳播，香港政府
在 20 年代初已經關注並逐步管理中文教育的發展。政府首先從市區華
人社團開辦的中文小學中選出 27 間，給予小額資助，以便納入管理
範圍。1921 年，香港政府開辦男女師範學校各一所，每校每年招收學
生 20 至 30 名；學生修畢三年課程後，可獲政府資助辦學。1922 年，
教育諮詢委員會增設一個中文教育小組，負責編訂《中文課程標準》。
1925 年，香港政府又增設大埔漢文師範學校，訓練教師於新界學塾
執教。[56]

　　1925 年，熟讀中文的金文泰出任港督，促成了香港中文教育
的突破性發展。[57] 在這種背景下，香港官立漢文中學（Hong Kong
Government Vernacular Middle School）於 1926 年 3 月 1 日宣告成
立。這是香港第一所政府開辦的中文中學，具有里程碑式的意義。學
校編制仍依照中國舊制的中學四年級，另外附設高小一、二年級及漢

文師範班，學生約共 200 人。香港官立漢文中學有別於其他私立中文學校，強調中英文並重。[58]

為了進一步溝通中英文化，金文泰倡議香港大學設立中文學系，使漢文中學畢業學生可以升讀該系鑽研中英文化。香港大學漢文講師賴際熙、區大典和漢文中學校長李景康三人被委以重任，負責起草中文學系課程和入學考試標準。香港大學副校長韓惠和爵士（Sir William Hornell）和賴際熙親自到南洋各地向華僑籌募 40,000 元作為開辦學系之用。1927 年港大中文學系正式成立，即聘賴際熙、區大典兩位太史為專任講師，林棟為助理講師，賴際熙兼任系主任。其後再聘溫肅、朱汝珍、羅憩棠、崔伯樾等為兼任講師。[59]

20 世紀 20 年代是香港中文教育大放異彩的一個時期，香港官立漢文中學及香港大學中文學系相繼成立，對中文教育的推動起了積極作用。在 20 年代的十年間，香港英文學校的學生從 9,792 人增至 14,923 人，中文學校的學生則從 18,915 人驟增到 45,002 人，可見中文教育影響之鉅。同時，私立中文學校在質素方面也有很大進步，出現了子褒學校、湘父男女中學、敦梅、港僑、梅芳、崇蘭、仿林、民生等著名中學，與傳統英文學校分庭抗禮。[60]

第三節　香港與中西思想文化交流

英國佔領香港之後，很快就將這小島發展成為華洋雜處的城市，吸引中西商賈往來營商。這裏亦有學識淵博的外國傳教士，他們有些人出版報章雜誌，開辦學校，向華人傳播西方文化知識；也有些人鑽

研中國語言和文化，翻譯出版中國典藉，著書立說介紹中國文化，為西方世界打開了中國文化之門。同一時期的香港也是中國知識份子薈萃之地。他們有的是為躲避內地動亂來港的名儒碩彥，有的是當地西式學校培育的飽學之士。他們利用香港相對自由的環境，學習西方先進的政治經濟思想和自然科學知識。在愛國主義情感驅使下，他們當中有人通過各種渠道鼓吹學習西方，變法自強；包括組織幼童出國留學，發行中文報紙，出版政論文集等；他們是中國自覺學習西方先進經驗的先驅，對近代中國和香港的歷史發展產生積極推動的作用。

理雅各與中國典籍英譯

1840 年 1 月，倫敦傳道會的傳教士理雅各抵達馬六甲出任英華書院校長，隨即開展他東來傳道的事業。1843 年英華書院遷往香港以後，理雅各逐漸萌發了翻譯中國典籍的意念。此後十多年間，他的想法逐漸成熟，並在 1858 年往廣州考察後下定決心動手。他當時看到廣東貢院至少有 7,242 間大小房間供考生使用，頓然對中國產生無比的崇敬。他說：

> 世界上沒有一個國家像中國這樣重視學習。某些可能具有高尚品格的民族，如亞述人、波斯人、希臘人、羅馬人以及近代某些帝國，都經歷了興起、鼎盛和衰敗的過程，但中華帝國及其四億居民卻一直屹立在那裏，原因何在？十分清楚，中國人可能信奉某種威力無比的社會準則和道德準則。[61]

他看出中國這種極具威力的社會準則和道德準則源於古代儒家的經典，而這些古籍中的格言對中國人的生活方式和風俗習慣帶來重大影響。因此，要了解中華民族，就首先要了解中國的經典著作。[62]

理雅各隨即着手翻譯四書，即《大學》、《中庸》、《論語》、《孟子》。在香港英商渣甸兄弟（Joseph Jardine 及 Robert Jardine）資助下，四書英譯本於 1861 年在香港出版，列為《中國經典》（*The Chinese Classics*）第一、二卷。譯本採用中英文對照形式，並附有英文註釋。理雅各隨後翻譯的《中國經典》第三卷（《書經》及《竹書紀年》）、第四卷（《詩經》）、第五卷（《春秋左傳》）分別於 1865 年、1871 年、1872 年在香港問世。至於《易經》和《禮記》的翻譯則於 1882 年和 1885 年在倫敦出版，完成了四書、五經整體的翻譯。理雅各是將四書、五經完整翻譯為英文，並介紹給西方世界的第一人。這種成就超越了自 16 世紀末以來到遠東傳道的外國傳教士。1876 年，有中國富商成功説服牛津大學開設漢學講座，並以理雅各為第一任教授。

就實際操作而言，理雅各英譯四書、五經是中西學者攜手合作的成果。參與譯書工作的還有傳教士湛約翰（John Chalmers）和特納（F. S. Turner）、中央書院校長史釗域，以及王韜、黃勝等中國學者；理雅各尤其對王韜的助譯工作評價甚高。[63]

容閎與幼童出國留學

1840 年 11 月，廣東香山縣南屏鄉人容閎前往距南屏僅四英里之遙的澳門，入讀馬禮遜學校。兩年後隨馬禮遜學校遷往香港，修讀西式課程，包括英國歷史、世界自然地理、力學、數學、英語閱讀、作文、中國典籍等。[64] 1847 年 1 月，18 歲的容閎與同學黃勝及黃寬隨勃朗校長前往美國留學。他先後在麻塞諸塞州孟松學校（Monson Academy）和耶魯大學就讀，並於 1854 年畢業於耶魯大學，獲文學學士學位，成為第一個畢業於美國一流大學的中國學生。

容閎的美國經驗令他萌生了「教育救國」的思想。他在大學最後一年結束前，已經勾畫出未來事業的草圖。他認為中國成長中的一代應該享受他曾經享受過的良好教育，並確信通過西方教育，可以使中國得以復興，並且文明強大起來。[65] 他在《西學東漸記》的序言中說得更加明確：「制訂派遣留學生的計劃是我對中國永恆熱愛的體現，也是我心目中改革和復興中國最切實可行的辦法。」[66]

容閎從美國學成歸國後，不斷尋找機會實現其「教育救國」的理想。1868 年，容閎通過江蘇巡撫丁日昌向清政府遞交條陳，提出選派幼童出國留學等建議，但未被採納。1870 年，容閎再次通過丁日昌向曾國藩提出派遣留學生計劃，並得到曾國藩與李鴻章的支持，最後清政府批准計劃並委派容閎執行。容閎在上海設立出國預備學校招募第一批學生，並親自前往香港從官立學校中招收聰明伶俐、中英文略有根底的學生。從 1872 年至 1875 年，前後四批 120 名幼童按預定計劃全部送往美國留學。容閎出任留學事務所副監督，親自前往美國主持留學事務。容閎更建議清朝政府在美國修築留學事務所大樓，為留學生教育提供方便，並進一步鞏固清朝政府的留學生政策。

容閎在美國含辛茹苦，為留美中國學生艱苦奮鬥達九年之久。數十年後，這批留美學生分別在中國政界、軍界、商界、工程技術界、教育界等領域推動近代中國社會的發展，包括為中國鐵路建設作出開創性貢獻的詹天佑。[67]

王韜與香港

王韜原名王利賓，蘇州人。他與香港結緣，是香港歷史上一件既特殊又典型的事件。1862 年，他涉嫌化名「黃畹」上書太平軍將領劉

肇鈞，被清政府下令緝拿。在英國領事庇護下，他乘船逃往香港，並改名王韜。

王韜到達香港時，香港開埠已 20 餘年，加上他後來在香港居住的 20 年，他聽聞和經歷的香港就有 40 年之多。香港開埠早期的 40 年歷史經過王韜的觀察和筆錄，成為了歷史家探索香港早期社會面貌的重要史料。他描述的香港既有實際情況，也有誇張和理想主義的成份：

> 香港蕞爾一島耳，固中國海濱之棄地也。叢莽惡石，盜所蔽，獸所窟，和議既成，乃割界英。始辟草萊，招徠民庶，數年間遂成市落。設官置吏，百事共舉，彬彬然稱治焉。遭值中國多故，避居者視為世外桃源。商出其市，賈安其境，財力之盛，幾甲粵東。嗚呼！地之盛衰何常，在人為之耳。故觀其地之興，即知其政治之善，因其政治之善，即想見其地官吏之賢。[68]

王韜對香港開埠初期的描述與事實大致相去不遠，其中特意指出香港是避居者的世外桃源，不無自況意味。在一定程度上，香港社會的狀況和英國對香港的管治是王韜改良主義思想的起點。

王韜在香港居留之初，主要協助理雅各翻譯中國經典。1867 年，理雅各返英省親，並邀請王韜赴英繼續助譯；王韜因此有機會在理雅各的故鄉居住了兩年。在此期間，他先後訪問過英國的倫敦、愛丁堡、亞伯丁、丹迪、格拉斯哥和法國的巴黎、馬賽、里昂等地。王韜雖然在上海和香港已經對西方國家的情況有一定的了解，但在英法的實地考察對他的思想帶來的震動仍然很大。他在法國馬賽大開眼界，幾乎以為置身另一個世界；[69] 在倫敦則每日都設定學習和考察的目標。[70] 因此英法兩國無論器物技能或者典章制度都給他留下了深刻的印象。歐洲之行顯然是王韜改良主義思想形成的又一重要根源。

1874 年，王韜在香港創辦《循環日報》；這是世界第一份名副其實的中文日報。此後十年間，他在自己的報紙上撰寫大量政論文章，宣傳政治改良的主張。王韜先後在受西方影響較深的上海、香港等地生活多年，又曾經親往英、法等西方國家考察。與同時代其他中國知識份子相比，他對世界大勢的觀察與理解要深刻得多，變法自強的要求也強烈得多。他將中國與西方國對比，發現中國在各方面都有不如西方之處，因此提出中國要變革，否則將無法與西方大國「比權量力」。[71] 不過，他在外強中弱的對比中卻看出了一般人未必會發現的出路。他指出：

> 天之聚數十西國於一中國，非欲弱中國，正欲強中國，非欲禍中國，正欲福中國。故善為用者，可以轉禍為福，轉弱為強。不患彼西方人之日來，而但患我中國之自域。無他，在一變而已矣。[72]

　　這番精到的洞見，竟然出於避居香港的王韜，這固然是他學力過人所致，但香港社會形態所帶來的啟蒙作用亦有一定的關係。另外，王韜言變亦有其獨特的見解，認為不能只學西方的船堅炮利，還要學其社會風尚、行政管理方面的長處。[73] 他認為中國應該變革的範圍有取士、練兵、學校、律例等方面，亦即從人事、軍事、教育、法律等方面改革封建制度。他亦鼓吹發展工商業，提倡開採鐵、煤、五金礦產，發展機器紡織業，興築鐵路，主張「令民間自立公司」，發展輪船運輸業，還主張撤銷令「商民交病」的厘金。在政治制度方面，王韜推崇「君民共主」（即君主立憲），政府政策「必君民意見相同」，而後可以頒行之於遠近。[74]

　　《循環日報》在海內外「凡有華人駐足」的地方廣泛發行，王韜刊登其上的變法自強主張響徹海內外，產生相當廣泛的政治影響。最後王韜離開香港，以變法思想家的身份回到闊別二十多年的上海，備受

朝野重視。從王韜的人生歷程可以看到，香港的特殊社會條件為他的思想發展提供了充足的養份；西方的經驗也使香港這個曾經處於邊陲的鄉鎮一變而為當時中國最先進的城市，並且為中國的變法指點一條可行的出路。

何啟、胡禮垣與《新政真詮》

王韜的特殊身份最終成為一種典型，繼之而起的有香港土生土長的何啟和胡禮垣。何啟是香港首位華人牧師何福堂之子。1870 年何啟 11 歲時進入香港中央書院就讀。1872 年 13 歲時轉往英國升學。1875 年 9 月，他考入了亞伯丁大學（Aberdeen University）學醫，四年後獲內科學士及外科碩士學位，並成為倫敦皇家外科醫師學會（Royal College of Surgeons）會員。在獲得醫學學位的同一年，他又考入林肯法律學院（Lincoln's Inn）學法律，並在 1882 年 1 月取得大律師資格。這種醫學法律兼讀的情況，即使在教育普及的現代香港亦屬罕見；何啟竟然在百多年前民智未開的年代已經在英國取得這兩種專業資格，説明何啟絕非等閒之輩，也預示了他回到香港之後將會幹出一番異於常人的事業。1882 年何啟學成返港，被香港高等法院接納為大律師，成為繼伍廷芳之後香港第二位華人大律師。1890 年他被任命為立法局議員，成為繼伍廷芳、黃勝之後，香港第三位華人議員。

胡禮垣是廣東三水人，其父胡獻祥大約在太平天國運動期間舉家遷往香港，營商為生。胡禮垣少年時代熟讀四書五經，中文根柢極佳。1862 年他 15 歲時進入香港中央書院，成為該校最早的學生之一。1872 年畢業後，他曾經留校任教兩年，此後經營航運，但仍熱衷於文字工作。他曾經參與編輯中文報紙《粵報》，並在 1885 年編譯過《英例全書》（*A Comprehensive Book on English Law*）。1898 年

他將航運公司交由其子胡垣升經營,自己則潛心研究政治、法律、哲學、宗教,與何啟一起閉門著書。

1887 年 2 月 8 日,香港《德臣西報》以〈曾侯論中國〉(Marquis Tseng on China) 為題,轉載了卸任清朝駐英、俄使臣曾紀澤發表在《亞洲評論季刊》(*Asiatic Quarterly Review*) 的論文〈中國先睡後醒論〉(China, the Sleep and the Awakening)。曾紀澤掩飾當時中國積弱真相,鼓吹「先須國勢強盛,藩籬鞏固,外侮既絕,方可內修國政」,認為興修鐵路和政令改革等當時皆不可言。此文在香港和歐洲引起了廣泛注意。1887 年 2 月 16 日的《德臣西報》上,何啟以筆名「華士」(Sinensis) 在致該報編輯的長信中,批駁了曾紀澤的觀點。胡禮垣將何啟的信譯為中文,並增補潤色,以〈曾論書後〉為題發表於同年 5 月 11 日的《華字日報》上。這是何啟、胡禮垣二人合作撰寫政論著作,關心中國社會變革的開端。他們在〈曾論書後〉中批評曾紀澤的觀點「本末並逆,首尾橫決」,並且明確指出「國之為國也,必內修後可以外攘」。[75] 他們對曾紀澤的批判,是對洋務派「變器不變道」,只學習西方的「船堅炮利」但不變更封建制度方針的批判。

繼〈曾論書後〉之後,何啟、胡禮垣又合作撰寫了一系列政論著作,包括〈新政論議〉(寫於 1894 年冬,刊於 1895 年春),〈新政始基〉、〈康說書後〉(1898 年春)、〈新政安行〉(1898 年末)、〈勸學篇書後〉(1899 年春)、〈新政變通〉(1900 年冬) 等。這些著作寫就之後,當時即刊登於日報,或者排印成冊。後來二人將已發表文章專著彙編為《新政真詮》出版,從政治、經濟、思想、文化等方面,提出一系列改良主義的主張。[76]

何啟、胡禮垣的改良主義大致可以分為幾個方面。他們認為國家之敗，問題出在政府，因此革新政治必須從改革吏治入手。他們建議任命官吏應選擇志同道合之人，甚至以是否贊成變法新政作為官員去留的政治標準。吏治之中，他們特別強調賄賂之弊，認為貪污以害民為始，終而誤國，到事發時已經無法補救。因此他們主張「厚官祿以清賄賂」，通過高薪養廉打擊貪污，並重罰受賄的官員。[77]

在國家權力結構的改革方面，何啟、胡禮垣主張「行選舉，以同好惡，設議院，以布公平」。[78] 何啟、胡禮垣鼓吹在中國實行選舉，開設議院，其理論基礎是西方的自由平等思想，他們稱之為「民權」思想。他們反復強調民權的極端重要性，提出「民權在，其國在；民權亡，則其國亡」的口號。認為當時在中國「外人欺凌，將士畏葸，大臣玩法，學校不興，工商不講」，種種混亂現象「其故實由於民之無權」，而古代「堯舜三代之隆」，近代「泰西富強之本」都是重視民權的結果。何啟、胡禮垣的民權理論滲透着西方的天賦權利（Natural Rights）和社會契約（Social Contract）思想。他們鼓吹與封建專制思想針鋒相對的民權思想，已經超越了當時改良思想家的主張。

在經濟方面，何啟、胡禮垣提出促進資本主義工商業發展的建議。他們主張國內省、府、州、縣建設鐵路，並糾合公司購建輪船以興商務。[79] 這兩件事應採用民間集股辦公司的辦法，並由政府提供種種優惠條件。對機器製造業、採礦冶金業、農林牧漁業等，也應鼓勵人們採用西方方式經營。在文化教育方面，何啟、胡禮垣提出「宏學校以育真才」、「宏日報以廣言路」等主張。

何啟、胡禮垣看出列強企圖瓜分中國的險峻局面，聲明他們撰寫政論著作正是為了變法自全，對抗外來侵略。他們在〈新政始基〉序言中指出：中國東三省以及山東、雲南、廣西、廣東的鐵路礦務權利，以及旅順口、大連灣、威海衛、廣州灣水道門戶的險要，全部已經歸於外人管轄。因此，中國如果有「自全之心」，則應該採用他們的建議。[80]

　　何啟、胡禮垣政論著作產生了相當大的政治影響。他們的論著「每一編出，草稿未定輒為同人取去，或登諸日報，或排印成書」，「海內同人，再三翻刻。〈新政論議〉一出，中國士子多以為可行，且競欲試為一行。」[81]《大公報》創辦人英斂之在〈重刊《新政真詮》敍〉中讚揚二人「議論宏深，識見遠到」；[82]康有為及其弟子亦曾經飽讀這些書籍。[83]另外，何啟是孫中山在香港西醫書院讀書時的老師；孫中山亦不忘曾經「受惠於何啟之教」。[84]可見在晚清時期，無論是主張改良還是革命的知識分子，都曾接觸過何啟、胡禮垣的著作，並且受到他們的思想影響。

　　何啟、胡禮垣以中國知識分子的身份在香港宣揚以西方政治經濟思想解決中國社會政治的弊病，對推動中國社會變革發揮過積極作用。他們二人的政治思想，體現了香港與中西思想文化最高層次的交流。就本土人士而言，他們是香港迄今為止最偉大的思想家，也是對中國社會發展影響最大的思想家。

注釋

1. Colin Crisswell, *The Taipans, Hong Kong's Merchant Princes*, Hong Kong: Oxford University Press, 1981, p. 221.

2. G. B. Endacott, *Government and People in Hong Kong*, 1841–1962, Hong Kong: Hong Kong University Press, 1964, pp. 250–251; Bowen to Derby, 3 December 1883, CO 129/213, p. 11.

3. J. W. Noton-Kyshe, *The History of the Laws and Courts of Hong Kong*, Vol. 1, Hong Kong: Noronha, 1898, p. 66.

4. J. W. Noton-Kyshe, *The History of the Laws and Courts of Hong Kong*, Vol. 1, Hong Kong: Noronha, 1898, p. 66.

5. FO 233/185, Chinese Text, 1844, No. 29.

6. J. W. Noton-Kyshe, *The History of the Laws and Courts of Hong Kong*, Vol. 1, Hong Kong: Noronha, 1898, p. 67.

7. J. W. Noton-Kyshe, *The History of the Laws and Courts of Hong Kong*, Vol. 1, Hong Kong: Noronha, 1898, pp. 276, 289.

8. 中國史學會主編：中國近代史資料叢刊《鴉片戰爭》（四），上海：人民出版社，1962 年，第 239 頁；*The Chinese Repository*，Vol. 10, No. 1, January 1841, p. 64.

9. Davis to Stanley, 8 March 1845, CO 129/11, p. 157.

10. J. W. Noton-Kyshe, *The History of the Laws and Courts of Hong Kong*, Vol. 1, Hong Kong: Noronha, 1898, pp. 92, 108–109.

11. J. W. Noton-Kyshe, *The History of the Laws and Courts of Hong Kong*, Vol. 1, Hong Kong: Noronha, 1898, p. 92.

12. A. J. Leach ed., *The Ordinances of the Legislative Council of the Colony of Hongkong, Commencing with the Year 1844*, vol. 1, Hong Kong: Noronha & Co., Govt. Printer, 1890–1891, pp. 366–368.

13. "Government Notification No. 131", *Hong Kong Government Gazette*, Vol. 10, No. 33, 13 August 1864, p. 279.

14. William Des Voeux, *My Colonial Service in British Guiana, St. Lucia, Trinidad, Fiji, Australia, Newfoundland, and Hong Kong with Interludes*, Vol. 2, London: John Murray, 1903, p. 252.

15. "An Ordinance for the Reservation of a Residential Area in the Hill District", *The Hong Kong Government Gazette*, 29 April 1904, p. 752. Jean Gittins, *Eastern Windows—Western Skies*, Hong Kong: South China Morning Post, 1969, p. 15.

16. "On Drawing a Line: American's Candid Criticism", *South China Morning Post*, 19 September 1908.

17. "Candid American Criticisms", *South China Morning Post*, 24 September 1908.

18. "Government Notification No. 28, 29", *Hong Kong Government Gazette*, Vol. 3, No. 146, 27 March 1859, pp. 5–6.

19. "Government Notification No. 21", *Hong Kong Government Gazette*, Vol. 4, No. 198, 5 March 1859, p. 172.

20. 王韜：〈西人漸忌華商〉，《弢園文錄外編》卷四，北京：中華書局，1959 年，第 91 至 92 頁。

21. *British Parliamentary Papers, Vol. 44: 1882*, London: Government of Great Britain, p. 287.

22. "Statement of His Excellency Governor Sir John Pope Hennessy, K.C.M.G., on the Census Returns and the Progress of the Colony", *Hong Kong Government Gazette*, Vol. 27, No. 24, 11 June 1881, p. 425.

23. MacDonnell to Earl Granville, 21 June 1869, in *British Parliamentary Papers, China 25, Correspondence, Dispatches, Reports, Returns, Memorials, and Other Papers Relating to the Affairs of Hong Kong, 1862–81*, Shannon: Irish University Press, 1971, pp. 237–238.

24. James Pope Hennessy, *Verandah-Some Episodes in the Crown Colonies, 1869–1889*, London: Allen & Unwin, 1964, p. 200.

25. 丁新豹：《善與人同：與香港同步成長的東華三院（1870–1997）》，香港：三聯書店（香港）有限公司，2010 年，第 77 頁。

26. Elizabeth Sinn, "The Strike and Riot of 1884—A Hong Kong Perspective", *Journal of the Hong Kong Branch of the Royal Asiatic Society*, Vol. 22 (1982), pp. 72–73.

27. E. J. Eitel, "Materials for a History of Education in Hong Kong", in *China Review*, Vol. 19, No. 6, p. 320.

28. W. T. Feathersone, *The Diocesan Boys School and Orphanage HongKong: The History and Records, 1869 to 1929*, Hong Kong: Disocesan Boys' School, 1930, p. 1.

29. *St. Joseph's College: Diamond Jubilee 1875–1935*, Hong Kong: Standard Press, 1936, pp. 19–21,126.

30. "Government Schools", *Hong Kong Government Gazette*, Vol. 4, No. 184, 27 November 1858, p. 104; Vol. 4, No. 155, 4 December 1858, p. 108.

31. E. J. Eitel, "Materials for a History of Education in Hong Kong", in *China Review*, Vol. 19, No. 5, p. 318.

32. *Hong Kong Government Gazette*, Vol. 7, No. 14, 6 April 1861, p. 106.

33. E. J. Eitel, "Materials for a History of Education in Hong Kong", in *China Review*, Vol. 19, No. 6, p. 344.

34. *The China Mail*, No. 9196, 23 July 1892.

35. G. H. Choa, *The Life and Times of Sir Kai Ho Kai: A Prominent Figure in Nineteenth-century Hong Kong*, Hong Kong: Chinese University Press, 2000, p. 278.

36. J. Cantlie and C. S. Jones, *Sun Yat-sen and the Awakening of China*, New York: Fleming H. Revell Company, 1912, p. 45.

37. 羅香林：《香港與中西文化之交流》，香港：中國學社，1961 年，第 147 至 148 頁。

38. J. T., *Dates and Events Connected with the History of Education in Hongkong*, Hong Kong: St. Lewis Reformatory, 1877, p. 21.

39. "Annual Report on the State of the Government Schools in Hongkong for the Year 1867", *Hong Kong Government Gazette*, Vol. 14, No. 7, 15 February 1868, p. 42.

40. Report on the Census of the Colony for 1901, Hong Kong Sessional Paper 1901, pp. 20–21.

41. E. J. Eitel, *Europe in China: The History of Hong Kong from the Beginning to the Year 1882*, London: Luzac & Company, 1895, p. 575.

42. Report of the Committee on Education, Hong Kong Sessional Paper 1902, p. 8.

43. Carl T. Smith, *Chinese Christians: Elites, Middlemen and the Church in Hong Kong*, Hong Kong: Oxford University Press, 2005, pp. 139–171.

44. Queen's College Hong Kong Annual Examination 1896, 11 March 1895, CO 129/271, pp. 412–413, 415.

45. Ng Lun Ngai-ha, *Interactions of East and West*, Hong Kong: The Chinese University Press, 1984, p. 119; Peter Cunich, *A History of the University of Hong Kong. Volume 1, 1911–1945*, Hong Kong: Hong Kong University Press, 2012, p. 32.

46. Peter Cunich, *A History of the University of Hong Kong. Volume 1, 1911–1945*, Hong Kong: Hong Kong University Press, 2012, pp. 75–76.

47. "An Imperial University for Hongkong", *The China Mail*, 15 December 1905, p. 4.

48. 金應熙：〈初建港大〉，載金應熙主編：《香港史話》，廣州：廣東人民出版社，1988 年，第 138 至 142 頁；Peter Cunich, *A History of the University of Hong Kong. Volume 1, 1911–1945*, Hong Kong: Hong Kong University Press, 2012, pp. 85–86, 116–118, 125, 164, 169, 180, 187.

49. "No. 10 of 1911 An Ordinance for the Incorporation and Regulation of the University of Hong Kong", *The Ordinances of Hong Kong, Prepared under Authority of Ordinance No. 51 of 1936*, Vol. 2, Hong Kong: Noronha, 1938–40, pp. 1190–1191；王齊樂：《香港中文教育發展史》，香港：三聯書店（香港）有限公司，1996 年，第 249 頁。

50. 劉蜀永主編：《一枝一葉總關情》，香港：香港大學出版社，1993 年，前言。

51. 吳倫霓霞：〈教育的回顧（上篇）〉，載王賡武主編：《香港史新編》增訂版下冊，香港：三聯書店（香港）有限公司，2017 年，第 504 頁。

52. 方美賢：《香港早期教育發展史》，香港：中國學社，1975 年，第 61 頁。

53. 劉蜀永主編：《簡明香港史》第三版，香港：三聯書店（香港）有限公司，2016 年，第 212 頁。

54. 王齊樂：《香港中文教育發展史》香港：三聯書店（香港）有限公司，1996 年，第 259 至 260 頁。

55. 吳倫霓霞、鄭赤琰：〈香港華文教育發展與中國的關係〉，載鄭赤琰、吳倫霓霞編：《兩次世界大戰期間在亞洲之海外華人》，香港：香港中文大學出版社，1989 年，第 172 頁。

56. 吳倫霓霞、鄭赤琰：〈香港華文教育發展與中國的關係〉，載鄭赤琰、吳倫霓霞編：《兩次世界大戰期間在亞洲之海外華人》，香港：香港中文大學出版社，1989 年，第 171 頁。

57. 王齊樂：《香港中文教育發展史》，香港：三聯書店（香港）有限公司，1996 年，第 260 至 261 頁。

58. 吳倫霓霞、鄭赤琰：〈香港華文教育發展與中國的關係〉，載鄭赤琰、吳倫霓霞編：《兩次世界大戰期間在亞洲之海外華人》，香港：香港中文大學出版社，1989 年，第 172 頁。

59. 王齊樂：《香港中文教育發展史》，香港：三聯書店（香港）有限公司，1996 年，第 270 至 272 頁。

60. 吳倫霓霞、鄭赤琰：〈香港華文教育發展與中國的關係〉，載鄭赤琰、吳倫霓霞編：《兩次世界大戰期間在亞洲之海外華人》，香港：香港中文大學出版社，1989 年，第 173 頁。

61. H. E. Legge, *James Legge, Missionary and Scholar*, London: Religious Tract Society, 1905, p. 28.

62. H. E. Legge, *James Legge, Missionary and Scholar*, London: Religious Tract Society, 1905, p. 29.

63. James Legge, *The Chinese Classics,* Vol. 3, London: Trubner & Co., 1876, Preface, iv.

64. "The Sixth Annual Report of the Morrison Education Society, with minutes of its meeting", *Chinese Repository*, vol. 13, no. 12, December 1844, pp. 628–630.

65. Yung Wing, *My Life in China and America*, New York: H. Holt, 1909, p. 41.

66. Yung Wing, *My Life in China and America*, New York: H. Holt, 1909, preface, iii–iv.

67. 錢鋼、胡勁草：《大清留美幼童記》（修訂版），香港：中華書局（香港）有限公司，2014 年，第 2 至 3 頁。

68. 王韜：《弢園文錄外編》卷八，北京：中華書局，1959 年，第 216 頁。

69. 王韜：《漫遊隨錄·扶桑遊記》，長沙：湖南人民出版社，1982 年，第 101 頁。

70. 王韜：《漫遊隨錄·扶桑遊記》，長沙：湖南人民出版社，1982 年，第 98 頁。

71. 王韜：《弢園文錄外編》卷一，北京：中華書局，1959 年，第 13 至 14 頁。

72. 王韜：《弢園文錄外編》卷七，北京：中華書局，1959 年，第 201 頁。

73. 王韜：《弢園文錄外編》卷二，北京：中華書局，1959 年，第 41 頁。

74. 王韜：《弢園文錄外編》卷一，北京：中華書局，1959 年，第 23 頁。

75. 何啟、胡禮垣：〈曾論書後〉，《新政真詮》初編，第 3 至 4 頁。

76. 李金強：《一生難忘：孫中山在香港的求學與革命》，香港：孫中山紀念館，2008 年，第 86 頁。

77. 何啟、胡禮垣：〈新政論議〉，《新政真詮》二編，第 2 至 3 頁。

78. 何啟、胡禮垣：〈新政論議〉，《新政真詮》二編，第 15 頁

79. 李金強：《一生難忘：孫中山在香港的求學與革命》，香港：孫中山紀念館，2008 年，第 87 頁。

80. 何啟、胡禮垣：〈新政始基〉，《新政真詮》三編，何啟序。

81. 何啟、胡禮垣：〈前總序〉，《新政真詮》初編，第 1 頁；〈新政安行〉，《新政真詮》四編，第 2 頁。

82. 方豪：〈清末維新政論家何啟與胡禮垣 —— 兼記《新政真詮》二次重印的經過〉，《方豪六十自定稿》下冊，台北：學生書局，1969 年，第 2117 頁。

83. Tse Tsan-tai, *The Chinese Republic: Secret History of the Revolution*, Hong Kong: South China Morning Post, 1924, p. 15.

84. H. Z. Sohiffrin, *Sun Yat-sen and the Origins of the Chinese Revolution*, Berkeley: University of California Press, 1968, p. 26.

第五章

二十世紀前期政治經濟

1923 年 2 月 20 日，孫中山在香港大學發表演講後，與師生合影。（照片由香港大學提供）

孫中山在香港求學時期與友人合照，前排左起
為楊鶴齡、孫中山、陳少白、尤列，他們四人
因經常議論革命，人稱「四大寇」。

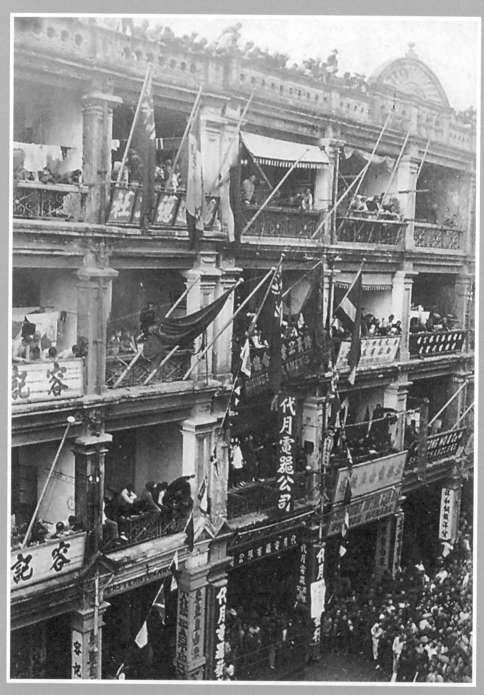

1922 年香港海員大罷工取得勝利，港府將工會
匾額送還。（黎民偉攝，照片由黎錫提供）

示威遊行隊伍中的省港罷工委員會。

1910 年代的上環省港澳碼頭，圖左的商店是
施公司。（高添強提供）

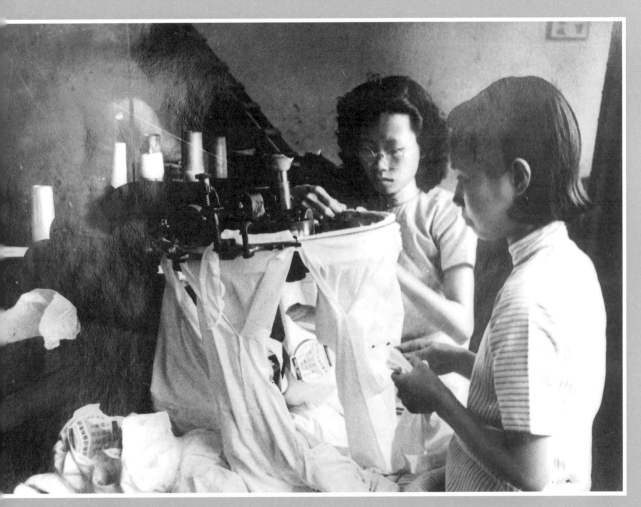

20 世紀 30 年代香港周藝興製造廠一景。（香港
歷史博物館照片）

辛亥革命終結了中國兩千多年的封建王朝，是中國歷史上具有劃時代意義的重大事件；這歷史大關節的發生卻與遠離歷史主流的香港有着非常密切的關係。香港是辛亥革命最早也是最重要的策發地之一。香港孕育了孫中山的革命思想，也是孫中山和革命黨人建立革命組織、策劃武裝起義、從事革命宣傳和籌集革命經費的重要基地。香港在辛亥革命中發揮了獨特的歷史作用，與近代中國歷史的發展息息相關。

隨着辛亥革命而來的是 20 世紀 20 年代的中國民族主義運動風潮，香港繼續在中國歷史的進程中扮演重要的角色。在香港爆發的海員大罷工和省港大罷工不僅推動了中國民族主義運動的進展，也突顯出粵港兩地政治與經濟的緊密聯繫，以及香港在經濟上非常依賴廣東。

在革命與工潮的政經風波之中，香港冒起成為舉世知名的遠東商港。轉口貿易一直是香港經濟的重要支柱，縱使受到第一次世界大戰、省港大罷工、經濟大蕭條、抗日戰爭等歷史事件影響，香港依然不改其轉口港本色。在國內局勢與國際環境風雨飄搖的時代，20 世紀前期的香港經濟仍然取得可觀的成就。華人資本和輕工業的雙重崛起不但是這時期最具意義的歷史現象，更為抗戰後的香港社會預示了發展的方向。

第一節　香港與辛亥革命

香港與辛亥革命結緣，有其獨特的歷史條件。1842 年，香港島正式被英國佔領，成為西方國家在中國擴展勢力的第一個據點。英國人在香港設立殖民地政府，容許不同國家和地區的人民到來謀生定居，使這個新興的港口迅速發展成為一個華洋雜處的城市。英國不但帶給

香港現代商業的操作平台，也帶來了西方的文化、宗教和價值觀。還有，香港成為一個不受大清律例管治的華人社會；只要遵守香港法律，所有不容於清政府的中國人都可以在這裏得到保護。

有了上述的背景，香港顯然比中國任何一處地方更具有發動革命的條件。香港有誘發反清意識的西方建構；有不接受中國衰落的熱血青年；有鼓吹革命思想的言論空間；有勇於傾囊襄助的愛國商人；也有便於轉運物資的優良港口。只要時機配合，香港很容易萌生對清朝統治構成威脅的思想和行動。

孫中山革命思想的發源地

1883 年 11 月，17 歲的孫中山到香港拔萃書室讀書；第二年 4 月轉入中央書院。1886 年秋天，孫中山前往廣州博濟醫院附設南華醫科學校學習。1887 年秋，他返港進入西醫書院就讀，並以優異的成績於1892 年 7 月畢業。孫中山在香港讀了兩年中學和五年大學；這七年的學校生涯對孫中山革命思想的形成至關重要。

孫中山在中央書院讀書期間，正值中法戰爭爆發。當時香港的中文報紙《華字日報》、《循環日報》、《香港中外新報》、《維新日報》等一致譴責法國的侵略行徑，不斷詳細報導戰況。孫中山得知中國軍隊在越南戰場捷報頻傳，又耳聞目睹香港的中國工人拒修法國軍艦、拒卸法國貨物，思想上產生了極大的震動；自此開始有「傾覆清廷，創建民國之志。」[1]

孫中山在香港西醫書院就學期間，除了學習課本的知識，也注意救國利民的其他知識。1890 年，他在給鄭藻如的信中曾說：「某留心

經濟之學十有餘年矣,遠至歐洲時局之變遷,上至歷朝制度之沿革,大則兩間之天道人事,小則泰西之格致語言,多有旁及。」[2]他在西醫書院的同學關心焉回憶說:「總理(孫中山)在院習醫科五年,專心致意於學業,勤懇非常。彼於日間習讀醫學,夜則研究中文,時見其中夜起床燃燈誦讀。但最愛讀之書乃法國革命史(藍皮譯本)及達爾文之進化論,後乃知其思想受此二書之影響為不少也。」[3]可知孫中山早已有胸懷天下的大志。

1923 年 2 月 20 日,孫中山曾在香港大學發表講演。在回答他「於何時及如何而得革命思想及新思想」這問題時,他說:

> 我之此等思想發源地即為香港,至於如何得之,則我於三十年前在香港讀書,暇時則閒步市街,見其秩序整齊,建築閎美,工作進步不斷,腦海中留有甚深之印象。我每年回故里香山二次,兩地相較,情形迥異;香港整齊而安穩,香山反是。……外人能在七八十年間在一荒島成此偉績,中國以四千年之文明,乃無一地如香港者,其故安在?……香港政府官員皆潔己奉公,貪贓納賄之事絕無僅有,此與中國情形正相反,蓋中國官員以貪贓納賄為常事,而潔己奉公為變例也。[4]

孫中山的講演雖然有些脫離歷史事實,並且有溢美之詞;[5]但在某方面又反映了歷史的真相。康有為 22 歲時遊學香港,「覽西人宮室之瑰麗,道路之整潔,巡捕之嚴密,乃始知西人治國有法度,不得以古舊之夷狄視之。乃復閱海國圖誌、瀛寰志略等書,購地球圖,漸收西學之書,為講西學之基矣。」[6]康有為對香港的印象與孫中山的認識非常接近。說明香港的城市建設和管理在當時顯得十分先進,使身臨其境的中國人留下深刻的印象。孫中山把香港的進步與發展和封建統治下中國內地的停滯與落後加以比較,其實是很自然的反應。這種比

較社會所得出的反差，對中國近代史上仁人志士的思想觸動很大，使他們立志學習西方，改造中國，為中國的繁榮富強奮起鬥爭。

孫中山與香港的革命組織

香港的社會發展面貌為孫中山帶來了思想上的衝擊，同時期在香港生活的青年也有類似的感受。1890 年，楊衢雲和謝纘泰成立輔仁文社，打開香港志士結社反清的局面。輔仁文社的英文名稱 Chinese Patriotic Mutual Improvement Association 比中文名稱更能夠反映創社的宗旨。楊衢雲是輔仁文社的社長，全社成員有 16 人。輔仁文社以「盡心愛國」為座右銘；但楊、謝二人考慮到公開鼓吹革命的風險，於是將文社的綱領定為以修養品格，增進知識為主。綱領中只有「以愛國者自勵，努力掃除吾國出現之乖誤」一條隱約道出結社的真正目的。[7] 輔仁文社平時購備西學書刊供會員參閱，又定時舉辦講座，團結了一小撮先進分子。

1894 年，孫中山在檀香山成立革命團體興中會；翌年 1 月下旬回港召集舊友籌建香港興中會。孫中山與楊衢雲、謝纘泰商議，輔仁文社與興中會宗旨相同，建議團結為一個會社；楊、謝二人欣然同意。1895 年 2 月，香港興中會成立，會址位於中環士丹頓街 13 號，外懸「乾亨行」商號招牌以作掩護。[8] 興中會章程規定「總會設在中國，分會散設各地」，香港興中會稱為香港興中會總部。[9] 最初興中會由商人黃詠商擔任臨時主席，數月後興中會決定在廣州發動第一次起義，在此之前須選舉正式會長領導革命。孫中山與楊衢雲各有支持者，最後楊衢雲當選，成為香港興中會第一任會長。[10] 香港興中會成立之後廣納社會各界會員，包括知識分子、商人、會黨成員等。會員入會時須

高舉右手對天宣誓:「驅逐韃虜,恢復中華,創立合眾政府」。誓詞明確道出興中會推翻清朝,建立新政的革命本質。[11]

香港興中會成立之後數年,楊衢雲、孫中山二人一直流亡在外,無法推動香港的會務。孫中山於是想到聯繫中國內地的反清組織,以擴大香港興中會的勢力。1899 年冬天,孫中山派人邀請湖北、湖南哥老會龍頭,以及廣東三合會首領到香港開會。結果會上各代表議決成立新的革命組織興漢會,選舉孫中山為總會長,並派宮崎寅藏前往日本,將總會長印璽交給孫中山。[12] 楊衢雲得悉後,為免革命志士分裂,於是主動辭去香港興中會會長職務;會長一職隨即由孫中山擔任,是為香港興中會第二任會長。[13]

廣州、惠州、洪全福三次起義失敗後,興中會的革命事業受到重大打擊。這幾年孫中山身在海外聯繫留學生和華僑,經常和各地組織往來,漸生擴大勢力的想法。1905 年 8 月,孫中山聯同其他會社,在日本東京成立中國同盟會,並出任同盟會總理。同盟會的宗旨是「驅除韃虜,恢復中華,創立民國,平均地權」,與興中會的宗旨一脈相承。同盟會創設之初,總部設在東京,並計劃在中國設五個支部,外國設四個支部。[14]

同盟會在日本成立,可以說是折衷的辦法;孫中山理想的革命基地仍然是香港。同盟會成立後僅兩個多星期,1905 年 9 月孫中山即派馮自由、李自重前往香港,發展粵港澳三地的革命事業。馮自由在香港與李自重、陳少白、鄭貫公等組成同盟會香港分會,由陳少白出任會長,會址設在《中國日報》報社。[15]

1906 年秋，馮自由接替陳少白任香港分會會長，並加快會務的工作。從 1907 年到 1909 年之間，香港分會在香港、澳門、廣州、廣東、廣西、福建等地秘密招攬會員，成績不俗。1909 年春，香港分會決定擴大會務，以「民生書報社」名義於德輔道中開闢新會所。一年之內港粵兩地加入者達二千餘人，其中大多數是新軍士兵。[16]

　　到了 1909 年，各地革命形勢發展迅速，香港分會的任務越來越繁重，於是就地成立南方支部。按照同盟會成立時的計劃，南方支部負責雲南、廣東、廣西、福建四個省的革命事務。南方支部設於香港黃泥涌道，由胡漢民任部長，汪精衛任書記，林直勉任會計並捐助開辦經費。南方支部成立後，香港分會則專門負責港澳兩地會務。[17]

　　香港同盟會雖然是分會，但從 1905 年建立到 1911 年辛亥革命成功為止，香港分會在中國同盟會整個體系之中扮演了極為重要的角色。香港分會是同盟會總部以外第一個大張旗鼓的組織，也是革命運動的後方基地。世界各地的革命志士均以香港作為聯絡和轉移的地點，中國日報社無法接待日益增加的同志。馮自由除了用自己的住所招待部分同志，又得到李紀堂和鄧蔭南的幫助，在新界青山開辦一所農場接收革命人員。香港分會還在寶慶坊、堅道、蘭桂坊、灣仔進教圍、摩禮臣山道、皇后大道馬伯良藥店等處設立招待所，又在結志街開辦實踐女校，以擴大接收革命同志的能力。[18]

　　香港是同盟會的重要活動基地，同時也有香港人在國外參加同盟會的活動。新界蓮麻坑村村民葉定仕年輕時到暹羅曼谷做裁縫學徒，後成為當地僑領之一，並在 1907 年出任同盟會暹羅分會會長。葉定仕傾家蕩產支持革命黨人的武裝鬥爭，是香港新界原居民的革命先驅。[19]

武裝起義的策動

從 1895 年乙未廣州首義到 1911 年武昌起義成功，孫中山和革命黨人在南方策劃的 11 次武裝起義，有七次以香港為行動基地。香港興中會時期策劃的起義有乙未廣州之役、庚子惠州之役和洪全福廣州之役。同盟會時期，香港分會直接策動了潮州黃岡之役和惠州七女湖之役；承擔了欽廉防城之役和欽廉上思起義的軍需供應；並協助南方支部在香港策劃廣州新軍之役和廣州三二九之役。

乙未廣州之役

香港興中會成立後不久，革命黨人即着手策劃在廣州武裝起義。1895 年 3 月，楊衢雲、孫中山、謝纘泰、黃詠商等多次在興中會討論攻佔廣州的計劃。他們計劃在 10 月 26 日重陽節舉事。

可惜起事前夕行動事洩，孫中山臨時決定改期行動，並發電報通知香港特遣隊。可惜清兵已經採取行動，派人逮捕陸皓東等人。香港特遣隊接到電報時已經將軍火裝運上「保安輪」客船，只好啟程。特遣隊抵達廣州時，清兵在碼頭圍捕，45 人當場被捕，起義失敗。香港政府於 1896 年 3 月向孫中山發出驅逐令，五年內不得在香港及所屬地方駐留。[20]

庚子惠州之役

從 1899 年底到 1900 年初，鄭士良、陳少白、楊衢雲重新在香港活動，聯絡綠林中人及會黨首領，籌備惠州起義。未幾義和團事發，八國聯軍侵入北京。孫中山認為機不可失，遂與楊衢雲、鄭士良等返回香港。當時驅逐令仍然生效，孫中山只好在客輪旁小艇上召開軍事

會議，與楊衢雲、陳少白、謝纘泰、鄭士良等人商議行動計劃。1900年 7 月 17 日，孫中山再度乘船抵港。次日晚上，在船上召開軍事會議。

惠州起義爆發後，連戰皆捷。可惜孫中山因外部原因始終無法補充急需的槍枝彈藥，鄭士良只好解散起義軍隊伍，與將士先後退回香港。[21]

洪全福廣州之役

惠州起義失敗後，興中會會長楊衢雲在香港被清政府派人暗殺身亡。謝纘泰決心為戰友報仇，於是與興中會同志策劃奪取廣州。謝纘泰通過其父謝日昌，說服留港多年的太平天國舊將洪全福擔此重任。李紀堂則慨捐 50 萬元軍餉。[22]

就在洪全福前往廣州準備起事的時候，廣州沙面曹法洋行無法交付李紀堂預訂的槍枝，反而向清軍告密以圖吞沒槍款。廣東政府密探隨即帶領香港警方搜查起義行動指揮部「和記棧」，並在廣州展開拘捕行動。洪全福得悉事洩之後，仍努力從澳門方面運送軍火往廣州，並再向沙面洋行購買槍枝。可惜清軍已經在廣州城和港澳碼頭搜捕革命志士，起義行動終告徹底失敗。[23]

潮州黃岡之役

1906 年，孫中山委任新加坡同盟會會員許雪秋為中華國民軍東軍都督，負責在粵東一帶籌劃起義。這年年底，許雪秋以時機成熟，於是帶同余既成、陳湧波到香港會見馮自由，並要求孫中山派人相助。孫中山知悉後先後派喬義生、方漢成、李思唐等人赴港協助。[24] 許雪

秋本來訂於 1907 年 2 月 19 日進攻潮洲府城。豈料當日風雨大作,影響起義隊伍集合,未能成功。許雪秋於是退回香港,並聽從孫中山指示,約定惠州及欽廉兩處同志同時舉事,以便牽制清軍。[25]

5 月 22 日,余既成等聚眾七百餘人在黃岡城外誓師,隨即攻打協署,並分兵進攻其他衙署。經過一夜激烈苦戰,起義軍終於佔領黃岡城,黨人推選陳湧波為臨時司令長。[26] 許雪秋在香港聞訊後趕赴汕頭,可惜清兵已經在汕頭附近佈防,無法前往戰地督戰。起義軍既無主帥,亦無進一步計劃,結果清兵援軍雲集,義軍不堪再戰,於是在 5 月 27 日解散軍隊,起義宣告失敗。[27]

惠州七女湖之役

按照孫中山的計劃,惠州七女湖之役本來與潮州黃岡之役同步進行,但後者因事先發。負責惠州起義的新加坡華僑鄧子瑜在香港知悉軍情後,立即向馮自由領取費用,命令會黨首領陳純、林旺、孫穩赴歸善、博羅、龍門三處分頭舉事。陳純等潛入惠州後,因博羅、龍門兩處會黨不易會合,於是在歸善七女湖集中了百數十人舉事。1907年 6 月,起義軍在惠州府城外 20 里的墟場發動進攻,一舉擊敗當地營勇,並盡繳其槍械。起義軍繼而進攻泰尾、楊村、柏塘等地,所向披靡。各鄉會黨紛紛起而回應,起義軍聲威大振。6 月 12 日,起義軍於八子爺地方伏擊回防的東路巡防營管帶洪兆麟,清兵死傷甚眾。此時水師提督李準從潮州黃岡調兵惠州;鄧子瑜知道黃岡兵敗,於是解散部屬。主將陳純等回港後,馮自由將其匿藏於青山農場,繼而送往南洋。鄧子瑜則被香港政府勒令出境,只得返回新加坡從事革命活動。[28]

廣州新軍之役

廣州新軍之役是同盟會南方支部在香港策動的第一次起義。1910年初，同盟會南方支部決定於農曆正月十五元宵節發難，並電請孫中山籌措 20,000 元軍費，又邀約黃興、譚人鳳來港共謀對策。黃、譚應約先後來港，但孫中山匯款僅得 8,000 元，餘款 20,000 餘元由黨員李海雲補貼。[29]

農曆正月初三日早上，同盟會會員倪映典以司令身份率領新軍起義士兵向省城進發。此時水師提督李準已經率領士兵趕至設防，其部下有管帶為同盟會舊員，獻計誘殺倪映典。新軍士兵與清兵激戰，陣亡百餘人後因彈藥補給不足而退兵。廣州新軍之役宣告失敗。[30]

廣州三二九之役

廣州新軍起義失敗後，孫中山決意重整旗鼓，集合所有力量組織一次大規模的起義。1911 年 1 月，趙聲、黃興、胡漢民返回香港之後，以此次戰役規模巨大，人員眾多，於是在香港建立統籌部。黃興任部長，趙聲為副。下設調度、交通、儲備、編制、秘書、出納、調查、總務八個課，分別由胡漢民、陳炯明等出任課長。[31] 統籌部成立之後，陸續收取華僑匯往香港的捐款，並從日本、越南等地購買軍火。統籌部在香港中環擺花街設立基地製造炸彈，並在九龍海邊荒灘試爆。[32]

4 月 8 日，統籌部召開發難會議，議決推舉趙聲為總司令，黃興為副司令。4 月 27 日下午 5 時半，黃興率選鋒 130 人向督署猛烈進攻。豈料其他三路皆未出動，只有黃興一路在孤軍作戰。經過激烈槍戰，革命軍攻入署內，張鳴岐早已逃逸。這時候李準親兵大隊迎

頭沖來，黃興突圍而出，並將所部分為三路，結果以寡敵眾，難逃一敗。[33]

此次廣州起義發生在農曆三月二十九日，因而被稱為廣州三二九之役；事後收斂烈士遺骸 72 具安葬於廣州黃花岡，因此亦稱黃花岡之役。綜觀孫中山策動十次起義行動雖然未能成功，但最後一役起義烈士視死如歸的氣慨已經震動朝野，為武昌起義的勝利揭開了序幕。

革命思想的宣傳

香港是革命行動的總部，也是革命思想的宣傳基地。興中會創設之初，計劃開辦報紙作為開導風氣之用。後來孫中山避居日本，看見康有為、梁啟超創辦的《清議報》甚得人心，而且吸引不少興中會黨員轉投保皇陣營。孫中山於是派遣陳少白回香港辦報鼓吹革命，孫中山則到橫濱購置印刷機、鉛字等器材。1899 年秋天，陳少白回香港租下中環士丹利街 24 號為報社，自任總編輯。報紙取義於「中國者中國人之中國」，定名為《中國日報》。[34] 1900 年 1 月 25 日，《中國日報》正式出版，是為中國第一份以宣揚革命為宗旨的報紙。

《中國日報》報格鮮明，內容以反清和革命為主線。報紙刊載大量反清文章，旨在揭露清朝政府腐敗，為革命運動尋求合理的道德依據。宣揚革命方面，孫中山發表的〈中國問題之真解決〉最具代表性；其他介紹歐美自由平等、天賦人權等學說的文章亦經常刊載。《中國日報》也是革命黨人與人筆戰的場地；陳詩仲和黃世仲就曾經與廣州《嶺海報》主筆往返論辯，為洪全福廣州之役辯護。此事引起讀者極大反響，廣州志士紛紛投稿聲援《中國日報》。[35] 黃世仲又率先在報上批

評康有為，發表〈辯康有為政見書〉駁斥〈南海先生最近政見書〉的觀點，以正視聽。朱執信也先後撰文，批評香港《商報》提倡扶滿保皇和鼓吹君主立憲。另一種宣揚革命的方法是報導起義的戰況。為了搶先報導，《中國日報》建立了戰地記者制度，在萍瀏醴之役、安慶之役和鎮南關之役等戰事中派員隨軍以電報拍發戰況。[36]

《中國日報》發行數年之後，已經有相當的影響力，日本東京《民報》譽之為「洛陽紙貴」；讀者之中亦有清政府的官員，對清朝政府的統治構成一定的滋擾。香港政府可能受到清政府的壓力，於 1907 年10 月頒佈《禁止煽動性出版物條例》。這條例顯然針對以《中國日報》為首的革命報刊。中國日報於是改用「民族主義」之類較中性的用語，繼續宣傳革命。

《中國日報》的成功，引起海外其他革命報紙爭相效尤，邀請《中國日報》人員充當編輯；其中表表者有新加坡《圖南日報》、檀香山《自由新報》、溫哥華《大漢日報》等。香港報界當然不甘後人，也仿效《中國日報》發行《世界公益報》、《廣東日報》和《有所謂報》等，對開啟晚清華人民智，貢獻良多。[37]

革命經費的籌集和轉匯

革命經費是革命運動開展和成功的重要條件。從乙未廣州之役到廣州三二九之役的十幾年間，香港一直在革命經費的籌措上扮演主要角色。香港一些華商不惜傾家蕩產，支持革命運動，矢志不移。孫中山在外國奔走期間，得到不少華僑解囊襄助，所得經費亦大多由香港轉匯往內地支援各次起義。

辛亥革命的第一次武裝起義所費約二萬餘元，經費來自香港和檀香山兩處。檀香山經費由孫中山兄長孫眉和其他興中會會員拼湊，大概有數千元；香港經費則主要來自黃詠商和余育之的捐助，數目至少有 20,000 元之多。黃詠商是興中會臨時會長，以 8,000 元售出蘇杭街物業，全數捐助起義活動。日昌銀號東主余育之則捐助萬多元，但不願為人所知，於是相約楊衢雲和黃詠商到紅毛墳場交款。

1900 年孫中山在日本客輪上認識李紀堂，是革命運動早期的重要事件。李紀堂是香港首富李陞的兒子，甫見面即捐出 30,000 元經費。後來惠州之役失敗，需十多萬元善後，亦有賴李紀堂墊付。謝纘泰策動的洪全福之役，所需 50 萬軍費亦全數由李紀堂承擔。是役失敗之後，李紀堂家財已經耗去大半，但仍堅決支持革命運動。興中會從 1900 年到 1905 年的營運經費，包括開辦中國日報社的費用，亦主要由李紀堂支付。未幾李紀堂家道中落，仍想盡辦法籌集革命經費。他甚至計劃綁架親戚，以此勒索巨款以資助革命經費。後來無計可施，李紀堂仍然夥同鄧蔭南於屯門青山經營農場，以所得維持同盟會經費。

李紀堂是革命運動經費的主要提供者，無庸置疑。後來李紀堂力有不逮，中國日報社陷入財政危機，則有賴保險大王李煜堂接手支持。武昌起義成功之後，廣州建立軍政府所需 80 萬軍餉，據說由李煜堂、李自重父子一夜之間籌措得來。另外，廣州新軍之役大部分軍費則來自同盟會南方支部會計主任李海雲任事的「同源號」。至於南方支部的營運經費，部分由林直勉捐助。林直勉此前亦曾經出資購入《中國日報》股份，幫助興中會渡過難關。

1895 年廣州首義失敗之後，孫中山遠走日本，後來一直在海外奔走尋求支持。此後十多年間，海外華僑捐助革命運動的經費日益增

加，尤以同盟會時期為甚。香港以自由貿易的優良條件，成為海外革命經費轉匯到內地的不二之選。中國日報社是接收匯款和轉匯的主要機關。廣州新軍之役失敗後，李煜堂將其「金利源藥材行」改為同盟會的交通機關，接收來自海外的匯款。自此至南京臨時政府成立，所有海外捐助同盟會的款項一律匯寄金利源藥材行，然後轉交南方支部會計主任李海雲。孫中山當選中華民國臨時大總統後，李海雲將南方支部收存 30 萬元匯往上海，作為大總統就職日犒賞軍士之用。

香港能在辛亥革命運動中發揮重大作用，除了其獨特的政治環境和社會環境外，還有兩點值得注意。其一是革命黨人在香港一般會保持低調和秘密行動。其二是與香港政府完全是站在英國利益的角度對待革命黨人在香港的活動。乙未廣州之役失敗後，香港政府以孫中山「危及本殖民地的和平與良好秩序」為由，向他發出為期五年的驅逐令。[38] 1898 年 7 月，英國殖民地大臣張伯倫在答覆議員關於香港政府驅逐孫中山的質詢時，說明驅逐的原因是「該人捲入陰謀反對中國政府的活動」。[39] 後來的情況有所變化。1900 年 7 月初，孫中山的代表曾與港督卜力聯絡。卜力在給英國殖民地部的電報中說，反滿起義預計將於「兩周內」在湖南和南方爆發。信任他的「中國紳士」向他保證，造反者不排外，並且希望在他們一旦取得成功之後得到英國的保護。[40] 當時中國政局的發展形勢尚不明朗，一向老謀深算的英國當然不會公開支持革命黨人；但在得到革命黨人不排外的保證後，同時也是為未來中英關係的發展留下餘地，香港政府對革命黨人在香港的活動實際是採取視而不見的態度。1900 年 10 月惠州起義後，革命黨人的軍隊遣散到香港，香港政府沒有找他們的麻煩；但廣東政府要求在香港購軍火，卻被港督拒絕了。[41]

第二節　海員大罷工和省港大罷工

自 19 世紀末起，列強對華擴張日益加劇，中外矛盾變得愈來愈尖銳。從中法戰爭、甲午戰爭到八國聯軍之役，中國社會反對外來侵略的浪潮不斷高漲。這種民族主義的浪潮也蔓延到香港華人社會。

1905 至 1906 年，香港的華商參與了杯葛美國貨的運動，1908 年又參與了杯葛日貨的運動。[42] 孫中山在香港策動的革命運動更助長了香港人的民族主義情緒和認同中國意識。1912 至 1913 年，西商經營的電車公司拒收廣東錢幣，引發了香港華人大規模的杯葛電車事件。轎夫、車夫、其它行業工人等下層群眾也加入這次運動之中。20 世紀初這些在香港高漲的民族主義思潮，為後來的海員大罷工和省港大罷工營造了社會氛圍。

香港海員大罷工

香港以港口起家，轉口貿易發達，海員是香港最早出現的其中一類產業工人。不過，在外國船東與包工頭雙重剝削之下，海員的生活十分艱難。華人海員與白人海員做同樣的工作，但同工不同酬；一般而言前者僅得後者兩成工資，其他待遇也相當懸殊。[43]

1915 年，海員陳炳生在太平洋線的商船上成立一個公益組織「中華海員公益社」，是為第一個為華人海員爭取利益的團體。1917 年，該組織改組為「中華海員慈善會」，在香港設立總部並向香港政府立案。1921 年，「中華海員慈善會」改組為工會，孫中山親自命名為「中華海員工業聯合總會」。[44]

海員工會成立後的第一件要做的事，就是改善海員的生活待遇。
1921 年 9 月，海員工會正式向船公司提出三項要求：(1) 增加工資；
(2) 工會有權介紹海員就業；(3) 簽定僱工合約時，工會有權派代表參
加。可是，各船公司未有回應這些要求。同年 11 月，海員工會再次向
船公司提出要求，對方非但置之不理，更為外國海員加薪 15%，引起
華人海員公憤。1922 年 1 月 12 日，船公司第三次拒絕海員工會的加
薪要求後，香港海員終於在次日舉行大罷工。

最初參加罷工的船隻有 90 多艘，約 1,500 名海員；不到一周就
分別增到了 123 艘和 6,500 多人。罷工迅速蔓延到汕頭、海南島、江
門、上海，甚至到新加坡。從香港來往各港口的輪船一經靠岸，香港
海員就登岸罷工。在海員工會的組織下，在香港參加罷工的海員紛紛
返回廣州。[45]

海員大罷工得到廣東社會各界支持，包括政府。廣州市長孫科下
令開放廣州所有廟宇和公共場所，為罷工海員提供食宿。[46] 當時把持
廣州護法軍政府的陳炯明深知孫中山在海員中有相當影響，因而對海
員罷工表示大力贊助，命令廣東政府每日借出數千元給海員作維持罷
工的費用。陳炯明企圖以此換取海員的好感，從而利用海員反對孫中
山。海員工會明白陳炯明用意，一方面接受廣東政府的經濟援助，另
方面避免成為政治鬥爭的工具。[47]

港督司徒拔向英國殖民地部報告，認為形勢嚴峻，並指出海員罷
工並非單純經濟運動，而是一場政治運動。他更斷言罷工的最終目的
是迫使英國人撤出香港。[48] 基於上述的認識，香港政府從一開始就採
取高壓手段對付罷工；既頒佈戒嚴令，同時派軍警上街巡邏。香港政
府還派人到上海招募寧波的新海員來港做替工。

1922 年 1 月底，香港運輸工人、碼頭苦力舉行同情罷工以支援海員；參加罷工的人數迅即超過 3 萬人。2 月 1 日，香港政府再次向罷工工人施壓，宣佈海員工會為「非法團體」，並派出軍警到會所搜查封禁，最後更除下「中華海員工業聯合總會」的招牌。一星期後，香港政府又查封了海陸、同德、集賢三家參與罷工的苦力工會，拘捕四名工會辦事人員。[49]

至 2 月中旬，香港海域因罷工而滯留的外洋貨輪總數已達 166 艘；船東為此而蒙受巨大損失，洋行商戶的生意亦一落千丈。[50] 香港政府感到很大壓力，並且知道種族因素在事件的背後一直發揮着重要的作用。[51]

在高壓手段無效的情況下，香港政府先後派出華工總會代表以及東華醫院、華商總會的商紳出面調停。海員工會方面提出維持加薪要求、恢復海員工會、釋放被捕工會辦事人員等條件。可惜香港政府拒絕接受，調停宣告失敗，並引發工人強烈不滿。

2 月 27 日，香港各行業工人舉行同盟總罷工以支持海員工人。參加罷工的遍佈飲食、酒店、街市、造船、電車、輪渡、報館、印刷、水底電線、銀行、郵局等行業；就連住家僱用的廚師、侍應、園丁和女傭也參加了罷工。到了 2 月底，全香港參加罷工的人數已達 12 萬，佔總人口近四分之一（當時總人口為 541,156），可見大罷工涉及的範圍之廣。[52]

1922 年 2 月 28 日，香港立法局為對付罷工狂潮召開了特別會議，通過《緊急措施條例》，加緊對香港社會的控制，同時停開九龍至廣州的火車。3 月 3 日，洋務工會組織 2,000 多名罷工工人徒步前往

廣州。警方派出幾十名軍警在大埔道 7 哩靠近沙田的地方攔截，最後開槍阻止罷工工人繼續前行，造成罷工工人五死七傷的「沙田慘案」，震動全國。[53] 經此一役，香港同盟總罷工繼續堅持和擴大，全城各行停業，香港頓變「臭港」和「死港」。[54]

到了最後，香港政府無計可施，只好向海員讓步。在廣州政府的協調下，海員以林偉民等為代表赴港與船東談判增加工資，同時與香港政府談判恢復工會事宜。3 月 5 日，三方達成協議，船公司增加工資 15% 至 30%（因不同航線而定），船員回原船復工。3 月 6 日，香港政府發表特別公報，宣佈取消「中華海員工業聯合總會」為非法會社的命令，派人送回海員工會的招牌。3 月 7 日，其他被封工會完全恢復，被捕人員也全部釋放。海員工會於是發出開工傳單，通知從 3 月 8 日起正式復工。[55] 堅持 52 天的香港海員大罷工最終以工人的重大勝利而告結束。

省港大罷工

香港海員大罷工使香港政府深刻體會到香港對廣東嚴重的依賴性，[56] 亦看到孫中山在海員中的巨大影響力。香港政府最初企圖通過財政貸款支持陳炯明對抗孫中山，但在陳炯明失勢後又轉而與孫中山改善關係。1923 年 2 月在孫中山重返廣州設立大元帥府途經香港時，港督司徒拔設宴招待他；輔政司施勳（Claud Severn）等政府官員陪同孫中山到香港大學演講。司徒拔在給殖民地大臣的信函中指出，海員大罷工說明了香港的繁榮與廣東關係密切。廣東一旦與香港處於敵對狀態，在英國對華貿易中佔有巨大份額的香港貿易將陷於停頓。因此，為了對華貿易，香港應盡可能與統治廣州的勢力保持良好關

係。[57] 可是，儘管司徒拔洞悉粵港之間血脈相連的關係，但實際上並沒有汲取教訓。

1925 年 5 月 30 日，上海二千多名學生遊行抗議日本紗廠資本家槍殺工人領袖顧正紅，英國巡捕逮捕百多人。隨後群眾聚集在英租界巡捕房門口要求釋放被捕學生，英國巡捕開槍當場打死 13 人，造成震驚全國的「五卅」慘案，並引發全國反帝國主義的浪潮，香港亦不例外。中國共產黨趁機派遣鄧中夏、蘇兆徵等以中華全國總工會代表的身份，到香港發動工人罷工。各工會不分派系紛紛響應，並迅速聯合起來。

6 月 15 日，中華全國總工會為「五卅」慘案致函香港各工團，要求立即組織全體工人罷工。[58] 從 6 月 19 日晚上開始，香港工人大罷工排山倒海爆發。海員、電車工人、印刷工人率先行動，其他工人相繼而起。皇仁、華仁、聖保羅、聖士提反等書院的學生亦紛紛罷課。罷工工人發表罷工宣言表示支持上海工商學聯合會，同時向香港政府提出六項要求，包括政治自由、法律平等、普通選舉、勞動立法、減少屋租、居住自由。[59]

6 月 23 日，廣州各界團體及香港罷工約十萬餘工人在廣州市區東較場集會。國民黨中央代表譚平山主持會議，廖仲愷發表演講。大會通過決議案提出收回海關、收回租界、取消一切不平等條約等要求。下午，5 萬多人開始示威遊行。遊行隊伍按工農學商軍順序出發，沿途散發傳單，高呼「打倒帝國主義」、「取消一切不平等條約」、「援助上海五卅慘案」等口號。當遊行隊伍到達沙基時，對岸沙面租界的英法水兵用機槍向遊行群眾掃射，白鵝潭、沙基口的英、法、葡軍艦開

炮助轟。結果造成 52 人死亡，170 餘人重傷的「沙基慘案」。[60] 消息傳到香港後，激起各行各業的工人相繼參加罷工。到了 7 月 7 日，香港罷工工人已超過 20 萬人，[61] 約佔總人口四分之一，可見罷工規模之大。

香港的罷工工人到達廣州之後，中華全國總工會召開香港、沙面各工會代表大會，組織了「省港罷工委員會」，由蘇兆徵任委員長。[62] 罷工委員會組織二千餘人的糾察隊封鎖香港；任務是維持秩序、逮捕走狗、截留糧食、扣緝仇貨。經過一段時間的發展，東至汕頭，西至北海，廣東沿海港口皆有糾察隊駐紮。糾察隊還擁有小艦 12 艘、電船數隻，在海上往來巡查。[63]

最初罷工委員會不准任何國家輪船出入廣州，結果影響了廣州的經濟。後來改行「特許證」制度，准許非英國貨、英國船及經過香港者直入廣州。這策略解除了廣東的經濟困難，保持了廣東商人的中立，拆散了列強的聯合陣線，使罷工能夠堅持較長的時間。[64]

在罷工和經濟封鎖的雙重打擊下，香港的經濟遭受沉重的打擊。罷工期間香港進出港船隻與噸位數銳減，1925 年省港罷工後，7 月起計算，每日平均進出港船隻僅 34 艘，噸位數 55,819 噸；船隻數目與噸位數僅及 1924 年的 15% 及 36%。[65] 香港貿易遭受的打擊更為嚴重，貿易額急劇下降。1924 年秋季，香港入口貨值為 11,674,720 英鎊，出口貨值為 8,816,375 英鎊，而到 1925 年同期，則各銳減為 5,844,743 英鎊和 4,705,176 英鎊。[66] 香港的對華貿易更是一落千丈。1924 年香港對華出口的貿易額佔中國總進口額 24%，1925 年下降為 18.6%，到 1926 年更銳減為 11.1%。[67]

另外，罷工後香港商業活動大減，每日都有商店宣告破產；僅1925年最後兩個月即有三千多家商店破產。[68] 銀行則面對存款斷絕，提款猛增的困境，以及其後爆發的擠兌風潮；中小銀行因而宣告倒閉者不在少數。香港股市亦在罷工初期應景暴跌，香港政府被迫在6月底下令暫時關閉股市。[69] 房地產業也不能倖免，屋租與地價都大幅度滑落。[70]

罷工對香港整體社會發展造成重大打擊，香港政府的財政也因此陷入危機。1925年度香港政府的財政赤字高達500萬港元以上，唯有向英國政府借款300萬英鎊解困。[71] 不過，罷工對香港政府最大的打擊是動搖管治威信，並一度為此而影響英國對華的政策。

早在罷工發生的時候，港督司徒拔採取了強硬態度；一方面頒佈緊急戒嚴令，另一方面宣佈香港進入緊急狀態。香港政府出動大批軍警和裝甲車上街巡邏，搜捕罷工領袖。為了從經濟上反制廣州，香港政府宣佈禁止運載白米、麵粉、罐頭、港幣和金銀元塊出口；又宣佈對香港的中文報紙實行新聞檢查，凡涉及罷工的郵件和電報一律扣留。香港政府還頒發法令，限制香港居民離境。居民如確需出境者，要有相當的店舖具結擔保，違者判處遞解出境15年。香港政府同時宣佈，對鼓動罷工者予以嚴懲，並揚言恢復使用已棄絕多年的鞭笞刑罰。香港政府又拉攏上層華人設立招工局和「工業維持會」等組織招募工人。[72]

另外司徒拔與在港英商不斷上書倫敦，請求英國政府採用強硬手段解決問題，強調罷工與共產主義運動關係密切。他指出香港的罷工是一場由俄國人煽動和領導的共產主義運動，並非排外運動和民族主義運動，其目的是摧毀香港的貿易和經濟。唯一的解決途徑就是由列

強實行武裝干涉。[73] 香港政府亦曾收買軍閥陳炯明和鄧本殷，企圖通過他們對沖罷工的威脅。[74]

20 世紀 20 年代初期，英國政府在華採取「靜觀」（wait and see）政策，支持北京政府，對中國地方紛爭保持中立。省港罷工爆發後，英國政府曾多次開會研究對策。考慮到國內輿論、在華兵力和軍閥不可靠等因素，英國政府排除了直接武力干涉的可能性，認為英國應繼續在華奉行「靜觀」的政策。英國處理省港罷工問題的立場是，英國在香港的局部利益應服從於英國在華的整體利益。因此，英國外交部反對香港商界和香港政府要求採取強硬行動的種種主張。英國政府認為，司徒拔力主干涉的好戰態度不利於罷工問題的解決。1925 年 10 月，英國政府將已任滿延期的司徒拔調離香港，選派金文泰擔任新一任港督。[75]

新港督的委任顯示了英國願意以協商的方式解決罷工。1925 年 11 月抵港履新的金文泰是有名的中國通，曾在香港政府供職 14 年，會說中國官話和粵語，並喜好中國傳統文化。金文泰上任後即致信廣州政府，提出通過談判解決罷工。隨後廣州政府財政部長宋子文與金文泰等先後在香港和廣州談判。宋子文向港方提出香港政府須滿足罷工工人的兩個先決條件，即賠償工人在罷工期間的損失與重新安排工作。雙方最後同意，如果香港商界願出資賠償罷工工人的經濟損失，廣州政府將積極協助罷工工人早日結束罷工。[76]

同一時期廣東革命陣營內部正發生很大變化；國共關係緊張，國民黨左右兩派矛盾日深。1926 年 1 月，國民黨「第二次全國代表大會」在廣州舉行，國民黨右派勢力得到擴張。密切關注廣東政局的香港政府認為廣州政府分裂在即，罷工委員會即將解散，因而不願執行已作

出的讓步，並宣佈中止有關解決罷工的談判。談判中斷後，香港工人發起第二次罷工，約 1 萬餘人返回廣州。[77]

1926 年 7 月，國民政府成立國民革命軍從廣東出師北伐，省港罷工工人響應號召，紛紛加入北伐軍的行列。為減少對北伐戰爭的阻力，在省港罷工委員會的推動下，國民政府與香港政府再次舉行談判；儘管香港政府缺乏誠意，談判並無成果；省港罷工委員會在 1926 年 9 月仍然作出取消封鎖香港及結束罷工的決定。[78] 10 月 10 日，省港罷工委員會發表停止封鎖的宣言，並宣佈自當日 12 時起撤回將各海口糾察。[79]

省港大罷工從 1925 年 6 月起到 1926 年 10 月止，長達一年零四個月，是中國工運史和世界工運史上前所未有的大罷工。省港大罷工是 20 世紀 20 年代中國民族主義運動的組成部分。20 多萬人投入反對帝國主義的大罷工，說明對國家和民族的認同是當時香港一股強大的社會潮流。北伐戰爭的順利開展，國民政府成功收回漢口英租界，都與省港大罷工的影響有一定的關係。省港大罷工再次體現出粵港兩地在政治經濟方面的緊密關係和相互影響，以及香港在經濟上對廣東的嚴重依賴。

第三節　二十世紀前期香港的經濟發展

風雨飄搖的年代

從 19 世紀末至省港大罷工爆發前，香港經濟取得觸目的發展，香港各項統計數字都有明顯攀升。香港的人口由 1897 年的 243,565 人，急增至 1925 年的 874,420 人；政府的收入亦由 2,686,915 港元增

至 23,244,366 港元；支出由 2,641,410 港元急增 10 倍至 28,266,818
港元。[80] 另外，1900 年進出香港的外貿船隻總量為 46,365 艘，
總噸位為 17,247,023 噸，到 1924 年已經分別增至 57,765 艘以及
38,770,499 噸。[81]

　　1925 年的省港大罷工使香港經濟遭受重創。1927 年南京國民政
府成立之後，宣佈關稅自主。國家的關稅收入增加，有利於內地工商
業的發展，香港的貿易卻因此受到打擊。國民政府對舶來品徵收高
額的進口稅，由 1929 年的 4% 先後增至 1930 年的 10% 和 1934 年的
25%。[82] 這顯然不利於香港轉口貿易的發展。

　　1929 年，世界性的經濟危機首先在美國爆發，最終演變成全球經
濟大蕭條。無處不在的關稅貿易壁壘使中國的工廠出口成品面對重重
障礙，入口原材料的成本也大幅增加。香港處於中國內地與世界各國
之間，經貿活動亦因而大受影響。

　　1934 年 7 月 13 日，惡劣的經濟環境迫使港督貝璐（William
Peel）委派郵政總監布倫（Michael James Breen）成立委員會，檢討
經濟衰退的問題。該委員會在 1935 年發佈的報告書，頗能夠反映當
時香港經濟的困境。倘若以港幣結算，1924 年香港的出入口總額分
別達到 607,625,078 港元和 536,208,792 港元。到了 1931 年，出入
口總額分別為 652,518,949 港元和 542,049,838 港元。表面上看，香
港的經濟並未受到太大打擊，出入口數字比大罷工前略見增加；但事
實並非如此，港幣奉行銀本位制，受國際銀價升跌影響。只要將結算
單位改為英鎊，情況就大不一樣；香港的出入口貿易額由 1924 年的
72,155,478 英鎊和 63,674,794 英鎊，大跌至 1931 年的 34,665,069 英
鎊和 28,796,398 英鎊，跌幅超過一半。[83]

表 5.1　1921 至 1933 年香港出入口統計表 [84]

年份	入口		出口	
	港元	英鎊	港元	英鎊
1921	511,791,180	68,105,545	508,682,598	67,691,877
1922	484,528,587	61,196,970	482,798,560	60,978,464
1923	544,290,607	61,941,405	539,290,048	61,372,331
1924	607,625,078	72,155,478	536,208,792	63,674,794
1931	652,518,949	34,665,069	542,049,838	28,796,398
1932	552,388,563	36,250,499	471,859,706	30,965,793
1933	432,396,507	29,276,847	403,092,170	27,292,699

　　經濟大蕭條對香港的影響，從 1933 年起變得明顯。大環境使外國商品較難進入中國，中國的產品亦難以輸出海外，香港各行各業慘受拖累。[85] 對比上年，1933 年香港進口貿易總值 50,090 萬港元，低 19.7%；出口貿易總值為 40,310 萬港元，低 14.6%；稅收 3,209 萬港元，少 145 萬港元；批發物價低 15.4%；糧食低 10.4%；匹頭低 22.5%；金屬品低 15.8%；其他低 12.8%。[86]

　　1936 年，香港經濟好轉。當年香港進口貿易總值 45,240 萬港元，較上年多 8,740 餘萬元。出口貿易總值為 35,090 萬港元，較上年多 7,990 萬港元。稅收 3,000 餘萬港元，較上年多 161 餘萬港元。批發物價也較上年增加 32.3%。[87]

　　1936 年香港經濟剛開始有復蘇跡象，隨即遇上於次年爆發的抗日戰爭。戰爭帶來多方面的影響，有些行業備受衝擊，也有不少行業從中得利。香港面對的最大影響是海上交通受阻，各行各業頓失華北

表 5.2　1900 年至 1930 年中國對外貿易統計數字[90]

單位：關平銀[91]

年份	從香港入口	全國入口額	比例	對香港出口	全國出口額	比例	總比例
1900	93,846,617	222,129,473	42.2%	63,961,634	158,956,752	40.2%	41.4%
1910	171,465,974	476,553,402	36%	108,722,925	380,833,328	28.5%	32.9%
1920	159,313,355	799,960,206	19.9%	136,462,043	541,631,300	25.2%	22.1%
1930	218,369,933	1,328,231,986	16.4%	158,018,135	894,843,594	17.7%	16.9%

市場。除軍需品外，香港內銷貨品的市場隨着內地城市逐漸被日軍侵佔而縮小。另外，湧入香港的大批難民中，部份人擁有充裕的資金和豐富的行銷經驗，部份人是技術工人；他們為香港提供了充足的廉價勞動力和消費力，使香港進入戰時的繁榮期。1940 年，香港進出口貿易總值達 137,450 萬港元，較上年增加 21.9%。其中進口貿易總值 75,270 萬港元，較上年多 16,121 萬港元。出口貿易總值為 62,180 萬港元，較上年多 8,842 萬港元。[88]

轉口貿易和航運業

香港自 19 世紀末確立對華貿易中心港的地位，最高峰時中國內地對香港的出入口貿易總量，竟佔全國出入口貿易總量一半左右。[89] 隨着國內其他通商口岸陸續發展，鐵路運輸日益普及，香港與中國內地之間的貿易總量保持增長，但佔全國的比例則逐漸下降。

表 5.2 顯示，20 世紀初期，全國超過四成的出入口貿易都與香港有關。然而，這個比重在 1900 至 1930 年間不斷滑落。從香港入口

由 1900 年佔全國入口額的 42.2% 跌至 1930 年的 16.4%。對香港出口由 1900 年佔全國出口額的 40.2% 跌至 1930 年的 17.7%。事實上，香港與中國的貿易額在這段期間不斷增加，但同期全國的出入口貿易總額由 381,086,225 兩關平銀增加至 2,223,075,580 兩關平銀，增幅達 483%。中國出入口貿易總額大幅上升的情況下，香港佔全國出入口貿易的份額不升反降，原因在於 20 世紀初中國的工業、港口和鐵路快速發展，越來越多工廠在內地設立，而其他沿海城市亦可以直接將商品出入口，降低了香港作為中國貿易轉口港的重要性。[92]

港督委任的委員會於 1935 年提交報告書，認為香港並不是一個經濟實體；它只是受政治因素阻隔的中國的一部分。鄰居狀況和制度的優劣強弱都會影響香港。粗略估計，香港的外貿中有五分之四的轉口貨由國外或華北送往華南，然後由香港轉運至華北或國外。[93]

在戰前的一段重要時期，香港繼續發揮中國華南重要商埠的優勢，在連接中外貿易的層面上扮演相當的角色。優越的地理位置、便利的海上交通、四通八達的航線、完善的碼頭貨倉、充足的金融配套和相對穩定的政治環境，是香港作為中國、西方及其他亞洲國家的中轉港的重要因素。

轉口貿易與航運業的發展息息相關。省港大罷工前香港的轉口貿易可謂穩步發展；1913 年的轉口總量上升到第一個高峰，船隻總噸位達到破紀錄的 25,821,652 噸。1914 年至 1918 年間的第一次世界大戰，令來港船隻的數量和噸位連年下跌，1918 年跌至 43,436 艘和 16,955,332 噸。國際貿易在一戰以後恢復暢通，各國經濟強力反彈，進出香港的外貿船隻在 1921 年增至 52,222 艘，總噸位達 27,852,616

噸，超越戰前的水平，到了 1924 年更分別激增至 57,765 艘及 38,770,499 噸。

省港大罷工期間，香港經濟陷入癱瘓，進出香港的外貿船隻在 1926 年銳減至 30,231 艘，總噸位跌至 28,371,104 噸。罷工平息後，1929 至 1936 年，來港船隻總噸位逐漸超越了大罷工前的水平。1937 年 7 月抗日戰爭全面爆發後，日軍封鎖中國沿海口岸，香港與中國各地之間的交通受到嚴重阻礙，令進出香港的外貿船隻大幅減少；由 1936 年的 40,626 艘，減少至 1939 年的 23,881 艘；總噸位由 40,063,663 噸大跌至 29,196,466 噸。歐洲戰事爆發後，太平洋的運輸變得艱難，商品的內銷和外運受到打擊。雖然 1940 年外貿船隻數量有所回升，但總噸位的跌勢卻顯而易見，其中一個原因是從事貿易的商行為減輕風險改用較小的船隻運載貨物。[94]

航線方面，在太平洋戰爭爆發前可以分為五類。(1) 美洲和環球航線。營運這一航線的包括從中國和日本駛往北美或南美的商船；從菲律賓始發途經中國、日本最後到美國的商船；以及從事環球貿易的商船。據 1935 年的統計，在該線定期運營的船舶有約 239 艘，總噸位約 2,200,000 噸。(2) 歐洲航線。遠東開往歐洲各港口的航線是當時世界航運的主航線。1935 年的統計表明，定期運行該線的商船約有 250 艘，總噸位約 2,000,000 噸。(3) 澳洲、印度和非洲航線。定期運行該線的商船約 100 艘，總噸位數為 600,000 噸。(4) 近海航線。日本商船在這條航線佔據了絕對優勢，運行於該航線的 175 艘船舶中，日本商船就佔有 125 艘。(5) 沿中國海岸航線。中國商船是這條線上的主要營運者。1935 年，有 218 艘中國商船定期航行這條航線。其中以香港為運營終點站的商船主要來自天津、福州、廈門、汕頭和海口等

表 5.3　1900–1940 年進出香港的外貿船隻及噸位統計表 [95]

年份	船隻數字	船隻噸位	年份	船隻數字	船隻噸位
1900	46,365	17,247,023	1921	52,222	27,852,616
1901	46,201	17,825,309	1922	50,427	29,543,564
1902	48,706	19,514,237	1923	49,300	35,947,534
1903	46,255	21,716,870	1924	57,765	38,770,499
1904	53,227	22,405,366	1925	41,336	32,179,053
1905	51,578	22,653,616	1926	30,231	28,371,104
1906	44,550	22,453,077	1927	51,289	36,834,014
1907	47,660	23,032,891	1928	52,278	37,640,694
1908	45,437	22,306,037	1929	52,574	39,871,149
1909	43,794	22,415,125	1930	49,609	40,511,650
1910	40,714	23,160,256	1931	51,801	41,933,748
1911	44,978	23,063,391	1932	52,359	41,794,005
1912	46,603	24,269,270	1933	51,492	40,862,583
1913	47,520	25,821,652	1934	44,043	40,054,033
1914	51,214	25,279,624	1935	45,553	41,487,477
1915	50,148	22,515,023	1936	40,626	40,063,663
1916	48,350	22,308,311	1937	33,782	36,191,724
1917	48,026	20,547,119	1938	24,670	29,530,384
1918	43,436	16,955,332	1939	23,881	29,196,466
1919	41,985	21,072,129	1940	28,943	21,908,350
1920	43,364	24,194,022			

地，其中，天津往來香港的航線最為繁忙。[96] 總而言之，戰前香港的
交通航線遍及世界各地，香港是遠東的一個重要的航運中心。

20 世紀初期，轉口貿易和航運的發展促使香港的碼頭、船塢和
貨倉等基礎設施不斷改善。當中最具里程碑意義的建設是先後於 1906
年和 1908 年落成的海軍船塢和太古船塢；前者設有一個大型旱塢和
緊靠深水泊位的潮水塢，後者更擁有當時遠東最先進的造船和修船設
備；兩個新船塢與早於 1863 年落成的黃埔船塢呈現一個三足鼎立的
局面。碼頭方面，1906 年開始興建的藍煙囪貨倉碼頭集碼頭、貨場、
貨倉於一身，而且鄰接九廣鐵路，是鐵路貨運與海上貨運的交匯處。
1915 年，香港九龍碼頭及貨倉有限公司一方面擴充原有貨倉，另一方
面建成一個專供遠洋貨船使用的碼頭。加上 1924 年由均益倉在北角
投資興建的深水碼頭投入使用，1925 年香港已經落成的深水碼頭共有
18 個。[97]

1925 年爆發的省港大罷工，對香港的貿易及航運造成重大的衝
擊；香港政府的財政狀況亦大受影響，必須縮減開支以應付龐大的赤
字。結果，1924 年新成立的港口發展局只運作了兩年就停用；首任局
長鄧肯（John Duncan）雖然提交了一份有關改善和發展港口的報告
書 [98]，但大部份的建議無法落實。[99] 隨之而來的經濟大蕭條和中國關
稅提升，令香港的貿易與航運始終未能大幅超越罷工前的水平，港口
因而沒有迫切需要作大規模發展。[100]

華資銀行的勃興

20 世紀初，香港已經成為地區性的銀行中心。香港早期的銀
行業清一色由外資掌控，主要有香港上海滙豐銀行（Hong Kong

and Shanghai Banking Corporation）、渣打銀行（Chartered Bank of India, Australia and China）、有利銀行（Mercantile Bank of India）、東方匯理銀行（Banque de L'Indochine）、正金銀行（The Yokohama Specie Bank Ltd.）、台灣銀行（The Bank of Taiwan）、萬國寶通銀行（International Banking Corporation）、荷蘭小公銀行（Nederlandsche Handel-Maatschappij, N. V.）和荷蘭安達銀行（Nationale Handels Bank N. V.）等。這些外資銀行背後支持者是積極在亞洲拓展殖民地，發展商貿的英、法、日、美、荷五個國家，首要任務是秉承政府旨意與列強競爭。這些銀行的服務對象限於本國僑民和與其宗主國有貿易來往的商戶，並不提供一般性存放款業務；只有總行設在香港的滙豐銀行例外。華商即使因業務需要和這些銀行來往，亦需通過銀行的買辦或銀號作為中介；加上語言和營商模式的障礙，大部分華人無緣成為外資銀行的客戶。[101]

早期由華人經營的大多是規模較小的銀號，這些銀號與國內的錢莊沒有太大分別，主要的功能是滿足華僑匯兌所需及本地金融調節的需求。香港最早開業的銀號為瑞吉銀號和鄧天福銀號，於 1884 年前後開業。早期的銀號以獨資經營居多，隨着社會對金融機構實質需要的增加，銀號在 20 世紀初大量出現，銀號資本不斷增加，合夥經營的銀號亦漸多；到了太平洋戰爭爆發前已增至接近 300 家。[102] 傳統銀號雖然提供存款、放款、匯兌、貨幣找換、金銀買賣等服務，但無法處理押匯、信用證和支票交收等業務。隨着華商營商規模和實力的擴張，社會需要更大規模的融資；一些殷商和有識之士漸漸察覺到西式銀行的重要性，於是有創設華資銀行之議。[103]

第一家在香港註冊成立的華資銀行是廣東銀行。1912 年，華僑陸蓬山從美國三藩市到香港，鑒於香港缺乏華資銀行，於是與股商唐溢川、麥禮庭、李聘候、劉其華、劉鼎三、余寶山、唐麗泉、馬應彪、林護、李煜堂、鄧仲澤、李葆葵等集資創辦廣東銀行。該行成立時實收股本 200 萬港元，至 1926 年增至 860 餘萬港元，分行遍設廣州、上海、漢口、汕頭、台山、美國三藩市和泰國曼谷等國內外城市。[104]

1919 年開業的東亞銀行是第一家華資上市銀行，九位創辦人均為當時香港實力雄厚的華商。東亞銀行早期的發展歷程中，出力最大的是簡東浦及李冠春、李子方昆仲。東亞銀行草創時法定資本為 200 萬港元，到 1921 年已增為 1,000 萬港元；並在上海、廣州、越南西貢等地開設分行。到了 1940 年東亞銀行的現金和存款數字增至 2,500 萬港元。[105]

香港的華資銀行業在戰前取得重大的發展。除了廣東銀行和東亞銀行之外，總部設於香港而又較著名的銀行還有李星衢於 1916 年創辦的康年儲蓄銀行、林子豐於 1922 年創辦的嘉華儲蓄銀行、馬應彪等澳洲華僑於 1923 年創辦的國民商業儲蓄銀行、馬澤民等潮僑於 1935 年創辦的汕頭商業銀行等。銀號方面，有董仲偉於 1921 年創辦的道亨銀號、郭泉於 1931 年創辦的永安銀號、林炳炎和何善衡等人 1933 年創辦的恒生銀號、伍宜孫於 1933 年創辦的永隆銀號、馬錦燦於 1936 年創辦的大生銀號等。

抗日戰爭爆發後，隨着中國銀行和一些私人銀行南遷香港，香港取代上海成為中國的金融樞紐。國民政府戰時的對外融資、發售公債和外貿交收等都在香港經辦，令香港變成遠東外匯交易中心。

華資百貨業的昌盛

香港的百貨公司始於英資企業。1850年，連氏（Thomas A. Lane）和卡刺佛（Ninian Crawford）在皇后大道創辦連卡佛公司（Lane Crawford & Co.），經營百貨、食品、服飾用品、家具、船具及樂器，是為香港百貨公司的鼻祖。[106] 半世紀後，澳洲華僑在香港創辦先施、永安、大新等百貨公司，開創香港華資百貨業的先河，並孕育出中國最早的一批華資百貨公司。澳洲華僑馬應彪根據他在澳洲經商的見聞，力倡不二價公司，總辦環球貨品營業，於1900年1月8日在香港皇后大道中172號開辦先施公司。同樣是澳洲華僑的郭樂、郭泉兄弟與友好集資創辦永安公司，1907年8月28日在香港皇后大道中167號開幕。另一幫澳洲華僑蔡昌、蔡興兄弟則於1912年在香港德輔道中開辦大新公司，香港華資百貨業陣容更見鼎盛。[107]

先施、永安、大新等百貨公司以香港為基地，站穩陣腳後即到廣州、上海等大城市開設規模宏大的分公司。這些公司採取多元化的經營方針，經營百貨業的同時兼營其他行業。先施公司開辦先施保險置業公司、先施人壽保險公司和先施化妝品廠。永安公司兼營永安水火保險公司、永安人壽保險公司、上海永安紡織公司、永安銀行、大東酒店、維新織造廠、貨倉等。大新公司則在廣州西堤分行經營亞洲酒店，大新公司惠愛路分行的遊樂場更被譽為遊樂場之巨擘。[108]

戰前工業的發展

香港開埠後以貿易及航運為主要產業，直至19世紀末20世紀初之際，才出現一些西方人經營的近代輕工業企業。後來華人資本積極參與工業生產，於是在20世紀20至30年代中期出現了香港工業發

展的第一個高潮。1937 至 1941 年，中國全面抗日，香港工業發展進入第二個高潮。

從 19 世紀 60 年代到 20 世紀 50 年代初，工業在香港經濟中所佔比重不大。早年的工業圍繞與轉口貿易有關的航運業發展。最早出現的工業多屬於造船、修船和港口工程等；隨後才出現一些輕工業企業。規模較大的企業主要由西方人興辦，洋行開辦的工業尤其重要。

西方人經營的近代輕工業企業有糖廠、棉紡廠、麵粉廠、肥皂廠，釀酒廠等。這些企業使用機器生產，規模較大，技術先進。1908 年香港有三家製糖廠，其中的太古糖廠（Taikoo Sugar Refining Co., Ltd.）是當時世界上最大的糖廠。1899 年，怡和洋行在香港創辦了香港棉紡織染公司（Hong Kong Cotton-spinning, Weaving, and Dyeing Company, Ltd.）。該公司在銅鑼灣有一個擁有 55,000 錠、700 名員工的大型紡織廠。1907 年，倫尼（A. H. Rennie）創辦了將軍澳麵粉廠（The Junk Bay Flour Mills）。該廠當時位居世界上最大麵粉廠之列，每 24 小時能生產 8,000 袋優質麵粉。[109]

香港早期華人的經濟活動多集中在商業領域，只有少數華人投資在工業領域，開辦規模較小的手工業，主要有糖薑業、染業、鞣革，朱砂製造和煉錫。[110]

港督威廉·羅便臣較早注意到發展本地工業的重要性。他在立法局的首次演講中說，香港應該減少依賴貿易；發展自己的工業將會更獨立。他在 1897 年 10 月 25 日立法局的告別演說中也談到了工業發展，認為在香港建成的兩個大型煤油倉庫、服裝廠、火柴廠、肥皂廠、煤炭廠、煤磚廠、藤器廠、製糖廠和水泥廠等都是「這種發展永久的紀念碑」。[111]

20 世紀初期，面對列強對華侵略，中國國內民族主義思潮高漲，多次發生收回利權和抵制外貨運動；例如 1903 年的收回利權運動、1905 年的抵制美貨運動、1919 年五四運動後的抵制日貨運動、1925 年五卅慘案時對英、日貨的抵制等。這些運動刺激了中國民族工業的發展。1914 至 1918 年第一次世界大戰期間，西方列強無暇東顧。戰後數年，列強已無經濟實力對外擴張；為中國民族工業製造了發展機遇。香港和海外的華資企業家也趁機在香港開發工業。

　　據香港政府在 1920 年成立的經濟資源委員會的統計，當時歐洲人投入香港工業的資本約為 5,000 萬港元。這類工業主要涉及公用事業和船塢，也包括水泥廠、糖廠和纜繩廠。同一時期，華人擁有和管理的工業資本約為 1,750 萬港元。到了 1930 年代，情況已經起了很大變化，華人在香港擁有和管理的工業資本已達 5,100 多萬港元，成為香港一股重要的工業力量。[112]

　　事實上華人資本在工業領域的崛起是第二次世界大戰前香港工業迅速發展的標誌。香港有 138 家資本狀況比較清楚的華資工廠，資本總額達到 4,735 萬餘港元，平均每家約 34.3 萬港元。其中資本額 10 萬港元或以下的 84 家，約佔總數 60.9%；資本額在 11 至 99 萬港元之間的 44 家，約佔總數 31.9%；資本額在 100 萬港元或以上的 10 家，佔總數 7.2%。可見第二次世界大戰以前，有不少華資工廠已具有較強的資本實力。其中中小資本的工廠佔多數，但為數不多的一些華資工廠的個別資本實力已逐步接近甚至超過外資工廠。其中最具規模的是煙草業的南洋兄弟煙草股份有限公司，其製造廠資本額為 1,125 萬港元，五金業的捷和鋼鐵廠和大華鐵工廠資本額分別為 70 萬港元和 100 萬港元，化妝品業的廣生行和先施化妝品有限公司資本額分別為 240

萬港元和 130 萬港元，印刷業的商務印書館香港分廠資本額為 200 萬港元，食品業的馬玉山糖果餅乾工廠和東方醬油罐頭有限公司資本額分別為 200 萬港元和 100 萬港元，建材業的建生磚廠資本額為 120 萬港元，橡膠製品業的馮強製造樹膠廠資本額為 100 餘萬港元。1930 年代中期，外資工廠中，較具實力的香港黃埔船塢公司資本額約為 730 萬港元，青洲英坭公司資本額達到 300 萬港元。可見華資工業實力之雄厚。[113]

太平洋戰爭前香港工業發展的第一個高潮還體現在工業門類的增多、生產規模的擴大和機器生產的普及等方面。20 世紀 20 年代至 30 年代中期，香港新增工業門類有油漆業、橡膠製品業、電筒業、文具業等。有些行業如紡織業、五金業、日用品業等，原來只有寥寥數家工廠；這個時期卻湧現出幾十家，甚至幾百家工廠，整個行業的生產規模急劇擴大。以織造業為例，香港由早期的幾家工廠快速發展至 1931 年的 400 多家，聘用職工 3 萬人以上；所用機械、原料等的入口總值達 3,000 萬港元。[114] 其他華資工廠也有較大規模的發展；捷和鋼鐵廠有職工 4,000 人，大華鐵工廠有 2,280 人，三星織業廠有 2,600 餘人，馮強製造樹膠廠約有 2,000 人，大陸樹膠廠有 1,500 人，南洋兄弟煙草股份有限公司製造廠有 1,400 餘人。

戰前香港一些華資企業不但振興了香港的工業，也在中國工業發展史上佔有重要的地位。簡氏兄弟於清光緒三十一年（1905）在香港創辦的南洋兄弟煙草股份有限公司是中國煙草業的先導，產品行銷內地，後來更成為「全國華資企業最大之工廠」。同期在香港創辦的廣生行則是中國化妝品業的先驅。[115] 創辦於 1919 年的中華兄弟制帽廠，經過十幾年的經營，不僅成為華南最大的製帽廠，在全中國亦首屈一指。[116] 創設於 1921 年的捷和鋼鐵製煉廠先後在上海、廣州、桂林、

汕頭等地設立分廠，逐步成為中國鋼鐵製煉業的領導者。[117] 馮強製造樹膠廠執華南橡膠業牛耳，促發粵港膠廠競起仿效。

1937 至 1941 年，香港工業發展進入太平洋戰爭前第二個高潮。1937 年中國抗日戰爭爆發和 1939 年歐洲戰爭爆發為香港工業發展提供了新的契機。上海、廣州、武漢等工商業城市淪陷前後，企業家攜帶資金、設備和技術人才南下香港避難，繼續經營故業。當時難民金融家和企業家攜帶到香港的資本估計達 20 億港元。[118] 據調查統計，當時南遷至香港的人之中，擁有港幣 100 萬元的有 500 人，擁有港幣 1,000 萬元的有 30 人，擁有港幣 1 億元的有 3 人。他們將資金投入香港工商業發展之中，1939 年就有來自上海的華人企業家在九龍開辦了 6 家大工廠。[119] 1940 年底從各地遷港繼續營運的大小工廠共有 432 家。

另外，為適應戰時需要，香港不少工廠積極轉產軍需品，如鋼盔、防毒面具、鐵鍬、丁字鎬、膠鞋、水壺、飯盒、綁腿、軍服、皮帶、機器備件等，供應中國政府、香港政府或其他歐洲盟國。捷和鋼鐵廠着重生產防毒面具、鋼盔、鐵鍬、刺刀、工兵交通電訊器材等，每日生產防毒面具 3,000 套，鋼盔和鐵鍬等約三、四千件，[120] 其中有 3 萬個鋼盔供應荷蘭政府。[121] 大華鐵工廠同樣生產防毒面具、鋼盔、軍用水壺等。中美風燈製造廠則生產軍用水壺、軍用帶扣、煤油爐等。「九一八」事變後，國民製煉漆油有限公司出品的駱駝牌油漆就被中國政府軍政部和航委會選為指定用漆。中英橡膠製品廠生產防毒面具、防催淚彈眼鏡、軍用雨衣、膠制通訊器材等軍需品。[122] 至於橡膠製品和紡織品的製造商，亦主要是廣東人和福建人；他們在大埔道和青山道建立小工廠織布，用於製造軍服。另外，戰時中國內地尤其是農業地區對手電筒需求甚殷，手電筒和風燈製造商格外生意興隆。[123]

1941 年日軍佔領香港以前，香港工業已經具有一定的規模；1939 年香港有 587 家註冊工廠，56,460 名工人，其中 10,426 人在船塢工作。工廠資產方面，當年有 293 棟廠房和 1,450 層可供出租的工業用房。另據《香港藍皮書》，1940 年香港有工廠 1,142 家，包括少數作坊。[124]

　　戰後不久，英國駐港貿易專員蒙哥馬利（W. P. Montgomery）在其香港經濟調查報告《香港的經濟和商業狀況（1945 年 8 月 30 日至 1949 年 8 月中旬）》中指出，除了工程和造船兩個重工業部門，香港的工業都屬於輕工業，並且由華人擁有和控制。[125] 1941 年出版的《百年商業》一書則說，當時華資工業已經「掌握香港經濟的牛耳」，人們談論香港，除了視香港為一個運輸良港，還視香港為遠東的工業樞紐。[126]

注釋

1. 中山大學歷史系孫中山研究室等合編：《孫中山全集》卷六，北京：中華書局，1985年，第 229 頁。

2. 廣東省社會科學院歷史研究室等合編：《孫中山全集》卷一，北京：中華書局，1981年，第 1 頁。

3. 廣東文物展覽會編印：《廣東文物》中冊，卷六，香港：中國文化協進會，1941 年，第 431 頁。

4. 中山大學歷史系孫中山研究室等合編：《孫中山全集》卷七，北京：中華書局，1985年，第 115 至 116 頁。

5. N. Cameron, *Hong Kong: The Cultured Pearl*, Hong Kong: Oxford University Press, 1978, pp. 136–137.

6. 中國史學會主編：中國近代史資料叢刊《戊戌變法》第四冊，上海：上海人民出版社，1957 年，第 115 頁。

7. 賀躍夫：〈輔仁文社與興中會關係辨析〉，載中山大學學報編輯部：《孫中山研究論叢》第二集，廣州：中山大學學報編輯部，1984 年，第 12 頁。

8. 馮自由：〈興中會組織史〉，《革命逸史》第四集，台北：商務印書館，1969 年，第 9 頁。

9. 吳相湘編：《孫逸仙先生傳》上冊，台北：遠東圖書公司，1984 年，第 119 頁。

10. 馮自由：〈興中會首任會長楊衢雲補述〉，《革命逸史》第五集，台北：商務印書館，1969 年，第 10 頁。

11. 馮自由：〈興中會組織史〉，《革命逸史》第四集，台北：商務印書館，1969 年，第 9 頁。

12. 吳相湘編：《孫逸仙先生傳》上冊，台北：遠東圖書公司，1984 年，第 244 至 245 頁。

13. 馮自由：〈楊衢雲事略〉，《革命逸史》第一集，台北：商務印書館，1969 年，第 8 頁。

14. 吳相湘編：《孫逸仙先生傳》上冊，台北：遠東圖書公司，1984 年，第 479 至 480 頁。

15. 馮自由：〈香港同盟會史要〉，《革命逸史》第三集，台北：商務印書館，1969 年，第 228 至 229 頁。

16. 馮自由：〈香港同盟會史要〉，《革命逸史》第三集，台北：商務印書館，1969 年，第 232、242 至 243 頁。

17. 馮自由：〈香港同盟會史要〉，《革命逸史》第三集，台北：商務印書館，1969 年，第 244 頁；吳相湘編：《孫逸仙先生傳》上冊，台北：遠東圖書公司，1984 年，第 480 頁。

18. 馮自由：《革命逸史》，第三集，台北：商務印書館，1969 年，第 235 頁。

19. 劉蜀永、蘇萬興主編:《蓮麻坑村志》,香港:中華書局(香港)有限公司,2015年,第 225 至 227 頁。

20. Lockhart to Sun, 4 October 1897, CO 129/283, pp. 138–139.

21. 馮自由:〈庚子惠州三洲田革命軍實錄〉,《革命逸史》第五集,台北:商務印書館,1969 年,第 16 至 22 頁。

22. 馮自由:〈壬大明順天國失敗始末〉,《革命逸史》第四集,台北:商務印書館,1969 年,第 107 頁。

23. 馮自由:〈壬寅大明順天國失敗始末〉,《革命逸史》第四集,台北:商務印書館,1969 年,第 112 至 113 頁。

24. 馮自由:〈東軍都督許雪秋〉,《革命逸史》第二集,台北:商務印書館,1969 年,第 196 頁;馮自由:〈丁末惠州七女湖革命軍實錄〉,《革命逸史》第五集,台北:商務印書館,1969 年,第 99 頁。

25. 馮自由:〈東軍都督許雪秋〉,《革命逸史》第二集,台北:商務印書館,1969 年,第 197 頁。

26. 馮自由:〈東軍都督許雪秋〉,《革命逸史》第二集,台北:商務印書館,1969 年,第 197 至 198 頁;馮自由:〈丁末惠州七女湖革命軍實錄〉,《革命逸史》第五集,台北:商務印書館,1969 年,第 99 頁。

27. 馮自由:〈東軍都督許雪秋〉,《革命逸史》第二集,台北:商務印書館,1969 年,第 198 頁。

28. 馮自由:〈惠州革命軍首領鄧子瑜〉,《革命逸史》第四集,台北:商務印書館,1969 年,第 183 至 184 頁。

29. 馮自由:〈香港同盟會史要〉,《革命逸史》第三集,台北:商務印書館,1969 年,第 244 至 245 頁。

30. 馮自由:〈庚戌新正廣州軍反正記〉,《革命逸史》第一集,台北:商務印書館,1969 年,第 289 至 296 頁;陳景呂:〈庚戌之役倪映典遇害真相〉,《辛亥革命回憶錄》(二),北京:文史資料出版社,1961 年,第 300 頁。

31. 吳相湘編:《孫逸仙先生傳》下冊,台北:遠東圖書公司,1984 年,第 795 至 796 頁。

32. 吳相湘編:《孫逸仙先生傳》下冊,台北:遠東圖書公司,1984 年,第 797 至 799 頁。

33. 吳相湘編:《孫逸仙先生傳》下冊,台北:遠東圖書公司,1984 年,第 805 至 809 頁。

34. 馮自由:〈陳少白時代之中國日報〉,《革命逸史》第一集,台北:商務印書館,1969 年,第 98 頁。

35. 馮自由:〈陳少白時代之中國日報〉,《革命逸史》第一集,台北:商務印書館,1969 年,第 102 頁。

36. 陳三井：〈香港《中國日報》的革命宣傳〉，載《珠海學報》第 13 期，1982 年 11 月，第 81 頁。

37. 馮自由：〈陳少白時代之中國日報〉，《革命逸史》第一集，台北：商務印書館，1969 年，第 104 頁。

38. Case of Sun Yat Sen, 18 May 1898, CO 129/283, pp. 138–139.

39. Dr. Sun Yat Sen, 23 June 1898, CO 129/286, pp. 337–338.

40. Harold Z. Schiffrin, *Sun Yat-sen and the Origins of the Chinese Revolution*, Berkeley: University of California Press, 1968, p. 199.

41. Harold Z. Schiffrin, *Sun Yat-sen and the Origins of the Chinese Revolution*, Berkeley: University of California Press, 1968, p. 247.

42. 蔡榮芳：《香港人之香港史》，香港：牛津大學出版社，2001 年，第 71 至 80 頁。

43. 鄧中夏：〈香港海員大罷工〉，《鄧中夏文集》，北京：人民出版社，1983 年，第 460 頁。

44. 梁寶霖、梁寶龍、陳明銶、高彥頤合編：《香港與中國工運回顧》，香港：基督教工會委員會，1982 年，第 29 至 30 頁。

45. 梁寶霖、梁寶龍、陳明銶、高彥頤合編：《香港與中國工運回顧》，香港：基督教工會委員會，1982 年，第 30 頁。

46. Report on the Seamen's Strike, by A.G. M. Fletcher, 14 March 1922, FO 371/8030, p.194.

47. 劉明逵、唐玉良主編：《中國工人運動史》卷二，廣州：廣東人民出版社，1998 年，第 309 頁。

48. Governor Stubbs to Secretary of State, 28 February 1922, 7 March 1922, CO 129/474, pp.163, 176.

49. 梁寶霖、梁寶龍、陳明銶、高彥頤合編：《香港與中國工運回顧》，香港：基督教工會委員會，1982 年，第 31 頁。

50. 中國勞工運動史編撰委員會編：《中國勞工運動史》第一冊，台北：中國勞工福利出版社，1958 年，第 186 至 188 頁。

51. Report on the Strike, 14 March 1922, CO 129/474, p. 245.

52. Chan Ming Kou, "Hong Kong in Sino-British Conflict: Mass Mobilization and the Crisis of Legitimacy, 1912–26", in Chan ed., *Precarious Balance: Hong Kong between China and Britain 1842–1992*, Hong Kong: Hong Kong University Press, 1994, p. 41.

53. 周奕：《香港工運史》，香港：利訊出版社，2009 年，第 46 頁。

54. 劉明逵、唐玉良主編：《中國工人運動史》卷二，廣州：廣東人民出版社，1998 年，第 327 頁。

55. 梁寶霖、梁寶龍、陳明銶、高彥頤合編:《香港與中國工運回顧》,香港:基督教工會委員會,1982 年,第 32 頁。劉明逵、唐玉良主編:《中國工人運動史》卷二,廣州:廣東人民出版社,1998 年,第 330 頁。

56. Report on the Seamen's Strike, by A. G. M. Fletcher, 14 March 1922, FO 371/8030, p. 201.

57. 張俊義、劉智鵬:《香港與內地關係研究》,南京:南京大學出版社,2015 年,第 49 至 52 頁。

58. 盧權、禤倩紅:《省港大罷工史》,廣州:廣東人民出版社,1997 年,第 108 頁。

59. 鄧中夏:《省港罷工概觀》,廣州:中國科學院廣州哲學社會科學研究所複印,1960 年,第 2 至 3 頁。

60. 鄧中夏:《鄧中夏文集》,北京:人民出版社,1983 年,第 614 頁;盧權、禤倩紅:《省港大罷工史》,廣州:廣東人民出版社,1997 年,第 116 至 117 頁。

61. 劉明逵、唐玉良主編:《中國工人運動史》卷三,廣州:廣東人民出版社,1998 年,第 224 頁。

62. 鄧中夏:《鄧中夏文集》,北京:人民出版社,1983 年,第 614 至 615 頁。

63. 鄧中夏:《鄧中夏文集》,北京:人民出版社,1983 年,第 617 頁。

64. 鄧中夏:《鄧中夏文集》,北京:人民出版社,1983 年,第 621 至 622 頁。

65. 廣東省檔案館編:《省港大罷工資料》,廣州:廣東人民出版社,1980 年,第 685 頁。

66. 廣州《民國日報》,1926 年 1 月 30 日。

67. C. F. Remer, *A Study of Chinese Boycotts*, Baltimore: Johns Hopkins Press, 1933, p. 111.

68. 鄧中夏:《鄧中夏文集》,北京:人民出版社,1983 年,第 619 頁。

69. Stubbs to Secretary of State, enclosure, 30 October 1925, CO 129/489, p. 431.

70. 廣東省檔案館編:《省港大罷工資料》,廣州:廣東人民出版社,1980 年,第 764 頁。

71. Amery to Collins, Telegram, 24 September 1925, CO 129/489, p. 230.

72. 張俊義、劉智鵬:《香港與內地關係研究》,南京:南京大學出版社,2015 年,第 78 頁。

73. Stubbs to M. P. Amery, 26 June 1925, 10 July 1925, CO 129/488, p. 455.

74. 鄧中夏:《鄧中夏文集》,北京:人民出版社,1983 年,第 628 頁。

75. Edmund S. K. Fung, *The Diplomacy of Imperial Retreat—Britain's South China Policy, 1924–1931*, Hong Kong: Oxford University Press, 1991, pp. 61–65; 張俊義、劉智鵬:《香港與內地關係研究》,南京:南京大學出版社,2015 年,第 82 至 84 頁。

76. 張俊義、劉智鵬：《香港與內地關係研究》，南京：南京大學出版社，2015 年，第 86 至 87 頁。

77. 盧權、褟倩紅：《省港大罷工史》，廣州：廣東人民出版社，1997 年，第 290 頁。

78. Clementi to L. C. M. S. Amery, 25 September, 1926, FO 371/11636, p. 11; Chan Yu-jen to Mr. Brenan, 18 September, 1926, FO 371/11636, p. 25.

79. 廣東哲學社會科學研究所歷史研究室編：《省港大罷工資料》，廣州：廣東人民出版社，1980 年，第 703 至 704 頁。

80. Financial and Other Statistics Showing the Development of Hong Kong During the Thirty Years 1897–1926, Hong Kong Sessional Paper 1927, pp. 111–112.

81. Reports of the Habour Master, 1900; Reports of the Habour Master, 1924.

82. John K. Fairbank ed, *The Cambridge History of China, Vol. 12,* Cambridge: Cambridge University Press, 1978, pp. 820–821.

83. Appendix A, Table I, Report of the Commission appointed by His Excellency the Governor of Hong Kong to Enquire into the Causes and Effects of the Present Trade Depression in Hong Kong and Make Recommendations for the Amelioration of the Existing Position and for the Improvement of the Trade of the Colony, July 1934–February 1935, Hong Kong Sessional Paper 1935, p. 119.

84. 數據整理自 Appendix A, Table I, Report of the Commission Appointed by His Excellency the Governor of Hong Kong to enquire into the Causes and Effects of the Present Trade Depression in Hong Kong and Make Recommendations for the Amelioration of the Existing Position and for the Improvement of the Trade of the Colony, July 1934–February 1935, Hong Kong Sessional Paper 1935, p. 119.

85. Report of the Commission Appointed by His Excellency the Governor of Hong Kong to Enquire into the Causes and Effects of the Present Trade Depression in Hong Kong and Make Recommendations for the Amelioration of the Existing Position and for the Improvement of the Trade of the Colony, July 1934–February 1935, Hong Kong Sessional Paper 1935, p. 72.

86. *Hong Kong Bluebook*, 1932–1933；〈百年商業〉，載陳大同、陳文元編輯：《百年商業》，香港：光明文化事業公司，1941 年。

87. *Hong Kong Bluebook*, 1935–1936；〈百年商業〉，載陳大同、陳文元編輯：《百年商業》，香港：光明文化事業公司，1941 年。

88. *Hong Kong Bluebook*, 1939–1940；〈百年商業〉，載陳大同、陳文元編輯：《百年商業》，香港：光明文化事業公司，1941 年。

89. 甘長求：《香港對外貿易》，廣州：廣東人民出版社，1990 年，第 12 至 13 頁。

90. G. B. Endacott, *An Eastern Entrepot: A Collection of Documents Illustrating the History of Hong Kong*, London: H.M.S.O., 1964, pp. 191–192.

91. 清朝中期後，海關徵收進出口關稅的銀兩重量標準，又稱關平兩、關銀、海關兩。1858 年「中英天津條約」制定 1 兩換重 37.7994 公克，但同治、光緒、宣統三朝關平銀的計算標準均有變動。1930 年 1 月國民政府廢止關平銀，改用「關金」。季子：《中外金融大辭典》，台北：聯經出版事業股份有限公司，2014 年，第 551 頁。

92. Chi-Pang Lau, "History of the Hong Kong Maritime Industry before World War II", in Okan Duru ed., *Maritime Business and Economics: Asian Perspectives*, London: Routledge, 2018, p. 212.

93. Report of the Commission appointed by His Excellency the Governor of Hong Kong to Enquire into the Causes and Effects of the Present Trade Depression in Hong Kong and Make Recommendations for the Amelioration of the Existing Position and for the Improvement of the Trade of the Colony, July 1934–February 1935, Hong Kong Sessional Paper 1935, p. 71.

94. Reports of the Harbour Master, 1900–1939; *Hong Kong Blue Book*, 1940, pp. 73–74.

95. 數據整理自 Reports of the Harbour Master, 1900–1939 及 *Hong Kong Blue Book*, 1940。

96. 張俊義：〈戰前對外貿易與航運〉，載劉蜀永主編：《20 世紀的香港經濟》，香港：三聯書店（香港）有限公司，2004 年，第 34 頁。

97. T. N. Chiu, *The Port of Hong Kong: A Survey of Its Development*, Hong Kong: Hong Kong University Press, 1973, pp. 43–44.

98. John Duncan, Report on the Commercial Development of the Port of Hongkong, Hong Kong Sessional *Papers* 1924, pp. 114–116, 143–168.

99. Reports of the Harbour Master, 1925–1926.

100. T. N. Chiu, *The Port of Hong Kong: A Survey of Its Development*, Hong Kong: Hong Kong University Press, 1973, p. 46。

101. 周亮全：〈戰前金融業的發展〉，載劉蜀永主編：《20 世紀的香港經濟》，香港：三聯書店（香港）有限公司，2004 年，第 84 至 85 頁。

102. 姚啟勳：《香港金融》，香港：泰晤士書屋，1962 年，第 61 頁；〈香港金融〉，載陳大同、陳文元編輯：《百年商業》，香港：光明文化事業公司，1941 年，原書無頁碼。

103. 周亮全：〈戰前金融業的發展〉，載劉蜀永主編：《20 世紀的香港經濟》，香港：三聯書店（香港）有限公司，2004 年，第 85 至 86 頁。

104. 姚啟勳：《香港金融》，香港：泰晤士書屋，1962 年，第 66 至 67 頁。

105. 冼玉儀：《與香港並肩邁進 —— 東亞銀行 1919—1994》，香港：香港大學出版社，1994 年，第 11、18 至 24、51 頁。

106. 黃光域：《外國在華工商企業辭典》，成都：四川人民出版社，1995 年，第 350 頁。

107. 劉蜀永：〈戰前商業的發展〉，載劉蜀永主編：《20 世紀的香港經濟》，香港：三聯書店（香港）有限公司，2004 年，第 56 頁。

108. 黎晉偉主編：《香港百年史》，香港：南中編譯出版社，1948 年，第 149 至 150 頁；〈幾家華資百貨公司〉，載《香港商業錄》，香港：中國新聞社，1948 年，原書無頁碼。

109. Arnold Wright, *Twentieth Century Impression of Hong Kong*, Singapore: Graham Brash, 1990, p. 235.

110. 劉蜀永：〈戰前工業的崛起〉，載劉蜀永主編：《20 世紀的香港經濟》，香港：三聯書店（香港）有限公司，2004 年，第 112 頁。

111. G. B. Endacott, *A History of Hong Kong*, Hong Kong: Oxford University Press, 1985, p. 259.

112. Report of the Commission appointed by His Excellency the Governor of Hong Kong to Enquire into the Causes and Effects of the Present Trade Depression in Hong Kong and Make Recommendations for the Amelioration of the Existing Position and for the Improvement of the Trade of the Colony, July 1934 –February 1935, Hong Kong Sessional Paper 1935, pp. 87–88.

113. 劉蜀永：〈戰前工業的崛起〉，載劉蜀永主編：《20 世紀的香港經濟》，香港：三聯書店（香港）有限公司，2004 年，第 116、118 頁。

114. 《工商日報》編輯部：《香港華資工廠調查錄》，香港：工商日報，1934 年，第 154 頁。

115. 龔駿：《中國都市工業化程度之統計分析》，上海：商務印書館，1934 年，第 129 頁。《工商日報》編輯部：《香港華資工廠調查錄》，香港：工商日報，1934 年，第 147 頁。中國科學院上海經濟研究所、上海社會科學院經濟研究所編：《南洋兄弟煙草公司史料》，上海：上海人民出版社，1960 年，第 2 頁。

116. 《工商日報》編輯部：《香港華資工廠調查錄》，香港：工商日報，1934 年，第 41、79 頁。

117. 〈捷和鋼鐵廠〉，香港《大公報》，1940 年 5 月 7 日。

118. Wong Po-shang, *The Influx of Chinese Capital into Hong Kong since 1937*, Hong Kong: Kai Ming Press, 1958, p. 2.

119. Irving S. Friedman, *British Relations with China, 1931–1939*, New York: International Secretariat, Institute of Pacific Relations, 1940, p. 224.

120. 〈捷和鋼鐵廠〉，香港《大公報》，1940 年 5 月 7 日。

121. Wong Po-shang, *The Influx of Chinese Capital into Hong Kong since 1937*, Hong Kong: Kai Ming Press, 1958, p. 4.

122. 王楚瑩編：《香港工廠調查》，香港：南僑新聞企業公司，1947 年，第一部分 A，第二部分第 2、6 頁，第六部分第 19 頁。

123. Wong Po-shang, *The Influx of Chinese Capital into Hong Kong since 1937*, Hong Kong: Kai Ming Press, 1958, p. 4.

124. Frank Leeming, "The Earlier Industrialization of Hong Kong", *Modern Asian Studies*, Vol. 9, No. 3 (1975), pp. 337–338.

125. W. P. Montgomery, Economic and Commercial Conditions in Hong Kong from 30th August, 1945 to Mid-August 1949, CO 852/1336/6, pp. 29, 38, 42, 46, 48, 49, 52.

126. 〈香港華資工業史〉，載陳大同、陳文元編輯:《百年商業》，香港：光明文化事業公司，1941 年，原書無頁碼。

第六章　抗戰期間的香港

1938年底，香港九龍新界司機總工會的工人
遍港九、新界，籌款購買救護車及藥品，前
桂林捐獻給八路軍。

1938年宋慶齡與保衛中國同盟中央委員在香港
合影。左起為愛潑斯坦、鄧文釗、廖夢醒、宋
慶齡、克拉克、傅朗思、廖承志。

1941 年 12 月 8 日清晨，日軍越過深圳河進
新界。（高添強提供）

元朗十八鄉大棠村的楊家祠曾是東江抗日游擊
隊的交通站，也曾是秘密大營救的中轉站。（蘇
萬興攝）

日佔時期，在碼頭等待歸鄉的香港市民。許多
人並不知道，歸鄉之路很可能變成死亡之路。
（高添強提供）

1946 年 3 月 28 日，香港軍事法庭首次公審日
軍戰犯。照片中的被告是血洗銀礦灣的駐大嶼
山日軍岸保夫等。

港九大隊海上中隊作戰使用的木船。（羅
鋒攝）

1944 年 3 月 18 日，東江縱隊司令員曾生（左二）安排獲救的美國飛行員克爾中尉坐轎離開司令部所在地土洋村。（東江縱隊歷史研究會提供）

香港獨特的政治地位與地理位置，在抗日戰爭時期發揮了重大的作用。這個偏隅一方的城市成為中國南方一個重要的抗日救亡運動中心，在中國抗日戰爭中發揮了重要的歷史作用。當中國被日軍重重封鎖的時候，香港成為中國與海外聯繫的少數渠道之一，是抗戰軍事物資轉運的重要通道。

香港時間 1941 年 12 月 8 日，日軍大舉進攻香港；駐港英軍苦戰 18 日，於 12 月 25 日宣告投降。在香港保衛戰的最後關頭，國民政府駐港軍事代表陳策將軍帶領中方人員和英國官兵乘坐魚雷艇成功突圍，轟動一時。香港淪陷後不久，中共秘密成功營救出滯留香港的民主人士、文化人士、知識青年及其家屬共約八百人。這是中國城市淪陷過程中民族自救的一次壯舉。

日本佔領香港三年零八個月期間，日佔政府透過接管工商企業、封存貨倉物資、濫發軍票等手段，對香港工商企業和市民實行經濟掠奪。另外，淪陷期間糧食嚴重不足，日佔政府以歸鄉及其他手段減少 100 萬人口，過程慘無人道，回鄉歸途變成死亡之路。

日軍在攻打和佔領香港的過中曾屠殺英軍傷兵，並多次在新界農村大規模拘捕和殘害村民。日本憲兵隊經常對香港市民濫施酷刑，大量市民因此無辜慘死。最令人齒冷的是，日軍在日本宣佈投降以後在大嶼山銀礦灣濫殺村民，炮製了淪陷時期最後的一宗慘案。戰後英國在香港設立軍事法庭，審判日本戰爭罪犯。香港憲兵隊隊長野間賢之助等 21 人被判死刑。

綜觀中國抗日的過程，正面抗戰的主要是國民政府的軍隊，敵後戰場主要是中共領導的八路軍、新四軍、華南游擊隊和東北抗日聯

軍。中共領導的華南游擊隊中，最活躍的是廣東的東江縱隊。東江縱隊在香港成立的港九大隊成為香港抗戰的中堅力量。他們在陸地和海上展開游擊戰，襲擊日軍據點和船隻，牽制日軍，切斷日軍運輸線等。游擊隊其中一項最重要的貢獻是向盟軍提供情報，協助盟軍反攻日軍在中國的據點，包括香港。

第一節　香港與抗日救亡運動

香港與抗戰軍用物資轉運

　　早在「九一八事變」爆發之後，已經有香港市民捐助東北抗戰。此後數年，香港市民亦一直關注中國內地局勢的發展；隨着抗戰形勢日見嚴峻，香港的角色與地位亦愈見重要。「七七事變」日本全面侵華，日軍竭力切斷中國的戰略物資運輸線，企圖在短期內迫使國民政府屈服。客觀形勢上，日軍很快佔領了中國多數沿海省份，並幾乎完全封鎖中國的海岸；中國與外界的聯繫只剩下僅有的幾條通道。在滇緬公路開通之前，中國可以依賴的國際運輸線和口岸只有通往蘇聯的西北公路、法屬印度支那和作為華南重要口岸的香港。其後法國政府在日本的壓力和威脅之下對中國軍用物資的運輸施加種種限制。在這種情況之下，香港在轉運抗戰軍用物資方面發揮了日益重要的作用。[1]

　　1937 年，在經上海、天津、廣州和九龍等海關進口的軍火中，九龍海關約佔總值的 41%，位居首位。[2] 1938 年 1 月，國民政府軍事委員會委員長蔣介石任命廣東財政廳長宋子良主持西南運輸處，全權辦理所有在香港起運貨物。到了 1938 年 7 月，外國輸入中國的軍火而

經香港轉運的竟達 75% 之多；[3] 香港顯然已經成為中國戰略物資運輸的主要通道。

香港輸往內地的戰略物資主要目的地是廣州，輸送鏈由鐵路、公路和水路共同組成，其中以鐵路最為重要。1937 年 8 月，中國政府為確保抗戰物資順利轉運，下令粵漢鐵路與九廣鐵路接軌，九廣鐵路因此成為一條最方便快捷的國際交通運輸線。當然，運抵香港的戰略物資得以順利內運，亦有賴香港政府的支持。1938 年初，在英方的配合下，香港至廣州的公路開通。水路運輸則分別有香港至廣州和梧州兩線。三條線路中，九廣鐵路因速度快捷、費用低廉、承載量大而成為運輸主力。[4]

根據香港官方不完整的統計，在 1938 年其中 31 個星期的時間裏，九廣鐵路華段受到日軍大肆轟炸，九廣鐵路每週的運輸量起伏不定，多則數千噸，少則數百噸，每日平均運輸量大致在 140 至 400 噸之間；總計九廣鐵路在這期間向中國內地運送了 52,835 噸軍火。另據中方統計，1938 年 2 月到 10 月，經由九廣鐵路輸入的各類物資達 13 萬噸，包括炸彈、飛機及飛機零件、機槍、雷管、安全導火線、TNT 炸藥、高射炮、野戰炮、魚雷、探射燈、防毒面具等。經香港運入內地的軍用物資遍佈華中、華東沿海和西南地區，覆蓋抗戰的主要戰區。[5]

香港能夠為抗戰開通運輸通道，英國的合作是關鍵的因素。從 1937 年 7 月到 1938 年 10 月廣州陷落前，英國政府對中國抗戰表示保持中立，但出於自身利益的考慮，對中國施予有限的援助。英國頂住日本的壓力，一直保持香港的開放地位。日軍佔領廣州後，以重兵向常平、樟木頭、平湖、深圳進迫。1938 年 11 月，與香港一河之隔的

深圳陷落。日軍擺出空前強硬的姿態，決意切斷香港的軍用物資轉運線。英國唯恐刺激日本，對日政策愈來愈軟弱無力。隨着歐洲局勢日趨惡化，英國陷入保衞國家的戰爭泥沼，因而不惜犧牲中國以迎合日本，企圖換取在遠東戰火中片刻的安定。

從 1939 年 1 月起，香港政府禁止經香港陸路邊界對華出口武器和彈藥，香港的物資轉運作用大受影響。不過，香港仍然扮演第一中轉港的角色，外國的戰略物資集中運至香港，然後經海路轉運至緬甸仰光或越南海防，最後通過滇緬公路或滇越鐵路運返中國內地。[6]

另外，香港商人亦不斷嘗試開闢與內地貿易的新渠道，結果成功建立新的交通運輸線，主要有 (1) 港沙線：由香港經大鵬灣至沙魚涌，循東江水道至老隆，再轉公路到曲江。沙魚涌是廣州失陷後香港物資輸入中國的最主要口岸。(2) 沙頭角支線：由沙頭角運送至東江各岸。走私的物資有日用品，也有軍用物資。[7] 據估計，僅 1941 年上半年，走私車用汽油和航空汽油的數量就超過 150 萬加侖。[8]

國民政府在港籌募抗戰經費

全面抗戰爆發後，國民政府迅即呼籲全國人民認購「救國公債」，以充實戰時政府的財政。1937 年 9 月 1 日，救國公債正式發行，同時向國內外同胞勸銷。香港華人領袖周壽臣獲推舉為「救國公債勸募委員會香港分會」主任委員，副主任委員有鄭鐵如、簡東浦、李星衢等社會賢達。[9] 香港市民反應踴躍，截至 1938 年 2 月，救國公債在香港發行未到半年已經募得國幣 535 萬餘元，當中 220 多萬元為捐款，全數匯返內地支援抗日。[10] 救國公債在香港總共發行了 864 萬餘元，另外亦接收港幣近 5 萬元。[11]

國民政府在抗戰期間還發行了「國防公債」、「軍需公債」、「建設金公債」等多種公債。香港各行各業愛國人士通過各自的關係大力籌措資金。普益商會在 1938 年的救國獻金運動中，捐款 4 萬元，翌年又獻金 5 萬餘元。鮮魚行總商會對購買國防公債、獻金運動、募款散賑、徵募寒衣等活動無不參與，出資甚多。酒樓茶室商會用於購買國防公債、救國獻金的款項也達到 10 餘萬元。[12] 1941 年 4 月底，國民政府在香港勸募「戰時公債」，再次得到各界熱烈響應，香港的華資銀行更認購 350 萬元之鉅。[13] 到了同年 10 月，香港實銷戰時公債共 890 萬餘元。[14] 香港旅業大王林培生、譚公和機器廠廠主譚進熱心愛國，不但親自認購鉅額公債，更向社團及親友積極勸募，感人至深；時人尊稱二人為「愛國老人」，蔣介石更親函嘉許，一時傳為佳話。[15]

香港民眾支援祖國抗戰

「七七事變」以後，以支援中國抗戰為宗旨的社會團體紛紛成立；計有華人賑災會、華商總會籌賑會、香港學生賑濟會、中國婦女兵災會等數十個之多。[16] 這批新成立的團體加上香港原有的慈善團體、商會、行會、工會、同鄉會、婦女會等，廣泛開展活動募集捐款，為抗日將士提供持久的物質援助。香港民眾除了獻金救國，亦有人回鄉服務，更有人直接投身抗戰；表現出有錢出錢、有力出力、共赴國難的精神。

1938 年 8 月 13 日是淞滬會戰週年紀念日，由全港各界賑濟華南難民會督辦的「八一三獻金運動」，在「抗戰到底」的呼聲之中展開。8 月 11 日至 8 月 19 日期間，香港 12 家銀行、各大公司和僑團商會都設置獻金箱，接受群眾捐款獻金。全港各界紛紛舉辦紀念活動，商舖住戶懸掛國旗，展現團結一致支持抗戰的決心；最後合共籌得 20 多萬

元。[17] 與此同時，另一場獻金運動也在勞動階層中展開，另具意義。1938 年 8 月初，中環、灣仔兩區瓜菜果販發動義賣獻金，連本帶利將辛勞所得用以賑濟傷兵難民。旺角、油麻地、深水埗的菜販熱烈響應，其他各區小販爭相仿傚，魚販、花販等亦加入行列。他們雖然能力有限，但熱情遠超想像；截至同年 9 月，已經取得超過 100 萬元獻金的佳績。[18]

香港學生賑濟會在 1937 年 9 月至 1938 年 5 月期間，通過街頭賣花、賣物會、義唱、義演、節食等方式，募集港幣 2 萬餘元。[19] 1938 年 10 月，香港市民將慶祝雙十節宴會款項改作捐募寒衣，76 個商團聯合募集寒衣 36 萬件。其他賑濟團體、學生組織則舉行贈旗募款，以採購寒衣及防毒面具。《華僑日報》先後收集捐款購買救護車 60 多輛，以香港僑胞名義捐獻中央政府。[20] 1938 年底，香港九龍新界司機總工會的工人走遍港島、九龍和新界，籌集港幣 4,000 餘元，購買前方急需的救護車及藥品，並直接開車前往桂林捐獻給八路軍辦事處。[21] 1939 年，中國紅十字會救護總隊總隊長林可勝教授到香港大學演講，呼籲醫科學生參加該隊工作。香港大學學生會也積極募集款項，購置兩部救護車和外科手術設備，並派四名學生到內地服務。

香港民眾支援祖國抗戰的另一個形式是組織醫療救護隊和回鄉服務團。1932 年淞滬抗戰期間，十九路軍奮起抵抗入侵日軍。當時上海醫護人員不敷使用，上海中華醫學會會長牛惠生醫生呼籲香港中華醫學會支援上海抗戰。施正信醫生、馮慶友醫生等人和來自東華三院等機構的護士 20 餘人共同組成醫療護理隊，自費前往設在上海公共租界的收容傷兵醫院，工作了一個多月。[22] 從香港到上海救傷的還有李崧醫生，他一個人帶了兩箱藥物奔赴上海。經何香凝介紹，李崧在牛惠生的帶領下到永安、先施、大新等三大公司募捐。有的公司認捐兩百

張鐵床，有的公司認捐床墊，有的捐被鋪、床頭櫃，戰地醫院就這樣
建立起來。李崧廢寢忘食地工作，有時晚上停電，他就叫護士用手電
筒照明，堅持給傷員做手術鉗子彈。[23]

全面抗戰爆發後，回鄉服務團的數量大大增加。1938 年 10 月下
旬，中共東南特委通過香港黨組織在港、澳地區呼籲青年回惠陽參加
抗日工作，迅即組成 7 個工作隊共 200 餘人前往惠陽，年底更增至
500 餘人。香港組織的 15 個工作隊成為日後組建抗日游擊隊的基本隊
伍。[24] 1939 年 4 月，香港崇正總會與中山大學北上服務團合組前赴東
江前線的中大崇正救護隊，在龍川縣老隆市平民醫院開設民眾診療所
醫治平民。後來日軍進侵潮州和汕頭，崇正總會又增編了 3 個分隊，
派往附近各縣區工作。[25] 從 1938 年 12 月到 1940 年 2 月，香港學生賑
濟會先後組織 4 個以學生為骨幹的回鄉服務團前往廣東。服務團在廣
東農村宣傳抗日，並把港澳、東南亞等地捐贈的物資送到戰區，救助
難民和民眾。[26]

宋慶齡和保衞中國同盟

1937 年 12 月 23 日，孫中山夫人宋慶齡由上海前往香港，並於翌
年 6 月 14 日在香港寓所成立保衞中國同盟（China Defence League，
以下簡稱「保盟」），目的在團結國際友人和海外華僑支援中國抗戰。
宋慶齡任保盟主席，宋子文任會長；[27] 他們利用香港獨一無二的中外
交通樞紐地位，以及出版《保衞中國同盟新聞通訊》等方式，把中國民
眾的深重災難和中國戰場的緊迫需要傳達給國際社會，為中國抗戰募
集了大量資金和物資，八路軍和新四軍得益尤多。保盟成立後一年，
已經募集到來自各國友人的捐款約共港幣 25 萬元，另外還有 10 輛卡
車、一輛大型救護車、幾千條毛毯、顯微鏡、X 光機等醫院設備、用

於戰地醫療站的帳篷、布料、藥品等大量物資。[28] 1939 年 5 月，保盟為新四軍游擊隊傷病員募集兩萬條毛毯的呼聲傳遍全球。加拿大、美國、新西蘭、澳大利亞的國際友人和華僑捐助了毛毯和資金，「兩萬條毛毯運動」成功完成。[29]

1939 年初，按照宋慶齡的建議，香港的五個婦女團體 —— 全國婦女救援會、中國婦女士兵救濟會、中國婦女俱樂部、中國基督教女青年會以及廣東婦女新生活運動委員會，幫助保盟募集了 4,500 多種中國藝術珍品運至紐約、巴黎和倫敦出售，所得收入用於中國的醫療救濟事業。[30]

保盟還多次發起電影、戲劇和音樂的義演，呼籲香港各界資助抗戰。1940 年 2 月，保盟在香港皇家劇院舉行電影籌款，宋慶齡邀請到港督羅富國（Geoffrey Northcote）夫婦、吳鐵城、何東、周壽臣等知名人士出席。兩場演出為國際和平醫院籌集到港幣 3,000 多元基金。[31] 1940 年 10 月 18 日，保盟在半島酒店舉辦音樂舞蹈籌款演出，戴愛蓮等著名藝術家參加演出，所得收入 3,600 多元用作戰爭孤兒基金。[32]

1941 年 7、8 月之間，宋慶齡為中國工業合作協會發起「一碗飯運動」募捐活動，邀得港督羅富國為贊助人，羅文錦大律師為主席。「一碗飯運動」委員會發售餐券一萬張，每張港幣 2 元，持券者可到指定的餐館吃炒飯一碗。全部活動收入捐贈給中國工業合作協會作為救濟基金。宋慶齡更在運動開幕禮上義賣孫中山墨寶和其他文物。整個運動籌得港幣 25,000 元。[33]

保盟於 1939 年 4 月至 1941 年 11 月間總計籌集到國幣 810,879 元、港幣 185,640 元、美金 54,437 元、英鎊 3,417 鎊、加拿大元

3,059 元，以及大量物資，為支援中國抗戰作出重要貢獻。[34] 當時一益司黃金的價格只是港幣 90 元，保盟募得的款項確實是相當龐大的數字。[35]

八路軍駐香港辦事處

中國抗戰是國共合作的聯合行動，中國共產黨為了加強對外宣傳並爭取國際社會對八路軍和新四軍的支持，決定在香港建立辦事處。抗戰初期，中共中央代表周恩來面晤英國駐華大使卡爾爵士（Sir Archibald Clark-Kerr）。周恩來指出，八路軍在敵後英勇作戰，名揚海內外，華僑紛紛捐助款項、醫藥和其他物資，但沒有機構辦理接收。因此他想派人到香港設立秘密辦事處，不公開掛牌，不影響英國的中立地位；卡爾同意並關照香港政府配合。1938 年 1 月，廖承志到香港同潘漢年一起籌建八路軍駐香港辦事處。辦事處的地址是皇后大道中 18 號二樓，掛上粵華公司的牌子，以經營茶葉生意作掩護。[36]

辦事處成立後，接收了大量捐贈物資。1938 年冬，辦事處收到藥品和醫療器械 130 箱；由香港水運經淡水、惠州、老隆運至桂林八路軍辦事處，再轉運到延安。1939 年 10 月，辦事處收到南美華僑捐贈的西藥及東南亞華僑捐贈的卡車和轎車，全數轉交給桂林八路軍辦事處。[37]

除了處理捐款和物資，辦事處同時肩負聯繫海外華僑的重任。辦事處印刷《華僑通訊》，向海外華僑報導國內抗戰的消息。不少華僑青年通過辦事處安排，回國加入八路軍和新四軍。辦事處亦曾組織汽車司機和醫務人員回國參加抗戰。1939 年 1 月，「東江華僑回鄉服務團」在辦事處的幫助和指導下成立，半年內建立了惠陽、海陸豐、博羅、

紫金、河源、龍川、和平七個分團，以及增龍隊、東寶隊、兩才隊、文森隊、吉隆坡隊五個隊和東江流動歌劇團，吸引國內外青年踴躍參加，前後共有成員五百多人。[38]

第二節　十八天的戰爭

大戰前夕的香港防務

1931 年日本發動「九一八事變」侵佔東北，已經暴露出對中國的野心；幾年後日本展開全面侵華戰爭，中國半壁江山彈指間淪陷。1938 年秋天日軍攻陷廣州，未幾南下進佔深圳，僅一河之隔的香港其實有兵臨城下之危。不過，由於種種原因，英國並無為香港的防務制訂一套完善的方案，客觀條件亦無法令香港變成一個可以長期抵禦日軍進侵的城市。

香港的防務其實與遠在千里之外的英國息息相關。英國在 19 世紀末失去了昔日一元獨大的霸主地位，在亞洲地區依靠英日同盟來維持其利益，但這種同盟關係隨着時代變遷而變得愈來愈不穩定。第一次世界大戰完結後不久，多國代表在 1921 年 11 月 12 日至 1922 年 2 月 6 日雲集美國華盛頓舉行國際會議，主要討論海軍軍備問題和太平洋及遠東問題。各國代表在華盛頓會議上簽署了三份條約，當中《四國公約》和《華盛頓海軍條約》對英國在亞太地區防務政策影響深遠。首先，《四國公約》的簽訂意味着英國和日本結束了自 1902 年起的英日同盟關係。[39] 至於《華盛頓海軍條約》的簽訂，則除了限制英、美、日、法、意五個締約國的主戰艦數量和噸位，還禁止在東經 110 度以東建設新的海防設施和海軍基地。[40] 受到條約限制，香港不能加強海

岸炮台和海軍基地的規模；而英國與日本的海軍主戰艦的數目則形成 5 比 3 的比例。[41] 表面上看，英國的海軍力量仍佔上風，但英國需要在大西洋保留其主力艦隊，因而在太平洋與日本較量並無明顯的優勢。

在一次大戰結束後不久，英國已經把日本當做假想敵，並且認為日本並不容易應付。1919 至 1920 年間，英國陸軍部研究香港防衛問題時，認為香港只能依靠日本協助防守，與日本開戰則只能放棄香港。1925 年英國海軍副總參謀長凱思上將（Adm. Roger Keyes）向時任財政大臣的邱吉爾（Winston Churchill）表示：

> 正如它（日本）把中國趕出韓國、俄國趕出滿洲、德國趕出青島一樣，它將會把所有歐洲人逐出中國和亞洲，除非我們竭力抵抗，以絕其望。[42]

1927、1930 和 1934 年，英國參謀長委員會先後提交報告討論香港防衛問題。報告指出香港作為英國對日戰爭前哨基地的重要性，並提出守軍必須獨自戰鬥 45 至 55 日，才能得到英國艦隊的支援。為了提昇香港的防衛能力，英國在 1934 年年底開始興建醉酒灣防線，並計劃在《華盛頓條約》失效後於赤柱、西貢、將軍澳等地興建新的炮台。[43]

醉酒灣防線以其起點位於九龍西面的醉酒灣而得名。防線由醉酒灣經城門水塘北部伸延至大圍和沙田，再沿慈雲山和九龍嶺的北麓向東南抵達馬游塘，是一條連綿 18 公里的防線。[44] 整條防線由星羅棋佈的機槍堡組成，是保衛九龍市區以至香港海港的唯一防線。英軍曾對這條防線寄予厚望；1936 年的《香港防衛計劃》指出，只要適當利用這條防線，守軍足以抵擋日軍 54 天。[45]

不斷變更的香港防衛計劃

日本發動全面侵華戰爭以後，英國政府的態度開始起了變化。1938 年 7 月，英國決定縮減防守規模，暫停興建醉酒灣防線未完成的部份，將香港防衛的重心轉移至香港島上。[46]

1940 年 6 月，日軍已經控制華南地區，香港海灣處於日軍大陸炮火的威脅之下。英國參謀長委員會（Chiefs of Staff Committee）悲觀地認為：

> 香港並非英國的切身利益所在，當地駐軍無法長期抵擋日軍的攻勢。即使可能在遠東提供強大的英國艦隊，面對在中國大陸站穩了陣腳的日本人，能否保住香港依然存疑。在任何情況下，香港都不可能用作海軍的進攻基地。這個地方無法救援，亦不能長期困守，只能看成一個應該盡可能保住的前哨基地而已。要求增兵香港的強大壓力無可避免，但應堅決反對這種要求。事實上，從軍事角度看，捨棄對香港承擔的糟糕義務，英國在遠東的處境會更好。[47]

英國對香港的立場其實反映了客觀的事實，英國在歐洲戰場自身難保，即使日軍進侵的日子迫在眉睫，亦根本無力保衛香港。1940 年 12 月樸芳空軍中將（Air Chief Marshal Robert Brooke-Popham）出任英國遠東三軍司令時，曾經主張對日本採取強硬態度。他認為在這關頭顯示出英國保衛香港的決心將可以鼓勵中國抗戰，更可對日示威，令日本不再採取急進的政策。不過，當他向倫敦要求增兵香港時，首相邱吉爾直言這個想法大錯特錯，重申英國必須避免將有限的資源浪費在守不住的地方。[48]

在這種形勢下，戰前香港的防務狀況令人擔憂。英軍甚至打算棄守醉酒灣防線，只派出一營兵力在新界和九龍延緩日軍的進攻。[49] 後

來香港防衛計劃有所改變，也許是一個巧合。1941 年 7 月，賈乃錫少將（Major-General A. E. Grasett）卸任駐港三軍司令一職，返英途中經過加拿大。在他的努力下，加國派兵增援香港。[50] 1941 年 11 月 16 日，加拿大軍皇家來福槍營（Royal Rifles of Canada）和溫尼伯榴彈兵營（Winnipeg Grenadiers）共 2,000 人抵港，令香港的兵力達到空前的 12,000 人。新任香港英軍司令莫德庇（Major-General C. M. Maltby）於是決定重新駐守醉酒灣防線。[51]

莫德庇將香港防軍分為大陸旅和港島旅，分別駐守九龍和香港島。負責保衛九龍的是蘇格蘭營（Royal Scots）、旁遮普營（Punjab）和拉吉普營（Rajputs），兵員 2,500 多人，另配有四隊炮兵。部隊主力駐守醉酒灣防線，並在深圳邊界配置少量兵力，任務是破壞橋樑和道路，延緩日軍南進的速度。香港守軍由米杜息士營（Middlesex Regiment）、加拿大軍皇家來福槍營、溫尼伯榴彈兵營和香港義勇防衛軍組成，共有兵員 3,000 多人。此外，還有正規炮兵四團約 2,700 人以及皇家後勤兵團、皇家軍械兵團等後勤部隊近 1,200 人。海軍方面，只有一艘驅逐艦、四艘炮艇和八艘魚雷快艇；空軍則只有幾架舊式戰機，幾乎沒有戰鬥力可言。[52]

新界、九龍失守

1941 年 11 月 6 日，日軍大本營命令華南方面軍準備進攻香港，該方面軍旗下的第 23 軍第 38 師團開始在深圳集結。在香港投入作戰的是第 228、229、230 聯隊，連同海、空軍及後勤部隊，兵力超過 20,000 人。[53] 1941 年 11 月 30 日，第 23 軍司令官酒井隆中將下達戰鬥命令，以攻佔香港為目標；在 12 月 7 日以後，準備隨時急襲突破英

中邊界，一舉進入大帽山東西一線。[54] 莫德庇在 12 月 3 日收到日軍異動的情報，到了 12 月 6 日，英軍得到確切情報，顯示日軍三個師團已經到達邊境 13 公里以內地區。12 月 7 日，所有守軍進入作戰部署。[55]

12 月 8 日凌晨 4 時 45 分，英軍情報官監聽到日本即將與英、美開戰的情報，佈置在邊境的工兵隨即破壞深圳河上的橋樑，並在當日破壞大埔道、青山道及沿途的橋樑。上午 8 時，日軍向香港發動攻擊；36 架戰鬥機襲擊啟德機場，擊毀機場上五架英國皇家空軍戰鬥機和八架民用飛機；12 架戰鬥機襲擊深水埗軍營。[56] 同一時間，日軍迅速在深圳河上架設浮橋；伊東支隊上午 9 時越過邊境，主力部隊亦於正午全面突破邊境線。

日軍入境後，分為東西兩路向南推進。東路 229 聯隊穿越打鼓嶺平原，黃昏時到達大埔地區；西路 228 和 230 聯隊往大帽山西麓方向走，翌日下午抵達城門陣地以北，威脅着醉酒灣防線的左翼。

醉酒灣防線左翼扼守青山道及大埔道，比同一防線的其他部份更為重要。其中位於城門水塘南側的城門碉堡具有極高的戰略價值，屬兵家必爭之地。[57] 按照日軍司令酒井隆的推測，英軍將會竭盡全力防守醉酒灣防線。日軍原本的計劃是以一個星期時間作準備，等待炮兵集結，先利用重炮轟擊英軍防線，然後才發起總攻擊。[58]

令人意想不到的事情發生在 12 月 9 日晚上，當時正在探測英軍陣地的第 228 聯隊意外地發現城門防線的漏洞，隨即向城門碉堡發起攻擊。英軍對此全無防範，碉堡內的蘇格蘭營守軍不消數小時就被輕易擊退。這一驚人戰果連日軍的參謀也難以置信，他們不能想像一個以水塘為屏障，設有多座鋼筋水泥機槍堡保衛並且近距離難以發現的

要塞陣地會被輕易攻陷。[59] 12 月 10 日凌晨 2 時，城門碉堡陣地宣告陷落。[60]

城門碉堡的失陷是對守軍的致命一擊，但英軍旅長華里士（C. Wallis）以兵力不足為由，未下令反攻，僅指示守軍在金山西南部組成新防線。[61] 12 月 11 日凌晨時分，日軍追擊而至，向蘇格蘭營發動猛攻，同日上午佔領金山西南部，突破金山防線。日軍不但打開了通往九龍的道路，而且威脅英軍的退路。為免部隊被全部殲滅，12 月 11 日中午莫德庇下令英軍放棄九龍，向香港島撤退。[62]

12 月 12 日上午 7 時 30 分，約 350 人的日軍混合挺進隊攻入九龍，不到半天就佔領了九龍市區，過程中僅遇到零星抵抗。由於英軍前一晚破壞了發電廠，九龍全市陷入一片漆黑，所謂「勝利友」的黑社會份子趁機四出搶掠。[63] 此時日軍尚未知道英軍正從九龍撤退，因此放緩進攻的速度，英軍的撤退行動遂得以順利完成。12 月 13 日上午 9 時 20 分，所有英軍退到港島，新界和九龍正式落入日軍手中。[64]

港島的陷落

日軍佔領新界和九龍之後，嘗試對香港政府招降，未有立即乘勝進攻香港島。12 月 13 日上午，日方派出軍使團，押着兩名英婦作人質，乘小艇從九龍渡海到香港島，遞交致港督的勸降書。勸降書的大意是日軍的炮兵和空軍已準備就緒，只要一聲令下，香港島就會遭到滅頂之災；為免斷送百萬無辜百姓的生命，希望香港政府開城投降。港督楊慕琦對日軍第一次招降的反應是一口拒絕。[65]

接到港督不投降的信息後，酒井隆於 12 月 15 日下達攻佔香港島的命令。12 月 18 日早上，日軍的炮彈擊中亞細亞火油公司的北角油庫，大火昇起陣陣濃煙，整個港島東北部都籠罩在煙幕之中。[66] 傍晚時分，日軍在炮兵掩護下從白沙灣角到北角東南側強行登陸；首批日軍登陸部隊在 7 時 20 分出發。8 時 30 分左右，230、228、229 聯隊分別在北角、太古、筲箕灣同時登陸。原本駐守北角的拉吉普營無力阻擋日軍的攻勢，登陸部隊輕易站穩陣腳。至午夜時分，日軍共六營登陸部隊全部登陸。

　　日軍登陸後迅即佔領渣甸山、畢架山和柏架山，控制了香港島的東半部。[67] 英軍無力發動反登陸作戰，只能堅守陣地，盡量遏制日軍的攻勢。自大陸旅從九龍撤退回港島後，英軍將港島旅分為東部旅和西部旅。其中，西部旅指揮部設於黃泥涌峽入口處，由羅遜准將（J. K Lawson）指揮。[68] 黃泥涌峽位於港島中央，四通八達，是英軍發號施令的戰略核心。不過日軍登陸港島後不久已經攻入黃泥涌峽，西部旅指揮部頓時陷入危機。縱使莫德庇派出援兵亦無法為西部旅指揮部解圍。12 月 19 日上午 10 時左右，被困多時的羅遜決定突圍而出，結果力戰身亡。[69]

　　華里士指揮下的英軍東部旅不敵日軍的猛烈攻擊，被迫往南撤退至大潭。日軍 229 聯隊緊追不捨，南下直取東部旅設在大潭的指揮部，迫使東部旅進一步南撤至赤柱村和馬坑山一帶。[70] 12 月 20 日清晨，日軍到達淺水灣，英軍被分割在東西兩個地區。英軍知道如果不能突破日軍的戰線，東西兩旅孤立兩地，很容易被逐個擊破。12 月 20 日上午，撤至赤柱的東部旅發動反攻，雖然成功攻入淺水灣酒店，但很快就陷入日軍的包圍之中。莫德庇一方面命令華里士要不惜代價固守酒店，另一方面命令東部旅嘗試從淺水灣經大潭水塘集水區突破

至黃泥涌峽。[71] 12 月 21 日上午，英軍東、西兩旅發動聯合反攻，希望重奪黃泥涌峽以扭轉局面。[72] 英軍與日軍爆發激戰，香港義勇防衞軍第三連的歐亞混血兒兵團表現活躍；[73] 戰況極為慘烈，英軍損兵折將，加拿大兩支兵團傷亡尤其慘重，始終無法戰勝人數及火力佔優的日軍。日軍在此役亦承受重大傷亡。

反攻失敗後，英軍依據禮頓山、金馬倫山、南朗山等山脈佈防，被切割的東部旅則防守赤柱崗。[74] 日軍繼續步步進逼，使英軍陷入絕境。12 月 23 日凌晨，日軍攻陷金馬倫山；[75] 同日上午，日軍開始進攻班納山、禮頓山及銅鑼灣。[76] 12 月 24 日下午，禮頓山宣告失守；[77] 12 月 25 日下午 3 時，班納山上的英軍敗退。[78]

1941 年 12 月 25 日在香港歷史上被稱為「黑色聖誕節」。這一天的上午，日軍指使兩名英國人到英軍指揮部作最後的勸降，楊慕琦回覆日軍說「香港尚能抵抗」，拒絕投降；實際上英軍已經再無反敗為勝的能力。[79] 同日下午，日軍派出空軍及全體炮兵大肆轟炸馬己仙峽、灣仔峽、歌賦山、太平山和西高山等地。下午 3 時 15 分，莫德庇眼見大勢已去，向楊慕琦表示英軍已無法作出有效的軍事抵抗。[80] 楊慕琦與布政司、律政司及海軍司令商討後，決定向日軍投降。12 月 25 日晚上，楊慕琦與莫德庇渡過維多利亞港，前往九龍半島酒店日軍指揮部，向第 23 軍司令官酒井隆無條件投降。[81] 晚上 8 時 15 分，東京宣佈日軍佔領香港。[82]

淪陷之際的逃亡

陳策將軍突圍

香港政府的投降結束了十八天香港保衛戰。戰事接近尾聲的時候，國民政府駐香港軍事代表陳策將軍決計突圍。12 月 25 日，陳策帶領一批不願投降的中方人員和包括戰後香港首任輔政司麥道高（D. M. MacDougall）在內的英國官兵，70 餘人乘坐六艘魚雷艇從香港仔突圍而出。開船後不久即遭遇日軍槍砲密集掃射。「獨腳將軍」陳策左腕受傷，所乘魚雷艇被日軍擊毀逐漸下沉，他和船上人員在槍林彈雨中泅水逃上鴨脷洲。其後死裏逃生的陳策率領餘下的五艘魚雷艇一字排開全速前進，嚇退迎面而來的日軍驅逐艦，終於抵達大鵬灣南澳。在原部下梁永元組織的游擊隊的護衛下，陳策一行晝伏夜行，穿過日偽封鎖線、游擊隊防地和土匪控制地區，最後抵達國軍防地惠州。[83] 陳策率領英軍突圍的事跡轟動一時，中國和盟國媒體爭相報導。國民政府給予陳策高度評價，正式晉升其為海軍中將，並頒授他干城甲種一等勳章；英國政府亦以陳策救助英國官兵有功，授予其 K.B.E 爵士勳銜。

秘密大營救

日軍佔領香港以後，中國抗戰初期轉移到香港避難的抗日人士面對重大的危機。香港政府投降後日本立即封鎖交通要道，大肆搜捕抗日分子，並限令旅港文化人前往「大日本軍報道部」或「地方行政部」報到。隨後，日本特務機關「大東亞共榮圈事務所」又在報上刊出「請鄒韜奮、茅盾先生參加大東亞共榮圈建設」的啟事；文化特務和久田幸助也在各個戲院打出幻燈：「請梅蘭芳、蔡楚生、司徒慧敏等先生到九龍半島酒店會晤」。當時滯留在香港的抗日文化人大多來自廣東以

北，既不懂廣府話，亦沒有社會關係，長久隱蔽並不容易，處境十分危險。中共中央對這些民主人士和文化人士的安危格外關心。[84]

　　1941 年 12 月 8 日，中共中央書記處向香港的廖承志、潘漢年、劉少文發出電報，指示香港文化人、黨的人員、交通人員向南洋及東江撤退。隨後中共中央南方局書記周恩來又向廖承志、潘漢年發出兩次加急電報，要求盡一切辦法將留在香港的民主人士、文化界人士搶救出來。[85] 廖承志於是作出行動部署：香港島方面的營救工作由劉少文指揮；從九龍到東江游擊區的護送工作，由尹林平負責；從惠州到韶關國統區的接送工作，由連貫協調各縣的黨組織執行；至於從韶關到桂林等地的接送工作，則派喬冠華前往韶關建立秘密聯絡站，依靠社會力量完成任務。廖承志本人則坐鎮韶關作總指揮。[86]

　　秘密大營救主要有兩條路線。西線從九龍市區至荃灣大帽山、錦田、元朗、落馬洲，然後越過邊界。中共在荃灣、元朗、錦田及落馬洲這些主要地區成立了秘密接待點，提供嚮導和通信員。[87] 日軍攻佔香港後糧食供應恐慌，日佔政府下令驅遣 100 萬居民離港，規定難民可以經過元朗到深圳回鄉。營救文化人的地下工作者和廣東人民抗日游擊隊因利乘便，經常使用西線這條陸上交通線救人離境。[88] 東線是從牛池灣到西貢企嶺下，然後乘船到北岸的大鵬灣。[89] 也有少數人通過其他途徑逃出香港。

　　秘密大營救從 1941 年 12 月 25 日香港淪陷算起，到 1942 年 11 月 22 日鄒韜奮到達蘇北抗日根據地為止，歷時 11 個月。中共地下組織和廣東人民抗日游擊隊先後救出民主人士、文化人士、知識青年及家屬約 800 人。其中名人有何香凝、柳亞子、鄒韜奮、茅盾、夏衍、沈志遠、張友漁、胡繩、范長江、喬冠華、于毅夫、劉清揚、梁

漱溟、李伯球、陳汝棠、張鐵生、張明養、羊棗、千家駒、黎澍、戈寶權、胡仲持、韓幽桐、吳全衡、葉籲士、惲逸群、廖沫沙、金仲華、楊剛、徐伯昕、胡耐秋、梁若塵、黃藥眠、胡風、沙千里、周鋼鳴、高士其、葉以群、端木蕻良、蔡楚生、司徒慧敏、司馬文森、袁水拍、華嘉、楊東蓴、張文、沙蒙、金山、王瑩、章泯、宋之的、于伶、許幸之、趙樹泰、李楓、藍馬、鳳子、盛家倫、郁風、葉淺予、特偉、胡考、丁聰、成慶生、葉方、王顯章、鄧文田、鄧文釗、孔德沚、沈粹縝、殷國秀、俞頌華等。[91] 中共地下黨員同時亦營救了國民黨的軍政官員及家屬，計有國軍第七戰區司令長官余漢謀夫人上官賢德和參議劉璟、南京市長馬超俊的夫人和妹妹，以及香港電影皇后胡蝶等。[92]

另外，廣東人民抗日游擊隊亦協助救出幾十位被日軍拘禁於集中營的英國官兵和英、印、荷、比等國僑民。1942 年 1 月 9 日，英國戰地醫院的賴濂士上校（Lindsay T. Ride）、海軍上尉摩利（Morley）、海軍中尉戴維斯（Davis），以及華人秘書李耀標（Li Yiu Piu）四人從深水埗集中營逃出。1 月 12 日，他們在西貢找到廣東人民抗日游擊隊的蔡國樑；兩日後乘船到惠陽沙魚涌，然後經惠州轉移往大後方。事後經賴濂士向英國政府建議，1942 年 5 月在韶關曲江成立「英軍服務團」，並在惠州設立前方辦事處，展開英軍與廣東人民抗日游擊隊（後改稱東江縱隊）的合作，主力收集情報和營救香港集中營的難友。[93]

香港政府也有少量官員被廣東人民抗日游擊隊營救，包括警司譚臣（W. P. Thompson）等。[94] 其實游擊隊營救戰俘的過程有時十分驚險。有一次為了營救啟德機場的英軍戰俘，游擊隊員化裝成香煙小販混入機場偵查，發現機場南邊有一條臭水溝通向一個下水道，下水道的出口在海邊。游擊隊員於是在下水道出口接應，先後救出四名英軍

軍官。後來日軍發現少了戰俘,隨即將下水道出口封鎖,營救戰俘的工作愈見困難。[95]

秘密大營救是香港淪陷初期的一件驚世大事,評價極高。茅盾在《脫險雜記》中記下逃出香港的經歷,認為這場大營救是「抗戰以來(原註:簡直可以說是有史以來)最偉大的搶救工作」。胡風亦指出:「從日寇佔領下的香港,搶救這麼多的文化人、國民黨進步的上層人士和外國友人脫險,沒有出一次事故,沒有一個遇險犧牲,這是奇跡般的大勝利。」[96]道格拉斯·斯克里文(Douglas Scriven)醫生和賴濂士上校表示,營救行動無論如何都是一次壯舉,因為這是發生在日本人的眼皮底下的事情。[97]

第三節　日佔時期的香港社會

日佔時期的管治架構

日本佔領香港的目的儘管是為滿足侵華的戰略需要,但香港始終是一個有百多萬人口的城市,香港的居民仍然要工作和生活,因此必須在香港政府投降後重設一個管治的機制。

日軍佔領香港後成立「香港軍政廳」,由負責進攻香港的第 23 軍軍長酒井隆兼任軍政廳最高長官。軍政廳下設司法部、經濟部、民政部及總務部四個部門,是一個過渡性的統治機構。1942 年 2 月 20 日,「香港佔領地總督部」正式成立,直屬由天皇、陸軍參謀總長及海軍軍令部長組成的「大本營」,陸軍中將磯谷廉介擔任總督,在香港施行軍政統治。[98]

香港佔領地總督部下設參謀部、民治部、財政部、交通部、經理部、報道部、管理部和外事部等部門，所有高級官員均由日本人擔任。然而，為籠絡上流社會的華人，達致「以華治華」的目標，日佔政府於 1942 年 3 月聽取陳廉伯的建議，組織了合稱「兩華會」的「華民代表會」和「華民各界協議會」。兩華會由上層華人組成，表面上與英治時期的行政局和立法局相似，但沒有任何實質權力。華民代表會屬於日佔政府總督的諮詢架構，成員有羅旭龢、劉鐵誠、李子方和陳廉伯。華民各界協議會接受華民代表會的指導，職責是協助日佔政府管理香港，以及就華人的各種問題提出意見。華民各界協議會由 22 名社會賢達組成，主席為周壽臣。[99]

1942 年 4 月 16 日，日佔政府制定《地區事務所規定》，將香港島、九龍和新界劃為三大區，各設一個地區事務所；每區之下再設分區，共計 28 區。香港島有 12 區，九龍 9 區，新界 7 區；分別設置「區役所」。區役所由一名日本人主管，日常工作則交由華人區長和華人副區長各一負責。區內設有「區會」，由 5 至 10 名華人擔任區役委員，與區長共同管理分區政務。1942 年 7 月，區政制正式運行。[100] 日佔政府的分區管治制度利用華人傳達政令直達平民百姓；協助處理勞工、戶口調查、物資配給、衛生及歸鄉等事務。[101]

經濟掠奪

日軍攻陷香港後，立即大規模掠奪香港的資源。1942 年 1 月 3 日，香港軍政廳向東京提出《香港九龍金融應急對策要綱》，從中可見日佔政府的首要目標是將同盟國在香港的銀行、錢莊、政府及重要企業的資產充公，而非恢復香港的經濟秩序。[102] 為此，日佔政府頒佈命令，強行關閉香港所有銀行，並指派經濟部「改革」香港的銀行。日佔

政府准許個別銀行復業三日作為應急措施，供中立國和華人存戶每戶提取港幣 50 元。[103]

戰前香港共有 47 家銀行，華資佔 31 家、英資 5 家、美資 4 家、日資 2 家。1942 年 2 月，日佔政府准許 10 家華資銀行復業。東亞銀行、永安銀行等控制在日本人或親日人士手裏的銀行獲准全面復業；廣東銀行、中南銀行等 9 家銀行則以營業困難為由勒令關閉，銀行資產被日本人控制或吞佔。[104] 1942 年中，日佔政府清算英、美、荷、法、比、中等交戰國的銀行。日本橫濱正金銀行清算了滙豐、渣打、有利、華比四家銀行的資產，日本台灣銀行清算了萬國寶通、大通、美國運通、友邦、安達、荷蘭小公等銀行的資產。[105] 透過清算「敵資」銀行，日佔政府獲取大量「可兌換貨幣」，藉以滿足軍事上的需求。另外，為了更有效地利用港幣在鄰近地區購買物資，日佔政府強迫滙豐、有利和渣打三間發鈔銀行的經理在印製完成的港幣上簽名，這批額外發行的迫簽鈔票面值竟達港幣 1.2 億元之鉅。[106]

日佔政府在吞沒銀行資產的同時，將掠奪的目標伸延至市民大眾，目的在掏空香港社會流通的港幣。為此日佔政府在香港發行大量軍用手票，強迫市民以港幣兌換。日佔政府發行的軍票與日本銀行發行的貨幣迥然不同。軍票沒有準備金，亦不與日元或黃金、白銀之類的貴金屬掛鈎；而且單面印刷，沒有編號，根本無法知曉其發行量。[107] 另外，軍票的匯率由日佔政府任意決定；日軍佔領廣州之後發行的軍票，最初與港幣的兌換率是一比一。香港淪陷後，大量軍票從廣州運往香港，兌換率已經變成 2 元港幣兌換 1 元軍票。1942 年 7 月，日佔政府進一步將港幣與軍票的兌換率改為四比一；到了 1943 年 6 月，日佔政府宣佈禁止港幣在香港流通，等於強迫市民將港幣兌換成軍票。據估計，1942 年底，軍票發行額為 2,500 萬港元，1944 年

達到近 3 億港元。在日本戰敗前夕，軍票的發行額已經接近 20 億港元；[108] 日佔政府變相將香港市民集體洗劫一空。

香港淪陷之後，掠奪物資也是日軍的重要任務。日佔政府透過接管香港的公司和企業，將儲存在貨倉中的貨物悉數封存，目標是奪取一切有利戰爭的物資。兩華會曾多次向日佔政府反映華人公司或機構有大量貨品被封存而無法提取，但日方卻置若罔聞。1942 年 8 月，日佔政府終於允許市民申請取回貨物，但大部分物資已被日佔政府送往日本或運往前線。[109]

1942 年 3 月 28 日，日佔政府公佈《在香港佔領地總督管區出入、居住、物資搬出入及企業、營業、商業行為取締令》，嚴格控制香港的經濟活動。[110] 該法例規定，任何人出入香港、在港居住或經營生意，都必須得到總督批准。[111] 從事商業活動必須提供詳盡的資料，僱用經理或尋找合作夥伴也必須上報憲兵隊。按照規定，所謂「敵國人士」、「具有敵國傾向的人士」，或是「不利於軍事及公共安全的人」提出的申請一律不予批准。填表擔保手續繁複，批准與否全由日佔政府決定，獲准經營的為數甚少。日佔政府又不斷地發佈命令，對多種物品實行管制，禁止自由買賣。不少存貨成為管制物品不得提取，使工商業無以為繼。[112]

香港商人希望恢復正常的經濟活動，為此曾向日佔政府提出許多建議。然而，日佔政府卻有自己的盤算，以種種干預措施使日資企業控制香港的商貿活動。1942 年 9 月 18 日，總督部頒佈《貿易取締令》，宣佈設立「香港貿易組合」，此後只允許貿易組合成員或獲得總督許可的商民從事廣東省、廈門、澳門及廣州灣以外地域的貿易。[113]

1942 年 10 月 8 日，香港貿易組合在日佔政府的指導下正式成立。據 1942 年 10 月 9 日《香島日報》記載，香港貿易組合的理事包括三井洋行、三菱洋行、東洋棉花株式會社、日本メニカ棉花株式會社、日本水產會社、福大公司、東勝洋行、美豐洋行、櫻井洋行及加藤洋行十間日資企業。82 家加入組合的公司，清一色為日本企業。雖然財務部長指日佔政府並無不准華商加入貿易組合之意，但到了 1943 年 12 月，貿易組合中的 95 家大小公司，依然全為日資企業。[114] 華商若要參與外洋貿易，唯一的選擇是與日資的組合成員合作。日佔政府的政策既是為了加強控制香港的對外貿易，同時讓日資企業壟斷香港的外貿市場。

　　另一方面，日佔政府以「接管」的方式，強行奪取香港的大小船塢、重要企業、工廠、礦場等一切有利日佔政府的產業。香港造船業發展戰前已經十分蓬勃，日佔政府看中規模宏大的太古船塢、黃埔船塢，遂將船塢分別交由三井和日立兩家日本財閥接管，改為香港造船所和九龍造船所。牛奶公司、連卡佛、屈臣氏等英資企業被日佔政府接管後，則改為香港冷凍工場、香港牧場、香港製菓工場、香港飲料水工場等機構。蓮麻坑鉛礦、針山鎢礦、馬鞍山鐵礦等礦場同樣被日佔政府接管，僱用新界鄉民為勞工繼續採礦。[115] 華資工業方面，據 1947 年出版的《香港工廠調查》記載，捷和鋼鐵廠被指為「資敵工廠」，遭強行沒收，廠內機械物資全遭劫奪，損失達港幣 700 萬元以上。三星織業廠的分廠三三織造廠因曾向香港政府供應軍用物品而被封閉，損失 200 餘萬港元。日佔政府擴充啟德機場期間，同茂皮廠一間廠房遭夷為平地，連同被掠的存貨和原料，損失約 40 多萬港元。中華電機織染布廠被日佔政府強佔改為南圖造船廠，所有生產工具、貨物、原料全遭破壞，損失約 30 萬元。日昇製造廠有限公司單在銅項原料已有約 500 餘擔遭日佔政府劫奪，損失總值達 26 萬元。萬興煉油

廠貨物、原料及機械盡遭劫掠，損失 20 餘萬元。光宇製造廠被搶去白鐵數百箱，分廠廠址被徵用為大日造船所，廠內裝置全被損毀，損失數萬元。[116]

強迫歸鄉

1937 年抗日戰爭全面爆發後，中國大陸東南沿海居民不斷湧入香港，香港人口因而大幅增加。其實日本在攻打香港之前，已經就香港在戰時可以容納的人口數目作出評估，認為這城市只能養活 50 萬人。可是到了 1941 年底，香港人口已多達 160 多萬，遠超日軍的估計。香港山多平地少，資源匱乏，白米和其他日常必需品及物資都依賴進口。日本對香港發動戰爭以後，海陸兩路交通運輸幾乎陷於癱瘓狀態；日軍進城後陸續調走香港的儲糧作軍事用途，香港的糧食供應頓時出現問題。[117] 日軍在佔領香港後，隨即在 1942 年 1 月實施「歸鄉政策」，目標是將 160 多萬的人口減少至 50 萬左右，以減輕糧食和其他物資的消耗。[118] 1942 年 2 月香港佔領地總督部成立之後，設立了「歸鄉事務部」，繼續貫徹軍政廳時期實行的「歸鄉政策」。[119]

歸鄉政策實施初期，日佔政府以勸諭和利誘的方式促使居民離開香港。經過大半年，日佔政府 1942 年 9 月的人口統計顯示，香港人口已減至 102 萬多人，[120] 但與 50 萬的目標有很大的距離。事實上自 1942 年中開始，歸鄉政策已經漸漸失效，日佔政府於是採取強硬措施，派出憲兵在街上肆意拘捕平民，然後送出境外聽任生死。1943 年底，隨着日軍在太平洋戰事中節節失利，香港的糧食供應愈加緊絀，人口的壓力也就愈大。日佔政府為了更有效控制人口，於是進一步規定繼續留居本地的居民向日佔政府申請「居民證」，無業者一律遞解出

境。乞丐、流浪者、無業遊民都在遞解出境之列；隨意在街上逮捕居民的做法時有發生。[121]

歸鄉政策的原意是疏散無以為生的市民，以舒緩糧食不足的壓力，但執行起來卻變成任意拘捕並押解出境的暴行。不少居民於歸鄉途中遭逢家人離散、飢餓、疾病、被洗劫一空等厄運，最終難逃一死。發展到後來，有些更倒霉的居民被遺棄於荒島或海上等死。日軍也有在途中將老弱病殘的居民斬殺，或者推入海中淹死，極盡兇殘暴虐之能事。歸鄉之路結果變成了死亡之路。[122]

由於日佔政府兇殘的歸鄉政策，加上生活環境日趨惡劣，香港人口持續劇減。到了 1945 年 8 月，香港的人口大概只剩下 50 至 60 萬人。[123]

民不聊生

在日佔政府的統治下，香港市民日常生活上面對的最大難題，就是糧食供應嚴重短缺。戰爭阻礙了糧食的生產和運輸，即使香港的人口減少至原來的一半以下，仍然無法解決糧食短缺的問題。在整個日佔時期裏，大部分香港居民都過着三餐不繼的生活，餓死的人多不勝數。

1942 年 1 月中旬起，日佔政府正式實施糧食配給制度，白米是首要配給的糧食。日佔政府按照戶口紀錄向居民發出「普通購米票」，規定每人每天只可以配給四兩白米，後來增加至六兩四錢，因此通稱每天白米配給「六兩四」。[124]

白米的配給集中在各區由日佔政府設立的「總督部指定港九白米配給所」。由於糧食供應有限，日佔政府亦只能指派有限數目的白米配給所。因此，白米配給所最初的數目很少，大概每區有一至兩家。1942 年中社會秩序漸趨穩定的時候，全港約有 100 家白米配給所。[125]居民每次購米都要在指定的日子和時間前往白米配給所排隊。於是「輪米」就成為了日佔時期香港居民生活最有代表性的寫照。

1943 年下半年，太平洋地區的戰事頻繁，供港白米數量日減，只能進口米碎應急。[126] 後來甚至出現延發米證的情況。[127] 至於搶米、割米袋的事情亦時有發生。[128] 1943 年 2 月以後，每人每月只獲配給糙米 12 斤、麵粉 6 兩，價錢則比以前上漲一倍。[129]

1944 年 3 月 15 日，日佔政府宣佈將於同年 4 月 15 日起廢止白米配給制度，只有為日佔政府服務的工作人員、修建防禦工事的勞工方可領到配額。結果白米供應更加緊張。1944 年至 1945 年間，配給制度停止運作導致黑市米價急劇上升，一般市民只能以其他雜糧甚至樹皮來維持生命。[130]

日軍殘害平民

日軍在侵華的戰爭中干犯大量戰爭罪行，包括殺害戰俘及屠殺平民；即使面對英國管治下的香港，亦不改劣行。在侵略香港的戰事中，日軍先後在西灣山高射炮站、筲箕灣慈幼會修院、黃泥涌峽、淺水灣、聖士提反書院等地，使用殘酷的手段攻擊並殺害喪失戰鬥能力的戰俘和醫護人員。[131]

香港淪陷時期，中共領導的港九獨立大隊為對抗日軍入侵，在新界展開了游擊戰，亦有英軍在游擊隊和香港居民協助下，從日軍的集中營逃亡。為了清剿游擊隊，日軍經常在新界進行大規模的掃蕩，拘捕大批村民，施用酷刑迫使他們供出有關游擊隊的情報；不少村民因此喪命。1942 年 9 月日軍包圍烏蛟騰，強迫村民交出武器並供出游擊隊員，以各種酷刑折磨村長李世藩至死。1943 年春，日軍再次包圍烏蛟騰，村長李憲新被拘禁在大埔憲兵部，從此下落不明。[132] 同類的搜捕行動亦於 1944 年 9 月發生於西貢黃毛應村。村民鄧戊奎等被日軍逮捕後帶到村口的教堂審問並施以酷刑，結果村民非死則傷。[133] 同年 9 月，九龍地區憲兵隊台籍翻譯林台宜在西貢被游擊隊俘虜。日本憲兵因此大規模搜查西貢大藍湖、界咸、蠔涌、大洞及南圍等村莊。不少村民因此被捕，部份人更被虐打致死。[134] 同年年底，大埔南華莆村長鄭保等人被帶到大埔憲兵部嚴刑拷問。鄭保被拷打施刑後不治。[135] 位處香港邊界的蓮麻坑亦分別在 1943 年 10 月和 1944 年 9 月被日本憲兵圍捕，村長葉吉偉和大量村民被帶回沙頭角憲兵部拘留及施刑。[136] 另外，沙頭角中英街村民胡勇和南華莆村村民林瑞祺被日軍拘捕並虐待至死，這些都是日軍殘害村民的典型例子。[137]

其實新界的慘案亦經常發生在淪陷期間的香港市區。日本憲兵隊經常對香港市民濫施酷刑，包括灌水、火燙、電刑、夾棍、吊飛機、跪刑、鞭打、斬首等等，大量無辜市民因而慘死。[138]

即使日本在 1945 年 8 月 15 日宣佈無條件投降，仍然有在港日軍繼續以殘暴手段對付香港市民。8 月 19 日，日軍在大嶼山銀礦灣涌口等地搜捕游擊隊，逮捕村長和村民共 300 人。日軍隊長岸保夫斬殺村長，虐打村民，造成 11 名村民被殺，多人受傷，多間房屋被縱火焚燬的銀礦灣慘案。[139]

第四節　香港的抗日軍事活動

　　1941 年 12 月 25 日駐港英軍向日軍投降之後，華人成為在港抗日的主要力量。在中國戰場主持抗日戰爭的國民政府雖然並未視香港為抗日前線，但深明香港戰略地位重要，因此亦曾派遣情報人員潛伏於此收集情報，結果先後有 33 人被日軍拘捕後犧牲。[140] 其中有國民黨黨務人員楊炳雄潛入日軍憲兵隊，多次報告日軍進襲惠陽的計劃和兵力部署。其後又潛入港務局，將日軍海上運輸情況轉告盟軍。最後因國民黨秘密機關被破獲，年僅 26 歲的楊炳雄被捕斬首後棄屍海上。[141] 另外，1945 年 1 月美軍一戰機襲港時被擊落，機師跳傘降落後得國民黨員蘇權協助藏匿於貨倉之中，可惜不幸被印籍警察發現，蘇權與美國機師被捕並遭殺害。[142]

　　1942 年 1 月，中共南方工作委員會成立廣東人民抗日游擊總隊，同時將派進香港開展游擊戰爭的幾支武工隊統一組成港九大隊。[143] 1942 年 2 月，以香港人為主體的港九獨立大隊在新界西貢黃毛應村外小山上成立；蔡國樑任大隊長，陳達明任政委，黃高陽任政訓室主任。[144]

　　港九大隊主要轉戰在新界農村地區。黃冠芳、劉黑仔麾下的沙田短槍隊多次在獅子山下、茶果嶺、牛池灣、大灘海、窩塘等地襲擊日軍，先後殺死日本特務東條正芝及多名漢奸密探。1944 年初，劉黑仔帶領手槍隊偷襲啟德機場告捷，炸毀飛機一架，迫使掃蕩西貢、沙田的日軍退回市區，緩解了新界村莊的危機。[145]

海上游擊活動方面，海上中隊先後經歷海戰十多次，繳獲敵船 13 艘，擊沉 4 艘，俘虜日軍 28 名，斃傷日軍 40 多名，俘虜偽軍 20 多名，斃傷偽軍 30 多名，解放船員 120 人，表現卓越。[146]

1944 年和 1945 年，東江縱隊曾經營救過八位美國飛行員；港九大隊營救了其中的中美空軍混合團的克爾中尉（Lt. Donald W. Kerr）和伊根中尉（Lt. J. Egan）。1944 年 2 月 11 日，克爾在指揮一小隊飛機轟炸啟德機場時機身中彈，於是跳傘降落在機場北面的觀音山。港九大隊幾經轉折，由劉黑仔等護送克爾到西貢大浪村港九大隊基地，然後轉移到大鵬半島土洋村東江縱隊司令部。[147]

出色的情報工作是港九大隊對抗戰的重要貢獻。香港是日本南支派遣隊艦艇活動據點之一。市區中隊的文淑筠和黃惠英以家住港島的地利監視日本軍艦活動。[148] 在啟德機場工作的游擊隊員黃尖則偷出機場的平面圖。市區中隊還對日軍的兵工廠作出調查，逐一登記並繪製了簡單的圖紙。情報人員還設法打進日軍憲兵本部、派遣隊、區役所等機構，運用各種辦法取得情報，包括憲兵部內油印室的資料。[149]

1944 年 3 月克爾中尉在廣西桂林基地向中美聯合航空隊領導人陳納德將軍（Claire Lee Chennault）建議美軍和東江縱隊合作。同年 9 月，美軍歐戴義上校（Merrill S. Ady）到東江游擊區與東江縱隊接洽，展開了東江縱隊和盟軍的情報合作。[150] 為此東江縱隊建立了一個特別的情報工作部門，港九大隊也參與其事，做了大量的工作。大隊情報幹事蔡仲敏到西貢、沙頭角、沙田、大埔測繪地圖；大隊長黃冠芳派人混入機場測定飛機停放點和軍火庫位置；市區中隊通過滲透到日軍各部門的隊員收集情報，將軍事機關、油庫、船塢、軍艦進出港口的各等情況繪製成圖轉給盟軍。[151]

港九大隊國際聯絡小組組長黃作梅曾經指出，東江縱隊的特別情報工作部門供給了很多非常重要的情報給十四航空隊和在華美軍司令部，其中不少情報來自港九大隊。[152]

　　盟軍對東江縱隊及其下屬港九大隊的合作評價甚高。陳納德將軍和美軍情報組多次致函東江縱隊司令員曾生，稱讚東縱的情報工作。[153] 為了表揚東江縱隊對盟軍的貢獻，英皇喬治六世（King George VI）於 1947 年授予東江縱隊港九大隊國際小組負責人黃作梅 M.B.E.（Member of the British Empire）勳章。黃作梅成為了唯一獲得英皇授勳的共產黨人。[154]

注釋

1. 張麗：〈抗日戰爭時期的香港與中國內地〉，載余繩武、劉蜀永主編：《二十世紀的香港》，北京：中國大百科全書出版社，1995 年，第 125 至 126 頁。

2. 張麗：〈抗日戰爭時期的香港與中國內地〉，載余繩武、劉蜀永主編：《二十世紀的香港》，北京：中國大百科全書出版社，1995 年，第 133 頁。

3. 王正華：〈抗戰前期香港與中國軍火物資的轉運（民國 26 年至 30 年）〉，載《港澳與近代中國學術研討會論文集》，台北：國史館，2000 年，第 401、414 頁。

4. 劉蜀永主編：《簡明香港史》第三版，香港：三聯書店（香港）有限公司，2016 年，第 162 頁。

5. 張麗：〈抗日戰爭時期的香港與中國內地〉，載余繩武、劉蜀永主編：《二十世紀的香港》，北京：中國大百科全書出版社，1995 年，第 134 至 135 頁。

6. 張麗：〈抗日戰爭時期的香港與中國內地〉，載余繩武、劉蜀永主編：《二十世紀的香港》，北京：中國大百科全書出版社，1995 年，第 131、135 頁。

7. 張麗：〈抗日戰爭時期的香港與中國內地〉，載余繩武、劉蜀永主編：《二十世紀的香港》，北京：中國大百科全書出版社，1995 年，第 135 至 136 頁；王正華：〈抗戰前期香港與中國軍火物資的轉運（民國 26 年至 30 年）〉，載《港澳與近代中國學術研討會論文集》，台北：國史館，2000 年，第 427 頁。

8. Chan Lau Kit Ching, *China, Britain and Hong Kong, 1895–1945*, Hong Kong: Chinese University Press, 1990, p. 289

9. 《香港工商日報》，1937 年 9 月 6 日。

10. 遠東行：《救國公債特刊》，香港：遠東行，1938 年，第 219 頁。

11. 《大公報》，1939 年 9 月 27 日。

12. 〈僑團史略〉，載陳大同、陳文元編輯：《百年商業》，香港：光明文化事業公司，1941 年，原書無頁碼。

13. 《大公報》，1941 年 4 月 28 日、4 月 29 日、6 月 21 日。

14. 《香港工商日報》，1941 年 10 月 16 日。

15. 《大公報》，1941 年 6 月 9 日。

16. 〈僑團史略〉，載陳大同、陳文元編輯：《百年商業》，香港：光明文化事業公司，1941 年，原書無頁碼。

17. 《香港工商日報》，1938 年 8 月 10 日、8 月 13 日、8 月 21 日。

18. 《香港工商日報》，1938 年 8 月 19 日、9 月 5 日。

19. 廣東青運研究委員會主編：《香港學運的光輝》，廣州：廣東人民出版社，1992 年，第 14 至 16 頁。

20. 〈華僑日報簡史〉，載《華僑日報六十週年紀慶專刊》，香港：華僑日報，1985 年，第 3 頁。

21. 陸詒：《戰地萍蹤》，北京：人民日報出版社，1985 年，第 174 至 176 頁。

22. 施正信:〈施正信教授自傳〉,載劉蜀永主編:《一枝一葉總關情》,香港:香港大學出版社,1993 年,第 97 頁。

23. 香港工會聯合會工人醫療所編、杜漸等錄:《李崧醫生回憶錄》,香港:香港商報,1987 年,第 118 至 120 頁。

24. 《東江縱隊史》編寫組:《東江縱隊史》,廣州:廣東人民出版社,1985 年,第 24 頁。

25. 香港崇正總會編:《崇正總會救濟難民會特刊》,香港:崇正總會,1940 年,第 151 至 155 頁。

26. 鄧開頌、陸曉敏主編:《粵港關係史:1840–1984》,香港:麒麟書業,1997 年,第 84 至 85 頁。

27. 宋慶齡基金會研究室編:《宋慶齡在香港,1938–1941》,北京:中國和平出版社,1989 年,第 1、4 頁。

28. 吳景平:《保衛中國同盟新聞通訊》,北京:中國和平出版社,1981 年,第 65 至 66 頁。

29. 宋慶齡基金會研究室編:《宋慶齡在香港,1938–1941》,北京:中國和平出版社,1989 年,第 9 頁。

30. 吳景平:《保衛中國同盟新聞通訊》,北京:中國和平出版社,1981 年,第 20 頁。

31. 吳景平:《保衛中國同盟新聞通訊》,北京:中國和平出版社,1981 年,第 134 至 135 頁。

32. 吳景平:《保衛中國同盟新聞通訊》,北京:中國和平出版社,1981 年,第 222 至 223 頁。

33. 宋慶齡基金會研究室編:《宋慶齡在香港,1938–1941》,北京:中國和平出版社,1989 年,第 12 至 13 頁。

34. 吳景平:《保衛中國同盟新聞通訊》,北京:中國和平出版社,1981 年,第 412 頁。

35. 陳瑞璋:《東江縱隊 —— 抗戰前後的香港游擊隊》,香港:香港大學出版社,2012 年,第 20 頁。

36. 《連貫同志紀念文集》編寫組:《賢者不朽 —— 連貫同志紀念文集》,北京:中國華僑出版社,1995 年,第 280 至 281 頁;梁上苑:《中共在香港》,香港:廣角鏡出版社,1989 年,第 2 頁。

37. 李軍曉:〈八路軍駐香港辦事處述略〉,載《抗日戰爭研究》,1997 年第 3 期,第 87 頁。

38. 《連貫同志紀念文集》編寫組:《賢者不朽 —— 連貫同志紀念文集》,北京:中國華僑出版社,1995 年,第 155 至 156 頁、第 282 頁。

39. Article IV, Treaty between the United States of America, the British Empire, France, and Japan, Signed at Washington December 13, 1921 , *Papers Relating to the Foreign Relations of the United States 1922 Volume I*, Washington, DC: Government Printing Office, 1938, p. 35.

40. Article XIX, Treaty between the United States of America, the British Empire, France, Italy, and Japan, Signed at Washington February 6, 1922, *Papers Relating to the Foreign Relations of the United States 1922 Volume I*, Washington, DC: Government Printing Office, 1938, p. 253.

41. Article IV, Treaty between the United States of America, the British Empire, France, Italy, and Japan, Signed at Washington February 6, 1922, *Papers Relating to the Foreign Relations of the United States 1922 Volume I*, Washington, DC: Government Printing Office, 1938, p. 250.

42. 鄺智文、蔡耀倫：《孤獨前哨：太平洋戰爭中的香港戰役》，香港：天地圖書有限公司，2013 年，第 40 至 42 頁。

43. 鄺智文、蔡耀倫：《孤獨前哨：太平洋戰爭中的香港戰役》，香港：天地圖書有限公司，2013 年，第 43、44 頁。

44. 關禮雄：《日佔時期的香港》香港：三聯書店（香港）有限公司，1993 年，第 14 頁。

45. 鄺智文、蔡耀倫：《孤獨前哨：太平洋戰爭中的香港戰役》，香港：天地圖書有限公司，2013 年，第 45 頁。

46. 鄺智文、蔡耀倫：《孤獨前哨：太平洋戰爭中的香港戰役》，香港：天地圖書有限公司，2013 年，第 49 頁。

47. S. Woodburn Kirby, *The War against Japan,* Vol. 1, London: HMS Office, 2004, p. 34

48. W. S. Churchill, *The Second World War*, Vol. 3, London: Cassell, 1971, p. 157.

49. S. Woodburn Kirby, *The War against Japan,* Vol. 1, London: HMS Office, 2004, p. 109.

50. Lyman P. Duff, *Report on the Canadian Expeditionary Force to the Crown Colony of Hong Kong*, Ottawa: King's Printer, 1942, pp. 13–14.

51. S. Woodburn Kirby, *The War against Japan,* Vol. 1, London: HMS Office, 2004, pp. 114–115.

52. Appendix "A" An Abbreviated Narrative of Events During the Action at Hong Kong, December, 1941, FO 371/53629, pp. 114–117；兵員數字參見鄺智文、蔡耀倫：《孤獨前哨：太平洋戰爭中的香港戰役》，香港：天地圖書有限公司，2013 年，第 116 至 118 頁、第 130 至 132 頁。

53. 鄺智文、蔡耀倫：《孤獨前哨：太平洋戰爭中的香港戰役》，香港：天地圖書有限公司，2013 年，第 139 頁。

54. 日本防衛廳防衛研究所戰史室著，天津市政協編譯委員會譯：《香港作戰》，北京：中華書局，1985 年，第 16 頁。

55. S. Woodburn Kirby, *The War against Japan,* Vol. 1, London: HMS Office, 2004, pp. 117–118; Appendix B1 War Diary, FO Space 371/53629, p. 234.

56. Appendix B1 War Diary, FO 371/53629, pp. 234–235.

57. S. Woodburn Kirby, *The War against Japan,* Vol. 1, London: HMS Office, 2004, p. 121.

58. 日本防衛廳防衛研究所戰史室著，天津市政協編譯委員會譯：《香港作戰》，北京：中華書局，1985 年，第 43 至 44 頁。

59. 日本防衛廳防衛研究所戰史室著，天津市政協編譯委員會譯：《香港作戰》，北京：中華書局，1985 年，第 103 至 104 頁。

60. Appendix B1 War Diary, FO 371/53629, p. 236.

61. Appendix "A" An Abbreviated Narrative of Events During the Action at Hong Kong, December, 1941, FO 371/53629, pp. 118–119.

62. Appendix B1 War Diary, FO 371/53629, p.238.

63. 日本防衛廳防衛研究所戰史室著，天津市政協編譯委員會譯：《香港作戰》，北京：中華書局，1985 年，第 124 至 125 頁。

64. Appendix B1 War Diary, FO 371/53629, p. 239.

65. Appendix B1 War Diary, FO 371/53629, p. 239; Young to Secretary of State for the Colonies, FO 371/27752, p. 35.

66. Appendix B War Narrative, FO 371/53629, p. 187.

67. G. B. Endacott, *Hong Kong Eclipse*, Hong Kong; New York: Oxford University Press, 1978, p. 91.

68. Appendix B War Narrative, FO 371/53629, p. 181.

69. Appendix B War Narrative, FO 371/53629, pp. 192–194.

70. Appendix B War Narrative, FO 371/53629, p. 197.

71. Appendix B War Narrative, FO 371/53629, pp. 203–204.

72. Appendix B War Narrative, FO 371/53629, p. 205.

73. Maltby to the Under Secretary of State for War, November 1945, FO 371/53629, p. 112.

74. S. Woodburn Kirby, *The War against Japan,* Vol. 1, London: HMS Office, 2004, p. 140.

75. Appendix B War Narrative, FO 371/53629, p. 215.

76. Appendix B War Narrative, FO 371/53629, pp. 217–218.

77. Appendix B War Narrative, FO 371/53629, p. 220.

78. 日本防衛廳防衛研究所戰史室著，天津市政協編譯委員會譯：《香港作戰》，北京：中華書局，1985 年，第 221 頁。Appendix B War Narrative, FO 371/53629, p. 226.

79. 鄺智文、蔡耀倫：《孤獨前哨：太平洋戰爭中的香港戰役》，香港：天地圖書有限公司，2013 年，第 285 至 286 頁。

80. Appendix B1 War Diary, FO 371/53629, p. 265.

81. S. Woodburn Kirby, *The War against Japan,* Vol. 1, London: HMS Office, 2004, p. 144.

82. 日本防衛廳防衛研究所戰史室著，天津市政協編譯委員會譯：《香港作戰》，北京：中華書局，1985 年，第 225 頁。

83. 陳安邦、陳安國主編：《陳策將軍紀念集》，香港：邦國國際工程公司，2011 年，第 105 至 106、111、114 至 117 頁。Tim Luard, *Escape from Hong Kong Admiral Chan Chak's Christmas Day Dash, 1941*, Hong Kong: Hong Kong University Press, 2012, pp. 95–174.

84. 楊奇：《虎穴搶救：日本攻佔香港後中共營救文化群英始末》，香港：香港各界紀念抗戰活動籌委會有限公司、香港各界文化促進會有限公司，2005 年，第 24 頁。

85. 廖承志：《東江縱隊史》序言，載中共廣東省委黨史研究室：《東江縱隊史》，廣州：廣東人民出版社，1995 年，第 2 頁。

86. 楊奇：《虎穴搶救：日本攻佔香港後中共營救文化群英始末》，香港：香港各界紀念抗戰活動籌委會有限公司、香港各界文化促進會有限公司，2005 年，第 30 頁。

87. 陳瑞璋：《東江縱隊：抗戰前後的香港游擊隊》，香港：香港大學出版社，2012 年，第 43 頁。

88. 楊奇：《虎穴搶救：日本攻佔香港後中共營救文化群英始末》，香港：香港各界紀念抗戰活動籌委會有限公司、香港各界文化促進會有限公司，2005 年，第 50 頁。

89. 陳瑞璋：《東江縱隊：抗戰前後的香港游擊隊》，香港：香港大學出版社，2012 年，第 43 頁。

90. 廖夢醒：〈海上脫險〉，載何小林：《勝利大營救》，北京：解放軍出版社，1999 年，第 217 至 219 頁。

91. 楊奇：《虎穴搶救：日本攻佔香港後中共營救文化群英始末》，香港：香港各界紀念抗戰活動籌委會有限公司、香港各界文化促進會有限公司，2005 年，第 79 頁。

92. 楊奇：《虎穴搶救：日本攻佔香港後中共營救文化群英始末》，香港：香港各界紀念抗戰活動籌委會有限公司、香港各界文化促進會有限公司，2005 年，第 79 至 80 頁。

93. 楊奇：《虎穴搶救：日本攻佔香港後中共營救文化群英始末》，香港：香港各界紀念抗戰活動籌委會有限公司、香港各界文化促進會有限公司，2005 年，第 80 至 81 頁。

94. 陳瑞璋：《東江縱隊：抗戰前後的香港游擊隊》，香港：香港大學出版社，2012 年，第 51 頁。

95. 楊奇著、余非改編：《香港淪陷大營救》，香港：三聯書店（香港）有限公司，2014 年，第 132 至 133 頁。

96. 楊奇著、余非改編：《香港淪陷大營救》，香港：三聯書店（香港）有限公司，2014 年，第 134 頁。

97. 陳瑞璋：《東江縱隊：抗戰前後的香港游擊隊》，香港：香港大學出版社，2012 年，第 47 頁。

98. 鄺智文：《重光之路：日據香港與太平洋戰爭》，香港：天地圖書有限公司，2015年，第 60 頁。

99. 齋藤幸治：《軍政下の香港》，香港：香港東洋經濟社，1944 年，載謝永光：《三年零八個月的苦難 —— 香港淪陷時期珍貴史料》，香港：明報出版社，1994 年，第 62 至 63 頁。

100. 謝永光：《三年零八個月的苦難 —— 香港淪陷時期珍貴史料》，香港：明報出版社，1994 年，第 80 頁。

101. 關禮雄：《日佔時期的香港（增訂版）》，香港：三聯書店（香港）有限公司，2015年，第 153 頁。

102. 鄺智文：《重光之路：日據香港與太平洋戰爭》，香港：天地圖書有限公司，2015年，第 115 頁。

103. 周家建：〈日佔時期的經濟〉，載劉蜀永主編：《20 世紀的香港經濟》，香港：三聯書店（香港）有限公司，2004 年，第 147 至 148 頁。

104. 謝永光：《三年零八個月的苦難 —— 香港淪陷時期珍貴史料》，香港：明報出版社，1994 年，第 175 至 177 頁。

105. 葉德偉等編著：《香港淪陷史》，香港：廣角鏡出版社，1982 年，第 122 頁。

106. 范叔欽：《香港經濟》，新加坡：大學教育出版社，1972 年，第 66 頁。

107. 鄺智文：《重光之路：日據香港與太平洋戰爭》，香港：天地圖書有限公司，2015年，第 145 頁。

108. 小林英夫、柴田善雅：《日本軍政下の香港》，東京：評論社，1996 年，第 178 頁。

109. 鄺智文：《重光之路：日據香港與太平洋戰爭》，香港：天地圖書有限公司，2015年，第 114 頁。

110. 鄺智文：《重光之路：日據香港與太平洋戰爭》，香港：天地圖書有限公司，2015年，第 119 頁。

111. G. B. Endacott, *Hong Kong Eclipse*, Hong Kong: Oxford University Press, 1978, p. 134.

112. 謝永光：《三年零八個月的苦難 —— 香港淪陷時期珍貴史料》，香港：明報出版社，1994 年，第 70 頁。

113. 《香港日報》，1942 年 9 月 19 日。

114. 周家建：〈日佔時期的經濟〉，載劉蜀永主編：《20 世紀的香港經濟》，香港：三聯書店（香港）有限公司，2004 年，第 150 至 151 頁；鄺智文：《重光之路：日據香港與太平洋戰爭》，香港：天地圖書有限公司，2015 年，第 129 頁。

115. 鄺智文：《重光之路：日據香港與太平洋戰爭》，香港：天地圖書有限公司，2015年，第 124 至 125 頁。

116. 王楚瑩：《香港工廠調查》，香港：南僑新聞企業公司，1947 年，第一部分第 10頁，第二部分第 1、15、30 頁，第三部分第 4、7 頁，第七部份第 2 頁。

117. 劉智鵬、周家建著：《吞聲忍語：日治時期香港人的集體回憶》，香港：中華書局（香港）有限公司，2009 年，第 37、44 頁。

118. 關禮雄：《日佔時期的香港》，香港：三聯書店（香港）有限公司，1993 年，第 96 頁。

119. 劉智鵬、周家建著：《吞聲忍語：日治時期香港人的集體回憶》，香港：中華書局（香港）有限公司，2009 年，第 45 頁。

120. 關禮雄：《日佔時期的香港》，香港：三聯書店（香港）有限公司，1993 年，第 171 頁。

121. Proceedings of No. 7 War Crimes Court, WO. 235/999, pp. 316, 318, 325.

122. 劉智鵬、丁新豹主編：《日軍在港戰爭罪行 —— 戰犯審判記錄及其研究》上冊，香港：中華書局（香港）有限公司，2015 年，第 22 至 24 頁。

123. G. B. Endacott, *Hong Kong Eclipse*, Hong Kong: Oxford University Press, 1978, p. 142.

124. 劉智鵬、周家建：《吞聲忍語：日治時期香港人的集體回憶》，香港：中華書局（香港）有限公司，2009 年，第 60 頁。

125. 《華僑日報》，1942 年 7 月 23 日。

126. 陳君葆日記：1942 年 10 月 14 日，載謝榮滾主編：《陳君葆日記全集》卷二，香港：商務印書館（香港）有限公司，2004 年，第 145 頁；鄭宏泰、黃紹倫：《香港米業史》，香港：三聯書店（香港）有限公司，2005 年，第 102 頁。

127. 陳君葆日記：1943 年 8 月 31 日，載謝榮滾主編：《陳君葆日記全集》卷二，香港：商務印書館（香港）有限公司，2004 年，第 196 頁。

128. 陳君葆日記：1945 年 1 月 9 日，載謝榮滾主編：《陳君葆日記全集》卷二，香港：商務印書館（香港）有限公司，2004 年，第 330 頁。

129. 謝永光：《三年零八個月的苦難 —— 香港淪陷時期珍貴史料》，香港：明報出版社，1994 年，第 120 頁。

130. 關禮雄：《日佔時期的香港（增訂版）》，香港：三聯書店（香港）有限公司，2015 年，第 146、148 頁；鄭宏泰、黃紹倫：《香港米業史》，香港：三聯書店（香港）有限公司，2005 年，第 125 頁。

131. 劉智鵬、丁新豹主編：《日軍在港戰爭罪行 —— 戰犯審判記錄及其研究》上冊，香港：中華書局（香港）有限公司，2015 年，第 115 至 119 頁。

132. 〈烏蛟騰抗日英烈紀念碑碑文〉。〈李漢訪談錄〉，2013 年 10 月 31 日於烏蛟騰村李漢住所。

133. 劉智鵬、丁新豹主編：《日軍在港戰爭罪行 —— 戰犯審判記錄及其研究》上冊，香港：中華書局（香港）有限公司，2015 年，第 57 頁。

134. 劉智鵬、丁新豹主編：《日軍在港戰爭罪行 —— 戰犯審判記錄及其研究》上冊，香港：中華書局（香港）有限公司，2015 年，第 87 至 88 頁。

135. 劉智鵬、丁新豹主編:《日軍在港戰爭罪行 —— 戰犯審判記錄及其研究》上冊,香港:中華書局(香港)有限公司,2015 年,第 83、86 頁。

136. 劉智鵬、丁新豹主編:《日軍在港戰爭罪行 —— 戰犯審判記錄及其研究》上冊,香港:中華書局(香港)有限公司,2015 年,第 97、100 頁。

137. 劉智鵬、丁新豹主編:《日軍在港戰爭罪行 —— 戰犯審判記錄及其研究》上冊,香港:中華書局(香港)有限公司,2015 年,第 86、101 頁。

138. 劉智鵬、丁新豹主編:《日軍在港戰爭罪行 —— 戰犯審判記錄及其研究》上冊,香港:中華書局(香港)有限公司,2015 年,第 60 頁。

139. 劉智鵬、丁新豹主編:《日軍在港戰爭罪行 —— 戰犯審判記錄及其研究》上冊,香港:中華書局(香港)有限公司,2015 年,第 127 至 128 頁、第 133 至 135 頁。

140. 中國國民黨駐港澳總支部編印:《港澳抗戰殉國烈士紀念冊》,1946 年,第 1 頁。

141. 中國國民黨駐港澳總支部編印:《港澳抗戰殉國烈士紀念冊》,1946 年,第 6 頁。

142. 中國國民黨駐港澳總支部編印:《港澳抗戰殉國烈士紀念冊》,1946 年,第 10 頁。

143. 港九獨立大隊史編寫組:《港九獨立大隊史》,廣州:廣東人民出版社,1989 年,第 25 頁。

144.〈陳達明訪談錄〉,2015 年 8 月 3 日於廣州。

145. 港九獨立大隊史編寫組:《港九獨立大隊史》,廣州:廣東人民出版社,1989 年,第 45 至 46 頁;徐月清編:《活躍在香江:港九大隊西貢地區抗日實錄》,香港:三聯書店(香港)有限公司,1993 年,第 67 頁。

146. 港九獨立大隊史編寫組:《港九獨立大隊史》,廣州:廣東人民出版社,1989 年,第 58 頁、60 頁、63 至 72 頁。

147. 港九獨立大隊史編寫組:《港九獨立大隊史》,廣州:廣東人民出版社,1989 年,第 111 至 113 頁。東江縱隊歷史研究會等編:《克爾日記 —— 香港淪陷期間東江縱隊營救美軍飛行員紀實》,香港:香港科技大學華南研究中心,2015 年,第 155 頁。

148. 中共深圳市委黨史辦公室、東縱港九大隊隊史徵集編寫組:《東江縱隊港九大隊六個中隊隊史》,深圳:中共深圳市委黨史辦公室,1986 年,第 99 頁。

149. 中共深圳市委黨史辦公室、東縱港九大隊隊史徵集編寫組:《東江縱隊港九大隊六個中隊隊史》,深圳:中共深圳市委黨史辦公室,1986 年,第 100 頁。

150. 尹素明:〈《克爾日記》中譯本編者前言 —— 不能忘記的歷史〉,載東江縱隊歷史研究會等編:《克爾日記 —— 香港淪陷時期東江縱隊營救美軍飛行員紀實》,香港:香港科技大學華南歷史研究中心,2015 年。

151. 港九獨立大隊史編寫組:《港九獨立大隊史》,廣州:廣東人民出版社,1989 年,第 116 頁。

152. 中共廣東省委黨史研究室:《長空英魂:紀念黃作梅烈士文集》,香港:香港榮譽出版有限公司,2002 年,第 120 至 121 頁。

153.中共廣東省委黨史研究室：《長空英魂：紀念黃作梅烈士文集》，香港：香港榮譽出版有限公司，2002 年，第 122 至 125 頁。

154.中共廣東省委黨史研究室：《長空英魂：紀念黃作梅烈士文集》，香港：香港榮譽出版有限公司，2002 年，第 80 頁。

第七章

變遷中的香港社會

1947 年的達德學院校園。

1949 年 11 月，兩航起義駕機北飛人員在天津市人民政府交際處的招待所合影。（圖片載自《歷史榮光：兩航起義紀念文集》）

1962 年 5 月，大量大陸民眾湧到邊境準備偷
到香港。（香港政府新聞處照片）

1964 年香港一間製衣廠的內景。（香港政府新聞處照片）

1960 年代港島天后廟道山坡上的寮屋。（高強提供）

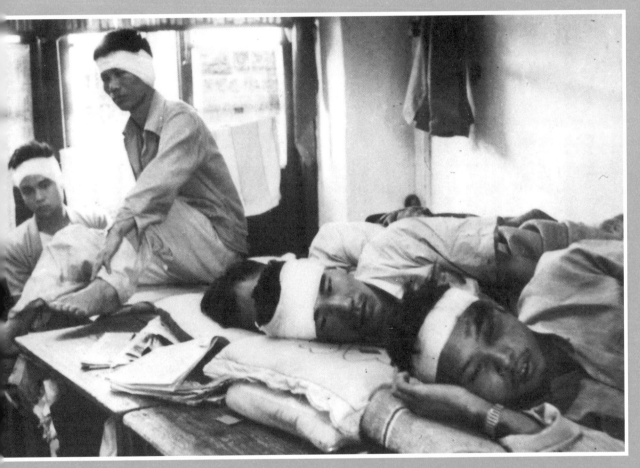

1956年九龍及荃灣暴動期間，遭暴徒毆打受傷的工友。

1966 年 4 月，香港青年蘇守忠在港島天星碼頭
廣場絕食反加價。

1967 年 5 月，香港左派群眾與警察對峙。

抗日戰爭是中國現代史的轉捩點，也是香港歷史的轉捩點。英國在 1841 年佔領香港島後雖然在不同時代的管治遇上各種挑戰，但一直能夠把持相對穩定的局面。香港淪陷終結了英國對香港的百年管治，也為香港的命運添上各種不穩定的因素；這些不穩定的因素又和當時中國大陸的形勢息息相關。香港自開埠之後一直與中國大陸保持密切的聯繫，戰時中國國運殊蹇，中國政府根本無力處理香港的事務。不過，英國的撤退始終為香港的命運帶來了百年一遇的轉機；中英兩國都自信有理由也有能力從日本手中取回香港。這時候在中國執政的國民政府全力抗日，對於位處主戰場外圍的香港並無直接看顧的能力；反而中共的游擊隊在廣東執行抗日任務，將毗連深圳的香港納入作戰計劃，成為淪陷時期在港活動的主要抗日力量。另一邊的英國在敗退後密謀重佔香港，因此與在港中共組織通力合作對抗日本，雙方關係良好。戰後中共的港九獨立大隊撤出香港，並應英國要求留下少數人員協助維持新界治安；中共亦趁此良機要求英國准予中共在港合法活動。英國考慮到尚未取得政權的中共對香港並不構成威脅，同時為回報中共在戰時的協作，於是允許中共在香港保持某種程度的「合法存在」。英國的妥協為中共和左翼民主黨派在香港的活動提供了良好的發展機遇，並間接造成此後幾十年間國共雙方在港力量此消彼長的局面。

　　在英國大開方便之門後，中共中央決定以香港為中心開展城市工作，香港迅即成為中共和左翼民主黨派在南方最重要的活動基地。全面內戰爆發後，中共更加重視利用香港開展工作，建立香港分局管轄南方多個省份及港澳的工作。對中共來說，這時期的香港有多重的功能，包括「反內戰、反獨裁」的文化宣傳陣地；左翼民主黨派及其領袖的避難場所和東山再起之地；以及解放戰爭的後勤保障基地之一。到了內戰後期，香港成為新政協運動的中心；各左翼民主黨派在香港召

集會議，響應中共中央「五一口號」的號召，推動新政協的召開。同時，在中共的護送之下，一大批留港的著名民主人士分批秘密北上參與新政協籌備工作，為中共建立國家政權作出貢獻。

經濟和社會發展方面，香港在戰後迅速恢復對華貿易樞紐港的功能。可惜好景不常，1950 年韓戰爆發，英國在美國的壓力下參與對華禁運，香港的轉口貿易一落千丈；1955 年初的對華貿易跌至只佔香港總貿易額的 15% 左右。香港面對史無前例的禁運，迅即調整經濟結構另尋出路，從轉口業務轉變為工業生產；貿易結構亦由轉口貿易轉變為本地產品出口。

香港的工業得以順利發展，是內外各種因素總合而成的結果。戰後一批江蘇和浙江的工業家攜帶資本、設備、技術、經驗南遷香港，配合大量移居香港的廉價勞動力，構成了極有利於工業生產的條件。同時，世界各地在戰後恢復的過程中對消費品產生了大量的需求，香港無論在資金、技術、勞動力以至政治環境方面都具備生產消費品的優勢，於是順利取得大量海外訂單。1947 年，香港的註冊工廠僅有 961 家，僱用人員 4 萬多人；到了 1959 年，註冊工廠增加到 4,541 家，僱用人員 17 萬多人。另外，工業產品不但從 1949 年只佔總出口不足一成躍進到 1959 年佔七成的比例；本地工業產品所佔比例亦遠超轉口貨物，是香港社會走向工業化的鮮明標記。

戰後香港經濟與人口同步急增，政府在公共設施上投入的資源明顯不足以追上社會發展的步伐。20 世紀五六十年代的的社會問題主要集中在住屋、醫療和教育方面；加上勞工收入不足，貪污風氣盛行，社會福利政策滯後等。這種種因素令社會矛盾不斷升溫，隨便發生一宗事件即可觸動市民的情緒，甚至發展成一發不可收拾的騷亂。

除此之外，中國政局的發展對香港社會也帶來直接或間接的影響；1956 年的九龍及荃灣暴動就帶有明顯的政治色彩，事件的主要策動者是右翼工會和與國民黨有關的黑社會組織。當然，事件的發生也在相當程度上說明了香港社會的問題。事實上 20 世紀 60 年代的香港物價不斷上漲，市民生活壓力極大。1966 年天星小輪加價引發市民抗議，並演化為連續兩天的暴亂，反映出香港已經無法消化愈見嚴重的社會問題。一年後香港人造花廠工潮引發連鎖效應，加上中國內地「文化大革命」極左思潮的影響，香港爆發戰後最大規模的社會動亂。這宗左派稱為「反英抗暴」的「六七暴動」延續長達半年之久，對香港社會造成重大影響。當左派出動「真假炸彈陣」對抗香港政府的鎮壓後，香港社會陷入戰後最大的危機之中。

第一節　戰後初期的香港

英國重佔香港

1945 年 8 月上旬，美國在廣島和長崎投下原子彈，蘇聯對日宣戰，迫使日本於 8 月 10 日接受敦促其無條件投降的《波茨坦公告》。英國亦迅即採取行動重佔香港。8 月 14 日，英國政府指示海軍少將夏愨（Cecil Harcourt）率領駐菲律賓蘇比克灣的皇家海軍特遣艦隊開往香港，接受駐香港日軍的投降並組建軍政府。同時，英國駐華大使薛穆（Horace J. Seymour）通過英軍服務團指揮官賴濂士聯繫被日軍囚禁於赤柱拘留營的前輔政司詹遜（F. C. Gimson），授權他在日本投降後重新啟動英國在香港的行政機構，並在英軍抵達香港前恢復英國對香港的管治。

1945 年 8 月 16 日，日本宣佈無條件投降的第二天，英國駐華使館向中國政府遞交備忘錄，單方面宣佈英國正派遣軍隊重佔香港，並恢復香港政府的運作。8 月 18 日，英國首相艾德禮（Clement R. Attlee）電告美國總統杜魯門（Harry S. Truman），英國海軍正開往香港解放該地並恢復英國的行政機關；杜魯門立即表示同意。[1] 8 月 23 日，詹遜收到外交部的指示後，宣誓就任署理港督，正式成立臨時政府。[2] 8 月 29 日，夏慤率領的艦隊駛入香港水域。8 月 30 日上午 10 時，英軍在海軍船塢登陸，並在入夜之前接管了海軍船塢和一些民政和軍事單位。9 月 1 日下午 1 時，夏慤宣佈成立香港軍政府實施軍事管治，由他擔任軍政府首長。這段時期香港沿用戰前頒佈的法律，但每日晚上 9 時至次日清晨 6 時實施宵禁。[3]

　　1946 年 5 月 1 日，戰時向日本投降的港督楊慕琦重返香港出任香港總督；香港結束軍事管制，重新建立由文官執政的殖民政府。

戰後初期中共與香港政府

　　英國重返香港之後馬上要處理與中國的關係。儘管英國與國民政府在取回香港的議題上有過激烈的爭議，但國民政府並未在實際的層面上參與香港的事務；英國最需要處理的反而是未有提出立即歸還香港，但在抗戰期間一直與英國合作無間的中共。

　　日本投降後，中共在香港活動的東江縱隊港九獨立大隊並沒有趁機擴充勢力，並且在英國戰艦開進香港前夕的 9 月 28 日宣佈撤出港九新界。中共的行動令英國認識到，當時威脅英國在香港地位的是國民政府，而不是在野的中共。因此，英國願意允許中共在香港維持某種

形式的「合法存在」；並在一定程度上借助中共的力量維持香港境內的
社會秩序。

英軍重返香港所派出的 1,000 名皇家海軍陸戰隊成員之中，有
550 人要處理行政、醫療和運輸等事宜；只有 450 人定期巡邏，不足
以維持整個香港的治安。夏愨明白到增派兵員需時，只有東江縱隊可
以即時為英國提供協助。他指派副官到沙頭角向港九獨立大隊提出暫
緩撤退的建議，中共中央同意雙方即時協商。

中共派出東江縱隊聯絡處處長袁庚以上校首席代表身份，到半島
酒店英軍總部與夏愨會談。他們討論了英方提出港九大隊協助英軍維
持治安，以及中方提出東江縱隊在港設立代表機構的問題。事後根據
雙方協議，港九大隊復員軍人在元朗、上水、沙頭角、西貢四地成立
自衞隊，維持新界治安；槍枝、工資由英方負責。中方在接近半島酒
店的彌敦道 172 號二、三樓設立東江縱隊駐港辦事處，由黃作梅、譚
幹辦理此事。東江縱隊北撤後，辦事處由喬冠華接管，並改名為新華
社香港分社。1949 年喬冠華調回北京外交部，由黃作梅繼任社長。英
方還曾在粉嶺至大埔之間的李福林果園設立臨時醫院，醫治東江縱隊
傷員。[4]

中共在戰後香港的發展

1945 年日本投降以後，英國重返香港恢復殖民統治。隨着世界民
主潮流的興起和民族解放運動的高漲，香港政府不得不逐步改變傳統
的殖民統治手法，轉為採取較為開明的措施，使香港的政治環境變得
相對自由和寬鬆。戰後初期英國與中共關係相對良好，雙方甚至在香
港事務上形成合作關係，在相當程度上這是抗戰時期客觀形成的一種

關係。基於戰後實際情況的需要，在英方的主導之下，雙方願意繼續合作。這就使中共在戰後初期的中英關係之中佔據了比國民黨更為有利的位置，中共在香港的活動亦因而得以大力開展。

事實上中共對香港有一貫的政策，並一直採取積極的態度和行動；香港淪陷期間中共是在港活動的主要抗日力量，日本投降後中共中央亦迅即就香港的定位作出前瞻性的決定。1945 年 8 月 27 日，中共中央指示廣東區委書記尹林平「以香港為中心建立城市工作」，成立香港市委。[5] 不到一年，國共內戰全面爆發，中共在香港的工作也變得更為急切。1947 年 5 月，中共中央指示方方和尹林平等組成香港分局，直接由中央領導，必要時接受上海局指導。[6] 香港分局的工作相當重要，管轄廣東、廣西全部和福建、江西、湖南、雲南、貴州等省部分地區以及港澳等地的中共組織。[7] 成立一個月後，香港分局將1946 年建立的港粵工作委員會（港粵工委）改稱香港工作委員會（香港工委），加強對港澳地區宣傳、文化、統戰和群眾工作的領導。

建立宣傳陣地是中共在香港開展工作的一項重點工作。1945 年11 月 13 日，東江縱隊《前進報》的工作人員在香港創辦了四開的三日刊報紙《正報》。《正報》打破了西方傳媒和國民黨的新聞壟斷，為中共在港建立宣傳陣地響了頭炮。1946 年 1 月，戰前中共在香港創辦的《華商報》復刊，以鮮明的政治色彩高舉和平、團結、民主建國的旗幟，呼籲制止內戰。《華商報》亦希望團結海內外人士打擊「反動派」，也是左翼民主人士和反國民黨獨裁統治人士發表言論的陣地。[8]

興辦學校也是戰後中共在香港的文化工作之一。1946 年 10 月 10日，中共和左翼民主人士在香港合作創辦的大學達德學院宣告成立。原廣東大學校長陳其瑗出任院長，抗日名將蔡廷鍇將軍借出屯門新墟

的別墅作為校址。達德學院創辦者的教育理想是以自由研究的精神，融合世界文化潮流，闡揚民族歷史光輝，創辦一所新型民主大學。達德學院規模細小兼且辦學不到三年，卻聚集了不少高質素的學者，並先後培育了約 1,000 名學生。教授隊伍中名聞學界的有法政系的鄧初民、張鐵生、周新民、侯外廬、石兆棠；商經系的沈志遠、杜國庠、千家駒、章乃器、劉思慕、許滌新、狄超白、莫乃群、梅龔彬、王亞南；文哲系的黃藥眠、司馬文森、宋雲彬、林林、周鋼鳴、胡繩、鍾敬文、婁樋、翦伯贊；新聞專修班的陸詒，以及英語教師曾昭掄等。除了上述的常任教師，達德學院經常邀請社會知名人士到校舉辦專題講座，包括李濟深、何香凝、蔡廷鍇、柳亞子、沈鈞儒、章伯均、喬冠華、郭沫若、茅盾、夏衍、曹禺等。這些學者名人匯聚香港的達德學院，絕對是空前的學術陣容。[9]

　　戰後初期，中共在香港領導工人運動的首要工作是恢復並增建工會組織，領導工人向資方要求改善生活待遇。1946 年 9 月，中共建立了第一個團結全港九工人及工會的福利組織 —— 港九勞工子弟教育促進會（簡稱勞教會）。兩年後，勞教會已經建立了 12 間勞工子弟學校，有學生 1,400 餘人。[10] 1948 年 4 月，中共又建立了「港九工會聯合會」（簡稱工聯會），以「愛國、團結、權益、福利」為工作方針。工聯會有 31 個會員單位，是香港勞工界舉足輕重的工會組織。[11]

　　經濟方面，中共早在抗日戰爭時期已經在香港開辦貿易公司。1938 年夏秋之交，中共早期領導人博古（秦邦憲）的親弟楊琳（秦邦禮）在香港干諾道中開辦了「聯和行」（Liow & Co.），從事兌匯；接收和轉運慰問品；採購西藥、無線電器材、交通器材等工作。[12]

1946 年 9 月下旬，楊琳往上海彙報工作，周恩來交給他三項任務：(1) 打通海上運輸，發展國外貿易，交流國內外物資；(2) 完成財政任務；(3) 培養對外貿易幹部。[13] 楊琳回到香港後，把「聯和行」改名為「聯和進出口公司」，簡稱「聯和公司」。[14] 1947 年底，楊琳等商議將「聯合公司」改名為「華潤公司」。「華」代表「中華」，「潤」是毛澤東的字，還代表雨露滋潤和資源豐富。1948 年 8 月，「華潤公司」掛牌，四個月後正式註冊。香港政府和英國政府很快就發現了華潤的購買實力，開始主動與華潤聯繫並買賣物資。[15] 華潤向英國採購的物資包括東北鐵路所需的零件，其中有部份甚至用於「毛澤東號」列車之上。[16] 1947 年下半年，中共成立中國人民銀行，由東北解放區代印統一發行的「人民券」，以期盡快統一各解放區的貨幣，從而遏制國民黨造成的通貨膨脹。華潤就曾受委託為東北局購買印鈔專用的紙張。[17] 華潤成為戰後中共在香港開展經貿工作的主要機關。

　　戰後中共在香港各方面的工作都取得顯著的成績。不過，這種形勢逐漸受到國共內戰發展的影響。1948 年，內戰的形勢開始明朗化，英國政府估計中共將會取得最後勝利並建立新的政權，於是決定在下半年鞏固在香港的管治地位，並作好政治和軍事上的準備。因為擔心共產主義的擴張會在香港引起動亂，香港政府對中共及左翼民主人士的態度，亦漸漸由包容和監視，變為限制和鎮壓。[18] 香港政府在法制和行動上雙管齊下，務求以最短的時間削減中共在香港的力量；相應的措施包括修訂一系列關於出入境、結社、辦學、僱傭、活動等方面的條例，使香港的執法人員可以依法取締中共的組織和活動；結果先後解散 38 個左派團體。[19] 1949 年 2 月 22 日，港督葛量洪會同行政局下令取消達德學院的註冊資格，這所史無前例的中國新型民主大學瞬間消失，在香港的教育史上留下短暫但永恆的光輝。

左翼民主黨派在香港

在英國恢復統治的形勢下，戰後的香港成為了中國政界人物的避風港。在中國共產黨的影響之下，中國不少左翼民主黨派投入反對國民黨內戰獨裁和爭取和平民主的政治運動之中；國統區的左翼民主黨派成為國民政府打壓和迫害的對象。不少民主人士於是轉移到香港，繼續從事政治活動。

1948 年 1 月，中國國民黨革命委員會（簡稱民革）在香港堅尼地道 52 號舉行成立大會。大會通過了《中國國民黨革命委員會成立宣言》、《中國國民黨革命委員會行動綱領》、《中國國民黨革命委員會告本黨同志書》等文件；推舉宋慶齡為民革名譽主席，李濟深為民革中央主席。[20]

1941 年在重慶成立的中國民主同盟（簡稱民盟），在抗戰勝利後一直活躍於國統區，引起國民黨的敵視和打壓。1947 年 10 月，中央社發表《政府宣佈民盟非法》的聲明，着令各地治安機關對民盟及其活動「嚴加取締，以遏亂萌」。[21] 1947 年 11 月，民盟中央主席張瀾發佈《民盟總部解散公告》，宣告自即日起一律停止政治活動，總部亦即日解散。[22] 1948 年 1 月 5 日至 19 日，民盟第一屆中央委員會第三次全體會議轉到香港召開，沈鈞儒和章伯鈞主持會議。會議決定恢復民盟總部，並制定政治路線，與中共關係密切的台灣民主自治同盟合作，聯合各左翼民主黨派和無黨派民主人士打倒國民政府。[23]

1947 年 5 月 1 日至 10 日，中國致公黨第三次全國代表大會在香港舉行，海內外致公黨組織數十名代表出席了大會。大會討論修改了致公黨的黨章，並決定加入中國共產黨領導的人民民主統一戰線。大會選舉了李濟深為主席，陳其尤任副主席，陳演生為秘書長。[24]

1947 年 11 月 12 日，在中共的幫助和指導下，台灣民主自治同盟籌備會第一次會員代表大會在香港舉行，選舉產生了台盟第一屆總部理事會，謝雪紅、楊克煌、蘇新當選為負責人。[25]

　　1947 年底，民盟被迫解散，中國其他左翼民主黨派因而紛紛轉入地下。中國民主促進會、農工民主黨、中國人民救國會等黨派轉入地下後，部份負責人先後秘密到達香港，繼續從事反蔣鬥爭。[26]

新政協運動在香港

　　1948 年春天，中共認為召開新政協的有利時機已經到來。4 月 30 日，中共中央發佈《紀念五一勞動節口號》，提出迅速召開政治協商會議，討論並實現召集人民代表大會，成立民主聯合政府。5 月 1 日，毛澤東親自致函在香港的民革主席李濟深和民盟中央常務委員沈鈞儒，提議由民革、民盟、中共發表三黨聯合聲明，號召召開政治協商會議。毛澤東還委派當時在香港的中共華南分局負責人潘漢年拜訪李濟深和沈鈞儒，徵詢他們對召開新政協的意見。[27]

　　中共「五一口號」得到各左翼民主黨派的積極回應。5 月 2 日，民革和民盟等總部設在香港的各左翼民主黨派集會討論，一致認為召開新政協會議和建立民主聯合政府是中國「政治上的必經途徑」，「民主人士自應起來回應」。5 月 5 日，民革的李濟深和何香凝；民盟的沈鈞儒和章伯鈞；民進的馬敘倫和王紹鏊；致公黨的陳其尤；農工民主黨的彭澤民；中國人民救國會的李章達；民促的蔡廷鍇；民聯的譚平山；無黨派民主人士郭沫若聯名致電毛澤東，支持中共提出的「五一口號」，並表示要與國內外各界人士「共同策進，完成大業」。[28] 8 月初，中共中央派出錢之光以解放區救濟總署特派員名義前往香港，與

中共在香港的負責人方方、章漢夫、潘漢年、連貫、夏衍等共同接送在香港的各左翼民主黨派和無黨派民主人士進入解放區參加籌備新政協的工作。第一批北上的包括沈鈞儒、譚平山、蔡廷鍇、章伯鈞等 10 餘人；第二批有郭沫若、馬敘倫、許廣平、陳其尤等；第三批有李濟深、茅盾、朱蘊山、章乃器等 30 餘人；第四批有黃炎培、盛丕華等。[29] 四批民主人士由香港秘密北上參與新政協籌備工作，對中華人民共和國的誕生發揮一定的推動作用。

英國承認新中國

1949 年 10 月 1 日，中華人民共和國宣告成立，英國是第一個宣佈承認新中國的西方國家，背後的一個重要考慮因素就是香港。

1949 年 10 月 30 日，殖民地大臣鍾斯（Arthur C. Jones）在致港督葛量洪的電報中表示：中共政權與國民黨政府相比，是唯一可供選擇的政府。英國要考慮自己在華源遠流長的貿易利益。英國政府主張採取在中國「保留立足點」的政策。只有承認中共政權，這種政策才能取得成果。因此，基於政治和法律的考慮，英國政府贊成在法律上承認中共的政權。[30] 1949 年 11 月 17 日英國殖民地部一份秘密文件透露，香港社會愈來愈贊成在法律上儘早承認中國，以表示英國政府願意與中國保持良好關係，作為促進貿易交流的步驟。[31]

1950 年 1 月 6 日，英國政府正式宣佈承認中華人民共和國政府，要求與新中國建立外交關係。三日後，中國政府電覆接受英國政府建議。

1950 年 4 月 20 日，英國外交大臣貝文（Ernest Bevin）在關於中國的備忘錄中解釋，承認新中國是現實主義的做法。他又指出，與中國關係中斷對英國在香港和東南亞的地位會有深遠的影響。香港的居民已經在想像英國與中國發生衝突的前景，這將會帶來信心上更壞的影響。[32]

中國政府從中英關係和對香港的長遠政策考慮，也以現實而有彈性的手法處理中英外交關係。在英國未承認新中國，並且於台灣淡水保留領事館的情況下，仍然同意與英國建立代辦級外交關係。1954 年6 月 17 日，中英兩國發表聯合公報，達成代辦級半建交方式的外交關係。[33]

國民政府在港機構起義

戰後的香港是國共兩黨共同利用的一個中立城市。隨着國共內戰形勢明朗化，國民政府不少駐港機構選擇起義投向中共。1949 年至1950 年上半年，先後參加起義的國民政府駐港機構有中國航空、中央航空、招商局、九龍關、中植油廠、資委會、交通部港九材料購運處、粵漢鐵路香港辦事處、中國銀行香港分行、交通銀行香港分行、中國保險公司、中信總局、中央信託局香港分局、中國農民銀行香港分行、郵政儲金匯業局香港分局、廣東省銀行香港分行、廣西銀行香港分行、福建省銀行香港分行、中國石油公司香港分公司、中國紡織公司香港辦事處、廣西航業公司桂海輪、香港中國電信局、台灣糖業公司、大成公司共 25 個單位。[34]

大部分國民政府駐港機構的資產轉移十分順利，兩間航空公司的資產卻是例外。1949 年 11 月 9 日，兩航員工通電起義的當天，有

12 架飛機成功北飛到新中國的北京、天津，但仍有 71 架飛機留在香港。[35] 在兩航員工宣佈起義後不久，台灣國民政府將兩航資產轉讓予美國人陳納德和魏勞爾（W. Willauer）。陳納德二人又將這些資產轉到他們二人擁有大部份股份的民用運輸航空公司名下。12 月 19 日，陳納德以民用運輸航空公司負責人的身分，向香港高等法院申請接收兩航在香港的飛機和其他資產。

1950 年 1 月 6 日，英國政府正式宣佈和國民政府斷絕關係。按照國際法的規定，所有中國在香港的資產都要轉移給中華人民共和國政府接收。[36] 不過，由於美國政府不斷要求英國政府避免將兩航的飛機交給中國政府，兩航的資產轉移陷入進退維谷的困境之中。[37]

英國政府經過反覆斟酌，最終決定置中國政府應享有的管轄豁免權於不顧，並不惜修改香港法律以配合美國的利益。1950 年 5 月 10 日，英國樞密院頒佈《關於香港高等法院的命令》，下令再次凍結兩航飛機的轉移，由香港高等法院裁定其所有權，即使案件涉及一個外國主權國家，法院仍有權受理。[38] 結果陳納德通過香港高等法院和英國樞密院的判決，取得兩航在港航機的業權。兩航事件也反映出冷戰時期的美國，是影響英國對港政策和香港與內地關係的一個重要因素。

邊境管制和移民問題

1949 年以前，除了抗戰時期的一段短暫時間，華人出入香港並無任何限制。中共建立政權後，由於政治和經濟的因素，不少華人從內地遷移到香港。香港人口在短期內急增，帶來房屋、就業、醫療和其他社區服務的種種問題，香港政府因此在 1949—1950 年實施邊境出入管制。1949 年的《入境條例》（*Immigrants Control Ordinance*）於

11 月 11 日生效，但除了身穿制服或從台灣或海南島來港的人士，一般華人並無出入限制。不過，在來港華人數量不斷上升的情況下，香港政府對從中國內地和澳門來港的人士實施入境限制，並於 1950 年 5 月 1 日生效。[39]

為了配合邊境管制，香港政府在新界邊境地帶設置禁區；第一階段的措施是從 1949 年 6 月起在新界邊界地區實行夜禁。1951 年 5 月，政府擴大夜禁區域，並於一個月後頒佈《1951 年邊界封鎖區命令》，宣佈在新界邊界地區實行封鎖，進入或逗留在封鎖區內者，必須持有香港政府發給的通行證。[40]

同一時期的廣東省政府亦於 1951 年 2 月 15 日宣佈實行邊境管理，往來旅客須由對外開放口岸持憑公安機關簽發的《出入境通行證》進出境；其他沿海沿邊地區一律禁止進出。華界沙頭角部分地區被列為邊防禁區。[41]

封鎖邊境後，除個別時間外，香港政府對內地來港的合法移民一直實行配額管理。最初採取「平衡配額」，即出一人進一人；但不久改為「固定限額」，每天入境人數限額 50 人；廣東人優先。中國政府則一直堅持香港是中國領土而非英國領土的立場，因此強調華人有自由進出香港的權利；不承認香港配額制度的合法性；不承認香港對「配額入境者」和「非配額入境者」的區分；亦不認為廣東人和非廣東人應予以區別。[42]

大量合法和非法移民到港定居令香港變成一個移民城市。1961 年 3 月 7 日人口普查日所得的香港總人口為 3,133,131 人。其中約 82.7 萬人是 1949 年以來進入香港並在港定居的。據統計，1949 年以來約

24.4 萬名新生嬰兒是這些移民的後代，可見共有 107.1 萬人口是移民的直接後果。[43] 按照每天 50 人的配額計算，1949 至 1960 年 12 年，進入香港的合法移民應少於 25 萬人。在此期間進入香港的移民，估計三分之二以上是非法移民。

1957 年前後、1962 年前後、1972 年「文革」期間和 1978 至 1979 年曾發生過四次逃港潮。[44] 其中以 1962 年和 1978 至 1979 年兩次規模最大。由於北京兩會期間有關中央政治局放寬出境限制的謠言和對地方政府的誤解，1962 年 4 月 28 日至 5 月 24 日期間，大批華人異乎尋常地通過陸上邊境湧進香港，中方在邊境嚴密的管制也撤銷了。近一個月的時間，60,000 多名非法入境者在香港邊境地區被逮捕。最高紀錄一天逮捕多達 5,000 人，而過去平均每月只有約 150 人被逮捕。[45]

1974 年 11 月，香港政府實施「抵壘政策」，非法移民進入界限街以南的市區後，即可獲得香港居民身份。對香港政府而言，「抵壘政策」的主要目標是用來「勸服中方限制前往香港的合法移民」。[46] 可是，中方從不認同「香港遣返非法入境者」可以換取「中方限制合法移民」，認為這是兩個單獨的議題。

「抵壘政策」實施後，從中國而來的合法入境者在 1977 年之前大抵上都能夠維持令英方滿意的水平，但這個數字在 1978 年後大幅急增。1977 年每月來港合法入境者平均只有 2,000 多人，但在 1978 年每月平均有 5,000 多人。每月被遣返的非法入境者在 1977 年以前一直維持低水平，平均每月只有數百人。數字自 1978 年年底開始顯著增加，至 1979 年最高峰時每月被遣返人數高達 10,000 多人。[47]

1980 年 10 月，麥理浩到廣州與廣東省官員會談，雙方同意為合法移民設定每天限額。香港政府隨即將抵壘政策改為「即捕即解」政策，所有非法入境者均會被遞解出境。[48] 1982 年，香港政府與內地達成協議，單程證配額為每日 75 人，至 1995 年增至每日 150 人。[49]

　　1977 年 11 月 17 日，鄧小平在聽取廣東省負責人彙報逃港問題時說：「這是我們的政策有問題，不是部隊所能管得了的。」他又說：「生產生活搞好了，還可以解決逃港問題。逃港，主要是生活不好，差距太大。」[50] 改革開放後，內地經濟迅速發展和人民生活不斷改善，香港政府也改變了對非法入境者的政策，所以進入 20 世紀 80 年代後，再也未出現過逃港潮。

第二節　工業化的實現

　　中華人民共和國成立以後，恢復國民經濟需要大批物資，香港成為中國最重要的貿易伙伴。英國在西方國家中率先承認新中國，香港亦繼續維持與內地的商貿活動，令發達的外貿經濟更形蓬勃。1950 年香港的對外貿易額超過 75 億港元，1951 年達到 93 億港元。不過，隨着韓戰爆發，香港開埠百年來一直支撐本土經濟的轉口貿易迅速沒落，代之而起的是一個高速發展的工業化時代。

禁運對香港經濟的影響

　　1950 年 6 月 25 日韓戰爆發，英國政府屈從於美國的壓力，實行對華禁運。1950 年 7 月 1 日《香港政府憲報》公佈工商處所頒《1950年輸出統制令》，規定椰油、銅、鑽石、鋁、胡椒、汽油產物、樹膠、錫、銀、桐油等 11 種商品，及 1950 年禁輸出令或其他法令所列禁止出口貨，一律禁止輸往中國大陸（包括台灣）及澳門。同年 8 月 12

日，香港政府接受英國政府命令，在憲報上公佈了大宗的禁止出口物資名單，包括金屬機器、鋼鐵製品、非鐵金屬、石油、石油器材、交通器材、化學原料、化學儀器、電子器具、交通設備等。[51]

在美國的壓力下，香港政府着手管制進出口貿易；但為了維護英國在香港的經濟利益，香港政府列入禁運的貨物種類不多。內地列為主要採購對象的五金、樹膠、化工原料等，在初期並未禁止出口或入口。1951年5月25日，香港政府實施進出口管制新法例，並公佈了管制進出口貨品的新名單，把五金、樹膠和若干戰略性的化工原料列入管制之列。同時，過去只禁止出口的物資，現在也限制入口。1951年6月25日起，香港政府實施更為嚴格的進出口禁令，規定限制13類200多種貨物進出口。香港政府於1952年2月19日修正了1951年輸出入「特定物品」的管制法令，把原定13類特定物品的管制範圍進一步擴大。[52] 在禁令下，有部份商人挺而走險，透過香港走私大量戰略物資到中國出售。[53]

美國主導的對華禁運使戰後出現轉機的香港經濟受到沉重打擊；轉口貿易一落千丈，商業蕭條，企業大量倒閉，失業人數劇增。貿易凋零的現象自1951年開始出現，情況到了1952年更為嚴重。1952年3月5日，港督葛量洪發表演説，稱1951年是「衰落和貿易凋零的一年」。他直截了當地指出，貿易凋零的原因在於聯合國對中國實行戰略和半戰略物資禁運，以及美國對中國、香港和澳門實施諸多限制。[54]

1952年香港進出口貿易總值為66.78億港元，與1951年相比減少了28.2%。貿易總值大幅下跌的主因是香港與中國內地之間的貿易萎縮。1951年，中國內地是香港轉口最重要的市場。該年對中國內

地的輸出總額為 16 億港元，佔出口總額的 36%。1952 年香港對內地
進出口總額為 13.5 億港元，較 1951 年減少 45.3%。其中香港對內地
出口貿易總額 1952 年為 5.2 億港元，較 1951 年減少 10.8 億港元，即
67.6%。約 10 年後，對內地的出口額更降至不足 1 億港元。1952 年內
地對港出口總額為 8.3 億港元，較 1951 年僅減少 0.33 億港元，即不
足 4%。進出相比，內地已由 1951 年對香港入超 7.4 億港元，一變為
對港出超 3 億港元。[55]

表 7.1　1950 至 1961 年香港出入口貿易統計表 [56]

單位：億港元

年份	總貿易額			對華貿易額（佔總貿易額百分比）		
	入口	出口	總額	入口	出口	總額
1950	37.88	37.15	75.03	7.83 (21%)	12.60 (34%)	20.43 (27%)
1951	48.70	44.33	93.03	8.63 (18%)	16.04 (36%)	24.67 (27%)
1952	37.79	28.99	66.78	8.30 (22%)	5.20 (18%)	13.50 (20%)
1953	38.72	27.34	66.06	8.57 (22%)	5.40 (20%)	13.97 (21%)
1954	34.35	24.17	58.52	6.92 (20%)	3.91 (16%)	10.83 (19%)
1955	37.19	25.34	62.53	8.98 (24%)	1.82 (7%)	10.79 (17%)
1956	45.66	32.10	77.76	10.38 (23%)	1.36 (4%)	11.74 (15%)
1957	51.50	30.16	81.66	11.31 (22%)	1.23 (4%)	12.54 (15%)
1958	45.94	29.89	75.83	13.97 (30%)	1.56 (5%)	15.53 (20%)
1959	49.49	32.78	82.27	10.34 (21%)	1.14 (3%)	11.49 (14%)
1960	58.64	39.37	98.01	11.86 (20%)	1.20 (3%)	13.06 (13%)
1961	59.70	39.30	99.00	10.28 (17%)	0.99 (3%)	11.27 (11%)

受禁運影響，香港對西方國家的出口額也大幅度下降。對美國的出口額由 1950 年的 3.09 億港元減至 1953 年的 0.62 億港元。對英國的出口額由 1951 年的 2.15 億港元跌至 1953 年的 1.19 億港元。[57]

禁運造成香港一般進出口貨物批發價普遍下跌。1952 年五金、工業原料、花紗布、西藥、洋瓶及出口貨等六大類主要進出口貨物批發價的總指數，較 1951 年下跌 36%。估計 1952 年全港各行商人虧損數值達 3 億港元之多；虧損 100 萬以上而倒閉的商行約有五六家；虧損 50 萬左右而倒閉的有十餘家；虧損 20 萬至 30 萬港元而倒閉的有 30 餘家；因虧蝕而收縮、改組的商行數以千計。商號的倒閉、收縮或改組，也直接使香港的商業從業人員出現近 10,000 人的失業人口。[58]《華僑日報》形容「這一年的香港商業的歷史，是以近百行商號累億元的虧折，逾百家商行的擱淺與傾覆，上千家商業機構的自行收束與改組，數以萬計店員的失業寫成的。」[59] 這種說法並無誇大之處。

工業化的進程

1951 年初，一名美國記者形容香港是一個「正在死亡的城市」。不過，在困境重重的打擊下，香港最終渡過了難關，並且在絕境中走出工業發展的新路向。香港雖然缺乏天然資源，但擁有龐大的勞動力，以及南下工業家所帶來的資金和技術。[60] 香港在禁運中及時調整經濟結構，成功從轉口港演變成工業城市。貿易結構亦由貨物轉口為主變為本地產品出口為主。

1947 年，香港已註冊的工廠有 961 家，僱用人員 4 萬多人；到了 1959 年，註冊工廠已經增加到 4,541 家，僱用人員 17 萬多人。1949 年，工業產品佔總出口不足一成；到了 1959 年，工業產品的比重已

上升至 70%。本地工業產品所佔總出口比例遠超轉口貨物，是香港工業化的重要指標。

表 7.2 香港註冊工廠統計資料（1947 至 1967 年）[61]

年份	註冊工廠數目	僱用工人數量
1947	961	47,356
1948	1,120	56,815
1949	1,251	60,205
1950	1,478	81,718
1951	1,720	86,136
1952	1,902	85,322
1953	2,038	92,178
1954	2,201	98,196
1955	2,437	110,574
1956	2,944	128,818
1957	3,080	137,783
1958	3,524	156,556
1959	4,541	177,271
1960	4,784	215,854
1961	5,624	215,914
1962	6,178	255,198
1963	7,108	276,699
1964	8,132	325,286
1965	8,137	329,214
1966	8,941	346,990
1967	10,234	399,918

表 7.3　本地產品出口統計資料（1953 至 1962 年）[62]

年份	出口額（億港元）	佔外貿總出口額的比例
1953	6.35	25%
1954	6.81	30%
1955	7.30	29%
1956	11.14	24%
1957	12.02	40%
1958	12.60	42%
1959	22.82	70%
1960	28.67	73%
1961	29.39	74%
1962	33.17	76%

　　表 7.2 統計的註冊工廠泛指至少僱用 20 名工人的工廠，數字未有包括大量的小工廠和小作坊。政府統計數字欠缺計算當時香港隨處可見的「山寨廠」，也沒有家庭式手工業的資料。不過，據 1953 年香港年報的估計，未註冊工場約有 20 萬個，僱用超過 40 萬名工人；可見工業化的社會覆蓋範圍極為廣泛。[63]

　　從 20 世紀 50 年代至 80 年代初，製造業是香港的經濟支柱，當中輕工業佔有相當重要的份量。20 世紀 50 至 60 年代香港工業的主要部門有紡織業、製衣業、搪瓷業、塑膠業、電子業、假髮業、金屬製品工業和鐘錶業等。

紡織業

　　香港工業在戰後至禁運期間曾經一度興起，主要動力來自紡織業。紡織業的發展可以追溯至三四十年代中國沿海地區蓬勃的紡織工業。國共內戰期間，國民政府節節敗退，江浙兩地工業家攜帶資本、設備、技術、經驗逃至香港避難，建設了香港工業化的第一代紡紗廠。

　　1947 年底大南紗廠在九龍紅磡建立，是為戰後第一家紗廠。翌年有半島紗廠、偉綸紡織有限公司等加入；到了 1954 年，香港已有紗廠 13 家。從 1947 至 1954 年短短幾年，香港的棉紡生產能力增加了 10 倍。[64] 1962 年底，香港棉紡廠共有 32 家，僱用近 20,000 工人，每年出產棉紗 60 萬包，成為香港工業的主幹。[65]

　　這段時期的紡織業主要掌握在江浙滬工業家手中；廣東潮汕人士也參與了這行業，經營規模較小的工廠。大型紗廠大多設有布廠，採用最新式的自動織布機，產品一部分供香港本地製衣廠使用，一部分銷往英美及印尼等國。1954 年，香港已登記的織布廠有 158 家，[66] 1961 年有 211 家。[67] 從 1956 至 1961 年間，織布業產量每年平均增長率為 20%。[68]

製衣業

　　製衣業與紡織業關係密切，同樣由南下工業家帶動，並且發展迅速。1958 年美國與日本實行棉織品貿易限制，美商開始轉向香港購貨，為香港製衣業創造了龐大的外銷市場。1960 年，95% 以上的製衣產品出口外銷，總值達 10.1 億港元；產品包括恤衫、西裝褲、外套、牛仔裝、睡衣、運動衣、內衣、雨衣和手套等。[69] 根據 1962 年 9 月的

統計，香港有製衣廠 917 家，僱用工人 51,713 名。[70] 1967 年的服裝出口總值合計港幣 23 億元，佔全部工業產品出口總值的 35%。[71]

港產紡織品及成衣價廉物美，在國際市場上極具競爭力，結果引起海外同業提出限制港產棉品進口的要求。1959 年，英國首先與香港簽訂自動限制對英國棉紡織出口量的協議，後來加拿大、美國、以及歐洲國家相繼加入，最後演變為 20 世紀 60 年代初期實施的配額制度。此制度對香港紡織及製衣業的發展影響深遠，西方國家限制香港紡織製衣產品輸入，一方面促使產品邁向多元化及高增值方向發展，另一方面亦令大量工廠搬離香港，前往低生產成本並有配額優勢的地方設廠。

塑膠及玩具工業

塑膠業是戰後香港的新興工業，首家塑膠廠是 1947 年建立的開達實業有限公司。1956 年有 113 家登記工廠生產塑膠用品，15 家生產膠木製品，僱用約 3,300 名工人。[72] 香港塑膠業是亞洲先進產業，地位僅次於日本；以產品種類繁多見稱，初期主要生產膠桶及牙刷等日常用品。50 年代初香港開始生產塑膠花，結果壟斷國際市場，在香港出口工業中長期佔有突出地位。塑膠花除了在工廠生產，廠家亦經常外判加工程序；不少屋邨或寮屋居民舉家參與「穿膠花」賺取收入幫補家計。到了 1960 年，塑膠業已經成為僅次於製衣業與紡織業的第三大製造業，共有塑膠廠 363 家，僱用 14,907 名工人。[73]

塑膠業的興起吸引不少歐美玩具商來港下訂單製造塑膠玩具，助長香港玩具業走上興盛的軌道。1960 年有 85% 的玩具由塑膠製成，這些塑膠玩具僅佔香港產品出口總量的 4%；但四年後已增至 7%；然後在其後的五年內急增 3 倍。[74] 玩具業的興旺帶動產品創新，用料

由塑膠演變為金屬和電子等，玩具業亦逐漸發展成獨立於塑膠的新行業。1968 年玩具出口總值為 11 億港元，佔香港產品出口總值的 9%。

電子工業

相比起其他工業，電子工業在香港的起步較遲。香港首間電子廠建立於 1959 年，業務是為日本原廠組裝原子粒收音機，使用的原料是日本零件。[75] 自此以後，電子技術逐步移入香港，高技術零件開始在香港生產，投資開設電子廠的公司亦越來越多。電子用品組裝過程需要大量技術勞工，香港工人工資較日本工人低；廠家為節省成本，往往從日本買入零件運到香港組裝，再出口到歐美等地。到了 1969 年，香港共有 146 家電子工廠，員工人數超過 37,000 人。

假髮業

假髮業曾經是香港戰後盛極一時的工業，該行業在 1960 年代中期興起，主要與當時歐美國家流行佩戴假髮飾品有關。香港一些小型工廠於是利用中國、印尼和印度等地的廉價髮源，經由香港工廠加工後，轉銷至歐美國家，從而賺取利潤。[76] 製造假髮成本低，可獲取豐厚的利潤，假髮廠因此紛紛建立，工廠數目從 1964 年的三間增加至 1969 年的 202 間。[77] 1964 年，人髮製品工業出口值只有 900 萬港元，但短短一年飆升 7 倍至 7,200 萬港元，至 1969 年更達 6.47 億港元。[78]

1960 年代中期，香港出現了幾次重大的社會動盪；首先是 1964 年和 1965 年的銀行擠兌，接着是 1966 年天星小輪加價事件，最後是「六七暴動」。這些事件對社會和經濟的發展帶來了一定的負面影響，

但香港工業產品的出口貿易額在這十年中仍有顯著的增長，可見工業在香港經濟部門中的重要地位。

第三節　市民生活與社會衝突

普遍性的貧窮

　　戰後香港人口急劇增長，由 1945 年 8 月的約 60 萬人，急增至 1947 年年中的 175 萬人和 1949 年的 186 萬人。到了 1950 年年中，香港人口已經增加至空前的 224 萬人，遠超戰前的水平。[79] 這些人口中的大多數是移民，基本上是身無長物的難民。1954 年 4 月 28 日至 8 月 1 日，聯合國難民署委派漢布如（Edvard Hambro）率領調查團訪港，展開對香港難民狀況的調查。調查報告估計，香港約有 66.7 萬人身處難民家庭，佔整體人口近三成，大部份人無意返回大陸。[80] 這批難民造成大量社會問題，其中無法就業的難民佔當時香港失業人口 16 萬人中的四成。這些無業難民大多隻身來港，並無親朋依靠，亦欠社會保障，維持生計十分艱難。[81] 另外，人口的急劇增長令公共建設的投入經常處於落後的狀態；住屋、醫療和教育成為嚴重的社會問題。

　　1955 年 9 月 12 至 27 日，英國殖民地部勞工顧問巴楚普（E. W. Barltrop）來港考察勞工狀況，發現當時每天工作 8 小時的男性工人工資微薄，難以維持家人生計。因此，工人經常要超時工作，部分工人每天工作長達 12 小時，而且並無休假的制度。[82]

　　工人收入僅足糊口，令多數人無法負擔因房屋嚴重短缺而上漲的租金，於是出現了漫山遍野的寮屋。這些臨時居所結構簡陋、環境惡劣，更經常引發火災而造成傷亡。1951 至 1955 年間，寮屋區發生過

大小火災達 30 次以上；其中較大型的計有 1951 年 11 月 21 日的九龍
城東頭村大火，災區長達 1 英里，受災人數 16,000 人；1952 年 4 月
30 日的九龍仔大坑西大火，燒燬房屋約 1,500 至 2,000 間，受災人數
至少 8,000 人。[83] 1953 年 12 月 25 日聖誕夜，深水埗石硤尾寮屋區大
火，石硤尾村、白田上村、白田下村、窩仔上村、窩仔下村及大埔村
六村被焚毀，40 多人傷亡，逾 50,000 名災民一夕之間痛失家園。[84]

石硤尾大火令香港政府不得不正視寮屋的問題，結果決定興建徙
置大廈為基層市民提供居所，並於 1954 年成立由市政局管轄的臨時
徙置事務處，負責安置石硤尾大火的災民。同年 10 月，八座六層高的
徙置大廈先後在石硤尾竣工，為香港公共房屋的發展揭開了序幕。

1954 年 4 月，香港政府成立香港屋宇建設委員會（Hong Kong
Housing Authority），在興建徙置大廈的同時，為負擔能力較高的低
收入市民提供較高質素的廉租房屋，最後演變為 60 年代的廉租屋計
劃。然而即使政府投入資源主導發展，房屋不足的問題在 60 年代仍
然相當嚴重。以截至 1960 年 9 月 30 日的統計數字為例，雖然已經有
341,544 人遷入徙置大廈，但市區仍有約 600,000 人等待徙置。人口
的自然增長和移民繼續來港等因素均令房屋問題難以於短時間內解決。

人口的急劇增加亦令香港出現醫療設施嚴重不足的問題。每當爆
發流行疾病，公立醫院和醫局即時擠擁不堪，不少病者甚至被拒諸院
外。香港政府在戰後一直未有積極投入資源建設公共醫院，難以照顧
無法負擔私家醫療服務的市民。據 1957 年出版的《香港年鑑》記載，
當時每天求診的居民至少有 20,000 人，其中 75% 以上無法享用公共
醫療服務，唯有向港九各區慈善團體，半慈善性的私人組織的診療所
求診。[85] 1964 年 2 月 15 日，香港政府發表《擴展香港醫療服務》報告

書，指出當時有多達八成的香港居民沒有足夠的經濟能力，在完全沒有政府補助的私家醫院留醫；五成的香港居民沒有足夠的經濟能力，在完全沒有政府補助的私家診所求診。[86]

20 世紀五六十年代是嬰兒潮的時代，出生率連年攀升，但醫院留產設施卻嚴重不足，很多嬰兒無法在醫院出生；醫院亦採取各種措施分配產房的使用。[87] 1952 年的統計數據顯示，該年向政府登記的接生數字合共 29,315 人次，但政府醫院和政府留產所只負責其中 6,649 次，剩下的 22,666 人次由私家醫院和私人留產所包辦。[88]

戰後至 20 世紀五六十年代，香港社會不斷向前發展，但人口膨脹的速度分攤了經濟增長的成果；一般市民身處普遍貧窮的狀態，生活相當困苦。香港政府對貧苦階層的困境並非視若無睹，但戰後社會重建本來已經需要時間和資源，加上人口急速增長所製造的社會問題，政府需要更多時間和更多資源去解決問題。踏入 60 年代，香港的社會現象是工人收入微薄、房屋供應不足、醫療設施有限、貪污風氣盛行。這時候的香港政府未能對症下藥，提出一針見血的政策，社會矛盾於是不斷加深；一件並不嚴重的社會事件即可觸動市民的情緒，迅速變成一發不可收拾的社會衝突。

社會衝突

九龍及荃灣暴動

戰後香港發生的第一宗重大社會衝突是 1956 年的九龍及荃灣暴動，亦稱為「雙十暴動」。引發這宗暴動的社會背景一如上述，還有國共矛盾的核心因素。1947 年國共內戰爆發後，大批難民湧入香港，佔

香港人口相當顯著的比例。這些難民來自五湖四海,其中帶有明顯政治意識的有兩類人;一類是隨着國民黨政權敗退而來港的親國民黨人士,另一類是對中共新政權感到恐懼的人士。這些難民來港後聚居於橫頭磡、調景嶺、石硤尾等港九各地的木屋區,生活環境惡劣。他們除了抱有強烈反共情緒,亦因為長期失業而對現實感到不滿。儘管如此,他們仍然有能力在住處建立起活躍的右翼政治組織,與左翼團體偶有衝突,為社會製造不安。[89]

1956 年 10 月 10 日,九龍李鄭屋村徙置區大樓 G 座外牆貼有小型國民黨紙旗和「雙十」徽號。大廈管理人員按照市政局規定將其移除,引起親國民黨居民聚集鼓噪,要求管理員賠償,並在中文報紙道歉。隨後有暴徒搶劫和焚燒徙置大廈辦公室,毆打管理人員,事態急劇擴大。不久,更多暴徒在李鄭屋、深水埗、旺角、大坑東等地鬧事;他們向防暴警察擲石頭、燒毀汽車、洗劫國貨公司、襲擊嘉頓麵包公司、搶掠和焚燒左派的香島學校。瑞士副領事 M. Ernst 夫婦乘坐的計程車在九龍遭暴徒攔截並縱火,二人嚴重燒傷,領事夫人最終不治。混亂中,黑社會成員揮舞國民黨旗參與暴動,令形勢變得更加複雜。[90]

暴亂在李鄭屋爆發後,迅即蔓延到荃灣工業區。其實寶星紗廠在10 月 9 日也發生了類似李鄭屋村的事件,廠方職員將員工宿舍懸掛的國民黨旗幟及裝飾物除去。10 月 11 日下午,親國民黨人士在工廠門前聚集示威,要求廠方重新懸掛國民黨旗幟,並解僱所有左派工人。未幾荃灣集結了大批暴徒,襲擊當地的工廠、左派工會和左派人士住所,造成多人死傷。荃灣工人醫療所、港九紡織染業職工總會福利部、港九絲織業總工會福利部就有四名左派工人被暴徒毆打,最後傷重死亡。[91]

暴亂事件爆發的時候，缺少防暴訓練的警隊因調動能力不足，未能及時應對騷亂，局面迅速失控。10 月 11 日中午，香港政府決定出動英軍協助警察平亂。下午 7 時，英軍將九龍劃分成三個區域來清除人群和暴徒。10 月 12 日下午，九龍地區恢復平靜，荃灣的暴亂也在英軍到達之後平息。整場暴動持續三天。暴動中 59 人死亡；15 人遭暴徒襲擊而死，44 人在軍警執法時被擊斃；被捕的 6,000 多人中，1,241 人被判有罪。[92]

　　九龍及荃灣暴動是國共兩黨勢力在戰後香港最大規模的一次衝突。中國政府高度關注事件，周恩來總理及中國外交部副部長先後四次會見英國駐華代辦歐念儒（Con D. W. O'Neill），指責香港政府包庇縱容幕後黑手國民黨特務，沒有保護守法市民的生命財產。周恩來指出，香港警方的調查刻意製造錯覺，使人覺得暴動只是一場派系鬥爭。他借此事件重提香港政府「放過」克什米爾公主號事件的主謀，因而鼓勵了國民黨的進一步行動；結果國民黨把香港用作反共基地，威脅大陸安寧，並企圖顛覆中共。[93] 周恩來實際上是提出了中國政府的底線，即香港不能成為顛覆中國中央政府的基地。面對中國政府的強烈反應，英國官員辯解說，香港警方的調查一視同仁，因為暴亂中除了左派機構，政府和與政治無關的機構同樣遭到破壞。[94]

　　無論如何，九龍及荃灣暴動的導火線帶有明顯的政治色彩；右翼工會和與國民黨有關的黑社會組織的挑動及參與顯而易見。不過，這一事件所反映的社會問題值得注意；暴徒並非完全來自與國民黨有關的組織，其中也有不帶政治立場的市民。事後的調查報告指出，戰後逃難至港的平民百姓大都謀生艱難，對現實生活極為不滿；他們與在政治和經濟上遭受挫敗的親國民黨人士有共通的怨憤，因而共同構成這次動亂的社會基礎。另外，暴亂的範圍集中於九龍的徙置區和工廠

區，港島則平靜如初；也說明了戰後香港存在着鮮明的貧富差距，不利於營造和諧的社會氣氛。[95] 這些政治、經濟、身份問題最終糾結成隨時引發動亂的社會力量，與香港繁榮的表像形成極大的反差。

天星小輪加價事件

進入 20 世紀 60 年代以後，香港物價輪番上漲，市民生活壓力巨大。1965 年香港經濟發展速度放緩；銀行擠提及地產不景氣影響了市民的信心。當年 10 月 1 日，天星小輪有限公司以員工薪水提高和營運成本增加為由，向政府申請提高票價。消息傳出後社會嘩然，中文報紙紛紛發表社論猛烈抨擊。11 月 23 日，市政局民選議員葉錫恩（Elsie Elliot）向政府遞送一份 23,000 人簽名的呈文，反映民眾反對公共交通加價。香港政府置之不理，並於 12 月將加價申請移送公共交通諮詢委員會審議。1966 年 3 月 17 日，該委員會提出報告，聲稱天星輪渡票價支出只佔一般家庭支出的 0.075%，因此任何加價對消費品價格以及整個經濟的影響極微。不久，香港政府又宣佈一系列加價項目，包括增加寄往台灣、中國大陸及澳門的信件郵資，提高使用大會堂的設備費用，同時又準備提高若干廉租屋租金 10%。當時一種普遍的看法認為，香港經濟在經過穩定期和迅速進展期之後，已經開始踏入商業不景和通貨膨脹的階段。市民恐懼天星小輪加費將會引起「連鎖反應」和「物價盤旋上漲」，不滿情緒嚴重。

1966 年 4 月 4 日上午，青年蘇守忠身穿寫有「支持葉錫恩，絕飲食，反加價潮」和「民主」等中英文字樣的黑色外衣，出現在港島天星碼頭廣場。翌日上午，蘇再次絕食抗議時，一些青年人參加了抗議的行列。下午，警方以「阻礙行人」為由逮捕蘇守忠，一群示威者隨後前往總督府呈遞請願書。當晚 9 時至次日凌晨 3 時，400 人左右以九龍

天星碼頭廣場為起止點，沿彌敦道、石硤尾新區、李鄭屋新區、青山道等地巡迴遊行，沿途高呼「我們反對加價」。[96]

4月6日晚，示威演變成為暴亂。暴亂人群企圖佔領彌敦道，警察則竭力遏制。暴亂份子向警察、警車、巴士投擲石塊、磚頭、空瓶等，又用竹竿搗毀巴士。警察動用警棍、催淚彈，並開槍示警驅散人群。7日凌晨，有人放火焚燒巴士站牌、交通警崗和車輛。當晚，亞皆老街、西洋菜街、山東街一帶又有大批人群聚集，警察部隊設法驅散了幾處人群。午夜以後，旺角和油麻地仍然有人在縱火，企圖焚燒油麻地郵政局和交通警崗；亦有人襲擊到場救火的消防車，到凌晨2時30分，暴動才停止。4月8日，為防止暴亂再現，香港政府在九龍和新九龍實行宵禁，各街道幾乎全無行人。[97] 5月2日，天星小輪開始加價，但僅限於頭等艙。大部分頭等艙乘客改搭二等艙，作出無聲的抗議。

暴亂過程中有10名警察受傷，其中7人被暴徒拋擲的石頭擊傷。平民中，1人因胸部中槍死亡，8人因中槍或其他原因受傷留院醫治。此外，有1,465人被捕，905人被起訴，323人判處入獄。[98]

1966年天星小輪事件平息後，香港政府組織騷動調查委員會，後來發表的調查報告書探討騷動的社會根源，並提出了一些改革建議。報告書提到，個人生活極其困苦的情況可能沒有受到重視。有理由相信，部份示威者參加的動機是他們在經濟上遭受巨大挫折或者香港貧富差距顯著懸殊。報告書又提到住屋擠迫情形引起的緊張狀態，以及街道擠迫並缺乏康樂場所使情況更加惡化。報告書還提到，社會上某些人相信香港政府的工作就是替英國謀取利潤，有人對香港的殖民地地位十分反感，並且有人認為政府以自視甚高的態度對待中國人，部

份人因受各政府辦事處的推搪而產生反感。報告書建議創設更完善的官民上下溝通的途徑；增進公務員與民眾之間更多的個人接觸。報告書同時提到未普及小學教育和學額不足的問題。[99]

六七暴動

天星小輪事件的平息，為香港帶來了短暫的安寧。一河之隔的大陸此刻卻風起雲湧，毛澤東在這年5月發動了「文化大革命」，「左」傾錯誤方針開始在中共中央佔據主導地位。在毛澤東支持下，紅衞兵組織迅速發展，一些青少年以簡單、粗暴、蠻橫的造反行動打擊他們認定的「牛鬼蛇神」。運動猛烈地衝擊了國家政治、經濟、文化、生活等各個方面，使整個社會動盪不安。港澳兩地與中國大陸血脈相連，自然受到文革的衝擊。

從1966年12月至1967年5月，香港工潮迭起，香港渣華郵船公司、南豐紗廠、風行的士、中央、上海、半島的士公司、青洲英坭廠等先後發生勞資糾紛。「文化大革命」的影響已經開始在這些工潮中體現，一些工人在衝突中揮舞或朗讀《毛主席語錄》。在工潮和文革的雙重作用下，終於把香港的工人推到了衝擊社會的最前線。

1967年4月13日，新蒲崗大有街香港人造花廠發生勞資糾紛，資方堅拒答覆勞方要求，並先後開除658名工人，包括多位工人代表。[100]5月5日，人造花廠工人結集在廠房外抗議資方解僱工人，要求與資方談判，但資方負責人避而不見。5月6日，資方將廠內貨物搬走，但被示威工人制止。這時候警方介入衝突，拘捕21名工人，打傷多名工人。[101]

這件被稱為「人造花廠事件」（亦稱「大有街事件」）的勞資糾紛雖然涉及肢體衝突，也有警方介入並採取鎮壓和拘捕行動，但不一定會構成社會問題。不過，人造花廠事件發生的時候，香港的社會已經積累了相當多的政治壓力，隨時引發重大的社會危機。人造花廠事件成為六七暴動，即左派稱為「反英抗暴」的社會動亂的導火索。

1949 年中華人民共和國建立以後，香港左派長期遭受香港政府壓制。「文化大革命」爆發後，香港部分左派人士覺得吐氣揚眉的時候到了。1966 年在澳門發生的「一二・三事件」使他們倍受鼓舞，一些左派領袖去了澳門聲援和取經。新華社香港分社社長梁威林和副社長祁烽到深圳開會，總結澳門的勝利，決定要在香港「大幹一場」。[102]

有了上述的背景，當香港警察鎮壓新蒲崗工人事件傳達到新華社香港分社之後，梁威林和祁烽立即指示左派新聞戰線全線出擊，並發動工人群眾集會遊行和示威。[103] 香港人造花廠的勞資糾紛是工人的自發行動。人造花廠事件後，左派工會和左派媒體介入，事態迅速擴大，變為有組織的政治鬥爭。

5 月 15 日，中國外交部副部長羅貴波緊急召見英國駐華代辦霍普森（Donald Hopson），就香港政府對香港居民的「法西斯暴行」提出最緊急和最強烈的抗議。[104] 這是中國政府首次就人造花廠事件表態。5 月 16 日，左派在工人俱樂部舉召開會議，宣佈成立「港九各界同胞反對港英迫害鬥爭委員會」，成員有 102 人。[105] 5 月 18 日，北京有 10 萬群眾集會抗議香港政府鎮壓工人，出席集會的中央領導有周恩來和陳伯達等人。北京市革命委員會主任委員兼中共政治局委員謝富治在講話中提出：「最強烈抗議香港英國當局武裝鎮壓我香港愛國同胞的

法西斯暴行」。[106] 北京的群眾集會掀起了反英的風潮；自 5 月中旬開始，內地各城市紛紛舉行聲援香港左派的群眾集會。

在外交部聲明和國內各種聲援行動的鼓舞下，新華社社長梁威林下令發動左派群眾到港督府遊行示威，聲討港督戴麟趾（David Trench）以殖民統治「迫害香港同胞」。從 1967 年 5 月 19 日開始，數千名左派群眾帶着《毛主席語錄》，輪流前往位於中環上亞厘畢道的港督府抗議，他們在港督府的鐵閘、門樓、崗樓和圍牆張貼數以百計以文革語言書寫的大字報，甚至在港督府對開馬路用油漆寫上「打倒戴麟趾」幾個大字。[107] 5 月 22 日，一批企圖到港督府請願的示威者被警察攔阻在花園道口，並與警察發生重大衝突，結果多人受傷。左派群眾當天還在中環最高法院、中國銀行、銅鑼灣裁判署、南九龍裁判署等地與警方發生流血衝突。防暴隊曾施放催淚彈及木彈驅散群眾。[108]

6 月 3 日，《人民日報》發表了經中央文革小組陳伯達修訂的社論〈堅決反擊英帝國主義的挑釁〉。社論高調地號召香港工人階級和愛國同胞「把鬥爭的矛頭集中地指向美英帝國主義，首先是直接指向統治香港的英帝國主義」，又號召港九愛國同胞「隨時準備響應偉大祖國的號召，粉碎英帝國主義的反動統治」。[109] 這篇社論一出，香港左派人士情緒更為高漲，有人甚至以為中央對港政策有變，國家會很快收回香港；於是部署進一步的反英行動。[110] 6 月 10 日，左派政軍醫工會、海事處工會、郵務工會、水務工會和英資企業牛奶公司、天星小輪的左派工人聯合罷工。6 月 24 日，香港摩托車職工總會、香港電車職工會、海陸理貨員工會等發起更大規模的「聯合大罷工」。6 月 27 日，左派 32 所學校近 2 萬名學生停課一天，支持工人聯合大罷工。6 月 29 日至 7 月 2 日，糧油、百貨、食品、土產山貨等行業舉行為期四天

的聯合罷市。結果罷工罷市打亂了香港市民的生活節奏，引起市民反感；但行動無法達到鬥垮港英的目的。

7月8日，沙頭角邊境兩側的左派群眾聲援香港的「反英抗暴」，引發一宗小規模但傷亡多人的邊境武裝衝突。沙頭角事件後，左派群眾的暴力行動接連不斷。到了7月中旬，左派開始在市區大擺真假炸彈陣。這些本地俗稱的「真假菠蘿陣」事前並未向北京請示就擅自推行，炸彈和火藥只能就地在香港生產，在原料供應不足的情況下唯有推出大量假彈。不過，炸彈不論真假，香港警察英軍都疲於奔命應付。可是左派這種做法也帶來了反效果，香港市民活在恐怖之中，不少市民大罵「左仔」影響他們「搵食」。[111] 8月20日，八歲和三歲的黃姓姊弟在北角清華街遭鐵罐型炸彈炸死；8月24日，不斷攻擊左派的香港商業電台播音員林彬乘坐的汽車被「地下鋤奸突擊隊司令部」焚燒，林彬傷重不治。[112] 這兩宗事件震動香港社會，令香港市民對左派更加反感。

隨着左派群眾的暴力抗爭不斷升級，香港政府的武力鎮壓也不斷升級。1967年7月11日至8月4日之間，香港政府突擊60個左派單位，結果五名左派人士喪生，逾1,500人被捕。8月4日清晨，英軍出動三架直升機，配合七個連的警員、七個排的英軍以及大批便衣探員從陸空兩路進攻北角左派據點僑冠大廈和新都城大廈。行動中軍警拘捕了26人，部分據稱在左派組織身居要職，包括漢華中學校長兼左派各界鬥爭委員會副主任黃建立和華豐國貨公司經理吳麟華。8月9日，警察逮捕了左派外圍報章《香港夜報》社長兼《新午報》董事長胡棣周、《田豐日報》社長潘懷偉和督印人陳艷娟，也把負責印刷三家左派外圍報章的南昌印務的主要人物拘捕，包括董事長李少雄和經理翟暖暉。[113] 在執行鎮壓行動的時候，也出現過警察濫權的情況。香港

政府處理左派騷亂的主要決策官員姬達（Jack Cater）在 1999 年接受訪問時表示，六七騷亂期間最令他感到難受的，是兩名參與騷亂的左派工人被警方拘留期間遭警員用警棍毆打致死。雖然涉案警察事後被扣押，但最終並未被起訴；姬達認為這是「香港政府的污點」。[114]

12 月初，周恩來下令不能再搞炸彈陣。隨着最後一顆真炸彈在聖誕夜被發現，炸彈潮劃上句號，六七暴動也隨之偃旗息鼓。暴動期間香港政府共收到 8,352 宗疑似炸彈的報告，其中 1,420 個是真炸彈，警察和軍隊的拆彈小組處理了當中的 1,167 個。253 個無法制馭的炸彈爆炸，導致 16 人死亡，包括兩名警員和一名英軍，以及在攜帶炸彈時被炸死的四名左派人士。[115]

六七暴動是戰後香港最大規模的社會動亂，香港社會付出了沉重的代價。對抗導致 51 人死亡，其中 39 人是平民，10 人是警員；832 人受傷，其中 585 人是平民，212 人是警員。[116] 1967 年 5 月 11 日至 1968 年 6 月 1 日期間，4,498 人被捕，其中 2,077 人被定罪。[117] 暴動期間，共 121 幢建築物遭受破壞，當中 24 幢屬政府物業；公共交通工具亦有損毀，包括 38 輛巴士及 7 輛電車。[118]

關於六七暴動，曾任新華社香港分社副社長的梁上苑説：「北京是支持這場鬥爭的，但不是無條件支持或全面支持，有些地方甚至是不支持的。」[119] 毛澤東親自發動和領導「文化大革命」，周恩來不能不緊跟，但明白中國政府對香港「長期打算，充分利用」的立場。周恩來作為分管港澳工作的領導人，一方面公開表示支持香港左派的「反英抗暴」，另一方面在內部卻不斷為暴動降溫，力圖將「文化大革命」對香港的衝擊和影響降到最低。

早在 1967 年 4 月，周恩來南下廣州視察出口商品交易會準備情況時，就曾對澳門華人領袖何賢説：「『文化大革命』不是用於出口的，中央沒有打算在香港和澳門生事。」[120] 1967 年 5 月 22 日花園道事件發生後，周恩來馬上於 5 月 23 日、24 日、27 日 門召集外辦、外交部、港澳工委有關負責人談香港問題，對「要打死幾個警察，以收殺一儆百之效」的説法提出嚴厲批評。他説：「這是無政府主義思潮。雖説我們不承認香港是國外，但它還是在英國的統治之下。我們現在既不是馬上收回香港，也不想同英國打仗，我們對英國的鬥爭還是要有理、有利、有節，不主動出擊。香港的工作照抄內地紅衛兵的做法，行不通。香港的《大公報》和《文匯報》的調子不能太高，應當同內地的報紙有所區別。」他也批評有關部門在香港問題上提出的過「左」的口號和採取的極左做法。6 月上旬，他又兩次和有關負責人談這一問題。[121]

7 月 8 日沙頭角事件後，周恩來於 7 月 10 日和 12 日召集總參和外交部有關負責人談香港問題，再一次批評香港鬥爭問題上的極左做法。他説：「在香港動武不符合我們現在的方針。昨天，主席又講了，還是不動武。如果我們打了過去，那就是主動出擊了。香港問題，現在是群眾運動，又是在文化大革命期間，如果出動正規部隊，群眾一推動，就控制不住了，你打電話也來不及。香港鬥爭是長期的，我們不能急，搞急了對我們不利。對主席這個方針，我們要取得一致的認識。」[122]

8 月 20 日，中國政府外交部向英國政府發出緊急照會，要求在 48 小時內撤銷對左派外圍報紙《香港夜報》、《田豐日報》和《新午報》的停刊令，並無罪釋放 19 名香港左派新聞工作者，否則英國政府必須對此承擔一切後果。英國政府置之不理，但此時中國外交部已經被造

反派奪權。8 月 22 日，外交部造反派和北京外國語學院紅衛兵等衝入英國駐華代辦處，放火焚燒汽車和辦公大樓，造成 1949 年以來中國最嚴重的外交事件。23 日凌晨 3 時，火燒英代辦處 3 小時之後，周恩來把外事口各造反派組織的負責人召集到人民大會堂，嚴厲批評外交部奪權和火燒代辦處的行徑。周恩來利用這一事件結合當時有人鼓吹「揪軍內一小撮」等情況，向毛澤東提出穩定局面的建議，並促成中央文革成員王力和關鋒被隔離審查。[123] 此後全國形勢漸趨緩和。

1967 年 11 月 1 日到 1968 年 1 月 4 日，周恩來召集香港各方面的領導人到北京舉行會議，堅決糾正香港這場暴動導致後果極端嚴重的錯誤，停止了可能使香港人陷於災難的暴動。[124] 12 月初，周恩來接見參加港澳會議的港澳工委負責人時，再一次批評了在對港英鬥爭中的一系列極左做法：「這些做法是脫離群眾的，要盡快糾正。」[125]

香港政府也注意到中國國內形勢的變化。1968 年 2 月 13 日，港督戴麟趾在致聯邦事務大臣的信中寫道：「現在的跡象明顯表明，中國正慢慢回到較少混亂的狀況。⋯⋯ 有許多跡象表明周恩來和北京的『溫和派』現時正取得上風；希望這可以讓雙方回到更加理性的關係。」[126]

從中國政府的立場看，1967 年的六七暴動錯誤在於「反英」，違背了中國政府對香港問題的長期方針，也違背了中國政府利用美英矛盾的策略思想。1951 年春，周恩來在接見新華社香港分社社長黃作梅時曾說：「我們把香港留在英國人手上比收回來好，也比落入美國人的手上好。香港人留在英國人手上，我們反而主動。我們抓住了英國的一條辮子，就拉住了英國，使她不能也不敢對美國的對華政策和遠東

戰略跟得太緊，靠得太攏。這樣我們就可以擴大和利用英美在遠東問題上對華政策的矛盾。」[127]

　　1978 年，國務院華僑事務辦公室主任廖承志在北京主持召開了關於港澳工作的會議。會議清算了極左路線對港澳工作的干擾和破壞，重申了中央對港「長期打算，充分利用」的方針。會議指出：「1967 年在香港發生的所謂『反英抗暴鬥爭』以及隨之而來的一系列做法，企圖迫使中央出兵收回香港，是與中央的方針不符合的，後果也是極其嚴重的。」[128] 這是公開發表的中國政府對六七暴動的正式評價。

　　1981 年 6 月 21 日，中共十一屆六中全會通過了《中國共產黨中央委員會關於建國以來黨的若干歷史問題的決議》，徹底否定了「文化大革命」，明確指出：「『文化大革命』不是也不可能是任何意義上的革命或社會進步」。[129] 這就為評價六七暴動掃除了不少人的思想障礙，奠定了思想理論基礎。

　　六七暴動對香港社會造成多方面的影響，首先是短期內香港經濟的混亂和倒退。7 月底的暴動高峰期從香港外流的資金估計為 4 億 5 千萬港元，10 月底減少至 1 億 6,500 萬港元，11 月底則扭轉形勢，資金匯入香港的總值為 1 億 4 千萬港元。[130] 總計 1967 年 5 月到 12 月，與上年同期相比，在港口卸貨的貨輪噸位下降了 6%，上貨的貨輪噸位（包括轉運中國的貨輪）下跌了 35%。[131]

　　脫離群眾的極左行動使香港左派隊伍元氣大傷。港九工會聯合會的會員人數從事件前的 25 萬人減少到 18 萬多人。交納會費的會員由 1967 年 3 月的 60,065 人，下降至 1968 年 3 月的 33,204 人。《大公報》、《文匯報》、《新晚報》、《商報》、《晶報》等五家報紙的發行

量由原來佔全港中文報紙發行總量的三分之一下降到十分之一。整個左派及外圍報紙的發行量由 1967 年 4 月的 349,500 份，下降至 1968 年 3 月的 248,000 份。原來在香港和東南亞享有聲譽的「長城」、「鳳凰」、「新聯」三家電影公司也失去了市場，從此一蹶不振。[132]

關於六七暴動，廖承志於 1970 年代末復出後曾指出：「領導有錯，但群眾的愛國熱情應予肯定。」[133] 當年不少左派基層群眾抱着愛國家、愛民族、反抗殖民壓迫的心態投入鬥爭，面對香港政府的鎮壓表現得很英勇，但錯誤的指導思想使鬥爭不斷升級，導致香港政府的鎮壓也不斷升級，最終造成不少左派基層群眾被捕坐監的不堪局面。他們喪失穩定的職業，被社會孤立，留下一生遺憾的烙印。

天星小輪加價事件和六七暴動是香港戰後社會發展的分水嶺。這兩次社會騷動給香港社會帶來重大的衝擊，影響遍及社會各個階層；其中最重要的後果是促使香港政府深切反思，從速改變統治手法，並加快社會改革的步伐，最終達到緩和社會矛盾的目的。

注釋

1. 劉存寬:〈英國重佔香港與受降問題〉,載余繩武、劉蜀永主編:《二十世紀的香港》,北京:中國大百科全書出版社,1995 年,第 220 至 221 頁。

2. Franklin Gimson, *Internment in Hong Kong, March 1942 to August 1945*, Manuscript, 1945.

3. 孫揚:《無果而終:戰後中英香港問題交涉(1945–1949)》,北京:社會科學文獻出版社,2014 年,第 72 至 74、76 頁。

4. 香港歷史博物館:《香港抗戰 —— 東江縱隊港九獨立大隊論文集》,香港:香港康樂及文化事務署,2004 年,第 256 至 259 頁。

5. 中共廣東省委組織部等編:《中國共產黨廣東省組織史資料(上冊)》,北京:中共黨史出版社,1994 年,第 367 頁。

6. 據劉曉 1982 年 5 月回憶:香港分局與中央的聯繫比上海局方便,故上海局實際上沒有指導過香港分局的工作。但查當年的來往電文,劉曉和錢英曾在香港作政治上的指導工作。

7. 中共廣東省委組織部等編:《中國共產黨廣東省組織史資料(上冊)》,北京:中共黨史出版社,1994 年,第 371 至 372 頁。

8. 鍾紫主編:《香港報業春秋》,廣州:廣東人民出版社,1991 年,第 187 至 188 頁。

9. 劉智鵬:〈達德學院 —— 香港可歌可泣的人文傳奇〉,《紫荊論壇》2016 年 9 至 10 月號,第 33 頁。

10. 匡宗媛等編:《廣東革命歷史文件匯集(廣東黨組織文件)1945.11–1949.12》,廣州:中央檔案館、廣東省檔案館,1989 年,第 241 至 242 頁;香港工會聯合會編著:《光輝歲月,薪火相傳:香港打工仔的集體回憶》,香港:新華書店有限公司,2008 年,第 5 頁。

11. 香港工會聯合會編著:《光輝歲月,薪火相傳:香港打工仔的集體回憶》,香港:新華書店有限公司,2008 年,第 8 頁。

12. 華潤(集團)有限公司《紅色華潤》編委會:《紅色華潤》,北京:中華書局,2010 年,第 5、9 至 13 頁。

13. 華潤(集團)有限公司《紅色華潤》編委會:《紅色華潤》,北京:中華書局,2010 年,第 22 頁。

14. 華潤(集團)有限公司《紅色華潤》編委會:《紅色華潤》,北京:中華書局,2010 年,第 23 頁。

15. 華潤(集團)有限公司《紅色華潤》編委會:《紅色華潤》,北京:中華書局,2010 年,第 73 頁。

16. 華潤(集團)有限公司《紅色華潤》編委會:《紅色華潤》,北京:中華書局,2010 年,第 43 頁。

17. 華潤(集團)有限公司《紅色華潤》編委會:《紅色華潤》,北京:中華書局,2010 年,第 71 頁。

18. Steve Tsang, *A Modern History of Hong Kong*, Hong Kong: Hong Kong University Press, 2004, pp. 149–157.

19. Recent Changes in Policy towards Chinese Communists in Hong Kong, CO 537/4815; 周奕:《香港左派鬥爭史》,香港:利訊出版社,2002 年,第 13 至 38 頁。

20. 孫曉華主編:《中國民主黨派史》,瀋陽:遼寧人民出版社,1999 年,第 50 頁;王中山、牛玉峰主編:中國民主黨派史叢書《中國國民黨革命委員會卷》,石家莊:河北人民出版社,2001 年,第 104、106 至 107 頁。

21. 孫曉華主編:《中國民主黨派史》,瀋陽:遼寧人民出版社,1999 年,第 164 頁;張小曼、周昭坎主編:中國民主黨派史叢書《中國民主同盟卷》,石家莊:河北人民出版社,2001 年,第 89 頁。

22. 陳竹筠、陳起城選編:《中國民主黨派歷史資料選輯》上冊,上海:華東師範大學出版社,1984 年,第 295 至 296 頁。

23. 中國民主同盟中央委員會編:《中國民主同盟七十年》,北京:群言出版社,2011 年,第 64 至 66 頁。

24. 張憶軍主編:《風雨同舟七十年:中國共產黨與民主黨派關係史》,上海:學林出版社,2001 年,第 362 頁;彭湘福主編:中國民主黨派史叢書《中國致公黨卷》,石家莊:河北人民出版社,2001 年,第 32 頁。

25. 孫曉華主編:《中國民主黨派史》,瀋陽:遼寧人民出版社,1999 年,第 736 至 737 頁;張憶軍主編:《風雨同舟七十年:中國共產黨與民主黨派關係史》,上海:學林出版社,2001 年,第 361 頁。

26. 張憶軍主編:《風雨同舟七十年:中國共產黨與民主黨派關係史》,上海:學林出版社,2001 年,第 362 頁。

27. 張憶軍主編:《風雨同舟七十年:中國共產黨與民主黨派關係史》,上海:學林出版社,2001 年,第 364 至 365 頁。

28. 《華商報》,1948 年 5 月 6 日。

29. 張憶軍主編:《風雨同舟七十年:中國共產黨與民主黨派關係史》,上海:學林出版社,2001 年,第 370 至 371 頁。

30. Colonial Secretary to Governor (telegram), 30 October 1949, CO 537/4839.

31. Secret Despatch of Colonial Office, 17 November 1949, CO 537/4839.

32. Memorandum on China, 20 April 1950, CAB 129/39/23, CP (50)73.

33. 外交部外交史研究室編:《新中國外交風雲》第三輯,北京:世界知識出版社,1994 年,第 149 頁。

34. 李宏編著:《香港大事記 (公元前 214 年－公元 1997 年)》,北京:人民日報出版社,1997 年,第 96 至 97 頁。中共廣東省委黨史研究室編:《香港與中國革命》,廣州:廣東人民出版社,1997 年,第 251、253、255 頁。

35. 北京兩航人員聯誼會編：《歷史榮光：「兩航」起義紀念文集（上）》，北京：中國民航出版社，2017 年，第 19、23 頁。

36. 香港《大公報》，1950 年 1 月 7 日。

37. Memorandum on Chinese Civil Aircraft at Hong Kong, 3 April 1950, CAB 129/39/11, CP (50)61.

38. 香港《大公報》，1950 年 5 月 12 日。

39. The Quota and Legal Immigration from China, 18 May 1978, FCO 40/1005, pp.50–51.

40. 香港地方志辦公室、深圳市史志辦公室編纂：《中英街與沙頭角禁區》，香港：和平圖書有限公司，2011 年，第 61 頁。

41. 香港地方志辦公室、深圳市史志辦公室編纂：《中英街與沙頭角禁區》，香港：和平圖書有限公司，2011 年，第 62 頁。

42. The Quota and Legal Immigration from China, 18 May 1978, FCO 40/1005, pp.52,55.

43. Summary of Recent Developments of Chinese Refugees in Hong Kong, CO 1030/1312, p.93

44. 蔡德麟主編：《深港關係史》，深圳：海天出版社，1997 年，第 176 頁。

45. Extract: L.I.C. Monthly Intelligence Report, 8 June 1962, CO 1030/1254, p.98.

46. The Quota and Legal Immigration from China, 18 May 1978, FCO 40/1005, p.56.

47. Immigration from China, Repatriation to China, FCO 21/1833, p.58–59.

48. The Governor's Visit to Canton, 23 October 1980, FCO 21/1834, p.15; Record of a meeting at the Guangdong Provincial Guest House at 9:30 am on 20 October 1980, FCO 21/1834, p. 27.

49. 立法會保安事務委員會：〈內地居民來港家庭團聚的出入境安排〉，立法會 CB(2)775/13-14(03) 號文件，第 1 頁。

50. 《習仲勳主政廣東》編委會著：《習仲勳主政廣東》，北京：中共黨史出版社，2007 年，第 69 頁。

51. Mark Chi-Kwan, *Hong Kong and the Cold War: Anglo-American Relations 1949–1957,* Oxford: Clarendon, 2004, p. 6.。

52. 劉蜀永主編：《簡明香港史》第三版，香港：三聯書店（香港）有限公司，2016 年，第 346 至 347 頁。

53. Sung Yun-wing, *The China Hong Kong Connection: The Key to China's Open Door Policy*, Cambridge: Cambridge University Press, 1991, p. 5.

54. Address by the Governor, Hong Kong Hansard, Session 1952, p. 63.

55. *Hong Kong Statistics, 1947–1967*, Hong Kong: Hong Kong Census and Statistics Department, 1969, pp. 88, 98, 102.

56. *Hong Kong Statistics, 1947–1967*, Hong Kong: Hong Kong Census and Statistics Department, 1969, pp. 88, 98, 100, 102.

57. *Hong Kong Statistics, 1947–1967*, Hong Kong: Hong Kong Census and Statistics Department, 1969, pp. 97, 99.

58. 華僑日報社編:《香港年鑑》第六回上卷,香港:華僑日報社,1953 年,第 21 頁。

59. 華僑日報社編:《香港年鑑》第六回上卷,香港:華僑日報社,1953 年,第 21 頁。

60. Hong Kong: Local Industry, from Governor of Hong Kong to the Secretary of States for the Colonies, 27 July 1955, CO 1030/284, pp. 18–19.

61. *Hong Kong Statistics, 1947–1967*, Hong Kong: Hong Kong Census and Statistics Department, 1969, p. 48.

62. 牟潤孫:《星島日報創刊廿五周年紀念論文集:1938–1963》,香港:星系報業有限公司,1966 年,第 24 頁。

63. The Growth of Manufacturing in Hong Kong, June 1956, CO 1030/284, p. 24.

64. 華僑日報社編:《香港年鑑》第八回上卷,香港:華僑日報社,1955 年,第 60 至 61 頁。

65. 華僑日報社編:《香港年鑑》第十六回第二篇,香港:華僑日報社,1963 年,第 87、92 頁。

66. 華僑日報社編:《香港年鑑》第九回甲部,香港:華僑日報社,1956 年,第 64 頁。

67. *Hong Kong Statistics, 1947–1967*, Hong Kong: Hong Kong Census and Statistics Department, 1969, p. 80.

68. Economist Intelligence Unit, Federation of Hong Kong Industries, *Industry in Hong Kong*, London: Economist Intelligence Unit, 1962, p. 29.

69. Economist Intelligence Unit, Federation of Hong Kong Industries, *Industry in Hong Kong*, London: Economist Intelligence Unit, 1962, p. 35.

70. 華僑日報社編:《香港年鑑》第十七回第二篇,香港:華僑日報社,1964 年,第 59 頁。

71. *Hong Kong Statistics, 1947–1967*, Hong Kong: Hong Kong Census and Statistics Department, 1969, p. 96.

72. Edward Szczepanik, *The Economic Growth of Hong Kong*, Westport, Conn.: Greenwood Press, 1986, p. 120.

73. 莊重文:《香港工業之成長》,香港:三聯書店(香港)有限公司,1986 年,第 69 頁。

74. 劉蜀永主編:《簡明香港史》第三版,香港:三聯書店(香港)有限公司,2016 年,第 353 頁。

75. Edward Chen Kwan-yiu, *The Electronics Industry of Hong Kong: An Analysis of Its Growth*, Mss Thesis, University of Hong Kong, 1971, p. II–1.

76. 經濟導報社：《1967 年香港經濟年鑒》第一篇，香港：香港商報社，1967 年，頁 84。

77. 莊重文：《香港工業之成長》，香港：三聯書店（香港）有限公司，1986 年，第 70 頁。

78. *Hong Kong Review of Overseas Trade in 1965*, Hong Kong: Commerce and Industry Department, p. 32; *Hong Kong Review of Overseas Trade in 1969*, Hong Kong: Commerce and Industry Department, p. 33.

79. *Hong Kong Statistics, 1947–1967*, Hong Kong: Hong Kong Census and Statistics Department, 1969, P. 14.

80. Edvard Hambro, *The Problem of Chinese Refugees in Hong Kong: Report Submitted to the United Nations High Commission for Refugees*, Leyden: Sijthoff, 1955, pp. 3, 26–27.

81. Edvard Hambro, *The Problem of Chinese Refugees in Hong Kong: Report Submitted to the United Nations High Commission for Refugees*, Leyden: Sijthoff, 1955, pp. 47–48, 93.

82. Barltrop to Grantham, 10 October 1955, CO 1030/370, pp.14–15.

83. 香港工會聯合會：《工聯會與您同行：65 周年歷史文集》，香港：中華書局（香港）有限公司，2013 年，第 26 頁。

84. A. Grantham to the Secretary of State for the Colonies, 26 January 1954, CO 1030/390, pp. 221–222.

85. 華僑日報社編：《香港年鑒》第十回甲部，香港：華僑日報社，1957 年，第 110 頁。

86. Hong Kong Working Party on the Development of Medical Services, *Development of Medical Services in Hong Kong*, Hong Kong: Govt. Printer, 1964, p. 10.

87. 《華僑日報》，1951 年 4 月 9 日；《大公報》，1954 年 7 月 5 日；《工人醫療所八週年紀念特刊》，1958 年 8 月。

88. *Annual Departmental Report by the Director of Medical and Health Services for the Financial Year 1952–1953*, Hong Kong: Govt. Printer, 1953, pp. 52–53.

89. G. W. Catron, *China and Hongkong, 1945–1967*, Cambridge, Mass.: Harvard University, 1971, p. 178.

90. 《一九五六年十月十日至十二日九龍及荃灣暴動報告書》，香港：政府印務局，1956 年，第 4 至 19 頁。

91. 《一九五六年十月十日至十二日九龍及荃灣暴動報告書》，香港：政府印務局，1956 年，第 20 至 28 頁。

92. 《一九五六年十月十日至十二日九龍及荃灣暴動報告書》，香港：政府印務局，1956 年，第 30 頁、36 頁。

93. Peking to Foreign Office, 20 October 1956, CO 1030/387, pp. 20–21, 188.

94. Tamsui to Foreign Office, 12 October 1956, FO 371/120922, p. 80; 13 October 1956, FO 371/120922, p. 136.

95. 劉蜀永主編:《簡明香港史》第三版,香港:三聯書店(香港)有限公司,2016 年,第 412 頁。

96. 《一九六六年九龍騷動調查委員會報告書》,香港:政府印務局,1967 年,第 13 至 21 頁。

97. 《一九六六年九龍騷動調查委員會報告書》,香港:政府印務局,1967 年,第 22 至 39 頁。

98. 《一九六六年九龍騷動調查委員會報告書》,香港:政府印務局,1967 年,第 113、115 頁。

99. 《一九六六年九龍騷動調查委員會報告書》,香港:政府印務局,1967 年,第 89、93、94、96、98 頁。

100. *Hong Kong Disturbances 1967*, Hong Kong: The Government Printer, 1968, p. 5.

101. 香港《文匯報》,1967 年 5 月 6 日;《明報》,1967 年 5 月 7 日。John Cooper, *Colony in Conflict: The Hong Kong Disturbances, May 1967–January 1968*, Hong Kong: Swindon, 1970, p. 10.

102. 張家偉:《六七暴動 —— 香港戰後歷史的分水嶺》,香港:香港大學出版社,2012 年,第 30 頁。

103. 金堯如:《金堯如:香江五十年憶往》,香港:金堯如紀念基金,2005 年,第 132 頁。

104. 《大公報》,1967 年 5 月 16 日。

105. 香港《文匯報》,1967 年 5 月 17 日。

106. 香港《文匯報》,1967 年 5 月 19 日。

107. 張家偉:《六七暴動 —— 香港戰後歷史的分水嶺》,香港:香港大學出版社,2012 年,第 63 至 64 頁;*Hong Kong Disturbances 1967*, Hong Kong: The Government Printer, 1968, pp. 11–12.

108. 《華僑日報》,1967 年 5 月 23 日;張家偉:《六七暴動 —— 香港戰後歷史的分水嶺》,香港:香港大學出版社,2012 年,第 74 頁。

109. 《人民日報》,1967 年 6 月 3 日。

110. 張家偉:《六七暴動 —— 香港戰後歷史的分水嶺》,香港:香港大學出版社,2012 年,第 86 頁。

111. 張家偉:《六七暴動 —— 香港戰後歷史的分水嶺》,香港:香港大學出版社,2012 年,第 135 頁;梁上苑:《中共在香港》,香港:廣角鏡出版社,1989 年,第 142 頁。

112. 余汝信:《香港,1967》,香港:天地圖書有限公司,2012 年,第 244 頁、262 至 265 頁。

113. 張家偉：《六七暴動 —— 香港戰後歷史的分水嶺》，香港：香港大學出版社，2012年，第 122 頁、124 頁、128 頁、156 至 157 頁；余汝信：《香港，1967》，香港：天地圖書有限公司，2012 年，第 205 頁、213 頁、218 至 219 頁、220 頁。

114. 張家偉：《六七暴動 —— 香港戰後歷史的分水嶺》，香港：香港大學出版社，2012年，第 209 至 210 頁。

115. 梁上苑：《中共在香港》，香港：廣角鏡出版社，1989 年，第 142 頁；*Hong Kong Disturbances 1967*, Hong Kong: The Government Printer, 1968, pp. 45, 85.

116. *Hong Kong Disturbances 1967*, Hong Kong: The Government Printer, 1968, p. 84.

117. 張家偉：《六七暴動 —— 香港戰後歷史的分水嶺》，香港：香港大學出版社，2012年，第 171 至 172 頁。

118. *Hong Kong Disturbances 1967*, Hong Kong: The Government Printer, 1968, p. 85.

119. 梁上苑：《中共在香港》，香港：廣角鏡出版社，1989 年，第 152 頁。

120. T. A. K. Elliott to W. S. Carter, 8 May 1967, FCO 21/204, p. 161.

121. 中共中央文獻研究室編：《周恩來年譜：1949–1976》下卷，北京：中央文獻出版社，1997 年，第 155 頁。陳揚勇：《苦撐危局 —— 周恩來在 1967》，北京：中央文獻出版社，1999 年，第 353 至 354 頁。

122. 中共中央文獻研究室編：《周恩來年譜：1949–1976》下卷，北京：中央文獻出版社，1997 年，第 169 頁。陳揚勇：《苦撐危局 —— 周恩來在 1967》，北京：中央文獻出版社，1999 年，第 355 至 356 頁。

123. 陳揚勇：《苦撐危局 —— 周恩來在 1967》，北京：中央文獻出版社，1999 年，第 356 至 366 頁。

124. 黃文放：《解讀北京思維》，香港：經濟日報出版社，2001 年，第 52 頁。

125. 陳揚勇：《苦撐危局 —— 周恩來在 1967》，北京：中央文獻出版社，1999 年，第 366 頁。

126. Governor Sir D. Trench to Commonwealth Office, 13 February 1968, FCO 21/194, p. 193.

127. 金堯如：《金堯如：香江五十年憶往》，香港：金堯如紀念基金，2005 年，第 33 頁。

128. 李後：《百年屈辱史的終結 —— 香港問題始末》，北京：中央文獻出版，1997 年，第 59 頁。

129. 《中國共產黨中央委員會關於建國以來黨的若干歷史問題的決議》，北京：人民出版社，1981 年，第 24 至 25 頁。

130. Governor Sir D. Trench to Commonwealth Office, 13 February 1968, FCO 21/194, p. 192.

131. Governor Sir D. Trench to Commonwealth Office, 13 February 1968, FCO 21/194, p. 188.

132. 李後：《百年屈辱史的終結 —— 香港問題始末》，北京：中央文獻出版社，1997 年，第 56 頁；Estimated Communist Strength in Hong Kong, FCO 21/196, pp. 31–37.

133. 張家偉：《六七暴動 —— 香港戰後歷史的分水嶺》，香港：香港大學出版社，2012 年，第 184 頁。

第八章

社會的發展變化與港英政策的調整

1960 年代初的工展會攤位。（高添強提供）

1970 年代香港證券交易所內緊張交投的情景。
（高添強提供）

1965 年 2 月 27 日，廣東省副省長林李明在
江—深圳供水首期工程竣工典禮上剪綵。前
排右起為香港中華總商會副會長王寬誠、香港
工聯會會長陳耀材、香港中華總商會會長高卓
雄等。

1997年3月8日，鄭州北站押運員裝運供港黃牛，通過三趟快車運往香港。（新華社照片）

1971 年港督麥理浩就任後約一個月，到黃大仙
區視察。

1976 年的何文田愛民邨，於 1974—1975 年入
伙。（香港政府新聞處照片）

港府於 1970 年代後期首次推出高齡津貼計劃
開始正視長者問題。(高添強提供)

從山頂鳥瞰香港。（1986 年）（高添強提供）

1972 年，香港學生在港大校園內舉行保釣
會，抗議日本侵略中國領土。（高添強提供）

1973 年 9 月 2 日，學界在摩士公園舉行「反貪污，捉葛柏」集會，控訴社會貪污問題嚴重。（高添強提供）

香港的主要產業在 20 世紀 50 年代開始從轉口貿易轉型為製造業。經過近 20 年的發展,香港已經成為高度工業化的城市。60 年代末,香港本地生產總值超過三成來自製造業;從事製造業的勞工佔整體勞動人口超逾四成,維持數以百萬計香港居民的生計。除了直接惠及香港社會,工業化亦為 70 年代起整體經濟起飛奠定了穩固的基石。工業的昌盛刺激出入口貿易激增,貿易的增長又有利於工業的進一步發展。香港的工業在 70 年代持續發展的同時,金融、旅遊、房地產等行業乘時興起。70 年代末,香港已經發展成為亞太地區新興的國際金融中心。

戰後幾十年香港經濟發展迅速;1985 年香港本地生產總值以實質計算為 20 年前的四倍有餘,每年平均複式增長率約為 8%。1980 年代中期的經濟力量與 1950 年代初期相比則大約超逾十倍;按人口平均計算的實質生產總值亦高出五倍。[1] 推動香港經濟迅速發展的因素除了有利的國際環境、香港市民的奮鬥精神、政府的積極不干預政策,還有一直與香港經濟發展息息相關的中國因素。

20 世紀 60 年代發生天星小輪事件和六七暴動後,香港政府對戰後香港社會的矛盾作出了深刻的反思,同時採取手段緩和已經暴露的社會矛盾以鞏固殖民統治,於是着手推動社會改革。1971 年麥理浩就任港督後,改革的步伐明顯加快。在多項改革措施之中,麥理浩特別注意改善民生問題,包括推行十年建屋計劃、與新界原居民達成收地賠償協議、提高勞工保障、擴大福利政策、實施九年義務教育以及成立影響深遠的廉政公署。結果麥理浩任內的香港是英治時期社會面貌變化最大和進步最快的時代。這個香港俗稱的「麥理浩時代」是香港市民眼中的黃金時代,也是後來一國兩制下香港資本主義社會的原型。

麥理浩在香港的政策調整和改革，確實改善了香港社會的問題，提升了香港的生活質素。不過，他種種努力的背後還有一個更深層次的動機，就是要盡快和盡力推動香港社會前進，擴大香港與中國內地的差距，以提高未來在關於香港前途問題談判中的議價能力，最終達到延續英國在香港殖民統治的目的。

　　同一時代的香港社會亦萌生了香港年輕一代的政治覺醒。香港政府在 60 年代兩次騷動後推出「香港節」等活動，希望藉此培養市民特別是年輕一代的榮譽感和歸屬感。不過，香港社會的真實轉變其實來自不同階層對社會的自發性關注，並逐漸凝聚成不同的社會思潮。戰後在香港出生的青年學生已屆成年，開始釋放對殖民管治的不滿；在西方學運和中國「文化大革命」的時代衝擊下，香港的大專學生投入了一場帶有身份意識的「放認關爭」的學運之路，以行動達致「放眼世界、認識祖國、關心社會、爭取權益」的目的。他們成為「中文合法化」、「保衞釣魚台」等社會運動的主要推動者。香港大學學生會更組織了香港學生「回國觀光團」，帶動了香港青年回內地觀光體驗的熱潮。從 1973 年到 1978 年，香港專上學生聯會聯同各大專院校，連續舉辦了六屆「中國週」，「認中」成為時代青年的思想印記，影響深遠。1976 年「四五天安門事件」和「四人幫」倒台，香港大專界的學運重點漸漸由「認中」轉向「關社」，關注對象由中國轉向香港社會。

第一節　香港經濟起飛

工業的進一步發展

　　踏入 20 世紀 70 年代，香港工業中的成衣、玩具、塑膠和鐘錶等產品的出口額或出口量都名列世界前茅，工廠和工人數目不斷增加；香港成為亞洲地區輕工業產品的製造中心。同時，電子、鐘錶和玩具等新興工業迅速崛起，改變了過分偏重紡織和製衣的產業結構，促進香港產業結構優化與調整，進一步實現多元化產業發展。

紡織製衣業

　　紡織製衣業自戰後即成為香港的龍頭工業，踏入 1970 年代依然維持高度的增長率。1972 年至 1976 年間，紡紗業和織布業的產量均錄得顯著增長。棉紗產量由 1972 年的 115,305 噸增至 1976 年的 196,128 噸，棉織品產量由 1972 年的 4.55 億平方米增至 1976 年的 8.09 億平方米。值得注意的是，同期的紡紗業和織布業從業人數的增長率比產量增長率低，反映工廠的生產技術水平向自動化方向提升。[2]

　　20 世紀 70 年代，製衣業取代紡織業，成為香港規模最大的工業種類。製衣業的成品主要外銷至歐美市場，出口額的變動反映了行業的增長實績。1968 至 1978 年間，紡織成衣的出口額每年增加 17.7%。美國、西德和英國是香港紡織成衣的重要市場，輸往以上三國的出口額佔出口總值的 60%。其中毛皮及皮革服裝的增長十分顯著：1968 年，毛皮服裝和皮革服裝的出口額分別只有 780 萬港元和 880 萬港元。到了 1978 年，毛皮服裝和皮革服裝的出口額激增至約 4.14 億港元和約 6.63 億港元。[3] 至於紡織業出口額，則由 1970 年的

表 8.1　香港註冊工廠統計數字（1968-1984 年）

年份	工廠數字	工人數字
1968	11,257	458,940
1969	12,763	523,945
1970	15,285	568,787
1971	18,612	564,370
1972	20,474	578,855
1973	29,105	626,392
1974	31,318	600,128
1975	31,034	678,857
1976	36,303	773,746
1977	37,568	755,108
1978	41,240	816,683
1979	42,282	870,898
1980	45,409	892,140
1981	46,729	904,646
1982	47,089	856,137
1983	46,817	865,073
1984	48,992	904,709

資料來源：《勞工處年度報告》1968 至 1980 年及《香港統計年刊》1981 至 1985 年。

12.77 億港元增加到 1980 年的 45.35 億港元；同時，製衣業出口額也由 43.37 億港元增加到 232.58 億港元，成為香港第一大出口行業。[4]

電子工業

香港的電子廠大多在 1970 年代至 1980 年代創辦。1976 年，全港電子業工廠共有 1,228 家，僱用 88,057 名工人。到了 1984 年，工廠數目增加超過一倍至 2,503 家，工人數目則升至 143,867 名，超越紡織業及塑膠業成為香港第二大工業部門。[5] 電子產品適用於製造零件及電器等消費品，使電子業與金屬業、塑膠業和玩具業等其他輕工業的發展形成相輔相成的關係。電子玩具產品的開發和製造為玩具業帶來強勁的動力。1982 年，香港電子玩具出口世界各地總額近 5 億港元，玩具業成為電子業興起得益最大的工業伙伴。[6]

塑膠業

踏入 1970 年代，香港塑膠業不斷向高品質方向發展。電器及電子業為塑膠業注入新動力，塑膠廠投入生產收音機及其他電器產品的配件，這些產品對塑膠原料、工模、技術等要求十分嚴格，推動塑膠業不斷研究改良，創製新穎及高質素的產品。

玩具工業

玩具工業異軍突起，發展成香港第三大出口行業。1972 年的香港是世界最大的玩具生產及出口地，其中塑膠玩具出口總值達 11.33 億港元，[7] 超越日本而位居世界第一。香港的玩具不但產量上佔有優勢，產品種類亦能夠照顧不同的市場；既有高級的電視遊戲機，亦有廉價的玩偶；因此為香港贏得「玩具王國」的美譽。

鐘錶業

香港的鐘錶業包括零件製造和手錶裝嵌。香港製造的零件主要是錶殼、錶帶及錶面，這門工業源於戰前，有些小型工場開始製造錶殼及其他手錶配件。戰後錶殼需求逐漸增加，多家錶帶和錶殼工場相繼開業，為後來的鐘錶業培育了大批鐘錶配件製造人才。[8]

香港的鐘錶製品出口一直以錶帶為首，錶殼為次，然後才是手錶。不過，20 世紀 60 年代末鐘錶業迎來新發展，香港興起裝嵌機械手錶的工種。1969 年，香港製造的手錶出口總值首次超越錶殼、錶帶等零件出口總值的總和，標誌香港鐘錶業由製造零件轉型至裝嵌手錶的新發展；[9]香港亦因此漸漸成為瑞士鐘錶的主要裝配中心。隨着電子跳字錶的興起，鐘錶業成為香港第五大出口行業。鐘錶出口數量在 1979 年達到 8,132 萬隻，成為世界第一位；出口總值則達到 43.54 億港元，僅低於瑞士和日本而位居世界第三位。[10]

製造業提高競爭力

在 20 世紀 50、60 年代，香港的工業發展集中在勞動密集型的出口加工型輕工業。當時香港工業正在起步階段，優勢是廉價高效的勞動力，為歐美品牌代工生產是必然的選擇。踏入 70 年代，製造業的隱憂逐漸浮現；一方面薪金和地租等生產成本日益上揚，另一方面要面對周邊地區的強勁競爭。50、60 年代以低生產成本提高產品競爭力的經營模式已經無法延續。

表 8.2　香港工人平均薪金表（1968–1984 年）

年份	平均基本日薪（港元）	平均日薪（包括福利）（港元）
1968	11.72	13.08
1969	12.66	14.17
1970	14.12	16.18
1971	16.78	19.21
1972	18.63	21.13
1973	20.79	24.12
1974	22.47	26.04
1975	22.90	26.29
1976	27.76	31.60
1977	30.66	35.47
1978	34.81	41.35
1979	40.39	48.11
1980	46.42	55.46
1981	54.15	64.61
1982	58.63	69.80
1983	68	81
1984	77	91

資料來源：勞工處各年報告（註：1976 年之前是每年 3 月的數據，1976 年或以後是每年 9 月數據）

勤儉刻苦的香港市民是香港工業起飛的重要力量，但人力資源的短缺必然導致工資上漲。製造業的蓬勃發展促進了金融、貿易和航運等相關行業的發展，也帶動了服務性行業的市場發展，結果這些經濟部門成為與製造業爭奪人力資源的主要對手。70 年代以後，香港勞工的工資已躍升至亞洲第二位，僅次於日本，對勞力密集型工業構成重大打擊。

　　另外，土地資源短缺一直是香港社會發展的最大障礙。早在 50 年代，香港政府已經透過大規模的填海造地，將觀塘和荃灣發展成工業市鎮；其後又在沙田、大埔等新市鎮發展工業邨。不過，土地的供應始終無法滿足不斷增加的需求。香港產品在國際市場愈暢銷，廠商對工業用地的需求就愈加殷切，土地的價格亦隨之持續上升。據統計，1970 年代以來，港產製品出口每擴大一倍，工業用地價格就上漲三倍，工業成本也因而急增。地價高昂不但窒礙一些需要使用重型機器或大量設備生產的工業，即使進駐多層工業大廈的輕工業亦受其害。

　　面對日益高漲的生產成本和激烈的競爭，香港廠商自 1970 年代起從三個方面推進傳統行業和傳統產品升級換代：一是隨着行業結構調整增加高品質產品類型；二是普遍提升產品品質，主要產品的品種、規格、款式和花色增加，檔次提高；三是發展小批量生產，以產品種類繁多和花色款式的頻繁更換，適應市場變化潮流，吸引客戶並拓展市場。產品多元化對港產品在國際市場上保持旺盛生命力起到了十分重要的作用。[11]

　　以紡織製衣和塑膠這兩個傳統產業升級換代為例，紡紗業引入產能比普通紡錠高三倍的空氣紡錠；織布業引進高速織機和無梭織機；製衣業則轉攻種類繁多的高級時裝、毛皮及皮革服裝；[12] 塑膠業生產出世界一流的注塑機，大大提高了香港塑膠業在國際市場上的競爭力。

香港工業在 1970 年代取得一定的成就，無論在產品種類、品質、生產技術以至出口規模等各方面都有所提升，反映出香港工業趨向成熟化的階段。電子、塑膠、玩具、鐘錶等行業的顯著發展，令香港工業更加多元化；減低過分依賴單一產業帶來的風險，令產業結構更為完善。不過，在工資高、地價高、地產和金融業迅速崛起等種種不利因素影響下，香港的廠商錯過了將產業升級至自創品牌和自主研發的機會，仍然由海外買家主導香港的生產，而且在相當程度上保留勞動密集的出口主導型經濟特色。這種產業進化中出現的緩滯，為香港工業的未來發展製造了不明朗的因素。

經濟結構多元化

　　自 20 世紀 50 年代起，製造業對香港經濟的重要性不斷增加；但到了 70 年代，製造業一枝獨秀的情況開始改變，取而代之的是崛起中的服務性行業。此後香港的經濟發展趨向多元化，減少了對出口主導的製造業的依賴，鞏固了香港經濟高速發展的基礎。

　　製造業多年來的發展令香港居民財富日增。居民的收入改善後，對各種服務的需求亦會相應增加。同時，旅遊業的蓬勃發展亦使批發及零售業和餐室及酒店業受惠。隨着東南亞日漸發展，這些地區對入口的需求不斷增加；香港既能發揮一直在區域上領先的航運樞紐地位，又能為新興的鄰邦提供有效率的財政和商業服務。[13]

　　1971 至 1976 年間，批發及零售業、餐室及酒店、財務、保險、房地產及商業服務等第三級產業的僱員人數增長率已經超越第一級和第二級產業。造成這現象的其中一個因素是大部分服務業無需面對世

界性的競爭，另一個因素是來自香港內部和周邊地區對服務業日益增加的需求。[14]

金融業

在 1970 年代以前，香港的金融業沒有太大的發展，傳統銀行業一枝獨秀。銀行業的高增長與製造業相輔相成，銀行為廠商提供融資，並因應製造業的發展而壯大。另外，市民收入的增加、儲蓄能力的提高以及傳統當押業的衰落，都增加了社會對銀行業的需求。銀行業在 1971 年的存款額比 1958 年增加超過十倍，分行數字由 8 家增至 358 家。[15] 雖然 1965 年初曾發生擠提風波，仍無阻銀行業的整體發展。

自 1970 年代初，香港出現戰後第二次經濟轉型，推動香港進一步起飛的動力逐漸由製造業轉移至以金融業為核心的第三級產業。香港擁有自由開放的金融體系、安定的社會政治環境、健全的司法制度，加上低稅率、先進完備的基礎設施、得天獨厚的地理位置，這些條件都有利於香港發展成為國際金融機構在東亞的基地。[16]

1968 年至 1972 年的股市狂潮，預示金融業此後的飛躍發展。恒生指數在 1968 年初只有 68 點，持續的牛市使不少市民放棄正業全職炒賣股票，令恒生指數在 1972 年底升至 843 點，四年內急增超過十倍。成交額亦由 1967 年的 298 億港元劇增至 1972 年的 43,758 億港元。雖然恒生指數其後由 1973 年的高點 1,777 點跌至 1974 年底的 150 點，但股市在 1976 年踏上復興之路。在大起大跌的風波之中，金融體系的各個環節發展迅速，滋生新的金融工具和市場，市場和投資者亦因此迅速成長。[17]

活躍的股票市場令香港的金融業務迅速發展，不同類型的金融機構，諸如商業銀行、投資銀行、國際銀行以至大大小小的財務公司紛紛成立。這些機構的業務包括證券包銷、合併與收購等批發性銀行業務，或接受公眾的定期存款，注資於股票和地產市場，以及作私人貸款之用。政府在 1976 年立法規管這些金融機構，其後更於 1981 年設立三級制，將這些金融機構分類為持牌銀行、持牌接受存款公司和註冊接受存款公司。[18] 在 1978 年 3 月香港政府重新發出銀行牌照給外資銀行之前，香港的註冊銀行只有 74 家。到了 1980 年，香港已有持牌銀行 115 家，其中外資銀行 88 家，佔 76.5%。

　　金融業佔經濟的比重日益上升，於 1981 和 1982 年分別達到 23.8% 和 22.5%，金融業創造的增加值在 1982 年達 129.26 億港元，反映香港經濟多元化的程度和國際金融中心崛起的力度。1979 至 1980 年，政府一度暫停發出外資銀行牌照。1981 年 5 月香港政府為提高香港銀行業的國際地位，再次宣佈接納外資銀行在香港營業的申請。到 1984 年底，香港的銀行數目已增至 140 家，總行及分支機構共達 1,547 家。[19] 香港高度開放的經營環境以及外資拓展中國內地業務的需要，吸引大批外資銀行來港設立分支機構。

　　英美兩國在 1960 年代末先後出現貨幣危機，導致黃金與貨幣脫鈎，令金價反覆上升。倫敦五大金商於 1970 年代先後來港開業。1974 年 1 月，香港政府解除對黃金進出口的管制，香港於是繼金銀業貿易場之後，新添一個「倫敦金市場」。1970 年代末，香港的黃金市場成為世界四大金市之一。1980 年 8 月，香港商品交易所又開辦黃金期貨市場，使香港黃金市場更為完整，集金銀業貿易場、本地倫敦金市場和期金市場於一身。同時，由於各國放棄金本位制度，匯價自由浮動，投機、保值、對沖成為外匯買賣的主流。香港於 1972 年底取

消外匯管制，1974 年底允許港幣自由浮動，令外匯市場日益活躍，國際商人、銀行及外匯經紀行紛紛來港開業，令香港成為國際外匯交易在遠東的重要交易點。[20]

自 1969 年起，香港逐漸從次區域金融中心演變為區域金融中心。1969 至 1979 年間，香港的金融機構和金融市場有顯著的國際化趨勢。同時，香港的保險業、基金管理業、外匯市場、黃金市場和股票市場的國際化步伐亦十分快速，令香港在 1970 年代末崛起成亞太地區新興的國際金融中心。[21]

旅遊業

香港素來是中國往來世界的窗口，過境香港的中外人士絡繹不絕。冷戰的陰霾一度阻礙香港發揮這方面的功能，但自 1960 年代後期開始，香港的旅遊業開始復甦。小說和電影版的《生死戀》及《蘇絲黃的世界》在歐美大賣，使香港成為世界無人不知的東西方交滙點。[22]隨着旅遊業蓬勃發展，到了 1970 年代，香港成為亞太地區著名的旅遊中心。旅客在港消費和渡假，大力刺激批發及零售業以及餐飲和酒店業的發展。旅遊業的發展可以從訪港旅客人數急增反映出來。1970年，訪港旅客為 92.7 萬人次。到了 1978 年，訪港旅客已達 205 萬人次，旅客人次平均每年增長 10.5%。[23]從 1971 到 1984 年，旅遊業帶來的收益佔本地生產總值的 4.5% 至 7.5% 之間，成為香港第三大創匯行業。

房地產業

香港的房地產業在抗戰勝利後穩步發展。香港政府於 1955 年修改建築條例，鼓勵建築物向高發展，不少建築物拆卸重建，刺激了地

產業的發展。[24] 隨着愈來愈多的大廈在香港興建，地產商又創出「分層出售」、「分期付款」和「預售房屋」這些新的售樓形式，促進地產業的蓬勃發展。

1965 年銀行擠提風波、1973 年股災以及 1974 年中東石油危機都曾對房地產業構成負面影響，但整體而言房地產業仍能承接過去的發展勢頭。金融、旅遊和製造業的發展令市場對高級寫字樓、酒店、旅遊設施和工業用地的需求不斷增加，工商業樓宇到處拔地而起。1970 年代香港經濟起飛，市民逐漸富裕起來，開始對居住環境有較高要求。地產商意識到買家需求的轉變，因此針對這批中產人士，發展設施充足、居住環境良好的私人屋苑。1978 年落成的美孚新邨開創了大型私人屋苑的先河，更是當時全球樓宇數目最多的住宅項目。

1970 至 1980 年代初，香港「賣樓花」風氣盛行，買家只需支付 5% 至 10% 的訂金即可購得樓花，易手隨時可賺數倍，以致炒賣成風。股票投機的狂潮又影響房地產業，不少人在股票市場獲取暴利之後，將資金轉投地產業。港府的高地價政策和股票投機使地價、樓價及租金大幅上升。尖沙咀東部的地價在三年內上升了六至七倍，樓價也上升了三倍。到 1980 年，香港的房地產在多方面已經達到世界水準，商業樓宇的租金排名升至亞洲第一、世界第三。地價的不斷攀升使港府獲得巨額的財政收入，1980/1981 財政年度，港府土地拍賣收益高達 100 餘億港元，佔當年財政收入的 28%。[25]

經濟全面起飛的香港

1970 年代的種種發展，標誌着香港經濟全面起飛。香港的本地生產總值（GDP）在 1970 年代平均每年的增長率為 9.2%，增幅領先亞

洲新興工業化國家和地區。製造業的產值在 1984 年擴大至 772.32 億港元，但佔香港本地生產總值的比重卻下跌至 32.2%；服務性行業的產值在 1984 年擴大至 1613.12 億港元，佔香港本地生產總值 67.3%，反映出香港的經濟基礎已經由勞動密集型工業轉移至高增值的服務性行業。[26]

製造業的持續增長以及金融、旅遊、房地產、貿易和航運等行業的長足發展，使香港多元化的經濟結構逐漸形成。香港的本地生產總值由 1970 年的 230.15 億港元增至 1984 年的 2,564.93 億港元，增幅超過十倍，人均生產總值亦由 1970 年的 5,813 港元增至 1984 年的 47,517 港元，增幅達七倍。[27] 在蓬勃的經濟增長帶動下，香港政府的稅收大幅增加，用以投入房屋、醫療、教育等公共建設的開支相應增加。人均收入大幅增加，但物價上升的速度相對緩慢，令大眾的生活環境大為改善。香港經濟全面起飛，逐漸成為亞太地區重要的國際金融、貿易、航運、旅遊、資訊和輕工業中心。

經濟迅速發展的因素

戰後香港經濟充滿活力，發展迅速。香港成為亞洲經濟發展的「四小龍」之一。有利的國際環境、移民、港府的積極不干預政策、香港華人的奮鬥精神、內地支持等，是香港經濟迅速發展的重要因素。

資本是經濟發展的先決條件。第二次世界大戰以後，亞洲及太平洋地區先後爆發了韓戰和越戰，香港卻處於相對穩定的狀態，世界各地的資金源源不斷地流入香港。據統計，從 1946 年至 1950 年間，以商品、有價證券、黃金和外幣的形式，從中國內地流入香港的資金不

下 5 億美元。有專業說法指出，1949 年至 1950 年的一年之內，流入香港的資本急劇增加至 10 億港元以上。[28]

1950 年代初期，歐洲和美國的購買力和消費水準開始上升，因而促進世界貿易迅速增長約 20 年。在這段時期內，世界出口量每年平均增長率由 1950 至 1958 年的 5.3%，大幅增加至 1973 年的 10.2%。在這種情況下，香港工業品的需求大增，工業發展亦因而愈加蓬勃。[29]

香港工業逐步發展之際，正值世界貿易趨向自由化發展。歐洲經濟合作組織於 1958 年採用自由化法則並恢復貨幣的可兌換性，香港因而獲得機會進入多個市場。國際貿易關稅一般協議（GATT）主辦的多次削減關稅會議則有助於擴展世界貿易，香港也因此得以增加出口。另外，迪龍關稅會議達成的減稅協議於 1962 年起實施，更重要的甘迺迪削減關稅協議則於 1968 年實行。同時，西方主要資本主義國家逐步從發展輕紡等勞動密集型傳統工業，轉而重點發展資本密集和技術密集型工業，結果在世界經濟結構中製造空間，為香港發展勞動密集型工業和開拓國際市場提供了良好的機遇。

1946 年香港的人口恢復到戰前的 160 萬人水平，後來由於中國內戰的影響，大量難民湧入香港，1950 年的香港人口已經超逾 200 萬人。這批新移民中的成年人由中國內地來港後，成為即用的勞動力，其中的優秀技術人才和管理人才在很大程度上成為香港工業化的先鋒。

1950 年代的未成年移民和移民在港出生的子女使勞動力不斷得到補充。60 年代後期至 70 年代初期，勞動力進一步擴大。1961 至 1966 年，15 至 64 歲的勞動人口的年平均增長率為 3.1%，1971 至 1976 年則為 3.5%。[30]

香港政府實行的自由港政策和積極不干預政策也是香港經濟迅速發展的重要因素。從 1960 年代起，香港政府對香港經濟奉行「積極不干預」的政策，實際上是一種適度的積極干預政策。它具有兩層含義：其一，奉行自由主義經濟哲學，努力保持自由港地位，堅持自由企業制度和一系列自由經濟政策，營造鼓勵競爭的投資環境，鞏固市場機制得以順暢運作的經濟基礎。其二，通過一系列政策措施對採取自由放任經濟政策造成的缺陷加以補救，即進行適度的必要干預。[31] 作為自由港，所有日用品進出香港都是免稅的，這使香港工業所需材料及貨物能在最佳的競爭價格間作出選擇。香港政府對資金的流動予以最少的干涉，吸引鄰近國家和地區投入大量資金並把香港視為理想的投資地點。至於堅持自由企業制度和一系列自由經濟政策，則使企業家不受外來干擾，充分發揮自己的經營才能。

在自由經濟的框架中，香港政府曾經採取措施，支持公營和民間機構促進工業的發展。1960 年港府制訂法例，成立半官方的香港工業總會。工業總會初期的一項重要工作是聘請英國經濟學人資料社（The Economist Intelligence Unit），調查香港的資源與當時的工業情況。同時就可以取得的資源與可以開拓的市場，研究香港工業的發展潛力及仍能繼續建立的新工業。因為科學管理對工業發展極為重要，工業總會在 1960 年建立了香港科學管理協會，在香港工商業中推廣現代管理技術。後來，香港工業總會建立了三個技術中心，對香港工業提供有價值的服務。第一個是香港標準及檢定中心，負責協助提高產品的品質印象與標準，最初的工作對象是紡織品，後來範圍逐步擴大，又增加了電器、電子製品、化學品、鞋履、玩具、手錶及食品等等；第二個是工業設計中心，負責鼓勵優良產品設計的發展，主要活動是每年舉行一次的「香港總督優異設計獎」比賽；第三個是包裝中心，在促進包裝工作方面，負責培養創造能力並進行改良運動。

1966 年，香港政府成立了兩個公營機構——香港出口信用保險局和香港貿易發展局。1967 年，港府又成立了公營機構香港生產力促進局。香港出口信用保險局負責向香港工業產品的出口商，賠償不能收到的貨款。香港貿易發展局負責推動香港的對外貿易，尤其是香港出口產品的貿易；也為廠家提供市場研究和貿易諮詢，協助製造商和出口商打開海外市場。香港生產力促進局負責提高香港工業尤其是中小型企業的生產力，並為工業界提供各類工業與管理顧問服務，技術輔導服務及人才培訓等。

　　此外，成立於 1934 年的香港中華廠商聯合會每年舉辦香港工業產品展覽會，吸引逾 100 萬人到場參觀。1967 年 12 月 5 日至 1968 年 1 月 9 日舉辦的銀禧工展會參展單位達 1,630 個，進場人數超過 160 萬人。工展會不僅使香港廠商獲得了介紹產品的機會，也是香港市民了解香港工業最新發展的年度平台。

　　香港經濟發展的過程並非一帆風順。香港人以堅韌不拔的奮鬥精神和靈活機動的作風，才能在種種挫折和困難之中不斷開創經濟發展的新局面。除了上文提及的土地短缺不利整體工業發展，個別因素對不同行業也帶來不同的困難。1950 年代香港食水供應不穩定，有的廠家唯有自行到附近山上泵水使用，這對於需要大量用水的漂染廠來說是一種不易克服的挑戰。[32] 1957 年英國國會認為香港搪瓷充斥英國市場，英國搪瓷業陷於沒落而引起嚴重失業問題，因此英國一度抵制香港搪瓷製品，導致香港搪瓷業出現減產停工的不良後果；部分工廠甚至要遷移至非洲就地生產，就地銷售。1961 年及 1962 年是香港紡織業的多事之秋。當時各紗廠正在大事擴充，英美兩大市場卻採取限制香港棉紡織品輸入的措施。1965 年美國、英國、加拿大分別對香港的紡織品實行限額制度，使香港紡織業再次受到嚴重打擊。香港另一主

流產品塑膠花亦不能倖免。1965 年美國停止購買塑膠花並且大批退貨，不少規模較小的膠花廠因而倒閉。

面對愈見艱難的營商環境和多變的國際市場，香港工業家經常採用開闢新市場及改換品種等方法應對困難。例如 1965 年輸往英國的棉織品向高值貨品方面發展，雖然限額沒有增加，貨值卻增加不少。另外，1966 年香港棉紡工業轉向高級棉紗生產，壓縮產量，並將棉紗售價提高。塑膠業亦積極推出新產品並提高生產技術，以吸引國際市場新訂單，頗見效果。

香港工人刻苦耐勞也是香港經濟取得成功的重要因素。香港工人經歷過工時長工資低的艱苦日子；1950 年代的車衣女工每日工作 14 小時，最高報酬為 3 港元；塑膠女工每日工作 8 小時，最高報酬為 2.5 港元；糊火柴盒終日所得不及 1 港元。[33] 工人在極其艱難的生活條件下勤奮地工作，既保住產品的質和量，也增加了香港的競爭力。香港工人是香港經濟發展的無名功臣。

中國因素是香港經濟高速發展的一個重要因素。中國內地幅員廣大、人口眾多，又與香港山水相連，是香港的一個重要市場。中華人民共和國成立以後，中國政府對香港採取了「長期打算，充分利用」的政策，政治上維持香港的穩定，經濟上給予大力支持。廣州交易會、東江水、三趟快車都是中國政府從經濟上支持香港發展的典型事例，也是香港與內地互惠互利的體現。

1955 年 10 月至 1956 年 5 月，廣東省外貿系統先後舉辦了三次出口物資展覽交流會，在推動外貿發展及出口創匯方面取得了一定的成績和經驗。1957 年，國務院批准外貿部和廣東省人民委員會共同以中國國際貿易促進委員會的名義在廣州舉辦中國出口商品展覽會。這個

被周恩來總理簡稱為「廣交會」的展覽會每年春秋各舉辦一次，一直延續至今，對推動香港與內地的貿易發揮了重要的作用。[34]

香港淡水資源缺乏，食水供應是開埠以來一直難以妥善解決的問題。隨着人口急增和工商業蓬勃發展，水荒的問題更加突顯。1963 年香港出現 60 年來最嚴重的水荒，全港水塘存水僅夠 43 天食用。6 月 13 日，香港政府宣佈限制用水，每隔四天供水一次，每次四小時。

其實此前香港中華總商會和工聯會已經向廣東省反映香港的供水困難，並得到正面的回應。1960 年 11 月 15 日，廣東省寶安縣人民委員會與香港政府簽訂協定，每年由深圳水庫向香港供水 50 億加侖，水費為每 1,000 加侖人民幣 1 角。不過，這供水量並不能滿足香港的需求。1963 年香港出現嚴重水荒以後，廣東省同意香港政府用輪船從廣東運輸淡水到香港救急。同時，中英雙方都在探討長遠的解決辦法。1963 年 5 月 24 日，新華社香港分社社長梁威林向香港政府提出數個從內地取水的辦法。其中一個辦法是興建一條輸水管，將東江水抽至深圳水庫，然後把東江水送到香港。香港政府對此極感興趣。[35] 1963 年 6 月 13 日，港督柏立基致函殖民地大臣，表示引入東江水是穩定香港供水至關重要的方案，希望英國駐北京大使可以向中央人民政府表達香港政府的想法。[36] 1963 年 6 月 18 日，英國駐北京大使接觸中央人民政府，提議就東江水供港事宜展開會談。[37]

在中英雙方多次接觸之後，周恩來總理下令修築東江—深圳供水工程。1963 年 12 月 8 日，他聽取廣東省水電廳廳長劉兆倫關於工程方案的彙報後指出：「香港居民百分之九十五以上是我們自己的同胞，供水工程應由我們國家舉辦、列入國家計劃，不用港英當局插手。向香港供水問題，與政治談判要分開，不要連在一起。供水計劃可以單獨進行。」他僅要求工程建好後，採取收水費的辦法，逐步收回工程

建設投資費用。水費應該實行經濟核算，每一噸收一角錢（人民幣）可定下來，不要討價還價。[38]

1964 年 4 月 22 日，廣東省人民委員會與香港政府簽訂了《關於從東江取水供給香港、九龍的協議》，規定廣東省人民委員會啟動東江 — 深圳供水工程，於 1965 年 3 月 1 日開始，由深圳文錦渡附近供水站供給香港、九龍淡水，每年供水量定為 6,820 萬立方米，水費標準為每一立方米人民幣 1 角。1964 年工程建設初期，中國經濟尚未復興，但中國政府仍然從援外資金中撥款 3,800 萬元，確保工程順利完成。首期工程於 1965 年 2 月 27 日竣工，同年向香港供水 6,000 萬立方米，佔當時香港全年用水量的三分之一。為了滿足香港不斷增長的用水需求，從 1970 到 1990 年代，東江 — 深圳供水工程分三期擴建，耗資逾 20 億元。1994 年年底，第三期擴建工程完工後，對香港的供水能力增至每年 11 億立方米。[39]

「東深」工程始終堅持把有限的淡水資源優先供給香港。1983 年廣東大旱，當地居民用水緊張，部份工廠被迫停產，但香港依然 24 小時無限制供水。據香港水務署統計，1960 年 12 月至 1996 年 6 月底，內地向香港供水總量達 91.59 億立方米。事實證明，香港使用的淡水主要依靠內地供應，東江水佔香港用水總量 75% 或以上。[40]

香港人喜歡食用新鮮食品，內地得地利之便，成為這些食品的主要供應來源。以 1995 年為例，內地供應香港食品的數量及市場佔有率為活豬 239.42 萬頭，佔 94%；活牛 10.77 萬頭，佔 100%；活羊 9,100 頭，佔 100%；活雞 3,410 萬隻，佔 75%；凍肉禽 51,552 噸，約佔 30%；塘魚 36,173 噸，約佔 90%。此外，內地供應香港的主要食品還有 24,000 多噸水果，246,762 噸新鮮蔬菜以及相當數量的蛋品、油料、食品等。[41]

為了更有效地處理供應香港的鮮活食品，從 1962 年開始，鐵道部和外經貿部安排了 751、753、755 等三趟「供應港澳冷凍商品快運貨物列車」，每天分別由上海、鄭州、武漢（或長沙）開往深圳，再將貨物運往香港。除了農曆正月初一，三趟快車衝破自然和人為障礙，一年 364 天每天按時運送，從未間斷。1962 至 1995 年，三趟快車共向港澳運送活豬近 8,000 多萬頭、活牛 500 多萬頭、活家禽 8.1 億餘隻、冷凍食品 135 萬噸，以及大量其他商品。「定期、定班、定點」的三趟快車滿足了香港居民喜食「鮮、活、生、猛」的要求，體現了中國政府對香港社會需要的重視。[42] 內地低廉、穩定且均衡的食品供應，有助於降低香港的通貨膨脹率和勞動力成本，從而提升香港在國際市場的競爭力。

第二節　麥理浩時代

麥理浩的社會改革

1970 年代的香港是一個後六七的社會。六七暴動不但在爆發時給香港帶來極大的衝擊，而且在暴動後對香港的發展也製造了難題。香港政府深切明白，香港人今非昔比，管治香港再也不能採用傳統的模式；香港政府要緩和社會矛盾，照顧社會不同階層的需求。在六七暴動平息後，香港政府採取果斷的措施，推行一系列的改革，覆蓋範圍包括關係一般市民福祉的房屋問題、引發暴動的勞工問題、與青年直接相關的教育問題、土地問題以及肅貪倡廉等等；帶領香港政府落實改革的就是至今仍然為香港市民津津樂道的港督麥理浩（Murray MacLehose）。

麥理浩在 1971 至 1982 年出任港督，是歷任港督中任期最長的一位。麥理浩的任命可以反映出英國政府對香港政策的轉變。開埠以

來，港督大多數來自殖民地部。1960 年代殖民地部與聯邦事務部合併，合併後的聯邦事務部又與外交部合併，但不改以殖民地官員出任港督的慣例。英國政府委派出身外交系統的麥理浩主理香港事務，顯然看到 1970 年代的香港已非大英帝國的一般殖民地。麥理浩在香港經歷重大社會動亂之後出任港督，亦並非只是為了解決香港管治上的問題；英國政府更期望麥理浩以外交官的視野和手腕帶領香港從歷史的低谷走向新的天地。事實說明，麥理浩的任命並非純粹出於英國政府內部的考慮，在相當程度上，這次人事安排是中英關係轉變下的對策。

麥理浩到任的時候，香港的周邊發生了不少與英國管治香港密切相關的事情。1971 年底，中華人民共和國取代台灣當局成為聯合國成員及聯合國安全理事會常任理事國。[43] 這意味着和英國在香港事務上打交道的中華人民共和國已經回到國際政治舞台。1972 年春天，英國最親密的盟友美國總統尼克遜（Richard Nixon）訪問了北京，翻開了戰後國際政治新的一頁。同年年底，中國政府成功地把香港從聯合國反殖宣言適用的殖民地地區名單中剔除，掌握了有關香港主權問題的話語權。[44] 英國政府當然洞悉中國政府的用意，於是立即在香港開展一個新階段的管治，為未來與中國政府談判香港前途問題作好準備。

1970 年代初的香港充滿積累多年而未能解決的社會問題。1973 年的股災對香港社會帶來了一定的打擊，石油危機和世界經濟衰退為已經舉步維艱的經濟環境增添負面的影響。當時的香港社會尚處於發展的階段，多數家庭仍需全家動員應付日常生活開支。住屋問題形勢嚴峻，就算是幸運地編配入住公共屋邨的市民，居住的環境仍然有待改善。1971 年人口普查顯示，超過 13 萬年齡介乎 10 至 16 歲的兒童及青少年沒有入學。[45] 貪污已經滲透到社會每一個角落，警隊的嚴重

貪污引發街頭犯罪，整體治安欠佳。在這種社會環境下成長的香港新生一代已經無法再信任殖民地制度，他們當中的青年學生和知識份子發起了帶有身份意識的「中文成為法定語文」和「保衛釣魚台」等社會抗爭活動。面對一浪接一浪的抗議行動和社會運動，香港政府依然以封閉和官僚的作風應對，甚至對異見份子採取選擇性的打壓。[46] 到了1974年，整個香港開始呈現一種接近翻天覆地的變化，即使一般市民都感覺到社會在急速的改變；70年代結果成英國管治香以來社會面貌變化最大的時期。

1972年10月，麥理浩在立法會上宣佈了一系列長遠計劃，當中包括十年建屋計劃、發展新市鎮、擴展中學及高等教育、改善社會服務及設施、打擊罪惡等。[47] 麥理浩特別強調這些改革能夠捕捉公眾的想像空間（catching the public imagination），亦即能夠滿足市民對政府的期望，從而令他們產生作為香港居民的公民榮譽感（civic pride）。麥理浩認為，只要香港經濟持續發展，政府收入保持增長，這些長遠計劃可以在三年內取得相當的成果，並在十年內完成。[48] 麥理浩的社會改革為香港70年代的經濟起飛提供了動力，而香港的經濟起飛又為麥理浩的社會改革奠定了良好的經濟基礎。

改善政府與被管治者的關係

麥理浩社會改革的重要組成部分是改善政府與市民的關係，這方面的工作於戴麟趾時期已經開始。1966的「天星小輪加價事件」平息之後，翌年香港政府就騷動發表調查報告書，除了指出香港社會存在「貧富之間的顯著懸殊」一類的社會問題，還指出示威者認為香港政府「以自視甚高的態度對待華人」，以及「對各政府辦事處的因循推搪反感」等。報告書建議政府建立更完善的下情上達、上情下通的途徑，並且要增進公務員與民眾之間更多的個人接觸。[49] 其實戴麟趾早在

1966 年 12 月 15 日上呈殖民地大臣的書信中承認騷動爆發的一個主因，是「政府漠視民眾的願望和訴求」。他同時表示香港政府正在「嘗試引起公眾對改革地方行政制度的興趣」，他亦認為「引進更先進、更有效的地方行政制度，應能帶來管治和其他方面的顯著優勢」。[50] 在 1967 年 6 月暴動期間，戴麟趾返英渡假前舉行記者招待會，亦提到地方政府的改革需要，並指出香港政府已有改革計劃。[51] 經過一年多的籌備，香港政府參照新界理民府（District Office）的設置，於 1968 年 5 月在市區設立民政署（City District Office）。一如新界的理民官（District Officer），民政署的主管官員民政主任（City District Officer）成為市區官民溝通的橋樑；民政主任須要主動收集居民的意見並向政府匯報，並協助居民解決社區的問題。

戴麟趾的地方行政改革顯然是一項德政，麥理浩上任後依循同一方向以更大的力度改善官民關係。他繼續通過非官方諮詢組織的網絡、行政立法兩局非官守議員以及市政局和地區行政主任的工作，改善政府的管治能力和形象，力圖「使人民感覺到政府是他們的，而且認同自己是當中的一分子」。[52] 麥理浩同時發展諮詢式民主，利用「綠皮書和公眾辯論」（green-paper-and-public-debate）的方式由政府主導民意的徵集。香港政府在推出重大改革計劃前，都會組織由非官方人士主持的委員會就計劃作出研究和修訂，讓公眾和非政府組織參與政府的重大決策。委員以「綠皮書」形式呈交報告供公眾辯論，以期在政策的策劃過程中得到充分的公眾關注。麥理浩認為這種做法雖然用上更多時間，但效果應該是良好的。[53]

麥理浩任內動員市民參與政府決策的大動作就是政府主動走入社區。香港政府在 1972 年和 1973 年先後發起「清潔香港運動」和「撲滅暴力罪行運動」。前者是一個全民運動；政府動員十三個部門，投入 450 萬港元活動經費，並且將全港的垃圾桶由 4,123 個增加至 19,764

個。民政署將香港劃分為 74 個推行運動的地區,每區設立一個由 20 至 25 名市民所組成的分區委員會。[54] 通過發動市民參與這項全民運動,在短時間內將香港變成一個頗為潔淨的城市。麥理浩認為最重要的是所有人都為這成果而驕傲,而且對能夠參與其中感到高興。[55]

在開展「撲滅暴力罪行運動」時,麥理浩發信給民政司陸鼎堂 (DonaJd Luddington) 要求全方支持,並指出這運動是「政府部門與公眾之間一次重要的合作」。對香港政府而言,這兩個運動是在市民之中建立對政府信心的重要工程。具體的措施是政府鼓勵市民將住宅大廈組織在一起,建立互助委員會。在民政署的指導下,當時共建立 1,300 個互助委員會。這個由政府指導的龐大組織可以接觸到數十萬人口,而且不斷迅速增長。[56]

1976 年初,麥理浩在給外交及聯邦事務大臣的年度報告中指出,今日的香港由英國政府、中國政府和香港經濟三方面支撐。他特別提到香港政府正在改善政府和被管治者的關係,作為香港社會的第四方面的支撐。這方面的工作建基於社會改革、官民緊密聯繫、透明和問責的政府,以及民間進一步對公共事務的參與。他認為這些措施最終會令公眾取得榮譽感,以作為國民身份認同的代替品。[57]

十年建屋計劃

20 世紀 70 年代初的香港社會,在某些方面仍然保持五六十年代的面貌,其中最客觀易見的是居住問題。一方面外來人口持續增長,香港原有及新建住宅都不足以為大多數居民提供合理的住所。儘管香港政府自 50 年代起開始興建徙置大廈和廉租屋,但這方面的發展速度遠遠追不上社會的需求。另一方面,私營房屋亦因為欠缺市場動力而發展遲緩,市區大量保留戰前的舊建築物,新界地域仍然展現出農業

社會的面貌。曾經在戰後遍地開花的寮屋繼續點綴港九兩地的城市風景，為數以十萬計的居民提供廉價但不符合人道標準的住所。麥理浩知道居住問題必須解決，才能夠從根本上舒緩香港社會的基本矛盾。因此，他在上任後一年即提出龐大而史無前例的十年建屋計劃，目標是在十年內建造可以容納 180 萬名市民的居所。[58] 麥理浩首先改組營運公共房屋的架構，以房屋委員會及房屋署兩層架構取代以往政出多門的做法。[59] 另外又將不同年代的徙置大廈及廉租屋統稱為公共屋邨。同時，為了更有效地開發新界的土地，麥理浩又成立了新界拓展署負責新市鎮的建設。

麥理浩的十年建屋計劃並非信口雌黃的政治技倆。這項看起來耗資巨大需時超長的計劃其實具備高度的可操作性。從政府財政的角度看，以直立的公共房屋取代扁平的寮屋，可以收回大量被非法佔用的市區政府土地，為政府創造賣地收入。至於開發新界，以廉價徵收的新界農地及大面積的填海轉換成珍貴的發展用地，則更是本小利大的投資。而且，當公共房屋在新市鎮發展出一定規模的時候，政府會賣地吸引私營房屋的投資者參與新市鎮的建設。[60] 因此，麥理浩在提出計劃時宣佈投入的 80 億港元看似天文數字，但實際上已經在十年建屋計劃的過程中被賣地的收益所填補。[61]

十年建屋計劃的主要目的是為基層市民提供合理的住所，結果卻因此產生了許多連鎖的社會效益。一方面，香港的城市發展打破了香港島和九龍半島的地理限制，將市區的範圍伸延至九龍山脈以北的新界。另外，持續不斷的建造及拓展工程為社會製造了大量的職位，加快了社會財富的累積，從而推動了房地產市場的誕生。麥理浩任內興建的公共屋邨遍及港島、九龍和新界，加上新市鎮的發展，香港的城市面貌在短短十年之間出現了重大的變化。今日除了荃灣、沙田和屯門這三個第一代新市鎮，在麥理浩時期開發的新市鎮還有大埔、粉

嶺、上水、元朗、馬鞍山。另一方面，麥理浩將新建的公共屋邨發展成為小型的社區，加入相應的交通網路、公共設施、休憩用地、醫院、學校等配套設施，[62] 有助於居民產生歸屬感。

十年建屋計劃是香港開埠以來最大規模的公營房屋興建計劃，新型公共屋邨以驚人的速度在香港各區興建，大大改善了受惠市民的生活。十年建屋計劃的宏大目標亦提升了市民對政府的信心，從而增強了政府的認受性。麥理浩任內雖未能完成興建容納 180 萬人口的公共房屋，但發展出六個新市鎮、33 個公共屋邨、16 個居屋屋苑以及重建 11 個舊式屋邨，受惠人口高達 96 萬人。[63]

新界土地問題與新市鎮的開發

就香港的長遠發展而言，20 世紀 70 年代大力推動的新市鎮計劃不但改變了香港的地貌，也為香港的城市發展帶來深遠的影響。新市鎮的開發大大增加了香港城市發展的空間，為十年建屋計劃提供充足的土地。自此之後，開發新界成為香港持續發展的一個重要方向；新界的人口由 1971 年只有大約 67 萬，大幅增加至 1981 年的 130 萬人左右。[64] 另一方面，曾經漫山寮屋的市區因為人口轉移而有了重新規劃的機會，舊區和舊建築物也得以陸續更新。在這過程之中，一個對香港社會帶來重大影響的物業市場亦漸漸形成，並將會引導香港社會走向與此前截然不同的方向。

不過，新界並非一片可以任由發展的空間，新界原居民十分關注土地的利用。儘管他們自 20 世紀初改換地契之後隨即投入土地買賣活動之中，但對於政府徵用新界土地一直有所保留。事實上香港政府很清楚新界土地的歷史背景有異於港九兩地，並且在接收新界之後以另一種方式管治這一大片土地。在新界原居民的生活空間和生產方式

未出現巨大變動之前，這種做法大致上被新界原居民接受為定制。戰後香港人口激增，開發新界土地是香港城市發展的最重要出路。在香港政府着手探討開發新界的同時，新界原居民對新界土地的固有想法仍然不變，他們認為香港政府當年以集體官批的方式更換新界原居民永業田的做法是非法行為。新界原居民的看法與權威律師的法律意見一致。

儘管新界原居民和香港政府都了解對方的立場，但雙方都沒有以具體的行動表示要徹底解決歷史遺留下來的問題。對新界原居民而言，個人或者家族的土地利益顯然比全體原居民的權益來得直接。另一方面，香港政府亦沒有任何理由認為新界的歷史問題有迫切解決的必要。因此，雙方都願意在互相同意的情況下調整新界原居民的土地權益。在麥理浩任內，香港政府與新界原居民達成了收地賠償的協議，並落實俗稱「丁屋政策」的「新界小型屋宇政策」，解決了擾攘超過半個世紀的新界土地權益轉移的抗爭。[65]

成立廉政公署

成立廉政公署是麥理浩任內的重大建設。貪污是香港開埠以來一直存在的社會問題，但從殖民地前期歷史看來，反貪污並非香港政府的一貫政策；即使過去曾經有過反貪污的措施，但這從來都不是香港政府的首要工作。英國政府一直相信貪污是中國人的傳統，只要不影響管治，香港公務員的貪污可以容忍。不過，這種情況在戰後有了很大程度的改變。隨着人口的急劇增加，貪污的情況比前嚴重得多。英國政府既擔心貪污會泛濫到影響管治的地步，同時也發現愈來愈多來自英國的殖民官員牽涉貪污。因此，香港政府在 1952 年採取了打擊貪污的措施，在警隊中成立檢舉貪污組。[66]不過，這做法實際具有諷刺意味，因為在香港政府的眾多部門之中，貪污最嚴重的就是警隊。

其實，利用貪污最嚴重的部門處理反貪污的工作是迫於無奈的做法，因為警隊是香港政府的執法機關。結果反貪污部門形同虛設，貪污的問題日趨嚴重。香港政府於 1956 年成立貪污問題諮詢委員會，檢討公務員的貪污問題，就消除貪污的措施提出意見，對政府現行的反貪措施作出研究並提供改善或協調的建議。[67] 1962 年，該委員會出版的報告書，提出各方面的建議，最重要的是建議政府訂立新法例，公職人員財富與收入不相符即屬犯法。[68] 香港政府認同必須加大力度反貪污，於是制定新的《防止賄賂條例》賦予警隊更大的權力以執行反貪污的工作。《防止賄賂條例》在草擬期間被香港和英國的法律界人士大力批評條例抵觸「無罪推定原則」；[69] 結果經過大幅度的修改，最終於 1971 年 5 月 14 日生效。[70] 可惜新的法律框架沒有達到預期的目的，香港政府始終無法擺脫警隊自己人查自己人的困局。

1973 年 4 月，警察反貪部掌握線報，引用《防止賄賂條例》調查曾在六七暴動中威風八面的總警司葛柏（Peter Godber）涉嫌貪污的案件。未幾葛柏運用職權從啟德機場乘坐飛機離境潛逃返回英國，引起港英兩地社會譁然。[71] 當時沒有人會想到，這宗令香港蒙羞的案件卻成為改變香港社會的一個契機。

麥理浩眼見群情洶湧無法收拾，於是委任最高法院高級副按察司百里渠爵士（Alastair Blair-Kerr）就此案展開個人獨立調查，並就貪污問題和法例作出研究。百里渠爵士分別在 7 月和 10 月向麥理浩提交關於葛柏潛逃以及貪污問題的兩份報告書，詳列葛柏事件始末以及政府部門貪污的狀況。就在兩份報告出台期間，英國申明並無香港《防止賄賂條例》內有關「收入與官職不相稱」的罪名，因此不能引渡葛柏返港受審。[72] 英國表態後隨即在香港激起公憤，大批學生在 8 月和 9 月兩度舉行「反貪污，捉葛柏」集會，表達對香港貪污問題的強烈不滿。

葛柏潛逃加上百里渠報告書和市民集會，麥理浩已經清楚看到成立一個獨立反貪機構的必要，而且最好的時機已經到來。結果麥理浩沒有辜負歷史交給他的任務，於同年 10 月正式提出成立一個直接向港督本人負責、且獨立於政府的「撲滅貪污專員公署」，以專門調查貪污案件。[73] 1974 年 2 月，「總督特派廉政專員公署」成立，成為香港戰後社會發展史中劃時代的里程碑。

勞工政策和福利政策的變化

　　香港的勞工政策和社會福利保障一直乏善可陳，經常為人詬病。英國工會組織長時間批評香港的勞工狀況，指責香港工業利用剝削和廉價工資謀取暴利。[74] 香港政府在勞工問題上的第一個突破性改革，要數 1968 年三讀通過的《僱傭條例》（*Employment Ordinance*），以取代早已不合時宜的《主僕條例》（*Masters and Servants Ordinance*）。[75] 六七暴動以後，香港政府針對勞工問題的立法，不論質與量均大幅提升。

　　事實上在五六十年代，香港勞工幾乎可以說是「全年無休」。當時香港社會缺乏法例保障工人的福利和權益。工人收入不足，必須天天上班掙錢養家，有的更要經常加班。當時的法例對解僱費的規定亦不明確，工人被解僱的話，月薪制的員工應獲發一個月工資，但當時更多的工人是以週薪制和日薪制聘請的，結果解僱費就只是七天甚至一天的工資。由於有關遣散費的法例尚未立法，資方一旦閉廠，工人頓失依靠。[76]

　　1968 年通過的《僱傭條例》，是香港政府勞工政策上的一個轉捩點。雖然《僱傭條例》最初的涵蓋面並不廣，但經過多次重要的修訂之後，勞動階層終於可以享有他們應得的基本保障，當中包括休息日、

有薪年假、法定假日、有薪病假、分娩保障，以及防止歧視職工會的保障措施等。其實勞工法例的立法並非一蹴而就，每一項勞工保障都得來不易；以每週的有薪休息日為例，《僱傭條例》1970 年 4 月的修訂要求讓員工每月可以休假四天，但並無約束性，四天休息日亦無薪金。直到 1978 年 1 月，僱員享有每星期一天有薪休息日的法例才正式生效。[77]

香港在 1972 年通過《勞資審裁處條例》，政府隨即於 1973 年成立勞資審裁處。勞資審裁處是專門處理勞資糾紛的司法機構，主要的功能是方便勞工追討欠薪和處理各種有關權益的糾紛。1974 年，《僱傭條例》加入對遣散費的保障。1975 年通過的《勞資關係條例》，使勞工處可以介入並調停勞資糾紛，務求勞資雙方達成和解。勞資糾紛一旦陷入僵局，政府可以將糾紛轉介仲裁處理。[78] 1982 年，政府強制僱主為僱員購買勞工賠償保險，這是香港勞工政策在 1970 年代飛躍進步的一項重要成果。

同一時期，香港社會福利制度也起了重大變化。1971 年以前，香港根本沒有社會福利政策可言。香港政府提供的基本救濟方式是派發乾糧和熱飯。1971 年起，香港政府推行新的「公共援助計劃」，以現金形式發放援助，援助金額與物價變動掛勾。1977 年，香港政府准許 15 至 55 歲的健康失業者領取公共援助。公共援助最終發展成為一項真正能夠保障經濟困難人士基本生活的措施。[79]

香港政府在 1973 年發表《香港社會福利未來發展計劃》白皮書，訂立香港社會福利發展的五年計劃。同年，香港政府開始推行「傷殘老弱津貼計劃」和「暴力及執法傷亡賠償計劃」，分別以定額津貼形式援助傷殘和老弱人士，以及為暴力罪行的受害者和執法人員執行職務

時意外傷及或因而殘廢的人士提供意外賠償和緊急救濟。另外，專門為天災災民提供現金及物質援助的「緊急救濟基金計劃」早於 1962 年已經實施，香港的社會保障範圍逐步擴大，日臻完善。[80]

香港政府 1967/68 年度的社會福利支出為 2,270 萬港元，1970/71 年度為 3,990 萬港元。到了 1976/77 年度，社會福利支出竟達 3.7 億港元，比 70 代初激增近十倍。[81]

九年免費強迫教育

教育資源缺乏、學額不足、適齡青少年入學率偏低曾經是香港社會長久存在的問題。戰後香港人口激增，這方面的情況更加惡化。1965 年，香港政府發表《教育政策白皮書》，重申香港教育政策的目標是使願意入學者均可免費享有初等教育，並且把推行普及小學教育視為當務之急。[82]《白皮書》中提到政府要儘速增加官立小學及政府資助小學的學位，並且使小學畢業生中，升讀官立中學、資助中學、工業學校及若干選定的私立中學獲資助的人數增加到 15% 至 20%。[83]

自 1971 年 9 月起，全港兒童均可接受免費及強迫的小學教育。香港政府一方面指示官立及資助小學免收學費，另方面授予教育司一項特別權力，迫令不讓子女接受教育的家長送其 6 至 11 歲的子女入學。[84]

麥理浩上任後更致力將普及教育伸延至初中。1974 年，香港政府發表《香港未來十年內之中等教育》白皮書，宣佈香港政府將於 1979 年為所有兒童提供九年資助教育。即在六年小學教育之上，再提供三年中學教育予 12 至 14 歲的兒童。[85]自 1978 年起，全港小學畢業生均可到官立及資助中學免費修讀三年初中課程。1980 年，教育司迫令適

齡兒童入學的權力,亦擴展至適用於未滿 15 歲而又尚未完成中三課程的兒童。[86]

九年免費強迫教育政策讓兒童在學校學會各種必需的技能、方法和基礎知識,從而提升社會整體的知識水平。所有兒童都可以獲得免費的基礎教育,這是香港教育史的重要里程碑。

麥理浩主政的 11 年是英治時期香港社會面貌變化最大、進步最快的時代。麥理浩在相當程度上改造了殖民地社會的面貌,並為後來一國兩制下的香港資本主義社會設定了典型,影響深遠。

麥理浩改革的主要動機

香港政府推動的改革自有其社會根源。毫無疑問,政治因素是催化六七暴動的主因。一間工廠的勞資糾紛最後演變成持續半年多的社會動亂,不能説與「文化大革命」極左的思潮以及香港左派團體有組織的政治動員毫無關係。不過,六七暴動有其爆發的社會基礎,並不能簡單概括成一次純粹政治性的運動。1967 年 7 月 14 日英國《衞報》有文章一針見血地指出,「暴動純粹是政治性」的説法是忽略了社會或工業方面的不滿。當年香港有四分一人口住在居住空間不符合人道精神的徙置區,一個 129 平方呎標準單位通常擠上七八個人。這次暴動最嚴重的衝突就發生在徙置區,不可能説居住問題與暴動無關。文章又指出,騷動的爆發很大程度上與政府不了解中國人的生活格調,以及未曾實際大力改善居住環境和勞工問題有關。[87]

事實上 60 年代的香港充滿嚴重的社會矛盾,六七暴動前十年之間就爆發過兩次重大騷亂。1966 年天星小輪加價事件平息後,香港

政府組織委員會調查騷動，發現香港政府並沒有關注到市民生活的困苦。參與騷動的市民很可能在經濟上遭受挫折，並且對貧富懸殊極度不滿。委員會又指出住屋擠迫引起基本的社會緊張，加上街道擠迫又缺乏康樂場所，情況就更加惡化。另外，委員會發現市民對香港政府有各種不同的負面看法。有人相信香港政府的工作就是替英國謀取利潤，有人對香港的殖民地地位反感，有人覺得政府以自視甚高的態度對待華人，也有人對政府部門的因循推搪不滿。[88]

戴麟趾在給殖民地大臣的書信中形容：「（香港的）實質工資增長速度遠比通脹要快。縱使生活環境有一定的改善，這卻令市民有更進一步的要求」；「這種感受被一小群較不負責任的本地政客煽動，……令市民無視社會福利的進步，……而聚焦於政府未能完成的事務」。戴麟趾點名批評葉錫恩是煽起天星小輪事件的元兇。[89] 戴麟趾的態度某種程度上是「政府以自視甚高的態度對待華人」的反映，這就不難解釋為何他另外兩封向殖民地大臣匯報六七暴動的信件中，完全沒有反思香港政府有何政策上的失當。[90]

在戴麟趾眼中，香港市民對政府運作的興趣日益增加，對各方面的批評亦愈來愈多，但很多時候卻只是一知半解，因此有需要進一步促進政府與市民之間的相互理解。在這背景下，他嘗試引起公眾對改革地方行政制度的興趣，認為這樣可以增加公眾的參與程度，並在理論上能夠增強官民之間的聯繫。[91]

就組織形式而言，1966 年的天星小輪加價事件和 1967 年的六七暴動截然不同。前者是自發的、分散的群眾運動，後者是有組織的政治動員。不過，兩者卻有一定的內在聯繫，彼此擁有大致相同的社會基礎。香港社會的矛盾主要體現在英國殖民統治下出現的各種不公義

和歧視的現象，而基層市民不能及時分享經濟迅速發展的成果更深化了矛盾。沒有這種社會基礎，任何派別的團體都不可能動員數萬名市民走上街頭，與全副武裝的軍警對抗。

從實際情況看，香港政府對香港社會問題的反思在 1966 年已經開始，只是六七暴動的震動更大。當年負責鎮壓暴動的副布政司姬達認同六七暴動是香港戰後歷史的分水嶺。他指出過去官民之間缺乏真正的接觸渠道，政府反而從這次騷亂中汲取了教訓，並趁機推行一系列改革，設立新的機制。他認為如果沒有發生六七暴動，香港政府根本不會推動任何改革。[92]

然而單說六七暴動是戰後香港歷史的分水嶺，是一個不夠全面的結論。如果說天星小輪加價事件和六七暴動是戰後香港歷史的分水嶺，可能更接近歷史實際。對戰後香港社會矛盾的深刻反思以及緩和社會矛盾以延續殖民統治的意圖，應該是香港政府社會改革的重要動因。

20 世紀 70 年代的香港扮演着承先啟後的角色，這段時期是戰後至香港回歸之前的一個中間段落。1970 年上距英國重佔香港 25 年，下距九七回歸 27 年。社會改革需要調動龐大的公共資源及大量人力。計劃一旦展開，必然跨越 60 年代的關限。因此，完成社會改革的重任就落在 70 年代的香港政府身上；而帶領香港政府落實改革的就是至今仍然為香港人所樂道的港督麥理浩。然而麥理浩從事社會改革的動機，除了緩和後六七年代的社會矛盾，其實還有更深層次的原因。

1971 年 10 月，麥理浩啟程前往香港履新之前，曾與外交及聯邦事務部的官員討論港督的工作方針。最終，麥理浩書寫了一連三份指

引，題目分別為〈長遠規劃〉（Long Term Planning）、〈民生政策〉（Domestic policies）及〈香港與中國〉（Hong Kong and China）。[93]三份指引當中，最重要的是被列為最高機密（Top Secret）的〈長遠規劃〉，將改善香港社會狀況與香港前途問題掛鈎。

英國政府過去處理香港前途問題的做法是「避免與中國政府正式或非正式地討論殖民地問題」、「不妨礙中國政府從殖民地獲取合法利益」、「不容許不必要的摩擦或法律問題」和「不給予任何香港邁向代議或獨立政府的印象」，以防止中國政府重新考慮現行的對港政策。[94]

麥理浩形容這是一個老舊的想法，他提議：「我們必須有意識地在香港制訂能夠延續信心的政策，盡力爭取時間，等待中國出現一些在談判時可能對我方有利的變化。相反地，我們必須避免任何突顯租約條款短處的行動和行政措施。」他進而認為「取得優勢的方法在於徹底地放眼未來，⋯⋯現在必須開始規劃。」並選定了一些領域落實計劃，包括公共工程、土地政策和預算政策等。[95] 麥理浩曾對外交及聯邦事務部的官員說：「我在香港的目標是要確保香港各方面的條件皆比中國優越，以至讓中央人民政府面臨接收香港的問題時猶豫不決。」[96]

1972 年 5 月 5 日，麥理浩再撰寫了一封題為〈新一輪中英對話中的香港議題〉（Hong Kong in the new Sino/British dialogue）的信件，進一步闡述他的想法。他預計英國在 1980 年代必須與中方商討香港的將來，英國政府不應錯過任何適當的機會透過談判取得理想的結果，但英國也不能承受談判失敗的風險。基於當時的談判條件並未成熟，他同意暫時不提談判，盡量拖延 10 或 15 年時間。在這段期間，他希望能積極地解決香港種種內部問題；以期 10 年之後，西方人不會以這些問題為恥，華人市民卻產生自豪感和成就感。他指出只要世界貿易繼續暢順而香港能從中得益，則房屋與市區重建、中學與高

等教育、交通、社會服務、文化發展及改善城市與郊外環境等各方面的改革都不成問題。[97]

麥理浩又說:「我相信這些政策能使我們與中國就香港前途談判時,獲得最不令人失望的安排。……我們不知道中國 10 年或 15 年後會怎樣、誰會來當領袖、有甚麼政策和考慮。他們可能會認同維持現狀的安排,在香港建立一套特別制度,象徵式地抹去殖民地的污名,但又為中國保存現有的經濟、物質與政治利益。中國不需要接收一班生活水平與思想模式截然不同的人口,同時留給外國人一個不錯的貿易基地,投資能受到保障,居住環境可以接受,並將他們集中在一個不會影響中國其他地方生活的地方。」[98] 麥理浩的這種設想與後來中國政府提出的「一國兩制」在某種程度上有異曲同工之處。只是他希望這個與中國內地不同的社會仍然由英國管治。

1974 年 5 月,麥理浩在一封題為〈香港的目標〉的信件中寫道:「我認為我們應盡一切所能,使香港成為一個達到國際水準的模範城市(Model City)。香港將在教育、科技和文化方面達到高水平,而且擁有優秀的工業、商業和金融設施,使中國能夠取得巨大利益,同時在嘗試收回香港時有所顧忌 —— 她在香港有實際利益上的需求,自身的環境又與香港有太大差異。這可能給予我們額外的時間 —— 中國需要時間逐步發展,甚至可以令中國政府考慮延續香港的特殊地位。可能是在中國的主權下,在一定程度上保障香港的生活模式以及英國和其他國家在殖民地的利益。相反地,假如我們將香港弄至一團糟,使這個地方變得貧窮,國際地位低落,中國再也無法從香港漁利,那麼我看不到有任何原因使中國不立即收回香港。不管是政治因素還是其他因素,我們也應該將香港發展成模範城市,我也肯定這對英國政

府有利。但是，我們必須要保持低姿態，避免對中國造成任何公開的挑戰。」[99]

顯而易見的是，麥理浩在香港政策的調整和改革、香港社會狀況的改善以及香港生活質素的提升等方面做出的種種努力，其中一個重要的原因就是要提高未來在關於香港前途問題談判中的議價能力，力圖延續英國在香港的殖民統治。儘管如此，麥理浩執政期間的政策調整和改革對其後的公共管治而言，始終具有正面的借鑑和參考價值。

第三節　六七十年代的香港學生運動

香港政府在 1969、1971、1973 三年舉辦了三屆「香港節」，以花車巡遊、歌舞表演、嘉年華會等節目吸引市民參加，企圖製造歡樂以淡化天星小輪事件和六七暴動的社會影響，並藉此培養市民特別是年輕一代的榮譽感和歸屬感。這些新鮮的玩意最初尚能吸引市民觀賞，但迅即反應趨淡，最後無疾而終。[100] 除了大費公帑舉辦「香港節」，政府還在卜公碼頭舉辦專為吸引年輕人參加而設的「跳舞大會」，入場費 1 港元；場內有樂隊整夜伴奏，參加者可大跳特跳，但只舉辦了一兩次。[101]

政府的臨時措施並沒有即時改變社會的動態，反而兩次社會動蕩直接促成了戰後香港新生代的政治覺醒。踏入 20 世紀 60 年代中後期，在戰後出生的嬰兒已經成年；他們在香港成長並接受教育，沒有近代歷史的包袱，不會視自己為暫居香港的過客。他們開始關心安定繁榮以外的問題，包括個人身份、人生目標、社會長遠發展等。這時候的西方興起學運和反戰思潮，香港的年輕人受到西方的影響，亦逐漸關心起自己周邊發生的事情，最終步上西方的後塵，組織學運和社

運表達對時代的關懷。他們組織不同的團體討論社會問題，並發起一個又一個大規模的社會運動。這些社會運動由無政黨背景的青年學生發動，在香港的社會狀況和中國內外大環境的背景下，走上了尋根和認識祖國的道路。

事實上除了兩次大規模社會騷動，六七十年代之交的香港社會確實問題叢生。1973 年警司葛柏的貪污事件是引發社會內部不滿的一條主要的導火線。[102] 這時候中華人民共和國已經在聯合國取得中國席位代表權，美國總統尼克遜亦已完成到北京的訪問，冷戰時期的世界格局開始發生變化。在這種社會政治背景下，香港的大專學生出於對香港殖民地社會的不滿和對「理想中國」的追求，投入了一場帶有有反殖民地意識和身份追尋的「放認關爭」社會運動之中。

其實反殖的意識在 70 年代以前的香港社會已經存在，其根源就是殖民統治者對香港華人持續不斷的歧視。自開埠至戰後的 100 年多裏，香港政府從來沒有以平等的態度對待在港華人。事實上香港政府的管治體系之中並沒有使用中文的空間，政府的公文、通告、法例基本上都是以英文書寫，中文長期處於非官方語言的低下地位。就在六七暴動平息後不久，中文大學崇基學生會在 1968 年 1 月召開「中文列為官方語文」座談會，提出「港府應實行中文成為官方語文」的要求，迅即得到社會各界特別是青年學生的支持。學聯為此發表立場書，闡述將中文列為法定語文的理由和立法的重要性，要求中英文享有同等的法定地位。[103]

1971 年初，美日兩國私相授受中國領土釣魚台列島，激起海外華人沉寂多年的民族熱忱；紐約華人率先發起抗議示威行動，引起全球華人的關注。香港學生在 2 月成立「香港保衞釣魚島行動委員會」，

向日本駐港領事館遞交抗議書，並舉行示威活動，抗議日本侵略中國領土。4 月 10 日第二次示威後，21 名參與示威的學生被捕；一星期後，香港大學學生會在校園內舉行示威，參加的學生大增至約 1,000 人。7 月 7 日，數千名香港學生和市民在維多利亞公園舉行保釣示威，香港政府出動大批警察鎮壓，但未能遏止學運的發展。1972 年 5 月，香港青年組成「保釣聯合陣線」，聯同「學聯」的保釣成員到日本駐港領事館和美國駐港總領事館遞交抗議書。[104]

「中文合法化」和「保釣」帶出了身份意識的問題，亦即反殖的核心關懷。因此，當中國以社會主義重建國家的時候，香港的大專學生為此而感到自豪，同時也認同了「中國人」的身份。另外，保釣運動除了喚醒學生和青年，亦啟發了社會大眾，開民間力量敢於表達意見和公開行動的先河。結果政府被迫改變政策，也令輿論改變了對示威遊行的態度。1972 年的「文憑教師薪酬運動」進一步發揮社會的力量，迫使政府在教師應享權益上讓步。1973 年的「反貪污，捉葛柏」運動則成為動員全港市民關懷社會問題的運動。[105]

上述社會運動發生的同時，大量以「認識中國」為號召的尋根活動在大專學生中開展。1971 年 12 月，香港大學學生會舉辦了「回國觀光團」，別具歷史意義。保釣運動雖然促進了香港市民的愛國熱情和民族感情，但恐左拒共的氣氛仍籠罩香港。觀光團提供了直接接觸、親身體驗中國的機會。在中國政府高度重視和特別安排下，學生參觀的都是美好的新生事物；他們回港後掀起的匯報熱，對促成香港學生傾慕祖國及社會主義產生了一定的作用。港大觀光團是香港大專同學大量回到祖國內地旅行的開始，隨之而來的是大專院校「國是小組」的成立以及國事討論、座談、生活營等活動。這股來自青年學生的回內

地熱潮與香港社會以至全球的「中國熱」匯集起來，終於突破了香港社會長久以來對中國的恐懼。[106]

1973 年，學聯與各院校合作舉辦了一個「中國週」，活動包括展覽、討論和座談，開啟了認識中國運動一個新的發展階段。「中國週」甫推出即大受歡迎，其中最受歡迎的是「中國近代史圖片展覽」。展覽和活動從香港大學開始，然後輪流在其他院校推出，結果吸引超過一萬人參加。從 1973 年到 1978 年，「中國週」連續六年每年舉辦一屆，每一屆都有超過一萬人參加，成績斐然。[107]

在學運的發展過程中，「放認關爭」的宗旨漸漸分為「認中」和「關社」兩個重點，參與的青年學生也因此分為「國粹派」和「社會派」兩大陣營。[108] 1976 年「四人幫」垮台後學運重點轉向「關社」，關注對象比較集中在香港社會，這時期的大專界學生對香港有較強的歸屬感，漸漸形成一股以香港為家的思想。[109]

香港的學運由專上學生發起，最後影響遍及社會各階層，中學生也培養出對社會關懷的熱誠。1977 年發生的「金禧事件」，中學教師和學生共同上街請願和靜坐，引發社會廣泛關注金禧中學的斂財問題。請願過程中雖然發生教育署封校並開除參與靜坐教師的衝擊，最後在大專學生的支援下，社會各界萬餘人出席維園的「金禧事件民眾大會」，迫使教育署最終為抗爭師生另設新校，事情才告結束。[110]

金禧事件是社會覺醒年輕化的重要里程，說明香港社會到了 20 世紀 70 年代已經蛻變成另一個狀態，香港的市民不再以這個城市作為暫居地，反而產生了濃厚的歸屬感，並且不惜以抗爭的方式去維護個人權益及社會公義。在這過程中，香港市民愈來愈關心自己與周邊地域居民之間的差異，並由此產生對身份認同的不斷探索。

注釋

1. 《香港一九八七年》，香港：政府印務局，1987 年，第 3 頁。

2. 經濟多元化諮詢委員會：《一九七九年經濟多元化諮詢委員會報告書》，香港：政府印務局，1979 年，第 33、235 至 236 頁；*Hong Kong Annual Digest of Statistics*, Hong Kong: Census and Statistics Department, 1978, p. 63.

3. 經濟多元化諮詢委員會：《一九七九年經濟多元化諮詢委員會報告書》，香港：政府印務局，1979 年，第 35 至 36、238 頁。

4. *Hong Kong Review of Overseas Trade in 1971*, Hong Kong: Census and Statistics Department, 1972, p. 19; *Hong Kong Review of Overseas Trade in 1981*, Hong Kong: Census and Statistics Department, 1982, pp. 20–21.

5. *Hong Kong Annual Digest of Statistics*, Hong Kong: Census and Statistics Department, 1985, p. 37.

6. 塑膠工業月刊編：《香港塑膠、電器、電子業》，香港：世界貿易出版社，1983 年，第 12 頁。

7. *Hong Kong Review of Overseas Trade in 1972*, Hong Kong: Census and Statistics Department, 1973, p. 15.

8. 王冠之、王錫年：《香港鐘錶工業發展史》，香港：香港表廠商會有限公司，1993 年，第 42 至 44 頁。

9. 王冠之、王錫年：《香港鐘錶工業發展史》，香港：香港表廠商會有限公司，1993 年，第 76、80 頁。

10. 王冠之、王錫年：《香港鐘錶工業發展史》，香港：香港表廠商會有限公司，1993 年，第 82 至 84 頁；*Hong Kong Review of Overseas Trade in 1978*, Hong Kong: Census and Statistics Department, 1979, pp. 9, 27.

11. 劉蜀永主編：《簡明香港史》第三版，香港：三聯書店（香港）有限公司，2016 年，第 362 頁。

12. 經濟多元化諮詢委員會：《一九七九年經濟多元化諮詢委員會報告書》，香港：政府印務局，1979 年，第 35 至 36、163 頁。

13. 經濟多元化諮詢委員會：《一九七九年經濟多元化諮詢委員會報告書》，香港：政府印務局，1979 年，第 54 頁。

14. 經濟多元化諮詢委員會：《一九七九年經濟多元化諮詢委員會報告書》，香港：政府印務局，1979 年，第 53 頁。

15. 周亮全：〈香港金融體系〉，王賡武主編：《香港史新編》增訂版上冊，香港：三聯書店（香港）有限公司，2017 年，第 372 至 373、388、389 頁。

16. 周亮全：〈香港金融體系〉，王賡武主編：《香港史新編》增訂版上冊，香港：三聯書店（香港）有限公司，2017 年，第 376 至 377 頁。

17. 周亮全：〈香港金融體系〉，王賡武主編：《香港史新編》增訂版上冊，香港：三聯書店（香港）有限公司，2017 年，第 375、379 頁。

18. 周亮全：〈香港金融體系〉，王賡武主編：《香港史新編》增訂版上冊，香港：三聯書店（香港）有限公司，2017 年，第 377 至 378 頁。

19. 劉蜀永主編：《簡明香港史》第三版，香港：三聯書店（香港）有限公司，2016 年，第 364 頁。

20. 劉蜀永主編：《簡明香港史》第三版，香港：三聯書店（香港）有限公司，2016 年，第 364 至 365 頁。

21. 饒餘慶：〈戰後金融業的演變和發展〉，載劉蜀永主編：《20 世紀的香港經濟》，香港：三聯書店（香港）有限公司，2004 年，第 294 至 298 頁。

22. 高添強、黎健強：《彩色香港 1940s–1960s》，香港：三聯書店（香港）有限公司，2013 年，第 12 頁。

23. 經濟多元化諮詢委員會：《一九七九年經濟多元化諮詢委員會報告書》，香港：政府印務局，1979 年，第 256 頁。

24. 馮邦彥：《香港地產業百年》，香港：三聯書店（香港）有限公司，2001 年，第 69 頁。

25. 劉蜀永主編：《簡明香港史》第三版，香港：三聯書店（香港）有限公司，2016 年，第 366 頁。

26. 香港特別行政區政府統計處：《本地生產總值估計 一九六一年至一九九八年》，香港：政府印務局，1999 年，第 66 至 69 頁。

27. 香港特別行政區政府統計處：《本地生產總值估計 一九六一年至一九九八年》，香港：政府印務局，1999 年，第 12 至 13 頁。

28. Wong Po-shang, *The Influx of Chinese Capital into Hong Kong since 1937*, Hong Kong: Kai Ming Press, 1958, p. 5.

29. 劉蜀永主編：《簡明香港史》第三版，香港：三聯書店（香港）有限公司，2016 年，第 355 頁。

30. 〈二十年來的經濟成就〉，《香港一九七七年：一九七六年香港年報》，香港：政府印務局，1977 年，第 2 頁。

31. 陳多、蔡赤萌：《香港的經濟（一）》，北京：新華出版社，1996 年，第 153 頁。

32. 屈月英：《我眼中的安子介》，香港：華英資訊社，1992 年，第 20 頁。

33. 魯林：〈低廉工資和香港工業〉，《九龍總商會二十周年紀念特刊》，香港：九龍總商會特刊編印委員會，1959 年。

34. 中國對外貿易中心編著：《百屆輝煌，1957–2006：中國出口商品交易會 100 屆紀念》，廣州：南方日報出版社，2006 年，第 9、21 頁。

35. Brief for Technical Discussions on East River Scheme, 25 June 1963, CO 1030/1655, p. 174.

36. Black to Secretary of State for the Colonies, telegram, 13 June 1963, CO 1030/1654, pp. 61–62.

37. The East River Pipeline, 12 September 1963, CO 1030/1655, p. 35.

38. 中共中央文獻研究室編：《周恩來年譜：1949–1976》中卷，北京：中央文獻出版社，1997 年，第 600 頁。廣東省檔案館：《周總理關於供水香港問題的談話紀要》，1963 年 12 月 8 日下午。

39. Joint Communique issued by the Representatives of the People's Committee of Po On County, Kwangtung, China, and of the Hong Kong Authorities on the Supply of Water from Shum Chun Reservoir to Hong Kong, 15 November 1960, CO 1030/1280, p. 38; 廣東省人民委員會香港當局關於從東江取水供給香港、九龍的協議（中文版），22 April 1964, CO 1030/1657, pp. 149–150；參考李健：〈香港飲水靠天靠地靠內地〉，《國際商報》，1996 年 11 月 4 日。中共廣東省委黨史研究室：《周恩來與廣東》，廣州：廣東人民出版社，1998 年，第 252 頁。

40. 陳多、蔡赤萌：《香港的經濟（一）》，北京：新華出版社，1996 年，第 82 頁；《香港 1996》，香港：政府印務局，1996 年，第 182 頁；《香港 1997》，香港：政府印務局，1997 年，第 182 頁；《香港 —— 邁進新紀元》，香港：政府印務局，1998 年，第 179 頁。

41. 李健：〈內地是香港 600 萬市民的後勤基地〉。

42. 金旭：〈三趟快車 —— 供應港澳的生命線〉，《廣東大經貿》1997 年 1 月，第 53 至 54 頁。李健：〈內地是香港 600 萬市民的後勤基地〉。

43. Restoration of the Lawful Rights of the People's Republic of China in the United Nations A/RES/2758(XXVI), *United Nations General Assembly Session 26*, p. 2.

44. Report of the Special Committee on the Situation with regard to the Implementation of the Declaration on the Granting of Independence to Colonial Countries and Peoples, Vol. 1, Supplement No. 23 (A/8723/Rev. 1), *United Nations General Assembly Session 27*, pp. 64,70.

45. *Hong Kong Population and Housing Census Main Report 1971*, Hong Kong: Census and Statistics Department, p. 71.

46. 呂大樂：《那似曾相識的七十年代》，香港：中華書局（香港）有限公司，2012 年，第 16 至 21 頁。

47. Address by H. E. the Governor, Hong Kong Hansard, 18 October 1972, pp. 2–23.

48. Annual Despatch for 1972: Hong Kong, 1 January 1973, FCO 40/440, p. 11.

49. 《一九六六年九龍騷動調查委員會報告書》，香港：政府印務局，1967 年，第 89、93、94、96、98 頁。

50. Hong Kong: A Review of Principal Developments, From David Trench to the Secretary of State for the Colonies, 15 December 1966, FCO 21/191, pp. 204–205.

51. 《香港工商日報》，1967 年 6 月 26 日。

52. Hong Kong: Annual Review for 1973, 4 January 1974, FCO 40/547, p. 79.

53. Hong Kong: Annual Review for 1973, 4 January 1974, FCO 40/547, pp. 77,79.

54. 呂大樂：《那似曾相識的七十年代》，香港：中華書局（香港）有限公司，2012 年，第 126 至 128 頁。

55. Annual Despatch for 1972: Hong Kong, 1 January 1973, FCO 40/440, p. 12.

56. MacLehose to the Secretary of State for Foreign and Commonwealth Affairs, 4 January 1974, FCO 40/492, pp. 79–80.

57. Hong Kong: Annual Review for 1975, from Maclehose to the Secretary of State for Foreign and Commonwealth Affairs, 23 January 1976, FCO 40/707, p. 12.

58. Address by H. E. the Governor, Hong Kong Hansard, 18 October 1972, pp. 4–5.

59. Address by H. E. the Governor, Hong Kong Hansard, 18 October 1972, p. 6.

60. Alan Smart, *The Shek Kip Mei Myth: Squatters, Fires and Colonial Rulers in Hong Kong, 1950–1963,* Hong Kong: Hong Kong University Press, 2006, pp. 12–13.

61. *Hong Kong Annual Digest of Statistics 1983*, Hong Kong: Census and Statistics Department, 1983, p. 110.

62. 龍炳頤：〈香港的城市發展和建築〉，載王賡武主編：《香港史新編》增訂版上冊，香港：三聯書店（香港）有限公司，2017 年，第 259 至 260 頁。

63. "Lord MacLehose of Beoch", *The Telegraph,* 1 June 2000.

64. *Hong Kong 1981 Census Main Report vol.1*, Hong Kong: Census and Statistics Department, p. 172. Pui-yin Ho, *Making Hong Kong: A History of Its Urban Development*, Cheltemham: Elgar, 2018, pp. 190–198

65. 劉潤和：《新界簡史》，香港：三聯書店（香港）有限公司，1999 年，第 83 至 121 頁；薛浩然：《新界小型屋宇政策研究：歷史、現狀與前瞻》，香港：新界鄉議局研究中心，2016 年，第 42 至 43 頁。

66. 《百里渠爵士調查委員會第二次報告書》，香港：政府印務局，1973 年，第 9 頁。

67. 《百里渠爵士調查委員會第二次報告書》，香港：政府印務局，1973 年，第 6 頁。

68. Hong Kong to the Secretary of State for the Colonies, Telegram, 17 January 1962, CO 1030/1386, pp. 26–27；《貪污問題：常務委員會、諮詢委員會報告書》，香港：香港政府印務局，1962 年。

69. 《百里渠爵士調查委員會第一次報告書》，香港：政府印務局，1973 年，第 13 頁；Summary of Blair-Kerr Recommendations and FCO comments, 16 October 1973, FCO 40/455, p. 17.

70. 《百里渠爵士調查委員會第二次報告書》，香港：政府印務局，1973 年，第 2 至 3 頁。

71. First Report of the Commission of Inquiry, FCO 40/451, pp.18,25；《百里渠爵士調查委員會第一次報告書》，香港：政府印務局，1973 年，第 4、19 頁。

72. A. C. Stuart to Wilford, 29 August 1973, FCO 40/453, p. 19.

73. Address by H. E. the Governor, Hong Kong Hansard, 17 October 1973, p. 17.

74. 黃洪：〈香港勞工政策評析〉，李健正等編：《新社會政策》，香港：中文大學出版社，1999 年，第 237 至 238 頁；伍錫康：〈僱傭法〉，陳弘毅等編：《香港法概論》，香港：三聯書店（香港）有限公司，2015 年，第 638 頁。

75. 伍錫康：〈僱傭法〉，陳弘毅等編：《香港法概論》，香港：三聯書店（香港）有限公司，2015 年，第 611 及 638 頁。

76. 周奕：《香港工運史》，香港：利訊出版社，2009 年，第 510 頁。

77. 周奕：《香港工運史》，香港：利訊出版社，2009 年，第 511 頁。

78. 伍錫康：〈僱傭法〉，陳弘毅等編：《香港法概論》，香港：三聯書店（香港）有限公司，2015 年，第 638 頁。

79. 《香港社會福利白皮書：進入八十年代的社會福利》，香港：政府印務局，1979 年，第 4 至 5 頁。

80. 《香港社會福利白皮書：進入八十年代的社會福利》，香港：政府印務局，1979 年，第 4 至 5 頁。

81. Hong Kong Annual Digest of Statistics 1978, Hong Kong: Census and Statistics Department, 1978, p. 102.

82. 香港政府編：《教育政策白皮書》，香港：政府印務局，1965 年，第 1 頁。

83. 香港政府編：《教育政策白皮書》，香港：政府印務局，1965 年，第 3、5 頁。

84. J. Canning, *Hong Kong Education Department Annual Summary 1971–72*, Hong Kong: Government Printer, 1972, pp. 1–2.

85. 《香港未來十年內之中等教育，1974 年 10 月 16 日呈交立法局省覽》，香港：政府印務局，1974 年，第 3 頁。

86. 《九年強迫教育檢討報告》，香港：教育委員會學校教育檢討小組，1997 年，第 13 頁。

87. Charles Humana, "The Headmaster of Hongkong", *The Guardian*, 14 July 1967；余汝信：《香港，1967》，香港：天地圖書有限公司，2012 年，第 305 頁。

88. 《一九六六年九龍騷動調查委員會報告書》，香港：政府印務局，1967 年，第 89、93、94、96、98 頁。

89. Hong Kong: A Review of Principal Developments, From David Trench to the Secretary of State for the Colonies, 15 December 1966, FCO 21/191, pp. 204–205.

90. David Trench to the Secretary of State for the Colonies, 23 June 1967, FCO 21/192, pp. 53–58; David Trench to the Secretary of State for the Colonies, 13 February 1968, FCO 21/194, pp. 187–194.

91. Hong Kong: A Review of Principal Developments, From David Trench to the Secretary of State for the Colonies, 15 December 1966, FCO 21/191, p. 205.

92. 張家偉：《六七暴動：香港戰後歷史的分水嶺》，香港：香港大學出版社，2012 年，第 9 頁。

93. Guidelines for the Governor Designate, Hong Kong, MacLehose to Monson, 18 October 1971, FCO 40/329, p. 11; 李彭廣:《管治香港:英國解密檔案的啟示》,香港:牛津大學出版社,2012年,第21頁。

94. 李彭廣:《管治香港:英國解密檔案的啟示》,香港:牛津大學出版社,2012年,第7頁。

95. Guidelines for the Governor Designate, Hong Kong, MacLehose to Monson, 18 October 1971, FCO 40/329, pp. 12–13.

96. MacLehose to Wilford, 27 October 1971, FCO 40/331, p. 15.

97. Hong Kong in the new Sino/British dialogue, MacLehose to Sir Alex Douglas Home, 5 May 1972, FCO 21/1023, pp. 15–16.

98. Hong Kong in the new Sino/British dialogue, MacLehose to Sir Alex Douglas Home, 5 May 1972, FCO 21/1023, pp. 16–17.

99. Maclehose to the Secretary of State for Foreign and Commonwealth Affairs, 27 May 1974, FCO 40/510, pp. 71–72.

100. 呂大樂:《那似曾相識的七十年代》,香港:中華書局(香港)有限公司,2012年,第21頁。

101. 周永新:《香港人的身份認同和價值觀》,香港:中華書局(香港)有限公司,2015年,第29頁。

102. 香港專上學生聯會編:《香港學生運動回顧》,香港:廣角鏡出版社,1983年,第78頁。

103. 香港專上學生聯會編:《香港學生運動回顧》,香港:廣角鏡出版社,1983年,第12–16頁。

104. 李宏:《香港大事記(公元前214年–公元1997年)》,北京:人民日報出版社,1997年,第126至127頁。

105. John Carroll, *A Concise History of Hong Kong*, Hong Kong: Hong Kong University Press, 2007, pp. 167–176.

106. 香港專上學生聯會編:《香港學生運動回顧》,香港:廣角鏡出版社,1983年,第25、58頁。

107. 香港專上學生聯會編:《香港學生運動回顧》,香港:廣角鏡出版社,1983年,第25、58、159至160頁。

108. 香港專上學生聯會編:《香港學生運動回顧》,香港:廣角鏡出版社,1983年,第97至99頁。

109. 香港專上學生聯會編:《香港學生運動回顧》,香港:廣角鏡出版社,1983年,第5、第189頁。

110. 香港專上學生聯會編:《香港學生運動回顧》,香港:廣角鏡出版社,1983年,第152至155頁。

第九章

從中英談判到香港回歸

1972 年 11 月 2 日，第 27 屆聯合國大會通過□
議，確認中國對香港問題的立場和要求。

1979 年 3 月 29 日，鄧小平在接見港督麥理浩時說：「在相當長的時間內，香港還可以搞它的資本主義，而我們搞我們的社會主義。」（新華社照片）

1984 年 12 月 19 日，中英兩國關於香港問題的
聯合聲明由中英兩國政府首腦趙紫陽和戴卓爾
夫人在北京正式簽署。鄧小平、李先念等出席
了簽字儀式。（新華社照片）

1985 年 7 月 1 日，香港特別行政區基本法起草委員會第一次會議在北京人民大會堂舉行。（新華社照片）

1997 年 6 月 30 日午夜，象徵英國殖民統治
的徽號從港督府拆卸裝箱。（香港政府新聞處
照片）

1997 年 6 月 30 日午夜至 7 月 1 日凌晨，中英兩國香港交接儀式在香港會議展覽中心新翼五樓大會堂隆重舉行。（新華社照片）

1980年，香港美心集團與中國民用航空北京
理局合辦的北京航空食品有限公司，是改革
放後第一家中外合資公司。（北京航空食品有
公司提供）

華潤大廈於 1983 年建成，是中國內地設在香港
的最大貿易機構華潤集團在灣仔的辦公大樓。

19世紀英國佔領香港地區；此後中國經歷政權更迭、抗日戰爭、國共內戰；英國始終維持對香港的統治。不過，英國在1898年強迫中國簽訂的新界租約卻為英治香港的穩定狀態埋下變數。隨着九十九年租期日漸迫近，新界租約期滿成為引發香港前途問題的導火線，英國對香港的管治終於要面對重大的抉擇。英國無法再以晚清的條約為理由，維持對整個香港地區的管治。

20世紀70年代末，新界租約將近期滿，香港前途問題被提上了中英兩國議事日程。經過雙方長達兩年的談判，中英兩國終於達成協議，並在1984年12月19日簽署關於香港前途問題的聯合聲明。中英聯合聲明確認：中華人民共和國政府於1997年7月1日對香港恢復行使主權，英國政府於同日將香港交還中國。英治香港百餘年的歷史至此終於劃上句號。

香港前途談判之際，香港社會一度陷入前景不明的陰霾之中。這時候的中國社會卻走出文革的亂局，實行改革開放的政策，為香港的經濟帶來巨大的發展的機遇。香港工商界北上設廠營商，既擴大了香港的工商業版圖，亦促進了中國的改革開放。政治與商業的雙向互動，成為回歸前的社會常態；香港社會就在這種複雜而多向的動態中翻開新的一頁。

第一節　早年中英兩國對香港前途問題的態度

英國政府對香港地位的憂慮

英國自開埠以來一直在香港擁有巨大的商業利益；香港在戰後迅速恢復生機，成為遠東地區最具經濟實力的城市。英國殖民地大

臣鍾斯在 1949 年曾經算出英國在香港的投資總額大約為 1.56 億英鎊。[1]1947 年 7 月，香港總督葛量洪在一本小冊子中寫道：「1947 年單這個城市的對外貿易總額高達 1.75 億英鎊，超過中國、日本和紐西蘭的海外貿易總額，超過馬來亞和菲律賓海外貿易總額的一半。在 1948 年又上升為 2.28 億英鎊。」「香港是世界上最大的轉口貿易中心之一，其 40% 的貿易額是同中國進行的，它是我們的商品運往中國內地巨大的潛在市場的主要通道。」「香港成為英國商品在東方華麗的櫥窗。美國和蘇聯都不可能有這種離開本土數千英里的櫥窗。英國可以充分利用這種獨一無二的優勢增加其商品出口。」[2]

不過，香港經濟繁榮的背後是英國持續不斷的隱憂。戰後世界反殖民主義浪潮日益高漲，繼續維持香港的殖民統治是英國政府要面對的難題；國共內戰的發展為這種局面增添不明朗的因素。1948 年 12 月 9 日，英國外交大臣貝文向內閣提交備忘錄，對中國國內局勢提出判斷和對策。他在備忘錄附件中認為：「如果共產黨人統治了全中國，出於他們自己的原因，他們可能願意暫時使香港繼續成為英國操心的對象。」他又擔心共產黨人如果選擇在經濟戰線對香港發動冷戰，可能會煽動罷工，在某程度上使香港的經濟癱瘓。他的結論是：「如果整個中國都由共產黨人統治，香港能否繼續作為英國的殖民地，取決於共產黨人是否感到一個組織和運作良好的英國港口有利於他們與外部世界的貿易」。[3]貝文的看法反映出英國高級官員的複雜心態：一方面認為中國新政府出於自己的原因，有可能維持香港現狀不變；一方面又特別擔心中國會使用軍事以外的手段收復香港。

事實上英國並無足夠的信心依靠自己的力量保持在香港的統治地位。1949 年 5 月 26 日，英國內閣會議要求聯邦事務大臣和外交大臣就香港局勢的發展和增派援軍的決定，通知美國和英聯邦其他國家；

並弄清這些國家「是否願意支持保衛香港、防止中共從大陸發動侵略的政策，並在有需要的適當時期發表公開聲明支持這一政策」。[4] 儘管英國政府打着「防止共產主義侵略」的旗號尋求夥伴國家的支持，但多數國家都明白這是英國維持殖民統治的努力；在戰後民族解放運動高漲的形勢下，這些國家並不願意為英國的利益加重本國的負擔，因而採取敷衍的態度，有的甚至反對英國的做法。

在這種情況下，英國唯有不斷增派軍隊到香港，並強化香港社會內部的控制。英國表面擺出強硬的姿勢，實際上作好準備，必要時考慮與中共談判甚至國際共管香港的可能性。1949 年 8 月中旬，貝文和鍾斯制訂了關於香港前途的聯合備忘錄。他們指出，無論中共施加壓力還是動用武力，英國都不可以在香港問題上向中共讓步，否則英國將不可能繼續保持在東南亞的地位和影響力，更不可能阻止中共奪取香港。他們相信，除非英國在香港和亞洲表現出決心和實力，否則大部分香港人都會私下與中共妥協。他們認為，英國政府只應該與一個「友好的」、「民主的」、「統一的」和「穩定的」中國政府談判香港的前途。在這樣的政府在中國出現之前，英國必須維持香港地位不變。[5]

內閣會議在 8 月底討論了這份關於香港前途的聯合備忘錄。內閣大臣認為，如果提出中國政府應該是「民主的」這個條件，其結果是排除在任何時候同中共政府討論香港問題的可能性。內閣最後的意見是，聯合備忘錄關於同中國政府談判香港前途的條件的建議，可以接受作為一個短期的政策，但應刪除「民主的」一詞。[6] 英國政府似乎意識到，如果中國政府正式提出談判香港前途問題，拒絕談判並非明智的選擇。有些大臣提出對香港實行國際共管的建議；結果會議議決，應該進一步考慮在不久將來對香港實行某種形式的國際共管的可

能性。如果外交大臣認為此事可行，可以通過和美國國務卿非正式對話，試探美國政府是否支持這種政策。[7]

1949 年 10 月 1 日，中華人民共和國成立。往後的歷史證明，英國此前對中共就香港問題所作的估算與實際相去甚遠；香港的地位大致不變，仍然是英國在遠東的一個極具份量的商業城市。1957 年 2 月，英國殖民地部官員向首相呈交一份名為《香港對英國的價值和代價》的文件，指出英國政府沒有為香港的發展花費一分一毫，和平時期用於香港的軍費一年只需要 700 萬英鎊，即使發生戰爭時會有所增加，相對英國保障遠東利益的必要開支只是九牛一毛。同時，香港是英國一個約值 3,300 萬鎊的出口市場，英國對香港出口機器和原料，英國的貨物亦經香港轉口至其他遠東國家。管治香港的真正成本，是香港工廠與某些英國工廠之間的競爭而已。[8]事實上英國政府為保護本國的工業，亦率先強迫香港簽訂紡織品限制協議；因此，香港雖然是英國在遠東的一個政治中心和軍事基地，但管治香港的成本甚低；英國繼續佔有香港基本上有利無害，管治香港的核心考慮仍然是經濟問題。

中國政府處理香港問題的態度

香港是英國與清朝政府簽訂的不平等條約的歷史產物，清朝結束之後，中國進入新的歷史階段；中國的北洋政府和國民政府曾企圖以新的中外關係處理香港的問題，並先後提出收回新界的要求。

1919 年，北洋政府派出代表參加巴黎和會，提出《希望條件說帖》，在歸還租借地的要求中，明確提到了新界。[9]對應中國的挑戰，英國殖民地部和外交部聯合提出反對；英國駐華公使朱爾典（J. N.

Jordan）亦在北京提出了使租借地「中立化」或「國際化」的計劃。事實上巴黎和會被英、法兩個第一次世界大戰的主要戰勝國把持，根本不可能在會議上作出兩國放棄在中國的既得利益的議決。5 月 14 日，時任和會主席的法國總理克利孟梭（Georges Clemenceau）致函中國外交總長，說明解決租約問題並非和會的職責；[10] 中國政府的要求因而被否決。隨着歷史發展，列強大部份在華租借地都陸續歸還中國，只有少數未還，包括新界。

第二次世界大戰時期，中國是盟軍在亞太地區的主要成員，國際地位顯著提升，中國政府於是重新提出香港問題，期望以國際平台解決歷史遺留下來的不平等條約。1942 年下半年，美國輿論開始譴責英國的殖民政策，質問英國何以一直不交還香港予中國，並且不廢除在華的治外法權。同年 10 月，英美兩國開始與中國商討廢除治外法權和訂立新約的問題。中國政府擬定了中英新約草案，列入要求終止 1898 年《展拓香港界址專條》的條款，並提出「英方在九龍租借地之行政與管理權，連同其官有資產與官有債務，應移交中華民國政府。」[11] 中國政府雖然只提到歸還新界，並無觸及香港和九龍這兩處割佔的土地，但英國政府毫不讓步，堅決反對。12 月，英國駐華大使薛穆與中國外交部長宋子文談判，表明英國不準備討論新界問題。宋子文指出，中國公眾認為租借地與租界屬於同一範疇，此次條約若不包括新界問題，就不能消除中英兩國之間的誤解。蔣介石則表示，條約內如果不包括收回新界，他就不同意簽字。[12] 談判一度陷於僵局；但蔣介石在部下勸說下最終決定對英妥協。中國政府同意新約不涉新界租借地問題，但保留日後提出同一問題的權利。中英雙方最終在 1943 年 1 月 11 日簽訂新約。

1949 年 10 月，中華人民共和國成立，英國關於香港問題的對手變為中共領導建立的中華人民共和國政府。新中國政府對香港問題並無新的立場，仍然是中共的一貫主張：(1) 香港是中國的領土；(2) 中國不承認帝國主義強加的三個不平等條約；(3) 主張在適當時機通過談判解決這一問題；(4) 未解決前暫時維持現狀。[13] 後來中國政府內部另有特殊政策，對香港採取「長期打算，充分利用」的方針。[14]

其實中共對香港的政策和方針是歷史積累的結果。早在 1927 年至 1937 年土地革命時期，中共主要領導人就曾經利用香港的特殊環境開展革命工作。1927 年 10 月上中旬，周恩來同南昌起義軍主力部隊失散後，行軍途中病重。他和葉挺、聶榮臻從廣東陸豐縣金廂鎮渚村乘小船到達香港。周恩來在九龍油麻地廣東道住所養病期間，曾經參加在香港的中共廣東省委召開的研究廣州起義的會議。11 月上旬，周恩來從九龍深水埗乘船到達上海。[15] 1928 年 3 月中旬至 4 月中旬，周恩來再往香港主持廣東省委擴大會議，處理廣州起義的善後問題。他還指示中共廣東省委組織營救了在香港被捕的廣東省委書記鄧中夏。[16] 1929 年冬，周恩來在上海建立第一個地下無線電台，同時派人到香港設立分台。1930 年 1 月兩台開始通報，接通了中共中央與南方黨組織的電訊聯絡；[17] 香港是這條上海 — 香港 — 汕頭 — 大埔 — 永定 — 中央蘇區秘密交通線中的一站，可見地位非常重要。[18] 另外，鄧小平亦在 1929 年 9 月初途經香港，向領導廣西黨組織工作的中共廣東省委了解廣西情況，並與聶榮臻等商議在廣西開展工作的計劃和步驟。[19] 1930 年 1 月，鄧小平再次途經香港，參加中央軍委召開的對廣西紅軍工作佈置的討論會；並在會上就廣西的工作和百色、龍州起義的準備情況作補充報告。[20] 從周、鄧二人在香港活動的情況看來，中共顯然已經掌握「充分利用」香港的做法，並多次在香港實地處理中共南方活動的安排。

抗日戰爭時期，香港是支援中共抗戰的主要基地。中共在香港設立的八路軍辦事處表現卓著，為抗日工作作出實質的貢獻。戰後初期，中共和民主黨派又利用香港作為南方革命基地，發動新政協運動，協助中共建立政權。這時候中共最高領導人毛澤東對建國後香港問題的處理以及香港的利用，都已經有戰略性的構想。1946 年 12 月 9 日，毛澤東在延安回答美國記者哈默關於「在香港問題上中共的態度如何」的提問時說：「我們現在不提出立即歸還的要求，中國那麼大，許多地方都沒有管理好，先急於要這塊小地方幹嗎？將來可按協商辦法解決。」[21] 1949 年 2 月，毛澤東在西柏坡會見蘇聯政府代表團時曾說：「急於解決香港、澳門的問題沒有多大意義。相反，恐怕利用這兩地的原來地位，特別是香港，對我們發展海外關係、進出口貿易更為有利些。」[22] 毛澤東在國共內戰期間發表的這兩番說話，清楚表達了中共對香港問題的立場。

　　1949 年春天，針對英國政府和香港當局對香港前途的憂慮和有關言行，香港《文匯報》和《大公報》曾先後發表社論闡述中共的觀點。1949 年 2 月 9 日，《文匯報》發表題為〈新中國與香港〉的社論：

　　　　從英國政府和香港當局的態度看來，他們似乎對香港的安全問題更表關切。本月二日和三日，英國防大臣亞歷山大、殖民部大臣鍾斯、海軍大臣賀爾都有關於如何防衛香港的顯明表示。彷彿他們遠處倫敦者所聞到的中國火藥氣味，遠比我們置身香港者更為敏感。但我們終不能了解此種『敏感』的現實價值到底有多大？中國正在進行轟轟烈烈的新民主主義革命。這一革命迄目前為止，從沒有一言一動牽涉到香港，或在理論上將『香港』如四大家族一樣，列為清算對象。可見假想中的安全威脅決不至來自中國人民的勝利。中國人民對國內反動政權，不得已而用戰爭解決。至於對外關係，除

積極支持國民黨反動政權且始終不放手者而外，決不至無端與其引起嚴重的糾紛。即使有應行修改調整之處，也會先就外交途徑求其解決。[23]

2 月 17 日，香港《大公報》又以〈樂觀香港前途〉為題發表社論：

> 事實上，香港的地位並無什麼危險，它的前途絕不如一些人所想像那樣悲觀。第一，中英關係一向不錯。中英間雖然還有些懸案如九龍城問題等未解決，只要彼此諒解，以友好態度處理，並不足以阻障雙方的邦交。英國對於中國的舊政權並沒有像美國那樣有所企圖，予以支持，在中國人民的腦子裏沒有大不快的印象。第二，中國的新政權並無盲目排外的徵象。凡以平等友善與中國相交的國家，只有受到歡迎。無論什麼國家總不會關上大門不與外國往還的。將來中國和平安定，加速建設，在商務上必須與外國成立關係。中國許多物產要向外輸出，外國許多建設器材要向中國輸入 …… 展望未來，香港應該與中國大陸成立良好的連繫，儘量發揮其貨物集散交通銜接的作用，使香港得到真正合理的繁榮。[24]

這時候中共尚未建立政權，亦未就香港的前途發表過正式聲明，但已經在香港通過《文匯報》和《大公報》的社論轉達了重要的信息。中共以非正式的渠道傳達對香港問題的看法，在一定程度上反映出中共並不希望予人一種干預香港的印象，從而引出中共暫時維持香港現狀和保持香港穩定的意圖。

1949 年 10 月解放軍抵達廣東之後，中共仍然堅守保持香港現狀的立場，嚴禁野戰軍越過羅湖以北 40 公里的樟木頭一線，[25] 改派保安部隊維持邊界治安。當時華南和廣東軍政機關對粵港邊界問題採取「保持邊界平靜」、「避免邊界糾紛」、「不挑釁，不示弱」等方針，謹慎處理邊界問題。

隨着韓戰爆發，社會主義陣營和資本主義陣營的鬥爭愈演愈烈。以美國為首的資本主義陣營對新中國實施全面經濟封鎖，作為英國殖民地的香港成為美國封鎖中國的重要環節。禁運嚴重打擊香港對中國的出口及轉口貿易，香港對內地的出口貿易總額自 1952 年起連年下跌，香港對內地的出口及轉口額由 1951 年的 16 億港元降至 1958 年的 1.6 億港元。同一期間香港從內地進口貨額卻節節上升，由 1951 年的 8.6 億港元增加至 1958 年的近 14 億港元。[26] 在 1951 年，中國對香港的貿易入超 7.4 億港元；在 1958 年，中國對香港出超 12.4 億港元。禁運沒有減低香港對中國的重要性，反而更加突顯香港是中國外匯重要來源的特殊角色。

這段非常時期並未改變中國政府對香港的看法。1956 年 5 月 28 日，毛澤東在聽取廣東省委匯報香港問題時說：「香港暫時還是不收回來好，我們不急，目前對我們還有好處，現在拿過來不見得有利。」[27] 1957 年 4 月 28 日，周恩來在上海工商界人士座談會上講話，對在經濟上如何發揮香港的特殊作用，如何「為我所用」作出進一步的闡述：

> 香港的主權總有一天我們是要收回的，連英國也可能這樣想。……我們不能把香港看成內地。對香港的政策同對內地是不一樣的，如果照抄，結果一定搞不好，因為香港現在還在英國統治下，是純粹的資本主義市場，不能社會主義化，也不應該社會主義化。香港要完全按資本主義制度辦事，才能存在和發展，這對我們是有利的。……我們在香港的企業，應該適應那裏的環境，才能使香港為我所用。……香港可作為我們同國外進行經濟聯繫的基地，可以通過它吸收外資，爭取外匯。[28]

這番講話的內容聚焦於香港與中國內地社會發展的關係，也是香港問題的核心議題。中共建立政權後需要強大的經濟力量重建中國社會，香港在英治下的發展對這時期的中國經濟建設確實作出了重大的

貢獻。周恩來亦明確表示，儘管香港回歸祖國有其必然性，但香港的制度未必需要跟隨內地的做法。

1958 年，周恩來總理和有關人員內部談話中又指出：「香港是氣象台、觀察站、交際處⋯⋯與其讓英國拉美國來防衛香港，倒不如把香港留在英國手上。」[29]

1959 年夏，港澳工作務虛會在廣州召開，會議總結了十年工作經驗，提出了「長期打算，充分利用」的方針，1960 年 3 月 18 日中共中央批准了會議報告。[30]

中國政府對香港問題持續採取「維持現狀」的方針引起了國際的關注；針對國外有人指責中國「社會主義國家竟然容許殖民地存在」，《人民日報》於 1963 年 3 月 8 日發表了〈評美國共產黨的聲明〉一文，指出香港是「歷史上遺留下來的帝國主義強加於中國的一系列不平等條約的問題」。文章重申中國一貫的立場，主張「在條件成熟的時候，經過談判和平解決，在未解決之前維持現狀。」[31]同年 8 月 9 日，毛澤東會見索馬里總理舍馬克（Abdirashid Ali Shermarke）時再次強調：

> 香港人就是我們中國人。香港是通商要道，如果我們現在控制它，對世界貿易，對我們對世界的貿易關係都不利。⋯⋯我們暫時不準備動它，並不是永遠不動它。[32]

毛澤東的講話承接過去中央政府的一貫立場，為未來香港問題的探索提供了基本的指引。

中國領導人的講法並無偏離事實，亦非外交詞令，中國確實在香港得到巨大的經濟利益。英國曾經估計，1966 年中國透過香港獲得 2.1 億英鎊的外匯，佔中國三分之一至一半的總保值貨幣收益；當

中貿易淨收益近 1.7 億英鎊，華僑匯款約共 2,500 萬鎊，餘下部分是中國在香港的銀行和商業機構的收益。這些外匯收入可用來彌補中國與加拿大、澳洲等國貿易的虧蝕。[33] 中國一旦收回香港，香港的華人資本家和工業家很可能會將資本、工廠和機器遷移至新加坡、台灣等地。[34] 因此，即使在內地「文化大革命」的處境中，周恩來仍然對香港的「反英抗暴」作出指示，提醒參與者「鬥爭不能違反長期方針」；以免動搖香港的地位。[35]

1970 年代中英兩國對香港前途的態度

六七暴動的爆發，迫使英國根據新的形勢重新思考香港的前途問題。自 1967 年 6 月起，英國防衛及海外政策委員會旗下的防衛檢討工作小組全面研究香港的地位和英國長遠地統治香港的各種可能性。[36] 工作小組經過多番修訂，最終於 1969 年 3 月完成一份名為「香港：長遠研究」（Hong Kong: Long Term Study）的報告書。[37] 工作小組對香港的前景感到極度悲觀，認為任何時候都可能有災難性的事件發生，英國在香港每撐多一年就等同多賺一年；預計到 1980 年代初新界租約即將屆滿時香港會出現信心危機，英國必須接受香港最終會歸還中國的命運。[38] 工作小組從六七暴動汲取經驗，認為英國應該清楚地展示繼續管治香港的決心；同時要取得平衡，既要保持香港政府的權威，亦要滿足中國的一些需求，令中國繼續接受香港的特殊地位。[39]

1970 年代是中英關係新紀元的開始。1972 年 3 月，中英兩國就互換大使達成協議，全面建立外交關係，雙方都致力維持香港穩定繁榮的局面。雖然兩國都滿意當時香港的特殊地位，[40] 但即將屆滿的《展拓香港界址專條》始終為香港的將來帶來不可預測的因素。中英雙方

都在考慮香港的前途問題，英國在條約問題上畢竟處於下風，因此顯得格外緊張和焦慮。

1972 年 5 月 5 日，剛就任港督不久的麥理浩致函英國外交大臣休姆爵士（Sir Alec Douglas-Home）談及新界問題，他指出英國很有可能在 1980 年代被迫與中國商談香港未來的安排，英國必須把握時機盡力爭取最有利的結果，否則後果不堪設想。[41] 麥理浩認為，英國應該盡量拖延談判的時間，當香港發展得愈來愈好，就可以有更大的機會保留其特別地位。[42] 翌年，麥理浩在一封題為《誰從香港得益？》的函件中，進一步解釋香港對中國有鉅大的經濟價值，保持香港的特殊地位對中國有極大的好處。[43] 不過，英國政府亦明白，佔香港陸地面積約九成的新界如果在 1997 年歸還中國，香港將會變得毫無價值。英國唯一的賭注，就是以香港對中國的龐大經濟價值為誘餌，企圖令中國政府同意讓英國繼續保留這一片飛地。

其實踏入 1970 年代，中國政府雖無收回香港的打算，但已開始處理與香港有關的問題。1972 年 3 月 8 日，中國常駐聯合國代表黃華致函聯合國非殖民地化特別委員會主席，提出處理香港和澳門的建議：

> 香港、澳門是屬於歷史上遺留下來的帝國主義強加於中國的一系列不平等條約的結果。香港和澳門是被英國和葡萄牙當局佔領的中國領土的一部分，解決香港、澳門問題完全是屬於中國主權範圍內的問題，根本不屬於通常的所謂「殖民地」範疇。因此，不應列入反殖宣言中適用的殖民地地區的名單之內。[44]

同年 6 月 15 日，聯合國非殖民化特別委員會通過決議，向聯合國大會建議從上述的殖民地名單中刪去香港和澳門。[45]1972 年 11 月 2 日，第 27 屆聯合國大會以 99 票對 5 票的壓倒多數通過決議，批准

特別委員會的報告。[46] 這就從國際法律上確認香港的主權歸屬中國政府，排除了香港變成「國際共管」或「獨立」的可能性，也為後來解決香港問題奠定了國際法理的基礎。

第二節　中英聯合聲明和基本法的制定

中英聯合聲明的簽署

　　中華人民共和國建國以來，國際形勢和中國的對外關係都發生了巨大的變化。隨着 1997 年日益臨近，解決香港前途的問題被提上了日程。英國政府率先希望解決香港前途的問題。1979 年 2 月 9 日，英國外交及聯邦事務大臣歐文（David Owen）致函首相卡拉漢（James Callaghan），探討將英國對香港的統治跨越 1997 年的問題。他認為如果不採取行動解決 1997 年的限期問題，公眾信心將在 80 年代初期至中期開始迅速減退。他提出一個可能的解決辦法，就是將現有租約限期變為「不確定」（undetermined）；並建議交由經驗豐富的中國通麥理浩來處理此事。[47]

　　1979 年春天，港督麥理浩應邀訪問北京，為香港前途問題的探索揭開了序幕。麥理浩事前作了向北京投石問路的充分準備，計劃以新界土地契約為突破口，試探中國政府對香港前途問題的態度。3 月 29 日，麥理浩會見鄧小平副總理，明確表示香港政府批出的新界土地契約年期不能超過 1997 年，目前只剩 18 年，令人擔心。對於香港總督提出的憂慮，鄧小平表明了中國政府的立場：

　　　　現在有人開始擔心香港將來的前途和地位問題。對這個問題，我們有一貫的立場。我們歷來認為，香港主權屬於中華人民共和

國，但香港又有它的特殊地位。香港是中國的一部分，這個問題本身不能討論。但可以肯定的一點，就是即使到了一九九七年解決這個問題時，我們也會尊重香港的特殊地位。現在人們擔心的，是在香港繼續投資靠不靠得住。這一點，中國政府可以明確地告訴你，告訴英國政府，即使那時作出某種政治解決，也不會傷害繼續投資人的利益。請投資的人放心，這是一個長期的政策。⋯⋯在本世紀和下世紀初的相當長的時期內，香港還可以搞它的資本主義，我們搞我們的社會主義。[48]

鄧小平雖然並未使用「一國兩制」這個詞彙，但已經表達出「一國兩制」的初步構思。至於麥理浩提出在 1997 年 6 月後新界仍由英國管理的意見，鄧小平則明確表示不能同意。

麥理浩訪京後，英國政府並未放棄以新界土地契約為突破口，延長它對新界管治期限的想法。1979 年 7 月 5 日，英國駐華大使柯利達（Percy Cradock）約見中國外交部部長助理宋之光，遞交英國政府一份《關於香港新界土地契約的備忘錄》；不僅提出要取消新界土地租約不能超越 1997 年的限制，還提出要取消 1997 年後港督在法律上不能再管理新界的限制。[49] 麥理浩訪京和英國遞交新界土地契約問題備忘錄兩件事，使中國政府不得不以正面的態度處理香港問題。

1981 年初，鄧小平指示國務院港澳辦主任廖承志組織有關部門研究香港問題，並提出材料和方案供中央參考。[50] 廖承志於是到外交部主持對香港問題各抒己見的「神仙會」，最後得出兩種解決方案。方案一是「繞過 1997 年」的方案，繼續維持香港現狀，等待時機成熟再解決香港問題。方案二是「不迴避 1997 年」，亦即於 1997 年收回香港。外交部副部長章文晉在會上說：「在英國人逼我們上馬的情況下，如果中國不收回香港主權，上無以對列宗列祖，下無以對子孫後代；內無以對十億人民，外無以對第三世界！」這番說話成為了當時與會者的

共識。[51]同時，與會者還研究了過去中央對香港的八字方針在「九七」後是否適用的問題。大家認為，「長期打算」按原來的意思是在相當長的時間內不收回香港，也就是周恩來總理所說的「要按英國繼續統治香港的情況佈置工作」，從這個意義上說，「長期打算」不再適用於回收後的香港；但從保留香港原有制度不變的意義上來說，「長期打算」仍算適用。至於「充分利用」，與會者認為利用香港的特殊環境和有利條件為中國現代化建設和祖國統一大業服務，則無論過去、現在和將來，都是適用的。不過，回歸後對香港的利用更要注意以不損害香港的繁榮穩定為原則。[52]

　　鄧小平接納了會議的意見，並特別贊同章文晉的發言。[53]廖承志於是着手研究解決香港問題的辦法。他參考了為台灣問題所制定的九條方針政策，結合香港的實際情況，擬定了解決香港問題的「十二條」方針政策；包括 (1) 香港地區在 1997 年 7 月 1 日回歸中國；(2) 回歸中國後將作為特別自治區，享有高度的自治權，直轄於中央人民政府；(3) 保留自由港和金融中心地位；(4) 行政長官可由當地人擔任，經中央人民政府委任；(5) 香港現行社會、經濟制度不變，生活方式、福利制度不變；(6) 私人財產、房屋、土地、企業所有權、合法繼承不受侵犯；(7) 外國工商業、投資不受侵犯；(8) 同英國建立特惠的經濟關係；(9) 港幣照舊不變；(10) 香港原有的法律、法令、條例基本不變；(11) 香港特別自治區的治安由香港特別自治區政府負責；(12) 原香港政府各機構的中外籍員工均可原職原薪留用；自治區政府必要時還可聘用外國人士當顧問。[54]這「十二條」方針政策幾經修改後，得到中共中央批准，成為解決香港問題的方案。這個方案體現了一國兩制的精神，為中英關於香港前途問題的談判和基本法的制定奠定了良好的基礎。

恢復對香港行使主權，本來是中國主權範圍內的事情，中國有權隨時以任何方式收回領土，不必涉及外國政府。不過，考慮到中英兩國之間的友好關係，同時為了保持香港的穩定和繁榮，中國政府決定與英國政府通過和平談判解決問題。從 1982 年 9 月至 1984 年 9 月，中英兩國政府就解決香港前途問題舉行了談判。談判分兩個階段，第一階段從 1982 年 9 月英國首相戴卓爾夫人（Margaret Thatcher）訪華至 1983 年 6 月，雙方主要商議原則和程序的問題；第二階段從 1983 年 7 月至 1984 年 9 月，兩國政府代表團就實質性問題舉行會談，前後共 22 輪。

　　1982 年 9 月，戴卓爾夫人到北京先後會見了國務院總理趙紫陽和中央顧問委員會主任鄧小平。中國領導人正式通知英方，中國政府決定在 1997 年收回整個香港地區，同時闡明中國收回香港後將採取特殊政策，包括設立香港特別行政區，由香港當地中國人管理，現行的社會經濟制度和生活方式不變等等。戴卓爾夫人則堅持三個不平等條約仍然有效，提出如果中國同意英國 1997 年後繼續管治香港，英國可以考慮中國提出的主權要求。[55]

　　針對戴卓爾夫人的言論，鄧小平在會晤時坦率地對她說：

　　　　主權問題不是一個可以討論的問題。現在時機已經成熟了，應該明確肯定：一九九七年中國將收回香港。就是說，中國要收回的不僅是新界，而且包括香港島、九龍。……保持香港繁榮，我們希望取得英國的合作，但這不是說，香港繼續保持繁榮必須在英國的管轄之下才能實現。香港保持繁榮，根本上取決於中國收回香港後，在中國的管轄之下，實行適合於香港的政策。香港現行的政治、經濟制度，甚至大部分法律都可以保留，當然，有些要加以改革。……現在人們議論最多的是，如果香港不能繼續保持繁榮，就

會影響中國的四化建設。我認為，影響不能說沒有，但說會在很大程度上影響中國的建設，這個估計不正確。如果中國把四化建設能否實現放在香港是否繁榮上，那麼這個決策本身就是不正確的。[56]

鄧小平的回應語氣肯定，內容具體，但戴卓爾夫人仍然在 9 月 24 日和 27 日先後在北京和香港對媒體發表談話，聲稱「管理香港的條約，至今仍為國際法所公認」，那些條約不應推翻，而應由雙方加以「修改」。這番談話迅速引起香港各界反應。香港中文大學和理工學院兩校學生代表標舉「反對不平等條約」和「侵華條約不容肯定」的橫幅標語，在記者招待會的場外示威，並遞交抗議信。中大與理工兩校學生會還發表聯合聲明，表示「不能接受英國首相修改條約的建議，這樣等同於承認這些條約，無疑令我們的民族尊嚴再次受損」。27 日晚，香港專上學聯所屬的多所大專院校學生會採取集體抵制行動，不派代表出席香港政府為戴卓爾夫人在總督府舉行的招待會。[57]

其實在鄧小平與戴卓爾夫人會晤之後，雙方已經同意通過外交途徑解決香港問題。不過由於英方在香港主權問題上立場不變，雙方的磋商半年仍無進展。1983 年 3 月 10 日，戴卓爾夫人終於改變態度，致函趙紫陽表明英國政府的立場：

> 只要英國政府同中國政府之間能夠就香港的行政管理安排達成協議，而這些安排能保證香港今後的繁榮和穩定，又能為中國政府，也為英國議會和香港人民所接受，我就準備向議會建議，使整個香港的主權回歸中國。[58]

她並且希望中方能同意在下個月內開始舉行實質性的會談。戴卓爾夫人的說法雖然有不少前設，但中方認為英方在交還香港問題上態度有前進，趙紫陽於是覆函表示中國政府同意盡快舉行正式談判。[59]

從 1983 年 7 月起，中英兩國開始關於香港問題的第二階段會談。中國代表團團長是外交部副部長姚廣，英國代表團團長是英國駐華大使柯利達。港督尤德（Edward Youde）以英國代表團成員的身份參加會談。從第八輪會談開始，中國代表團團長改由外交部長助理周南擔任，英國代表團團長則改由新任英國駐華大使伊文思（Richard Mark Evans）擔任。兩國代表團前後舉行了 22 次會談。

會談開始後，英方試圖以承認中國對香港的主權來換取 1997 年後繼續管治香港的治權；這是中方無可能接受的方案，因此到了第四輪談判仍毫無進展。1983 年 9 月 10 日，鄧小平會見英國前首相希思（Edward Heath），明確指出「英國想用主權來換治權是行不通的。希望不要再在治權問題上糾纏」；他提醒希思不要搞成中國單方面發表聲明收回香港，希望中英兩國聯合發表聲明。[60] 英國首相戴卓爾夫人因此明白中國政府立場不會改變，於是在 10 月託英國大使帶來口信，提出雙方可以在中國建議的基礎上探討香港的永久性安排。結果在第五、六輪會談中，英方確認不再堅持英國管治，也不謀求任何形式的共管，並理解中國的計劃是建立在 1997 年後整個香港的主權和管治權應該歸還中國這一前提的基礎上。[61] 至此，中英談判的主要障礙才開始排除。從第七輪會談起，談判以中國政府關於解決香港問題的基本方針政策為基礎。從 1984 年 4 月第十二輪會談後，雙方轉入討論過渡時期香港的安排和有關政權交接的事項。1984 年 9 月 18 日，中英雙方就全部問題達成協議，並於 9 月 26 日在北京草簽關於香港問題的聯合聲明和三個附件。[62]

1985 年 5 月 27 日，中英兩國政府在北京互換批准書，中英聯合聲明正式生效。同年 6 月，中國常駐聯合國代表和英國常駐聯合國代

表向聯合國法律事務辦事處遞交聯合請求，就中英聯合聲明正式向聯合國註冊備案，使它成為一項國際公認的法律文獻。[63]

中英聯合聲明是中英兩國政府解決香港前途問題的一個里程碑，具有重大的歷史意義。兩國政府就主權、外交、國防、政治、行政、社會、經濟、生活等方面的處理方針達成協議，為 1997 年 7 月 1 日後香港的發展奠定了堅實的基礎：

一、中華人民共和國政府聲明：收回香港地區（包括香港島、九龍和「新界」，以下稱香港）是全中國人民的共同願望，中華人民共和國政府決定於一九九七年七月一日對香港恢復行使主權。

二、聯合王國政府聲明：聯合王國政府於一九九七年七月一日將香港交還給中華人民共和國。

三、中華人民共和國政府聲明，中華人民共和國對香港的基本方針政策如下：

（一）為了維護國家的統一和領土完整，並考慮到香港的歷史和現實情況，中華人民共和國決定在對香港恢復行使主權時，根據中華人民共和國憲法第三十一條的規定，設立香港特別行政區。

（二）香港特別行政區直轄於中華人民共和國中央人民政府。除外交和國防事務屬中央人民政府管理外，香港特別行政區享有高度的自治權。

（三）香港特別行政區享有行政管理權、立法權、獨立的司法權和終審權。現行的法律基本不變。

（四）香港特別行政區政府由當地人組成。行政長官在當地通過選舉或協商產生，由中央人民政府任命。主要官員由香港特別行政區行政長官提名，報中央人民政府任命。原在香港各政府部門任職的中外籍公務、警務人員可以留用。香港特別行政區各政府部門可以聘請英籍人士或其他外籍人士擔任顧問或某些公職。

（五）香港的現行社會、經濟制度不變；生活方式不變。香港特別行政區依法保障人身、言論、出版、集會、結社、旅行、遷徙、通信、罷工、選擇職業和學術研究以及宗教信仰等各項權利和自由。私人財產、企業所有權、合法繼承權以及外來投資均受法律保護。

（六）香港特別行政區將保持自由港和獨立關稅地區的地位。

（七）香港特別行政區將保持國際金融中心的地位，繼續開放外匯、黃金、證券、期貨等市場，資金進出自由。港幣繼續流通，自由兌換。

（八）香港特別行政區將保持財政獨立。中央人民政府不向香港特別行政區徵稅。

（九）香港特別行政區可同聯合王國和其他國家建立互利的經濟關係。聯合王國和其他國家在香港的經濟利益將得到照顧。

（十）香港特別行政區可以「中國香港」的名義單獨地同各國、各地區及有關國際組織保持和發展經濟、文化關係，並簽訂有關協定。香港特別行政區政府可自行簽發出入香港的旅行證件。

（十一）香港特別行政區的社會治安由香港特別行政區政府負責維持。

（十二）關於中華人民共和國對香港的上述基本方針政策和本聯合聲明附件一對上述基本方針政策的具體說明，中華人民共和國全國人民代表大會將以中華人民共和國香港特別行政區基本法規定之，並在五十年內不變。[64]

1984 年 12 月 19 日下午，在北京人民大會堂西大廳，中英兩國關於香港問題的聯合聲明由中英兩國政府首腦趙紫陽和戴卓爾夫人正式簽字。中共中央顧問委員會主任鄧小平、中華人民共和國主席李先念出席了簽字儀式。中英兩國關於香港問題的聯合聲明的簽署，使歷史遺留下來的香港問題獲得圓滿解決，同時為和平解決國與國之間的歷史遺留問題提供了可資借鑑的經驗。

基本法的制定

1982 年 9 月，中國政府一方面與英國就香港前途問題展開談判，另一方面則着手為解決香港問題作出憲制上的準備。同年 12 月 4 日，中華人民共和國第五屆全國人民代表大會第五次會議在修改《中華人民共和國憲法》（以下簡稱《憲法》）時，增寫《憲法》的第三十一條規定，加入「國家在必要時得設立特別行政區。在特別行政區內實行的制度按照具體情況由全國人民代表大會以法律規定」的條文。值得注意的是，修訂的條文中並沒有提到香港、澳門兩地；原因是考慮到中英兩國政府正在談判，中方為了表示對談判的誠意，不宜單方面公開提及對香港問題的處理方針政策。根據時任「憲法修改委員會」副主任彭真的修憲報告說明，上述的修訂雖然在文字上不涉港澳兩地，實際上以人大委員長葉劍英一年前發表的和平統一台灣的「九條方針政策」為基本立場，以統一台灣為例子，為未來處理屬於「這類問題」的香港、澳門問題提供憲法上的依據。[65]

同時，修改《憲法》的過程中也增寫了第六十二條第十三項規定，為全國人民代表大會增加「決定特別行政區的設立及其制度」的職權。[66] 這項規定的增寫具有重大而深遠的意義。它不但賦予全國人大行使相關權力的憲法依據，更配合《憲法》第三十一條而形成處理香港問題的完整憲法框架。

基於香港自古以來是中國的領土的前設，根據上述兩條憲法條文的規定，全國人大有權成立香港特別行政區，有權制訂應用於香港特別行政區的基本法，亦有權授權香港特別行政區保留原有制度。換言之，上述兩條憲法條文的增寫，確立了《中華人民共和國憲法》對香港特別行政區的法律效力。

中英聯合聲明簽署後，香港進入了政權交接前的過渡時期，中國政府隨即展開對香港恢復行使主權的各項工作，其中最重要的工作是《中華人民共和國香港特別行政區基本法》（以下簡稱「基本法」）的起草。1985 年 4 月，第六屆全國人大三次會議決定成立基本法起草委員會（以下簡稱「草委會」），負責基本法的起草工作。根據這個決定，全國人大常委會於同年 6 月審議通過了基本法起草委員會 59 人名單；其中內地委員 36 人，香港委員 23 人。1985 年 7 月 1 日，草委會正式成立並開始工作。[67]

　　1986 年 1 月 4 日至 2 月 5 日，草委會秘書處派出了一個 13 人組成的調查小組到香港調查研究。小組成員一共參加了 110 次座談會，會見香港各界約 1,100 多人次，訪問了法院、大學、工廠、海港、碼頭、商行、證券交易所、寺廟、馬場及公共屋邨等機構和場所，直接了解香港居民對起草基本法的意見。在這次調查的基礎上，草委會秘書處草擬了基本法結構草案的討論稿，為草委會第二次全體會議做好準備。[68]

　　為了收集香港人對基本法的意見和建議，草委會於 1985 年 12 月委託香港的草委會委員在香港成立由 180 位各界人士組成的基本法諮詢委員會（以下簡稱「諮委會」）。諮委會在其後四年多的工作中，廣泛地收集了香港各界的意見；諮委會還邀請內地起草委員到香港聽取意見，又組織諮委會成員到北京和內地委員交流。諮委會最後將意見向起草委員會反映，發揮了溝通意見的橋樑作用。[69]

　　基本法的起草工作採取開放的精神，充分討論各種不同的意見，並隨時把討論的進展向公眾公佈。1988 年 4 月，草委會公佈基本法（草案）徵求意見稿；1989 年 2 月，全國人大常委公佈基本法（草案），

先後兩次在香港和內地徵求意見。內地委員分兩批到香港，與香港委員一起聽取香港各界的意見。部分內地委員還分赴北京、上海、廣州、福州等地參加座談會，聽取內地各界的意見。結果反應熱烈，僅香港一地就收集了 80,000 份意見和建議。徵詢工作結束後，基本法諮詢委員會編撰了五冊諮詢報告。各專題小組和主任委員擴大會議先後修訂了基本法徵求意見稿中百餘處，涉及實質內容修改的有八十多處，其中有五十多處來自諮詢委員會收集的意見；可見徵求意見有其實際必要和作用，亦顯示出基本法是香港與內地集體智慧的結晶。[70]

基本法起草委員會在第八次全體會議通過香港基本法時，採取逐條逐件不記名的投票方法，以全體委員三分二以上多數通過。如未達到全體委員三分二以上多數贊成，則需經修改後再以全體委員的三分二以上多數通過。每一條法律條文和每一個附件都投一票，亦即每個委員對基本法的序言、160 條條文和三個附件共投 164 票，這種嚴謹的做法在世界其他國家的立法程序中十分罕見。至於基本法起草委員會的組成，也體現出重視港人意見的構思。委員會有 59 名成員，其中香港委員有 23 人，佔 38.98%，超過三分一人數；只要香港委員集體反對，任何條文都無法達到三分二以上多數而獲得通過。後來起草委員會的委員人數雖有變化，但香港委員的總數仍然超過全體委員的三分一。[71]

基本法起草時除了有香港委員直接將香港人的意見提交委員會商議，也十分重視與內地溝通。香港特別行政區有不少特殊情況有異於內地地方行政的常規安排，香港財稅不向中央上繳就是最明顯的例子。為免引起不必要的誤會，中央政府指派港澳辦官員到各地向地方領導講解中央對香港的政策，並要求各地地方政府給予支持。[72] 另一

方面，中國政府也曾經多次向英方表示，雖然起草基本法是中國的內政，但願意聽取英方通過外交管道向中方表達意見。[73]

　　基本法的起草工作一直進展順利，但在「六四事件」發生以後，在討論與政制相關的議題時出現了變數。以立法會的組成為例，有香港委員對已經達成共識的議案提出各種修正案；其中一項修正案顯然受到所謂「兩局共識」的影響，提出 1991 年從立法局開始增加直選成分，到 2003 年達致立法會議員全面直選產生。當時有些香港委員開始動搖，中國政府只好和香港委員逐一反覆解釋政制改革必須循序漸進的歷史背景和現實考慮。中國政府也因應香港委員的訴求，就立法會的組成作出了修訂，適量增加了直選議員的數目，平息了由此而起的風波。[74]

　　經過四年零八個月的努力，起草委員會終於在 1990 年 2 月完成了基本法的起草工作；同時亦通過公開徵集，制定了香港特別行政區的區旗和區徽。[75] 1990 年 4 月 4 日，第七屆全國人大三次會議審議通過了《中華人民共和國香港特別行政區基本法》，以及《全國人民代表大會關於香港特別行政區基本法的決定》、《關於設立香港特別行政區的決定》、《關於香港特別行政區第一屆政府和立法會產生辦法的決定》、《關於批准香港特別行政區基本法起草委員會關於設立全國人民代表大會常務委員會香港特別行政區基本法委員會的建議的決定》。在這次會議上，還通過了《香港特別行政區行政長官的產生辦法》、《香港特別行政區立法會的產生辦法和表決程序》、《在香港特別行政區實施的全國性法律》三個附件，以及香港特別行政區區旗和區徽圖案。[76]

香港特別行政區基本法的制定為未來的香港特別行政區勾畫了藍圖。根據憲法，基本法將「一個國家，兩種制度」的方針，以及中國政府在中英聯合聲明附件一中所闡明的一系列具體方針政策，以法律的形式規定下來。這就為未來香港特別行政區的順利運轉和繁榮發展奠定了法律基礎。

第三節　過渡期的中英交涉

從中英聯合聲明簽署到 1989 年春天，中英雙方基本上能在聯合聲明的基礎上保持友好合作關係。1986 年年底，港督尤德在北京訪問期間突然病故。英國政府任命另一位中國通衞奕信（David Wilson）接任港督。1988 年，衞奕信與中方官員達成「直通車」協議。中方初步同意九七年以前最後一屆立法議員任期可以跨越九七。

1989 年春夏之交在北京發生「六四事件」，對香港社會和中英關係產生了重大影響。香港市民對香港前途問題感到擔憂，香港社會也出現了一些對抗中國政府的政治勢力。國際上則形成西方國家聯手制裁中國的局勢；英國對香港的政策也因而開始發生變化，在香港問題上採取了與中方不合作的態度。1994 年 4 月，英國國會外交事務委員會發表《九七過渡期內以及跨越九七的中英關係》報告書，明確表示英國政府並不認為「北京政權自然會維持到 1997 年」。[77] 這種認識決定了英國往後數年在香港問題上的立場和對策。

「新機場」事件

興建新機場本來是社會經濟範圍內的發展項目，但在中英雙方不能合作的情況下成為了極具爭議性的政治議題。其實香港政府早在

1970 年代已經着手研究興建新機場的問題。1974 年，香港政府民航處委託顧問公司完成《香港航空交通系統長期規劃研究》，認為位於市區的啟德機場可以擴充發展的空間非常有限，搬遷機場為最可行的方案；顧問報告肯定大嶼山的發展潛力，並初步建議將機場遷往赤鱲角。1980 年，民航處再委託顧問公司完成《機場更替諮詢研究》，正式確認了在赤鱲角興建新機場的可行性。不過，1983 年 2 月正值中英談判之際，財政司彭勵治（John Henry Bremridge）在權衡香港整體利益後，決定擱置新機場計劃。雖然如此，民航處從香港航空服務的長遠發展出發，始終認為需要興建新機場取代已經不敷應用的啟德機場。1988 年，香港政府重新修訂有關在赤鱲角興建新機場的總綱計劃，同時委託顧問公司展開港口及機場發展策略研究。研究報告於次年完成，並獲得政府接納。1989 年 10 月，港督衞奕信宣佈推出「香港機場核心計劃」，在赤鱲角興建新機場以取代啟德機場，並計劃於1997 年落成啟用。[78]

香港政府為「香港機場核心計劃」冠以「玫瑰園計劃」的美名，表示計劃將會為香港帶來美好的前景。事實上香港有興建新機場的需要；啟德機場位處九龍市區，不利飛機安全升降；而且載客量接近飽和，會限制香港長遠發展。[79] 另外，面對「六四事件」後一度低沉的社會情緒，香港政府亦希望以龐大的政府工程振興香港人對前景的信心。

中國政府並不反對興建新機場。事實上在香港政府提出興建新機場計劃之前，港澳辦主任魯平亦曾經向港督衞奕信表示，啟德機場已經飽和，為了保持香港國際金融中心和貿易中心的地位，要趁早考慮興建新機場。[80] 不過，香港政府的「玫瑰園計劃」並未知會中方就正式宣佈，卻不符合情理。這種先斬後奏的做法難免令中方懷疑計劃的背後隱藏了政治動機；中方認為英方打出的「機場牌」是一張綜合牌。

在政治方面，英方企圖在撤離香港之前留下一座「紀念碑」；在經濟方面，英方要耗盡香港的積蓄，並將大筆債務留給未來的特別行政區政府；更深層次的看法是，英方計劃利用 1997 年前所掌握的管治權，單方面決定跨越 1997 年的香港事務；以此造成既成事實，迫使特別行政區政府接受，以延續英國對香港的長期影響。[81]

對於中方的指控，英方則表示周南已經知悉計劃，並直指中方起初對興建新機場沒有任何意見，直至 1989 年底才表達不滿。英方對中方反應激烈的解讀是，中方除了關心香港負債問題，更意識到新機場計劃需要大規模融資，可以從中操控以獲取權力，在過渡期間影響香港的事務。

這場中英之間的角力由於雙方立場各異，而且對事情的理解南轅北轍，因而一直處於僵持的狀態。香港政府為了安撫中方，於 1990 年 10 月至 1991 年 2 月期間舉辦了三場專家講座，但效果未如理想；中英雙方就新機場事宜的對話依然不斷，與會官員的級別更節節提升。1991 年 4 月，英國終於派出外交及聯邦事務大臣訪問中國，試圖達成協議，可惜無功而還。英方總結中英的對話，認為中方立場飄忽，經常交互提出新要求和舊要求，令人無法適從。[82]

英方主動求和而中方不願妥協，實際上已經展示了事情的狀態。中方在香港問題上有最終的話語權，於是採取以不變應萬變的策略應對英方。英方預料不到的是，沒有中方的祝福，香港及各國的投資者都裹足不前。其實新機場計劃的財務安排跨越了 1997 年 6 月 30 日，必須由未來的香港特別行政區承擔責任和義務方才可行。令英方為難的是，新機場計劃在沒有中方合作的情況下寸步難行，但考慮到政治的後果，又似乎並無撤回的選項。英方只好硬着頭皮與中方商談，要

求中方表態支持。1991 年 5 月，中方代表魯平和英方代表柯利達閉門商談了四天；中方關心的是英方能留給香港特區政府多少財政儲備。英方原來的計劃是留給特區政府 50 億港元，這數字完全無法滿足中方的要求。經過討價還價，英方最終提出留下 250 億港元；加上《中英聯合聲明》規定的土地基金的估算收益，總計有 1,000 億港元。中方認為 1,000 億港元雖然不多，但勉強可以維持特區政府的運作，於是接受英方建議。財政儲備問題協商妥當之後，其他問題也隨之順利解決。[83]

1991 年 9 月 3 日，英國首相馬卓安（John Major）應中方要求到北京和中國總理李鵬簽署《中英兩國政府關於香港新機場建設及有關問題的諒解備忘錄》。通過這個「諒解備忘錄」，中國政府承諾解決 1997 年以後的債務問題；新機場的工程亦順利展開。[84]「諒解備忘錄」不僅解決了新機場計劃的問題，同時打破了「六四事件」後西方政府首腦拒絕踏足北京的僵局。經此一役，中英兩國在跨越九七的合作上有所變化。

英方推動政制改革的意圖和做法

過渡時期中英交涉的一個重要議題是政制的改革。英國管治下的香港本來並非民主政體。1974 年 5 月 30 日，港督麥理浩向外交及聯邦事務大臣卡拉漢提交報告，闡述了香港不應發展民主的基本立場：

> 我很肯定我們不會考慮民主化，除非這進程得到中央人民政府的認同和不為它利用，同時不會動搖公眾和商界對殖民地將來的信心。這幾點很難被滿足。……傳統智慧是不允許在香港建立經選舉產生的問責政府。雖然不太情願，但我認為基於現狀這是正確的。當然，假如將來情況改變，本地人民對民主改革有很強的渴求，這

將會是另一回事。可是，我們未能看見這樣的趨勢，我也確實不能
看出推動真正的民主改革能為本地人帶來甚麼明顯的益處。[85]

麥理浩的立場並沒有因為愈來愈要面對九七問題而有所改變，至
少在 1978 年的香港年報中，香港政府仍然認為，「香港是由香港政府
管治並按照英國殖民地的傳統方針來組織的。英國對香港的政策是，
不應進行重大的憲制變動」。[86]

然而，當麥理浩於 1979 年訪問北京期間意識到英國可能會失去
香港之後，上述的「英國殖民地的傳統方針」也因應時勢而轉向另一種
處理殖民地的方針。這種轉變在中英談判展開之後迅即發生；英國政
府在談判桌上確認撤出香港將會變成事實之後，隨即着手「非殖民化」
的部署；其中最重要的工作是加快發展香港的民主架構，並大力推行
代議政制。英國首相戴卓爾夫人在她的回憶錄中記錄了當年大力發展
香港民主架構的決定：

> 1983 年 1 月 28 日星期五上午，我和大臣、官員及香港總督舉行
> 會議檢討局勢。我們獲悉，中國人計劃在 6 月單方面宣佈他們對香
> 港未來的計劃。我們一致認為應該防止此事發生。我對我們的目標
> 作過根本性的重新考慮，並提議，鑒於談判缺乏進展，我們現在必
> 須發展香港的民主架構，使其在短期內實現獨立或自治的目標，如
> 同我們在新加坡做過的那樣。[87]

事實上在麥理浩訪問北京之後，英國政府已經在一定程度上啟
動了「非殖民化」的工作，在香港推行地方行政計劃。1980 年 6 月，
香港政府發表《地方行政模式綠皮書》，翌年公佈《地方行政白皮書》
和《區議會條例》，對地方行政作出重大改革。1982 年 3 月 4 日和
1982 年 9 月 23 日，新界和港九 18 個分區分別舉行了選舉；一共選出

132 個民選議員，連同 361 個委任和官守議員，組成了香港第一屆區議會。

區議會的出現改寫了香港的歷史。這種由英國政府自上而下植入香港的民主體制雖然並非香港社會自然進化的結果，但迅即為許多香港人接受並茁莊成長，一定程度達到了英國政府「非殖民化」香港的目的。在中英談判後期的 1984 年 7 月，香港政府發表了《代議政制綠皮書 —— 代議政制在香港的進一步發展》，建議於 1988 年，將立法局委任議員由 29 名遞減至 16 名，官守議員則由 18 名減少至 10 名。另外，建議於 1985 年增設由選舉團和功能組別間接選舉產生的 12 名議員，並於 1988 年增至 24 名。民選議員的名額則建議於 1991 年增至 28 名或 40 名。[88] 同年 11 月，在中英聯合聲明正式簽署前，香港政府發表了《代議政制白皮書 —— 代議政制在香港的進一步發展》，宣稱香港市民「普遍贊同綠皮書的目標，而且大致贊成以循序漸進的方式實施綠皮書的建議。」白皮書建議提前實施綠皮書關於間接選舉的建議，於 1985 年設間接選舉產生立法局議員 24 名，同時減少委任議員減至 22 名，官守議員則減為 10 名。關於立法局直接選舉問題，白皮書則採取謹慎的態度，指出香港「各界人士都認為應該慎重其事」，不必急於實行；但卻認為到了 1997 年，「應有相當多的議員通過直接選舉產生」。[89] 白皮書最核心的信息，顯然是指望在 1997 年香港回歸時有一個主要以直選產生的立法會。這種取態基本上符合英國「非殖民化」的一貫方針。

1985 年 3 月 7 日，香港舉行第二次區議會選舉。1985 年 9 月 26 日，香港舉行首次立法局選舉，由 9 個功能組別和 12 個選舉團通過間接選舉的辦法，選出 24 名民選議員進入立法局。選舉團由區議會、市

政局及臨時區域議局的成員組成。1986 年 3 月又舉行市政局和區域市政局選舉。這一系列選舉標誌着香港的三級議會架構基本形成。

對於英國政府突然加快發展香港民主架構，中國政府一直懷有疑慮，並保持高度警覺。中國政府曾多次聲明，香港回歸後直轄於中央人民政府，但享有高度自治權。中國政府絕不允許有人利用香港特區的高度自治，企圖把它變一個獨立的政治實體。當香港政府開始在香港推行代議政制改革時，中國政府已經發出聲明，指出代議政制「是英國人搞的，中國政府不承擔責任」，並重申「九七後香港特別行政區的政治體制應由基本法規定。」[90] 中方不能接受英方在基本法尚在草擬階段的時候，已經單方面在香港實行跨越九七的政制改革。

1985 年 10 月，國務院港澳辦公室主任姬鵬飛在會見來訪的香港政務司廖本懷時，進一步表明了中國政府的立場。中國政府希望香港政治體制在過渡時期不要出現急劇的變化；九七後的香港政治體制要由基本法加以規定；香港過渡時期的政制改革要與基本法銜接。隨後，中國政府正式向英方提出將香港政制改革與基本法銜接問題列入中英聯合聯絡小組的議程。同年 11 月，中英聯合聯絡小組在北京開會，雙方同意，九七以前香港的政制改革和九七後香港特別行政區的政治體制有銜接的必要。[91] 這次會議的信息十分清楚，中國政府不能同意英國政府在九七回歸前單方面在香港加快發展民主體制。

1988 年 2 月 11 日，香港政府發表《白皮書：代議政制今後的發展》，報告的內容在相當程度上反映了中英兩國就政制發展達成的共識。白皮書指出，「為了保持穩定，香港代議政制的發展應該繼續是循序漸進而不是突變。……這些演變也必須有助於一九九七年政權的順利交接。」白皮書亦明確提到，「在考慮一九九七年前進一步發展香

港的代議政制時，必須顧及中英聯合聲明的有關規定，和基本法起草委員會對一九九七年後怎樣執行這些規定的商議。」因此，白皮書的結論是：「一九九七年以前在立法局內加入若干名由直接選舉產生的議員，將會是香港代議政制發展進程中一個合理和可取的步驟。……政府因此決定在一九九一年採用直接選舉選出若干名立法局議員。」[92]白皮書將香港政府此前一直部署的 1988 年直選推延至 1991 年，顯然是對中方作出的讓步。

中英圍繞 1988 年香港立法局直接選舉和香港政制改革銜接基本法問題進行的交涉，從此告一段落。中方回應英方的讓步時表示，如果 1990 年通過的基本法規定立法機關有部分直接選舉，香港立法局在九七前適當時候開始部分直接選舉，中方原則上不持異議。不過，直接選舉的名額必須等基本法立法後才能確定。[93]這就等於中方在香港政制發展的路徑上取回了話語權。

《人權法案條例》的制訂與影響

1989 年的「六四事件」改變了中英關係，雙方由合作變為激烈對抗；英方十分關注「六四事件」對香港的影響。香港社會再次出現對前途的憂慮，行政及立法兩局非官守議員因而向英國政府游說加快民主改革的步伐，[94]社會上亦有人提出要增加直選議席。面對緊張的政治氣氛，英國政府認為有需要平息香港人對前途的憂慮，加快民主步伐成為解決問題的對策。戴卓爾夫人在六四事件後派柯利達到北京與中方秘密會面，爭取為香港實現民主。[95]不過，在戴卓爾夫人任內的英國政府並沒有為香港的政制帶來實質的改變，但卻通過人權法的制訂，為香港的過渡期以至回歸後的香港特區構成潛在的重大影響。[96]

香港政府以該法案為根據修改社團條例、公安條例等法例，為回歸後特區政府施政製造了障礙，也為外國干涉特區政治事務製造了機會。

英國政府在 1989 年着手制訂人權法，並且在中國政府的反對下於 1991 年 6 月立法通過《人權法案條例》。這條《人權法案條例》的最大問題是被英方賦予凌駕香港原有法律的地位。《人權法案條例》第 3 條規定，所有香港先前的法例與《人權法案條例》抵觸的，都予以廢除；第 4 條規定，香港以後制訂的所有法例都必須符合《人權法案條例》的規定。[97]

英國單方面通過《人權法案條例》的立法後，中國政府發表聲明，指出基本法已充分保證了香港居民的權利和自由，無須另外制訂《人權法案條例》。中英聯合聲明附件一《中華人民共和國政府對香港的基本方針政策的具體說明》和《基本法》第 39 條都對人權的法律問題作出了說明。兩者清楚指出，《公民權利和政治權利國際公約》和《經濟、社會與文化權利的國際公約》適用於香港的規定將繼續有效。《基本法》第 39 條更進一步明確指出，人權公約的適用問題可以通過香港特區的法律予以解決。[98]

《中英聯合聲明》和《基本法》亦清楚表明，只有《基本法》才具有凌駕香港原有法律之上的地位，無論是先前已存在的原有法律還是以後特區立法機構制定的法律，其唯一的對照標準就是《基本法》。英方在基本法和香港法律之外另外制訂《人權法案條例》，並賦予凌駕其他法律的地位，勢將在香港法制上造成混亂，嚴重損害基本法的法律地位和法律效力。對於英方這項不符合中英聯合聲明和《基本法》規定的做法，中方保留採取必要措施的權利。[99]

彭定康「三違反」與中方「另起爐灶」

1992 年 4 月，英國首相馬卓安委派保守黨主席彭定康（Christopher Patten）擔任最後一任港督。這一任命對香港的政制發展和回歸安排帶來重大的衝擊。

馬卓安在委派彭定康的時候已經預料他會為香港帶來改變，尤其在民主發展方面。[100] 彭定康上任前定下五年計劃，其中一個事項是處理地方選舉和 1995 年立法局選舉的安排。彭定康認為立法局選舉方式是關乎香港 600 萬人的事，英方須要對香港人負責任，以不超過及不低於香港人能接受的方式推行民主。[101]

發表施政報告前，彭定康先向中國駐倫敦大使披露他的計劃。1992 年 9 月，英國外交及聯邦事務大臣韓達德（Douglas Hurd）在聯合國大會非會議期間，向中國外交部長錢其琛遞交施政報告的點列內容；英方亦會在施政報告發表前將完整的內容交給魯平。魯平後來向英國駐北京大使麥若彬爵士（Sir Robin McLaren）表明，除非獲得中方同意，否則英方在施政報告中不能提及政制改革。[102]

1992 年 10 月 7 日，彭定康在立法局發表了就任後的第一份施政報告，提出了對香港當時政治體制作出重大改變的憲制方案，亦即政改方案。他改革政制的前提是他認為「行政與立法兩個機關的角色有可能混淆不清，引致削弱行政機關的效能，同時阻礙立法機關成為一個制衡政府的獨立組織。」他於是提出一連串的改革，包括 (1) 行政局和立法局議員的身份不應重疊，暫時把行政局和立法局非官守議員分開；(2) 關於 1995 年立法局選舉，直選議席的數目由 18 個增至 20 個，投票年齡由 21 歲降至 18 歲；(3) 改變 1991 年實行的雙議席選區制度，實行單議席單選票；每一名選民投一票，選出一名由直接選舉

產生的代表;(4) 功能組別所有形式的法團投票均以個人投票取代;
30 個功能組別的選民範圍擴大至全港 270 萬工作人口中所有符合資格
的選民;(5)1995 年將會選出 10 名立法局議員的選舉委員會,全部或
大部分委員由直選產生的區議會內的區議員出任;(6) 擴大區議會的職
責、功能和預算;(7) 由 1994 年起,除了新界區議會的當然議員外,
所有區議員都由直選產生。[103] 彭定康的政改方案得到英國政府全力支
持;英國政府還要求中國政府同意修改基本法,規定直選議席有更大
的增幅。[104]

彭定康的政改方案公佈後,引起了中國政府的強烈反應。中方
指出,彭定康的政改方案違反了中英聯合聲明,違反了與基本法銜接
的原則,也違反了中英之間達成的諒解和協議。中國政府強烈要求英
方改弦易轍,從上述「三違反」回到「三符合」的軌道上來。馬卓安認
為香港已從殖民地的低成本生產基地銳變過來,香港社會富裕繁榮,
香港人的生活及知識水平提高,他們渴求政改,香港的政制須與時並
進。因此他支持彭定康的政改方案。[105] 在政改的問題上中英雙方出現
了明顯的分歧。

為了解決彭定康政改方案引發的分歧,中英雙方從 1993 年 4 月
至 11 月,就香港 1994/1995 年的選舉安排舉行了十七輪會談。會談
期間中國外長和英國外交大臣也多次就政改問題磋商,但並無寸進。
在英國政府的支持下,香港政府不顧中方反對,將彭定康的政改方案
刊登憲報,並提交立法局通過。中方認為英方的行動破壞了原先雙方
建立的政制銜接的橋樑,於是「另起爐灶」,由中方主導完成對香港恢
復行使主權的各項準備工作。[106]

1993 年 3 月，第八屆全國人民代表大會第一次會議通過授權全國人大常委會設立香港特別行政區籌備委員會預備工作機構。同年 7 月，中國宣佈成立香港特別行政區籌委會的預備工作委員會，簡稱預委會，以國務院副總理兼外交部長錢其琛為主任；香港委員佔全體 57 名委員中過半數的 30 人。[107] 預委會設有政務、經濟、法律、文化、社會、保安六個專題小組，重點落在政務專題小組之上。預委會的主要工作是按照《基本法》規定的原則和過去中英雙方達成的協議，提出設立香港特別行政區的行政、立法和司法等機構的建議。[108]1996 年 1 月 26 日，全國人民代表大會香港特別行政區籌備委員會在北京成立，標誌着成立香港特別行政區的各項籌備工作進入具體實施階段。[109]

　　中英雙方未能就選舉安排達成協議，導致香港回歸前最後一屆的立法局、兩個市政局和區議會無法過渡到回歸後的香港特區政府；三級議會所有議員必須在 1997 年 6 月 30 日卸任。[110] 為了使香港特別行政區能夠依據《基本法》正常運作，香港特別行政區籌備委員會早於 1996 年 3 月作出了成立臨時立法會的決定，並於同年 12 月以選舉產生了由 60 人組成的香港特別行政區臨時立法會。在香港政府不予支持的情況下，臨時立法會將工作地點設於深圳，直至香港回歸。[111]

　　1997 年 6 月 30 日午夜至 7 月 1 日凌晨，中英兩國香港交接儀式在香港會議展覽中心新翼五樓大會堂舉行。中國國家主席江澤民、國務院總理李鵬、英國查理斯王子（Prince Charles）、首相貝理雅（Tony Blair）以及 4,000 多名中外來賓出席了儀式。6 月 30 日 23 時 59 分，英國國旗和香港旗在英國國歌樂曲聲中緩緩降落。7 月 1 日零時正，中國國旗和香港特區區旗在中華人民共和國國歌樂曲聲中升起。江澤民隨即鄭重宣佈中國對香港恢復行使主權。

1997 年 7 月 1 日 1 時 30 分，香港特別行政區政府宣告成立。特區行政長官董建華、特區政府主要官員、行政會議成員、臨時立法會議員、終審法院和高等法院法官依次宣誓就職。香港歷史從此邁進一個嶄新的階段。

第四節　改革開放與兩地經貿關係的發展

在中英兩國談判香港前途問題的同時，中國實行了改革開放政策，為香港帶來了新的發展。香港與內地雙邊貿易高速增長，香港投資者陸續北上營商設廠，促進了中國社會經濟的發展，也贏得巨大的商業利益；中資企業亦把握香港的特殊地位，相繼赴港開拓業務或者融資上市。當香港的政局在過渡時期拾步向前的時候，香港與內地已經在經濟上發展出良性互動的關係，彼此互利雙贏，兩地關係空前密切融洽。

兩地貿易的高速增長

改革開放以後，中國國民經濟發展迅速。國內生產總值從 1980 年的人民幣 4,517.8 億元，增加到 1995 年的人民幣 58,260.5 億元。[112] 在內地經濟迅速發展的影響下，香港與內地的雙邊貿易發展迅速，呈現貿易規模急速擴大，貿易構成多元化，商品結構優化的發展趨勢。

在內地經濟急速發展和對外開放的雙重影響下，香港再次發揮中國重要國際轉口港的作用。1979 年香港轉口貿易額為 200.2 億港元，1997 年增加到 12,445.39 億港元，18 年之間增長超過 60 倍，年均增長率高達 26%。轉口貿易在總出口中所佔比重則從 26.4% 大幅上升到

85.5%。香港對外貿易的主流業務亦從加工貿易再度轉為轉口貿易。香港重新成為中國最重要的貿易轉口港。[113]

1978 年至 1996 年，香港與內地的有形貿易增長強勁，平均每年增長率 28%。[114] 1979 年，香港與內地的雙邊貿易居香港對外貿易的第三位，內地是香港居第二位的進口來源地，居第十三位的香港產品出口市場，和居第六位的轉口市場。1985 年，在事隔 25 年之後，內地取代美國，重新成為香港最大的貿易夥伴。1982 年起，在相隔 14 年以後，內地取代日本，恢復了香港第一進口來源地的地位。1980 年起，內地成為香港居首位的轉口市場。1984 年起，內地成為居第二位的香港產品出口市場，1993 和 1995 年又成為香港產品出口的最大市場。[115] 1997 年內地繼續是香港最大的貿易夥伴，在香港貿易總額中佔 36%。內地在香港轉口貿易所佔比重佔九成之多，是香港轉口貿易的最大市場和來源地。同年，香港成為內地僅次於日本的第二大貿易夥伴，佔內地貿易總額的 16%。[116]

從貿易構成看，這段時期改變了長期以來以內地向香港出口為主的局面，變為進口、出口和轉口貿易全面蓬勃發展。以 1997 年為例，香港從內地進口產品 6,083.72 億港元，佔香港總進口的 37.7%；香港產品出口到內地達 638.67 億港元，佔香港產品總出口的 30.2%；轉口到內地的產品 4,438.78 億港元，佔香港轉口總額的 35.7%。無論進口、出口或轉口，中國內地在與香港有關的國家和地區中皆佔第一位。[117]

改革開放以來，香港與內地雙邊貿易的蓬勃發展也改變了香港的貿易構成。1988 年，香港出口總額為 4,931 億港元，其中轉口佔 55.86%，香港產品出口佔 44.14%。從這一年起，香港重新恢復了轉

口港的地位。1995 年，香港轉口值佔出口總值的 82.76%，成為世界最大的轉口貿易港之一，香港外貿受惠亦因此增加。[118] 據統計，1994年來自及運往中國內地的轉口貨值合共達 8,687 億港元，佔香港轉口總值的 91.7%。[119] 按當年平均 18% 的轉口毛利率計算，香港僅此項而獲得的毛利就達到 1,563 億港元。

從商品結構看，內地對香港出口的商品，已從以食品、原料和半成品為主，變為工業製成品佔絕大多數。香港向內地出口和轉口的產品，包括電訊器材、電子零件、機械及運輸設備、電視廣播器材、辦公室自動化設備等科技含量高的產品也大量增加。

另外，香港亦受惠於中國獨特的經濟發展週期。當世界經濟發展不景氣，貿易增長緩慢時，香港貿易卻仍在快速發展。例如 1991 年世界 GDP 的增長只有 1.3%，貿易增長只有 2.9%，但香港同期的貿易增長卻高達 20.5%。主要的原因是，當年香港與中國內地的貿易增長達到 21.2%，內地貿易佔香港貿易總額的 32.4%。當年內地經香港轉口海外的貿易值比上年增長 38.2%，海外經香港轉入內地的貿易值增長 31.3%。香港與內地貿易的快速增長彌補了世界經濟不景氣給香港貿易帶來的損失。[120]

1990 年代，香港的離岸貿易發展迅速，在香港經濟中的地位日趨重要。離岸貿易包括商貿活動和商品服務，是指港人經營的貨品沒有進出香港的貿易活動。其貨品價值並不包括在香港對外商品貿易統計數字內。離岸貿易的收益來自商貿活動的毛利和商品服務的佣金和代理費等，在計算香港 GDP 和國際收支平衡時，記錄在經常帳戶的服務輸出項下。1999 年，香港的服務輸出收益總值達到 2,936.51 億港元，佔當年香港 GDP 的 36.29%，高於 1998 年的 35.76% 和 1997

年的 35.96%。2000 年，香港的服務輸出收益總值為 3,340 億港元，佔當年香港 GDP 的 37.37%。服務輸出總值中，「與貿易有關的服務」所佔比重，從 1991 年的 20%，上升至 1998 年的 30% 和 1999 年的 33.3%。在「與貿易有關的服務」中，八成以上的貢獻來自離岸貿易的毛利和佣金、代理費等。香港的離岸貿易的迅速發展與港商在內地離岸貿易的迅速發展密切相關。據香港貿易發展局調查，1997 年港商出口產品來源於內地的佔 62.8%。其中，採用經港轉口方式的佔 72%，採用直接付運和經港轉運方式的分別佔 16% 和 12%，即港商離岸貿易合計佔 28%，高於三年前的 25%。[121]

港商在內地的投資

1960 年代和 1970 年代，以製造業為主的香港經濟高速發展，積累了大量資本、技術和人才。到了 1970 年代末，隨着金融、貿易、旅遊等服務性行業快速增長，新興的服務性行業以更好的待遇和工作環境吸引人才，亦更有能力承受不斷攀升的租金，製造業開始面臨重大的危機。製造業要解決租金高昂和人手短缺的問題，又要面對南韓、台灣等地方的激烈競爭，至於加拿大、美國、西歐等地的貿易保護政策則可謂百上加斤。[122] 在這種情況下，香港的工業家和投資者陸續到外地尋求發展空間，但出路並不穩定。某程度上，香港的製造業經歷了 20 多年的光輝歲月，到 1970 年代末已經顯露疲態。中國的改革開放政策正好適時推出，無論在人力資源、土地利用、投資政策等方面都能夠滿足香港製造業的需求，為香港的經濟發展提供了新的動力。

中國的改革開放政策提供了大量優惠條件鼓勵外商投資，港商是主要的招徠對象。內地擁有大量廉價勞動力和大片低成本土地，缺

少的是資金、技術、管理經驗和世界性的銷售網絡。香港擁有的則是厚實的資本、豐富的管理經驗、良好的技術設備和穩定的海外銷售網絡。香港與內地地理位置相連，擁有種族、語言和文化相通的優勢；兩者自然一拍即合。隨着鼓勵外來投資的優惠政策逐步落實，港商亦漸漸將眼光轉向內地，創造了巨大的商機，促進了香港與內地的共同繁榮。

自改革開放政策推出以來，港商一直是中國內地最大的外來投資者。1997 年底，香港在內地已實現的直接投資累計價值達到 1,210 億美元，約佔總投資額的 55%。香港在廣東已實現的直接投資累計價值為 480 億美元，佔廣東省直接外來投資總額近五分之四。[123]

港商在內地投資初期，投資範圍主要集中在加工工業，以及賓館、酒店、旅遊設施和計程車等服務行業；活動地區以廣東和福建為主；投資項目一般是規模較小、技術層次較低、回報期短、收益較高的項目。

早期港商在加工工業方面的投資主要是通過「三來一補」的加工貿易方式，即通過來料加工、來樣加工、來件裝配和補償貿易，由內地企業承擔勞動密集型工序的加工生產。從 1980 年代中期開始，「三來一補」繼續發展，但港商的直接投資急劇增多，開始由加工工序內遷轉為生產線內遷，由「三來一補」為主轉為「三資企業」為主，由商品信貸性投資為主轉為以直接投資為主。「三資企業」即在中國境內設立的中外合資經營企業、中外合作經營企業、外商獨資經營企業這三類境外投資企業。1984 至 1991 年，港商在內地實際的直接投資約 125 億美元，其中在廣東的直接投資為 83 億美元，佔 66.4%。港商在廣東的直接投資絕大部分為工業投資，主要投入時間是 1980 年代後期以

後。[124] 1995 年底，全國註冊登記的外商投資企業為 233,564 戶，其中約三分之二是港商投資企業。據廣東統計，全省已開業投產的 3 萬多家「三資」企業和 2 萬多家「三來一補」企業，分別有八成和九成多由香港廠商創辦。[125]

1979 年 7 月，中央批准在深圳、珠海兩市試辦「出口特區」，待取得經驗後，再考慮伸展至汕頭和廈門。深圳經濟特區在 1980 年 5 月正式成立，珠海經濟特區、廈門經濟特區、汕頭經濟特區和海南經濟特區亦相繼成立。經濟特區以進口原料免稅、行政管理寬鬆等優惠政策吸引外資；允許外商與鄉鎮企業簽訂合約或僱用農業人口從事生產；將免稅進口的生產原料加工，製成品用於出口。經濟特區因此發展成出口加工貿易的基地。[126] 經濟特區的設置為吸引港商在內地投資創造了良好的條件，特別是與香港一河之隔的深圳經濟特區。

1992 年，在鄧小平視察南方重要講話和中共十四大精神的支持下，中國的改革開放進入了新的階段。海外投資者對內地投資的信心大增；港商的投資則出現了金額大、期限長、範圍廣、進展快的特點。香港與內地的經貿合作進入了全面深入發展的新階段。從 1992 年開始，特別是在 1993 至 1995 的三年中，港商對內地的投資出現了以下變化：(1) 投資地區由近到遠，不但廣東和福建等東南沿海省份吸引了大量港資，上海、長江三角洲、環渤海地區、華中、華北等地也成為投資的熱點；(2) 投資主體從中小企業發展到大公司和大財團。長江實業、九倉、新世界、新鴻基地產、和記黃埔等大企業紛紛對各地大量投資；(3) 投資領域從加工生產擴大到基礎建設、基礎工業和第三產業。熱門的投資領域有交通、通信、能源、旅遊、金融、商貿、零售商業，特別是房地產業等；(4) 投資項目從小到大。項目平均投資額顯著上升，幾千萬美元以至逾億美元的大項目比比皆是。香港

與內地的經貿關係已經形成多領域、多管道、多形式、多層次的合作格局。[127]

製造業內遷和香港經濟轉型

過渡時期香港經濟發展的一個重要特點是香港製造業內遷,這基本上是成本效益帶動的結果。以 1990 年的統計為例,廣州、深圳、東莞的製造業月薪、廠房每平方米月租和廠房每平方米售價的平均值與香港相比,前者僅分別為後者的 16%、21% 和 15%。[128]

香港製造業大規模內遷,逐漸形成了「前店後廠」的格局。香港承接海外訂單、供應原材料、元器件,控制產品品質,從事樣品製造和開發新產品、新工藝,進行市場推廣和對外銷售,扮演「店」的角色。內地進行產品的加工、裝配和製造,扮演「廠」的角色。香港所具有的資金、技術、管理、資訊和市場優勢,和內地所具有的豐富、低廉的土地、資源、勞動力優勢以及對外資實行的優惠政策結合在一起,形成跨地域分工模式,成為優勢互補的一種特定形式。[129]

製造業內遷緩解了香港工業化過程中勞動力緊張、地租房價高昂的沉重壓力,大大降低了香港產品的製造成本,使其在激烈的國際競爭中保持優勢。以廣東省為例,1997 年有超過 500 萬工人經常受僱於港資機構;僅工資支出一項,港商每年可節省約 2,000 億港元。香港製造業內遷亦解決了香港製造業規模過小,產量過低的局限;結果增加了產品的國際競爭力。據香港工業總會於 1995 年 4 月公佈的的一份調查顯示,內地港商平均投資金額為 3,030 萬港元,平均僱用人數為 865 人,大大高於香港本地廠商平均僱用人數 13 人的格局。[130]香港製造業內遷亦為內地帶來先進的技術和管理經驗,增加了就業機

會，培養了技術和管理人才，促進了改革，加快了有關地區工業化、城市化和現代化的進程。

1970 年代末，香港的金融業、房地產業、旅遊業等服務性行業都已經十分發達，按照經濟發展和產業升級的規律，香港的經濟重心將會向服務業轉移。進入 1980 年代，內地改革開放的客觀需求、香港製造業內遷等因素加快了香港經濟結構的轉型。內地的開放政策及經濟改革，不僅為香港製造商提供龐大的生產腹地，也為香港各類服務行業提供大量營商的機會，其中包括貨運、電訊、銀行、地產發展，以及其他專業服務例如法律、會計及保險服務等。因此，自從 1980 年代中期開始，香港的經濟進一步朝着以服務行業為主的方向發展。

整個第三級服務業其中包括批發、零售及進出口貿易、飲食及酒店業；運輸、倉庫及通訊業；金融、保險、地產及商用服務業；社區、社會及個人服務業；以及樓宇業權合計，在本地生產總值中所佔比率穩步上升，由 1980 年約 67% 升至 1985 年的 70% 及 1990 年的 74%，並在 1996 年進一步升至 84%。香港的就業人口也日漸轉向服務業。整個第三級服務業佔總就業人數的比率，由 1980 年的 48% 上升至 1985 年的 54%，到 1997 年更升至約 79%。另一方面，製造業佔總就業人數的比率明顯下降，由 1980 年的 42% 下跌至 1985 年的 36%，到 1997 年進一步下跌至約 10%。[131]

中資在香港

1949 年中華人民共和國成立前，中銀、華潤、招商、中旅等四家老中資企業已經在香港經營業務。1949 年以後的 30 年，香港的中資企業發展緩慢，新機構開設極少，而且業務一直局限在銀行以及同內地有關的貿易、航運、旅遊方面。

改革開放政策實施之後，內地政府將香港看成為建立對外經濟聯繫的重要基地；中央各部、各省市、經濟特區和開放城市先後在香港建立了新的公司；老的中資機構業務也迅速擴展。1989 年，在香港註冊的中資企業已超過 2,500 家，改革開放僅十年已經增長了 20 多倍。1989 至 1991 年間，內地調整駐港中資機構的發展，保留了具備在港經營條件的約 1,500 家企業，使香港中資企業進入正常的發展軌道。1992 年以後，隨着內地改革開放力度的加大，香港中資企業的經營管理水準也出現了飛躍的進步，形成一批大型企業集團，逐漸進入香港一些重要的經濟領域，並在香港市場站穩地位。到 1999 年底，香港的中資企業達到 1,960 家；其中實力強大的有中銀、華潤、招商局、中旅、中保、光大、中信、中遠（香港）、中國海外、航天科技國際、粵海、上海實業、華閩、深業、越秀和聯合出版等集團。[132] 據香港政府統計處 1996 年年底統計，中國內地在香港的投資存量為 148 億美元；成為香港第二大外來投資者，佔投資總額 18.7%，僅次於英國（27.7%），但位居美國（18.2%）和日本（15.5%）之前。[133]

香港中資企業之中，金融業影響力極大。1996 年底，僅中銀集團的資產總額已達 9,700 億港元，約佔香港銀行資產總值的 10%，僅次於日資銀行和滙豐集團而位列第三。中銀的存款總額為 6,300 億港元，佔香港銀行存款總額的 25%。貸款總額約為 3,500 億港元，約佔香港銀行貸款總額的 9%。日資銀行主要經營國際業務，因此在香港本地市場中佔主導地位的是滙豐集團和中銀集團。中國銀行於 1994 年成為繼滙豐和渣打之後的第三家香港發鈔銀行，並以發鈔銀行身份成為香港銀行公會三個永久會員之一，取得輪值擔任香港銀行公會主席的資格。保險業方面，中保集團香港保費收入的市場佔有率約為 20%，僅次於美國亞洲保險公司的 34% 和澳大利亞國際保險公司的 25% 而居第三位。貿易方面，1990 年代中期中資企業每年經營的進出

口貿易額，約佔香港對外貿易總額的 22%；在與內地有關的轉口貿易中，中資經營的部分更佔到 55%。中資經營的內地供應香港的鮮活商品佔香港市場總供應量 92%。

另外，中資在香港的航運和倉儲業也佔有重要地位。招商局集團擁有各種商船約 400 萬載重噸，承運香港海運量的 7%。招商局還擁有香港最大的駁船隊、30 多個碼頭泊位，以及全港最大的船廠與浮塢。據估計，中資經營的海運量約佔香港海運量的 25%。在旅遊業方面，香港 20 家實力最雄厚的的旅行社中，中資佔了 9 家。據估計，以營業額計算，中資在香港旅遊業所佔的市場份額約為 25%。在建築業方面，1996 年底，香港的中資建築公司已有 50 餘家，其中擁有香港 C 級高級牌照的有 8 家。1996 年底，中資企業參與填海造地 2,000萬平方米，大約等於香港島面積的四分之一。至於建造工程的建築物總面積則達 500 萬平方米，其中僅住宅就可供 25 萬人居住。中資企業鋪設的輸水管線輸送了香港城市淡水用量的 60%。1980 年代以來，一些大型中資企業還相繼投資於香港的隧道、碼頭、公路、機場、航空、電訊等大型基礎設施和公用事業。[134]

就商業運作而言，中資機構是連接內地和香港及世界其他地區的紐帶和橋樑。內地通過中資機構引進資金、技術、管理經驗，培養熟悉市場經濟運作的人才，及時掌握世界經濟資訊，並賺取外匯。

中資和香港其他各國資本一樣，在香港投資獲利的同時也為香港經濟的穩定與繁榮作出貢獻。中資不僅立足香港、服務於香港，也積極為內地的經濟建設服務。截至 1995 年，中資企業在內地投資建設的項目近 2,000 個，長期投資年末餘額達 291 億港元，形成的固定資產達 189 億港元。[135] 中資對港商和外商在內地投資也發揮了穿針引線

的作用。隨着香港與內地貿易和投資的迅速增長，以及兩地居民的頻繁往來，香港與內地的金融聯繫也日益密切。1997 年 11 月底，香港認可機構對內地機構的對外負債約達 3,000 億港元，而對內地機構的對外債權更高達約 4,120 億港元。

香港是向內地提供資金的一個主要平台。除直接提供資金外，香港也是外資順利流入內地的管道，亦是外資了解和進入中國的窗口，發揮了橋樑和中介的作用。長期以來，內地是採取銀團貸款的形式在香港籌集資金。不過，在 1990 年代，越來越多的內地銀行和企業採用發行可轉讓存款證、債券及股票等方式籌集資金。自 1993 年中起，大型國營企業開始在香港發行 H 股。到 1997 年底，共有 39 家國營企業在香港聯合交易所上市，籌集資金 590 億港元。[136]

總結中國改革開放以來幾十年的歷史，香港的經濟發展並沒有因為九七問題的爭議而出現負面的影響，反而得益於與內地的緊密交往，不斷向前發展。過渡時期的香港亦成為中資企業走向現代化的一個重要階段。

注釋

1. Arthur Creech Jones, Memorandum on Hong Kong, 23 May 1949, CAB 129/35/10, CP (49) 120, p. 2.

2. Alexander Grantham, Why Hong Kong? A Message from the Government of Hong Kong to the British Reinforcements, July 1949, FO 371/75877, pp. 67–68.

3. Ernest Bevin, Memorandum on Recent Developments in the Civil War in China, 9 December 1948, CAB 129/31/29, CP (48) 299, pp. 5, 11.

4. Defence of Hong Kong, 26 May 1949, CAB 128/15/38, CM (49) 38, p. 53.

5. Steve Tsang, *A Modern History of Hong Kong,* Hong Kong: Hong Kong University Press, 2004, pp. 155–156.

6. Future of Hong Kong, 29 August 1949, CAB 128/16/11, CM (49) 54, p. 161.

7. Future of Hong Kong, 29 August 1949, CAB 128/16/11, CM (49) 54, p. 161.

8. Hong Kong: Its Value to the United Kingdom, and its Cost, FO 371/127360, pp. 7–8.

9. 天津市歷史博物館編：《秘笈錄存》，北京：中國社會科學出版社，1984 年，第 171 至 172 頁。

10. Minute by Ronald Macleay on the Chinese Memorandum of April 1919, FO 608/209, pp. 321–322; Robert T. Pollard, *China's Foreign Relations, 1917–1931,* New York: Macmillan, 1933, pp. 73-75；錢亦石：《中國外交史》，上海：生活書店，1947 年，第 156 頁。

11. 秦孝儀主編：《中華民國重要史料初編 ── 對日抗戰時期》第三編，《戰時外交》第三冊，台北：中國國民黨中央委員會黨史委員會，1981 年，第 708 頁。

12. 顧維鈞：《顧維鈞回憶錄》，卷五，北京：中華書局，1987 年，第 16 頁。

13. 鄧小平：《鄧小平文選》，卷三，北京：人民出版社，1993 年，第 387 頁。

14. 楊奇：《香港概論》，下卷，香港：三聯書店 (香港) 有限公司，1993 年，第 491 頁。

15. 中共中央文獻研究室編：《周恩來年譜：1898-1949》，北京：中央文獻出版社，1998 年，第 129 頁。

16. 中共中央文獻研究室編：《周恩來年譜：1898-1949》，北京：中央文獻出版社，1998 年，第 142 頁。

17. 中共中央文獻研究室編：《周恩來年譜：1898-1949》，北京：中央文獻出版社，1998 年，第 151 頁。

18. 中共中央文獻研究室編：《周恩來年譜：1898-1949》，北京：中央文獻出版社，1998 年，第 207 頁。

19. 中共中央文獻研究室編：《鄧小平年譜：1904-1974》，上卷，北京：中央文獻出版社，2009 年，第 50 頁。

20. 中共中央文獻研究室編：《鄧小平年譜：1904–1974》，上卷，北京：中央文獻出版社，2009 年，第 59 頁。

21. 〈同三位西方記者的談話（1946 年 12 月 9 日）〉，載中共中央文獻研究室編：《毛澤東文集》，卷四，北京：人民出版社，1993 年，第 207 頁。

22. 師哲回憶、李海文整理：《在歷史巨人身邊：師哲回憶錄》，北京：中央文獻出版社，1995 年，第 380 頁。

23. 《文匯報》，1949 年 2 月 9 日。

24. 《大公報》，1949 年 2 月 17 日。

25. 曾生：《曾生回憶錄》，北京：解放軍出版社，1991 年，第 570 頁。

26. *Hong Kong Statistics, 1947–1967*, Hong Kong: Hong Kong Census and Statistics Department, 1969, pp. 98, 100.

27. 中共中央文獻研究室編：《毛澤東年譜：1949–1976》，第二卷，北京：中央文獻出版社，2013 年，第 580 至 581 頁。

28. 中共中央文獻研究室編：《周恩來年譜：1949–1976》，中卷，北京：中央文獻出版社，1997 年，第 37 至 38 頁。

29. 李後：《百年屈辱史的終結 —— 香港問題始末》，北京：中央文獻出版社，1997 年，第 40 頁。

30. 張星星主編：《簡明中華人民共和國史》，北京：五洲傳播出版社，2019 年，第 150 至 151 頁。

31. 中共中央文獻研究室編：《毛澤東外交文選》，北京：世界知識出版社，1994 年，第 502 頁。

32. 〈毛澤東與索馬里總理舍馬克博士談話記錄（1963 年 8 月 9 日）〉，轉引自陳敦德：《香港問題談判始末》，香港：中華書局（香港）有限公司，2009 年，第 25 頁。

33. Hong Kong: Economic Value to China, 6 July 1967, FCO 21/104, p. 5.

34. Hong Kong: Economic Value to China, 6 July 1967, FCO 21/104, p. 5.

35. 余汝信：《香港，1967》，香港：天地圖書有限公司，2012 年，第 148 頁。

36. First Meeting Minute, 27 June 1967, FCO 40/77, no. 19, pp. 90–92.

37. Hong Kong: Long Term Study, 7 March 1969, FCO 40/159, No. 31.

38. Hong Kong: Long-Term Study–Suggested points for Secretary of State's Introduction of Paper, FCO 40/159, No. 36.

39. Hong Kong: Long Term Study, 7 March 1969, FCO 40/159, No. 31.

40. 周恩來於 1972 年 11 月表示香港繼續為自由港對中英兩國有利。Who benefits from Hong Kong? The Governor of Hong Kong to the Secretary of State for Foreign and Commonwealth Affairs, 11 October 1973, FCO 40/439, p. 7.

41. MacLehose to Sir Alec Douglas-Home, 5 May 1972, FCO 21/1023, pp. 15–19.

42. MacLehose to Sir Alec Douglas-Home, 5 May 1972, FCO 21/1023, pp. 15–19.

43. Who Benefits from Hong Kong? The Governor of Hong Kong to the Secretary of State for Foreign and Commonwealth Affairs, 11 October 1973, FCO 40/439, p. 4.

44. 〈給予殖民地國家和人民獨立宣言執行情況特別委員會報告書〉第一卷，聯合國大會第二十七屆會議正式紀錄，補編第 23 號，A/8723/Rev.1，1975 年，附件一，第 94 至 95 頁。

45. "Report of the Special Committee on the Situation with Regard to the implementation of the Declaration on the Granting of Independence to Colonial Countries and Peoples", Vol. 1, United Nations General Assembly Official Records: Twenty Seventh Session, Supplement No.23, A/8723/Rev.1, p. 64.

46. United Nations General Assembly Twenty Seventh Session Official Records: 2078th plenary meeting, 2 November 1972, A/PV.2078, pp. 6-10.

47. David Owen to Prime Minister, 9 February 1979, FCO 21/1734, pp. 34–35.

48. 中共中央文獻編輯室編：《鄧小平年譜：1975–1997》，上卷，北京：中央文獻出版社，2004 年，第 500 至 501 頁。

49. 李後：《百年屈辱史的終結 —— 香港問題始末》，北京：中央文獻出版社，1997 年，第 61 至 62 頁。

50. 宗道一等編著、周南修訂：《周南口述：身在疾風驟雨中》，香港：三聯書店 (香港) 有限公司，2007 年，第 240 頁。

51. 陳敦德：《香港問題談判始末》，香港：中華書局 (香港) 有限公司，2009 年，第 54 至 57 頁。

52. 李後：《百年屈辱史的終結 —— 香港問題始末》，北京：中央文獻出版社，1997 年，第 67 至 68 頁。

53. 黃文放：《中國對香港恢復行使主權的決策歷程與執行》，香港：香港浸會大學林思齊東西學術交流研究所，1997 年，第 12 頁。

54. 李後：《百年屈辱史的終結 —— 香港問題始末》，北京：中央文獻出版社，1997 年，第 69 頁。

55. Record of a Meeting between the Prime Minister and Vice Chairman Deng Xiaoping at the Great Hall of the People, 24 September 1982, PREM 19/962, pp.76–78; 宗道一等編著、周南修訂：《周南口述：身在疾風驟雨中》，香港：三聯書店 (香港) 有限公司，2007 年，第 254 頁。

56. 鄧小平：《鄧小平文選》，卷三，北京：人民出版社，1993 年，第 12 至 14 頁。

57. 李宏：《香港大事記》，北京：人民日報出版社，1997 年，第 154 頁。

58. Margaret Thatcher to Zhao Ziyang, 10 March 1983, PREM 19/1054, pp. 196–197.

59. 李後：《百年屈辱史的終結 —— 香港問題始末》，北京：中央文獻出版社，1997 年，第 98 至 99 頁。

60. 中共中央文獻研究室編：《鄧小平年譜：1975–1997》，下卷，北京：中央文獻出版社，2004 年，第 932 頁。

61. 袁求實編：《香港回歸大事記：1979–1997》，香港：三聯書店（香港）有限公司，1997 年，第 15 至 16 頁。

62. 袁求實編：《香港回歸大事記：1979–1997》，香港：三聯書店（香港）有限公司，1997 年，第 19、24 至 25 頁。

63. 袁求實編：《香港回歸大事記：1979–1997》，香港：三聯書店（香港）有限公司，1997 年，第 33 頁。

64. 《中華人民共和國政府和大不列顛及北愛爾蘭聯合王國政府關於香港問題的聯合聲明》，北京：法律出版社，1985 年，第 2 至 4 頁。

65. 彭真：〈關於中華人民共和國憲法修改草案的報告〉，《中華人民共和國第五屆全國人民代表大會第五次會議文件》，北京：人民出版社，1983 年，第 22 至 23 頁。

66. 《中華人民共和國第五屆全國人民代表大會第五次會議文件》，北京：人民出版社，1983 年，第 47 頁。

67. 全國人大常委會香港基本法委員會辦公室編：《中華人民共和國香港特別行政區基本法起草委員會文件滙編》，北京：中國民主制出版社，2011 年，第 1、2、12 頁；蕭蔚雲：《香港基本法講座》，香港：香港文匯出版社，1996 年，第 14 頁。

68. 蕭蔚雲《香港基本法講座》，香港：香港文匯出版社，1996 年，第 13 頁。

69. 蕭蔚雲《香港基本法講座》，香港：香港文匯出版社，1996 年，第 13 頁。

70. 全國人大常委會香港基本法委員會辦公室編：《中華人民共和國香港特別行政區基本法起草委員會文件滙編》，北京：中國民主制出版社，2011 年，第 269 頁；蕭蔚雲：《香港基本法講座》，香港：香港文匯出版社，1996 年，第 14 頁。

71. 蕭蔚雲：《香港基本法講座》，香港：香港文匯出版社，1996 年，第 14 頁。

72. 魯平口述、錢亦蕉整理：《魯平口述香港回歸》，香港：三聯書店（香港）有限公司，2009 年，第 65 頁。

73. 《中國簡況：香港問題的由來與現狀》，北京：新星出版社，1994 年，第 11 頁。

74. 魯平口述、錢亦蕉整理：《魯平口述香港回歸》，香港：三聯書店（香港）有限公司，2009 年，第 69 至 71 頁。

75. 全國人大常委會香港基本法委員會辦公室編：《中華人民共和國香港特別行政區基本法起草委員會文件滙編》，北京：中國民主制出版社，2011 年，第 389 頁。

76. 全國人民代表大會常務委員會辦公廳編：《中華人民共和國第七屆全國人民代表大會第三次會議文件彙編》，北京：人民出版社，1990 年，第 105 至 150 頁。

77. Foreign Affairs Committee, *First Report: Relations between the United Kingdom and China in the Period Up to and Beyond 1997*, Vol. 1, London: Her Majesties Stationary Office, 1994, p. 13.

78. 劉智鵬、黃君健、錢浩賢編著：《天空下的傳奇 —— 從啟德到赤鱲角》，上卷，香港：三聯書店（香港）有限公司，2014 年，第 78 至 83 頁。

79. Percy Cradock, *Experiences of China*, London: John Murray, 1999, pp. 237–238.

80. 魯平口述、錢亦蕉整理:《魯平口述香港回歸》,香港:三聯書店(香港)有限公司,2009 年,第 73 頁。

81.《中國簡況:香港問題的由來與現狀》,北京:新星出版社,1994 年,第 14 至 15 頁;魯平口述、錢亦蕉整理:《魯平口述香港回歸》,香港:三聯書店(香港)有限公司,2009 年,第 73 頁。

82. Percy Cradock, *Experiences of China*, London: John Murray, 1999, pp. 238–239.

83. 陳佐洱:《我親歷的香港回歸談判》,香港:鳳凰書品,2012 年,第 170 至 171 頁;魯平口述、錢亦蕉整理:《魯平口述香港回歸》,香港:三聯書店(香港)有限公司,2009 年,第 73 至 77 頁。

84. 魯平口述、錢亦蕉整理:《魯平口述香港回歸》,香港:三聯書店(香港)有限公司,2009 年,第 79 頁。

85. Maclehose to James Callaghan, 30 May 1974, FCO 40/492, pp. 36–37.

86. *Hong Kong 1978–Report for the year 1977*, Hong Kong: Government Printer, 1978, p. 217.

87. Margaret Thatcher, *The Downing Street Years*, London: HarperCollins, 1993, p. 488.

88.《代議政制綠皮書:代議政制在香港的進一步發展》,香港:政府印務局,1984 年 7 月,第 4、12 頁。

89.《代議政制白皮書:代議政制在香港的進一步發展》,香港:政府印務局,1984 年 11 月,第 3、7 頁。

90. 李後:《百年屈辱歷史的終結 —— 香港問題始末》,北京:中央文獻出版社,1997 年,第 213 頁。

91. 李後:《百年屈辱歷史的終結 —— 香港問題始末》,北京:中央文獻出版社,1997 年,第 213 至 214 頁。

92.《白皮書:代議政制今後的發展》,香港:政府印務局,1988 年 2 月,第 9 頁。

93. 李後:《百年屈辱歷史的終結 —— 香港問題始末》,北京:中央文獻出版社,1997 年,第 227 頁。

94. Sze-yuen Chung, *Hong Kong's Journey to Reunification: Memoirs of Sze-yuen Chung*, Hong Kong: The Chinese University Press, 2001, p. 176.

95. Percy Cradock, *Experiences of China*, London: John Murray, 1999, pp. 225, 228–229.

96. 王鳳超:《香港政制發展歷程》,香港:中華書局(香港)有限公司,2017 年,第 90 至 91 頁。

97. 王鳳超：《香港政制發展歷程》，香港：中華書局（香港）有限公司，2017 年，第 94 頁。

98. 王鳳超：《香港政制發展歷程》，香港：中華書局（香港）有限公司，2017 年，第 92 頁。

99. 李後：《百年屈辱歷史的終結 —— 香港問題始末》，北京：中央文獻出版社，1997 年，第 246 頁。

100. John Major, *John Major: The Autobiography*, London: HarperCollins, 1999, p. 505.

101. Chris Patten, *East and West: The Last Governor of Hong Kong on Power, Freedom and the Future*, London: Macmillan, 1998, pp. 42, 44, 55, 64.

102. Chris Patten, *East and West: The Last Governor of Hong Kong on Power, Freedom and the Future*, London: Macmillan, 1998, pp. 62–63.

103. 《香港的未來：五年大計展新猷》，香港：政府印務局，1992 年，第 26 至 33 頁。

104. 《香港代議政制》，香港：政府印務局，1994 年 2 月，第 8 頁。

105. John Major, *John Major: The Autobiography*, London: HarperCollins, 1999, p. 506.

106. 李後：《百年屈辱歷史的終結 —— 香港問題始末》，北京：中央文獻出版社，1997 年，第 257、259、266 頁。

107. 袁求實編：《香港回歸大事記：1979–1997》，香港：三聯書店（香港）有限公司，1997 年，第 140、146 頁。

108. 宗道一等編著、周南修訂：《周南口述：身在疾風驟雨中》，香港：三聯書店（香港）有限公司，2007 年，第 377 頁。

109. 袁求實編：《香港回歸大事記：1979–1997》，香港：三聯書店（香港）有限公司，1997 年，第 140、259 頁。

110. 《中英關於香港 1994/95 年選舉安排會談中幾個主要問題的真相》，香港：三聯書店（香港）有限公司，1994 年，第 21 頁。

111. 宗道一等編著、周南修訂：《周南口述：身在疾風驟雨中》，香港：三聯書店（香港）有限公司，2007 年，第 380 至 381 頁。

112. 張塞主編：《中國統計年鑑 1996》，北京：中國統計出版社，1996 年，第 42 頁。

113. 馮邦彥：《香港產業結構轉型》，香港：三聯書店（香港）有限公司，2014 年，第 95 頁。

114. 《香港 —— 邁進新紀元》，香港：政府印務局，1998 年，第 40 頁。

115. 周維平：〈香港與中國內地經貿合作的回顧與前瞻〉，《港澳經濟》，1997 年 2 期，第 20 頁。

116. 《香港 —— 邁進新紀元》，香港：政府印務局，1998 年，第 40 頁。

117. 《香港 —— 邁進新紀元》，香港：政府印務局，1998 年，第 368 頁。

118. *Annual Review of Hong Kong External Trade 1995*, Hong Kong: Census and Statistics Department, 1996, p. 1.

119. *Hong Kong Annual Digest of Statistics 1996*, Hong Kong: Census and Statistics Department, 1996, p. 38.

120. 華曉紅：〈內地 —— 香港最大的貿易夥伴〉，《國際商報》，1996 年 9 月 7 日。

121. 對外貿易經濟合作部台港澳司：〈迅速發展的香港服務貿易及離岸貿易〉，1998 年 7 月 24 日。

122. Reginald Kwok and Alvin Y. So, *The Hong Kong–Guangdong Link: Partnership in Flux*, New York: M.E. Sharpe, 1995, p. 169.

123. 《香港 —— 邁進新紀元》，香港：政府印務局，1998 年，第 40 至 41 頁。

124. 龔唯平：〈香港製造業內遷與粵港工業合作〉。

125. 周維平：〈香港與中國內地經貿合作的回顧與前瞻〉，《港澳經濟》，1997 年 2 期，第 19 頁。

126. 羅金義、鄭宇碩：《中國改革開放三十年：變與常》，香港：城市大學出版社，2009 年，第 51 頁。

127. 周維平：〈香港與中國內地經貿合作的回顧與前瞻〉，《港澳經濟》，1997 年 2 期，第 20 頁。

128. 廖柏偉、王于漸：《中小企業及香港的經濟發展研究報告》，香港：香港中華出入口商會，1992 年，第 38 頁。

129. 周維平：〈香港與中國內地經貿合作的回顧與前瞻〉，《港澳經濟》，1997 年 2 期，第 20 頁。

130. 封小雲：《香港製造業發展走勢與動向研究 — 製造業企業的個案調查與分析》。

131. 《香港 —— 邁向新紀元》，香港：政府印務局，1998 年，第 37 頁。

132. 楊奇主編：《香港概論》，北京：中國社會科學出版社，1992 年，第 135 至 138 頁。烏蘭木倫主編：《邁向二十一世紀的香港經濟》，香港：三聯書店 (香港) 有限公司，1997 年，第 588 至 592 頁。

133. 宋恩榮：《香港與華南的經濟協作》，香港：商務印書館 (香港) 有限公司，1998 年，第 115 頁。

134. 烏蘭木倫主編：《邁向二十一世紀的香港經濟》，香港：三聯書店 (香港) 有限公司，1997 年，第 598 至 604 頁。宋恩榮：《香港與華南的經濟協作》，香港：商務印書館，1998 年，第 119 頁。

135. 烏蘭木倫主編：《邁向二十一世紀的香港經濟》，香港：三聯書店 (香港) 有限公司，1997 年，第 611 頁。

136. 《香港 —— 邁進新紀元》，香港：政府印務局，1998 年，第 41 頁。

附錄

附錄一
香港大事年表

遠古至 1800	
約公元前 5,000 年	本港先民已經在香港勞動生息，這段時期的文明稱為「大灣文化」。
公元前 214 年	秦始皇派兵平定百越，設置南海、桂林、象郡三郡。今香港地區屬南海郡番禺縣管轄。
公元前 111 年	漢武帝派伏波將軍路博德平定南越趙氏，今香港地區回歸番禺縣管轄。
331 年	東晉南海郡東南地帶設置東莞郡。今香港地區劃入東莞郡寶安縣管轄。東莞郡治與寶安縣治同設在南頭。
733 年	唐朝設屯門軍鎮。
757 年	唐朝將寶安縣改為東莞縣。治所由南頭遷往到涌（曾為東莞縣治）。今香港地區改由東莞縣管轄。
953 年	五代十國南漢屯門鎮靖海都巡陳巡命人雕刻杯渡禪師石像供奉於屯門山，以紀念南北朝時期南來駐錫的杯渡禪師。
969 年	南漢末代國王劉鋹敕封屯門山為瑞應山。
973 年	江西吉水人鄧漢黻宦遊至廣東，定居於今日的錦田，成為新界鄧族遷粵的始祖。
1197 年	宋朝官方禁煮私鹽，引發大嶼山鹽民起義。
1277 年 4 月	南宋小皇帝趙昰一行逃亡到官富場（今九龍城以南），在此建立行宮。
1521 年	明朝廣東巡海道副使汪鋐督師帶領戰船驅逐侵佔屯門的葡萄人，次年凱旋而歸。
1573 年	明朝政府將東莞縣南部分拆出新安縣，香港自此改屬新安縣管轄。
1662 年	清朝政府實行遷海政策，迫令新安縣沿海居民內遷，影響範圍包括今日香港全境。
1684 年	遷海令完全撤除，大批客籍農民遷到新安沿海墾荒。

1800–1900	
1834 年 8 月 21 日	英國首任駐華商務總監督律勞卑致函外交大臣格雷，建議使用武力佔領香港島。
1839 年 9 月 4 日	九龍山之戰。英國軍艦向在九龍山口岸巡邏的清軍水師船開炮，被清軍擊退。
1839 年 11 月 4 日	官涌之戰爆發。英軍不斷向官涌的清軍發起進攻。林則徐派出文武官員指揮清軍迎頭痛擊。
1840 年 6 月	英軍發動鴉片戰爭，由香港北上侵犯廈門，攻陷定海。
1841 年 1 月 25 日	英軍「琉璜」號艦長卑路乍率領士兵在香港島西北部登陸。
1841 年 1 月 26 日	英國遠東艦隊司令官伯麥率海軍陸戰隊登陸，舉行升旗儀式，正式佔領香港島。
1841 年 6 月 7 日	英國駐華商務監督義律宣佈香港為自由港。
1842 年 2 月	皇后大道落成通車。
1842 年 8 月 29 日	英國強迫清政府簽訂中英《南京條約》，割佔了香港島。
1842 年 11 月 1 日	馬禮遜學校由澳門遷往香港，是香港最早的西式學校。
1843 年 4 月 5 日	英國維多利亞女皇簽發《英皇制誥》，宣佈成立「香港殖民地」。
1843 年 4 月 6 日	維多利亞女皇向第一任港督璞鼎查頒發《皇室訓令》，該文件涉及香港行政局和立法局的組成、權力和運作程式等。
1843 年 6 月 26 日	《南京條約》換約手續完成，砵甸乍宣佈就任香港總督。
1844 年 8 月 21 日	立法局通過法例登記全港人口，並對居民徵收人頭稅，法例生效後引起全港罷工罷市。
1856 年	英國借亞羅號事件出兵攻佔珠江沿江炮台，一度攻入廣州城。
1857 年 4 月 20 日	英軍襲擊九龍寨城，將大鵬協副將張玉堂挾持到香港島，要求引渡抗英人士。
1860 年 3 月 18 日	英軍強行佔據尖沙咀一帶。
1860 年 3 月 20 日	英國駐廣州領事巴夏禮強迫兩廣總督勞崇光簽訂租約，把九龍永遠租給英國。

1860 年 10 月 24 日	英國強迫清政府簽訂中英《北京條約》，將九龍半島今界限街以南部分（包括昂船洲在內）割讓給英國。
1862 年 2 月	中央書院開學，史剑域擔任首任校長。
1863 年	薄扶林水塘第一期工程竣工，成為香港首座儲水庫，次年香港開始有自來水供應。
1865 年 1 月 1 日	香港煤氣公司於西營盤成立。
1865 年 3 月	滙豐銀行在香港成立，成為首家總部設在香港的銀行。
1868 年	香港首個華人商會組織南北行公所成立。
1872 年 2 月 14 日	東華醫院落成啟用。
1874 年 2 月 4 日	王韜在香港創辦《循環日報》，該報是世界第一份名副其實的中文日報。
1878 年	華人慈善團體保良局成立。
1880 年	伍廷芳獲委任為首位華人立法局非官守議員。
1881 年 4 月	香港島首次裝設電話，次年設電話公司。
1887 年 10 月 1 日	香港西醫書院建立。
1888 年 5 月	山頂纜車正式通車，開香港陸上公共交通的先河。
1889 年 1 月 24 日	香港電力公司成立。
1894 年 5 月	香港爆發鼠疫，此後 30 年鼠疫幾乎每年肆虐。
1895 年 2 月 21 日	香港興中會成立。
1895 年 10 月	孫中山以香港為基地發動廣州之役。
1898 年 6 月 9 日	英國強迫清政府簽署《展拓香港界址專條》，租借沙頭角海至深圳灣最短距離直線以南、界限街以北廣大地區、附近大小島嶼 235 個以及大鵬灣、深圳灣水域，租期九十九年。
1899 年 3 月 19 日	中英雙方在香港簽訂《香港英新租界合同》，確定粵港以深圳河北岸為界。
1899 年 4 月	新界原居民反對英國接收新界，展開延續六日的武裝抗爭。

1900-1950	
1900 年 1 月 25 日	《中國日報》於香港正式出版，是為中國第一份以宣揚革命為宗旨的報紙。
1911 年	廣九鐵路全線通車。
1912 年 3 月 11 日	香港大學舉行開幕典禮，宣告正式成立。
1912 年	第一家在香港註冊的華資銀行廣東銀行成立。
1913 年	香港中華總商會前身 —— 香港華商總會成立。
1922 年 1 月	香港海員舉行大罷工。
1923 年 2 月 20 日	孫中山在香港大學發表演講，稱香港是其革命思想發源地。
1924 年	何啟、區德投資興建啟德機場。
1925 年 6 月	省港大罷工爆發。
1926 年 3 月 1 日	香港官立漢文中學成立，成為第一所政府開辦的中文中學。
1938 年 1 月	廖承志到香港籌建八路軍駐香港辦事處。
1938 年 2 月 4 日	第一屆工展會開幕。
1938 年 6 月 14 日	宋慶齡在香港寓所成立保衛中國同盟，目的在團結國際友人和海外華僑支援中國抗戰。
1941 年 12 月 8 日	日軍空襲啟德機場，並越過邊境入侵香港。
1941 年 12 月 18 日	日軍登陸香港島。
1941 年 12 月 25 日	港督楊慕琦與日軍代表簽訂「停戰協議」，英軍投降，結束歷時十八天的香港保衛戰。
1942 年 2 月 20 日	「香港佔領地總督部」正式成立，陸軍中將磯谷廉介擔任總督，在香港施行軍政統治。
1942 年 2 月	港九獨立大隊成立。
1945 年 8 月 16 日	日本宣佈無條件投降的第二天，英國單方面宣佈正派遣軍隊重佔香港，並恢復香港政府的運作。

1945 年 8 月 30 日	英國皇家海軍特遣艦隊從日軍手中接收香港。
1946 年 5 月 1 日	楊慕琦重返香港出任香港總督,重新建立文官執政的殖民政府。
1946 年 8 月	港督楊慕琦提出「楊慕琦計劃」,主要內容是通過選舉產生市議會,但最終並未實施。
1946 年 10 月 10 日	達德學院在香港宣告成立。該學院是中共和民主人士聯合開辦的大學,後被港英當局關閉。
1947 年 5 月 15 日	新華社香港分社成立。
1948 年 1 月	港英當局強行拆毀九龍城內民房,並逮捕居民代表,釀成九龍城事件。
1949 年 11 月 9 日	兩航起義。中國航空公司和中央航空公司員工在香港宣佈起義,接受中央人民政府領導。
1950–1960	
1950 年 5 月 1 日	香港政府對從中國內地和澳門來港的人士實施入境限制。
1950 年	韓戰爆發,西方國家實行對華禁運,香港的轉口貿易因此受到沉重打擊。
1953 年 12 月 25 日	深水埗石硤尾寮屋區大火,40 多人傷亡,逾 50,000 名災民無家可歸。
1954 年 8 月	周恩來總理提出「推進中英關係,爭取和平合作」,並指出:香港是中國的,但解決香港問題的時機尚未成熟。
1954 年 10 月	八座徙置大廈先後在石硤尾竣工,奠定香港公共房屋發展基礎。
1955 年 8 月	九龍深水埗的李鄭屋村工地發現東漢時期古墓。
1956 年 10 月	九龍和荃灣發生暴亂事件。
1959 年	英國開始向香港實施棉紡織品配額制度,其後各國相繼加入。
1959 年	港產品在香港出口貿易中的比重上升到 70%,超過轉口貨物的比重。

1960–1970	
1960 年 11 月 15 日	香港政府代表與廣東省寶安縣代表簽訂協議，每年由深圳水庫供水 50 億侖給香港。
1960 年 11 月 22 日	香港工業總會成立。
1962 年	從本年開始，由武漢、上海、鄭州始發的 751、753、755 等三趟快車，常年向港澳地區供應鮮活冷凍商品。
1963 年 6 月 13 日	香港政府宣佈限制用水，每隔四天供水一次，每次四小時。
1965 年 2 月 27 日	東江 —— 深圳供水首期工程舉行竣工典禮。當年即向香港供水 6,000 萬立方米，佔當時香港全年用水量的三分之一。
1965 年	銀行擠提風波。
1966 年	香港貿易發展局和香港生產力促進局成立。
1966 年 4 月	天星小輪宣佈加價，引起動亂。
1967 年 4 月 13 日	新蒲崗大有街香港人造花廠發生勞資糾紛，引發持續八個月的「六七暴動」。
1967 年 11 月 19 日	香港第一家無線電視公司 —— 香港電視廣播有限公司開業。
1968 年 1 月	中文大學崇基學生會召開「中文列為官方語文」座談會，提出「港府應實行中文成為官方語文」的要求。
1968 年 5 月	政府在市區設立民政署，由民政主任主管，協助居民解決社區問題。
1968 年 9 月	《僱傭條例》三讀通過。
1969 年 12 月 6 日	首屆「香港節」舉行。
1970–1980	
1971 年 2 月	「香港保衛釣魚島行動委員會」成立，學生向日本駐港領事館遞交抗議書，並舉行示威活動。

1971 年 4 月 1 日	「公共援助計劃」實施，政府以現金形式發放援助。
1971 年 9 月	政府開始推行免費小學教育。
1971 年 12 月	香港大學學生會舉辦「回國觀光團」。
1972 年 3 月 8 日	中國常駐聯合國代表黃華致函聯合國非殖民地化特別委員會主席，反對將香港和澳門列入「反殖宣言」中適用的殖民地地區名單之內。
1972 年 8 月	「清潔香港運動」展開。
1972 年 8 月 3 日	香港海底隧道通車。
1972 年 10 月	港督麥理浩宣佈就任後首份《施政報告》，當中提出十年建屋計劃、發展新市鎮、擴展中學及高等教育、改善社會服務及設施、打擊罪惡等長遠政策。
1973 年 3 月	「撲滅暴力罪行運動」展開。
1973 年 4 月	警察反貪部掌握線報，引用《防止賄賂條例》調查警司葛柏涉嫌貪污的案件。
1973 年 8 月	葛柏潛逃後，大批學生舉行「反貪污，捉葛柏」集會，表達對香港貪污問題的強烈不滿。
1973 年 10 月	學聯與各院校合作舉辦首屆「中國週」，活動包括展覽、討論和座談。
1974 年 2 月	廉政公署成立。
1977 年 5 月 28 日	金禧中學斂財問題促使萬餘人出席維園「金禧事件民眾大會」。
1978 年 8 月	國務院成立專門處理港澳問題的機構 —— 港澳辦。
1979 年 1 月 1 日	新華社發佈《中華人民共和國全國人民代表大會常務委員會告台灣同胞書》，提出「早日實現祖國的統一」的問題。
1979 年 3 月 29 日	鄧小平對來訪的港督麥理浩表明會把香港作為一個特殊地區、特殊問題來處理。他指出：「在本世紀和下世紀初的相當長的時期內，香港還可以搞它的資本主義，我們搞我們的社會主義。」
1979 年 10 月 1 日	香港地下鐵路正式通車。

1979 年	李嘉誠的長江實業公司購入老牌英資洋行和記黃埔集團 22.4% 股權，成為香港第一家控制英資財團的華資集團。
1979 年	越南難民開始大量湧進香港。

1980–1990

1980 年 7 月 7 日	香港聯合交易所註冊成立。
1982 年 3 月 4 日	第一次區議會選舉舉行。
1982 年 9 月 23 日	中英兩國領導人就香港問題在北京展開會談。
1982 年 9 月 24 日	鄧小平在北京會見了英國首相戴卓爾夫人，明確表示「主權問題不是一個可以討論的問題」。雙方同意通過外交途徑就香港問題繼續進行商談。
1982 年 12 月 4 日	全國人大五屆五次會議通過的《中華人民共和國憲法》第 31 條規定：「國家在必要時得設立特別行政區。在特別行政區內實行的制度，按照具體情況由全國人民代表大會以法律規定。」第 62 條第 (13) 項規定為全國人民代表大會增加「決定特別行政區的設立及其制度」的職權。上述兩條憲法條文的增寫，確立了《中華人民共和國憲法》對香港特別行政區的法律效力。
1983 年 10 月 17 日	香港開始實施 1 美元兌換 7.8 港元的聯繫匯率制度。
1984 年 12 月 19 日	中國國務院總理趙紫陽和英國首相戴卓爾夫人分別代表兩國政府在北京簽署關於香港問題的《聯合聲明》。鄧小平出席了簽字儀式。
1985 年 7 月 1 日	由內地與香港各界人士 59 人組成的香港特別行政區基本法起草委員會在北京成立，並開始工作。
1985 年 9 月 26 日	香港舉行首次立法局選舉。
1985 年 12 月 28 日	由香港各界人士 180 人組成的基本法諮詢委員會在香港成立。
1986 年 3 月	市政局和區域市政局選舉舉行。
1988 年 4 月 28 日	基本法起草委員會第七次全體會議決定公佈《香港特別行政區基本法 (草案) 徵求意見稿》，在香港和全國其他地區開展徵詢意見工作，徵詢期五個月。

1988 年 9 月 18 日	連接屯門與元朗的第一期輕便鐵路系統開放通車。
1989 年 2 月 26 日	香港基本法諮詢委員會宣佈向全港市民派發香港基本法（草案）小冊子和有關參考資料，開展基本法第二次諮詢工作。
1989 年 6 月 4 日	北京發生天安門事件後，百萬香港市民上街遊行集會。
1989 年 10 月	「香港機場核心計劃」宣佈推出，擬在赤鱲角興建新機場以取代啟德機場，並計劃於 1997 年落成啟用。中方對此表示嚴重關切，中英雙方展開對話。
1989 年	考古學者在南丫島大灣遺址發現商代墓葬群。其中第 6 號墓出土的玉牙璋及完整玉串被譽為國寶級文物。

1990–1997

1990 年 4 月 4 日	全國人大七屆三次會議審議通過《中華人民共和國香港別行政區基本法》等文件以及香港特別行政區區旗、區徽圖案。
1991 年 6 月	英方在中國政府反對之下，立法通過《香港人權法案條例》。
1991 年 9 月 3 日	中國國務院總理李鵬和英國首相馬卓安在北京簽署《關於香港新機場建設及有關問題的諒解備忘錄》。
1992 年 10 月 7 日	彭定康發表施政報告，提出被中方視為「三違反」的政改方案。
1993 年 7 月 2 日	全國人大常委會決定設立香港特別行政區籌備委員會預備工作委員會。
1993 年 12 月 29 日	大嶼山寶蓮寺的天壇大佛舉行開光典禮。佛像高 26.4 米，重 220 公噸，是全球最大的青銅座佛。
1994 年 5 月 1 日	中國銀行開始在香港發行港幣鈔票。
1996 年 1 月 26 日	全國人大香港特別行政區籌備委員會在北京成立。
1996 年 7 月 29 日	滑浪風帆選手李麗珊在亞特蘭大奧運會為香港奪得首枚奧運金牌。

1996 年 12 月 11 日	香港特別行政區政府第一屆政府推選委員會在香港選舉董建華為第一任行政長官人選。
1996 年 12 月 21 日	香港特別行政區政府第一屆政府推選委員會在深圳選舉產生香港特別行政區臨時立法會。
1997 年 6 月 30 日午夜至 7 月 1 日凌晨	中英兩國香港交接儀式在香港會議展覽中心新翼五樓大會堂舉行。中國國家主席江澤民、國務院總理李鵬、英國皇儲查爾斯王子、首相貝理雅等與四千多名中外來賓出席。
1997 年 7 月 1 日	香港特別行政區政府宣告成立。

附錄二
中英文人名對照表

A

Alvarez, Jorge	阿爾華列士	Amery, Leo	艾默里
Lord Amherst	阿美士德	Anstey, T. C.	安士迪
Attlee, Clement R.	艾德禮		

B

Balfour, Arthur James	貝爾福	Barltrop, E. W.	巴楚普
Belcher, Edward	卑路乍	Berger	伯傑
Bevin, Ernest	貝文	Blair, Tony	貝理雅
Blair-Kerr, Alastair	百里渠	Blake, Henry A.	卜力
Bonham, S. G.	文咸	Bowen, George	寶雲
Bowring, John	寶靈	Breen, Michael James	布倫
Bremer, James	伯麥	Bremridge, John Henry	彭勵治
Bridges, W. T.	布烈治	Brooke-Popham, Robert	樸芳
Brown, S. R.	勃朗		

C

Caine, W.	威廉·堅	Caldwell, D. R.	高和爾
Callaghan, James	卡拉漢	Cantlie, J.	康德黎
Cardwell, E.	卡德威爾	Cater, Jack	姬達
Chalmers, John	湛約翰	Chamberlain, Austen	張伯倫（外交大臣）
Chamberlain, J.	張伯倫（殖民地大臣）	Chater, Catchick Paul	遮打
Chennault, Claire Lee	陳納德	Churchill, Winston	邱吉爾

Lord Clarendon	克拉倫登	Clark-Kerr, Archibald	卡爾
Clemenceau, Georges	克利孟梭	Clementi, Cecil	金文泰
Cradock, Percy	柯利達	Crawford, Ninian	卡剌佛

D

D'Aguilar, G. C.	德己立	d'Andrade, Fernao Perez	安達拉
Davis, John Francis	戴維斯	Des Voeux, George William	德輔
Douglas-Home, Alec	休姆	Duncan, John	鄧肯

E

Edger, J. E.	艾格	Egan, J.	伊根
Eitel, E. J.	歐德理	Earl of Elgin	額爾金
Eliot, C.	愛理鄂	Elliot, C.	義律
Elliot, Elsie	葉錫恩	Evans, Richard Mark	伊文思

G

Gascoigne, W. J.	加士居	Gimson, F. C.	詹遜
Godber, Peter	葛柏	Grant, J. H.	克靈頓
Grantham, A.	葛量洪	Grasett, A. E.	賈乃錫
Earl Grey	格雷		

H

Hall, W. K.	霍爾	Hallifax, E. R.	夏理德
Hambro, Edvard	漢布如	Harcourt, Cecil H. J.	夏愨
Hart, Robert	赫德	Heath, Edward	希思
Hennessy, John Pope	軒尼詩	Hopson, Donald	霍普森
Hornell, William	韓惠和	Hulme, J. W.	曉吾
Hurd, Douglas	韓達德	Hutchson, A. B.	哈奇森

J

Jardine, David	大衛・渣甸	Johnston, A. R.	莊士敦
Jones, A. C.	鍾斯	Jordan, J. N.	朱爾典

K

Kennedy, Arthur E.	堅尼地	Kerr, Donald W.	克爾
Keyes, Roger	凱思	King George VI	英皇喬治六世

L

Lane, Thomas A.	連氏	Lawson, J. K.	羅遜
Legge, James	理雅各	Lockhart, James Stewart	駱克
Luddington, DonaJd	陸鼎堂	Lugard, Frederick	盧嘉
Lord MaCartney	馬戛爾尼		

M

MacDonald, C. W.	寶納樂	MacDonnell, Richard Graves	麥當奴
MacDougall, D. M.	麥道高	MacLehose, Murray	麥理浩
Major, John	馬卓安	Malmesbury	姆斯伯里
Maltby, C. M.	莫德庇	Manson, P.	白文信
Matheson, James William	馬地臣	May, Charles	查理士・梅理
May, Henry	梅含理	McLaren, Robin	麥若彬
Mercer, W. T.	馬撒爾	Merrill S.	歐戴義
Messer	麥仕拿	Miners, N. J.	邁樂文
Mody, H. N.	麼地	Montgomery, W. P.	蒙哥馬利
Morley	摩利	Morrison, J. R	秧馬禮遜

N

Napier, W. J.	律勞卑	Nixon, Richard	尼克遜
Northcote, Geoffrey	羅富國		

O

Omsby	奧姆斯比	O'Neill, Con D. W.	歐念儒
Owen, David	歐文		

P

Lord Palmerston	巴麥尊	Parkes, H. S.	巴夏禮
Patten, Christopher	彭定康	Peel, William	貝璐
Pirez, Thomas	皮利司	Pottinger, Henry	砵甸乍
Powell, F.	鮑威爾	Prince Charles	查理斯王子

Q

Queen Victoria	維多利亞女皇

R

Raimondi, T.	利蒙蒂主教	Rennie, A. H.	倫尼
Ride, Lindsay T.	賴濂士	The Marquess of Ripon	里彭
Robinson, Hercules	羅士敏	Robinson, William	威廉·羅便臣
Russell, J.	羅素	Ryall	賴亞爾

S

Lord Salisbury	梳士巴利	Scriven, Douglas	道格拉斯·斯克里文
Severn, Claud	施勳	Seymour, Horace J.	薛穆
Seymour, M.	西摩	Shermarke, Abdirashid Ali	舍馬克

附錄三
參考資料及書目

一、檔案

英國國家檔案館

Cabinet Office (CAB) 128, 129;
Colonial Office (CO) 129, 133, 537, 852, 881, 882, 1030
Foreign and Commonwealth Office (FCO) 21, 40
Foreign Office (FO) 17, 93, 233, 371, 608, 881
Prime Minister's Office (PREM) 19.
War Office (WO) 235

中國第一歷史檔案館

軍機處錄副奏摺

二、文件及報告

《一九五六年十月十日至十二日九龍及荃灣暴動報告書》。香港：政府印務局，1956 年。

《一九六六年九龍騷動調查委員會報告書》。香港：政府印務局，1967 年。

《中華人民共和國政府和大不列顛及北愛爾蘭聯合王國政府關於香港問題的聯合聲明》。北京：法律出版社，1985 年。

《代議政制白皮書：代議政制在香港的進一步發展》。香港：政府印務局，1984 年。

《白皮書：代議政制今後的發展》。香港：政府印務局，1988 年。

《百里渠爵士調查委員會第一次報告書》。香港：政府印務局，1973 年。

《香港代議政制》。香港：政府印務局，1994 年。

《香港未來十年內之中等教育白皮書》。香港：政府印務局，1974 年。

《香港的未來：五年大計展新猷》。香港：政府印務局，1992 年。

《香港社會福利白皮書：進入八十年代的社會福利》。香港：政府印務局，
　　1979 年。

《香港問題文件選輯》。北京：人民出版社，1985 年。

《教育政策白皮書》。香港：政府印務局，1965 年。

《貪污問題：常務委員會、諮詢委員會報告書》。香港：政府印務局，
　　1962 年。

「香港年報」，1976, 1978, 1987, 1996–1998 年。

中共中央委員會：《中國共產黨中央委員會關於建國以來黨的若干歷史問題的
　　決議》。北京：人民出版社，1981 年。

中共廣東省委組織部等編：《中國共產黨廣東省組織史資料（上冊）》。北京：
　　中共黨史出版社，1994 年。

中國外交部：《中英關於香港 1994/95 年選舉安排會談中幾個主要問題的真
　　相》。香港：三聯書店（香港）有限公司，1994 年。

中國科學院上海經濟研究所、上海社會科學院經濟研究所編：《南洋兄弟煙草
　　公司史料》。上海：上海人民出版社，1960 年。

中國第一歷史檔案館編：《鴉片戰爭檔案史料（一）》。天津：天津古籍出版
　　社，1992 年。

中國第一歷史檔案館編：《鴉片戰爭檔案史料（二）》。天津：天津古籍出版
　　社，1992 年。

全國人大常委會香港基本法委員會辦公室編：《中華人民共和國香港特別
　　行政區基本法起草委員會文件滙編》。北京：中國民主法制出版社，
　　2011 年。

全國人民代表大會：《中華人民共和國第五屆全國人民代表大會第五次會議文
　　件》。北京：人民出版社，1983 年。

全國人民代表大會常務委員會辦公廳編：《中華人民共和國第七屆全國人民代
　　表大會第三次會議文件彙編》。北京：人民出版社，1990 年。

匡宗媛等編:《廣東革命歷史文件匯集(廣東黨組織文件) 1945.11–1949.12》。廣州:中央檔案館、廣東省檔案館,1989 年。

佐佐木正哉:《鴉片戰爭的研究(資料篇)》。東京:近代中國研究委員會,1964 年。

香港特別行政區政府統計處:《本地生產總值估計:一九六一年至一九九八年》。香港:政府印務局,1999 年。

教育委員會學校教育檢討小組:《九年強迫教育檢討報告》。香港:政府印務局,1997 年。

經濟多元化諮詢委員會:《一九七九年經濟多元化諮詢委員會報告書》。香港:政府印務局,1979 年。

廣東省檔案館編:《省港大罷工資料》。廣州:廣東人民出版社,1980 年。

Annual Departmental Report by the Director of Medical and Health Services for the Financial Year 1952–1953 (1953)

Annual Review of Hong Kong External Trade (1995)

British Parliamentary Papers Vol. 1 (1857–1858), Vol. 29 (1846), Vol. 31 (1852), Vol. 36 (1850), Vol. 40 (1861), Vol. 42 (1872), Vol. 43 (1857–1858), Vol. 44 (1882), Vol. 46 (1847–1848) , Vol. 47 (1871), Vol. 48 (1867), Vol. 51 (1875), Vol 62 (1852–1853), Vol. 69 (1870). London: Government of Great Britain.

British Parliamentary Papers, China 24 (1846–1860), 25(1862–1881), 26 (1882–1899), 30 (1840). Shannon: Irish University Press, 1971.

Davids, Jules (ed.). *American Diplomatic and Public Papers: the United States and China, Series 2: the United States, China, and Imperial Rivalries, 1861–1893*, Vol. 2. Wilmington, Del.: Scholary Resources, 1979.

Foreign Affairs Committee. *First Report: Relations between the United Kingdom and China in the Period Up to and Beyond 1997*, Vol. 1. London: Her Majesties Stationary Office, 1994.

Hambro, Edvard. *The Problem of Chinese Refugees in Hong Kong: Report submitted to the United Nations High Commission for Refugees.* Leyden: Sijthoff, 1955.

*Historical and Statistical Abstract of the Colony of Hong Kong, 1841–1930 (*1932)

Hong Kong Annual Digest of Statistics (1978, 1983, 1985, 1996)

Hong Kong Bluebook (1844–1860, 1932–1940)

Hong Kong Census (1901, 1911, 1971, 1981)

Hong Kong Disturbances 1967 (1968)

Hong Kong Hansard (1952, 1972, 1973)

Hong Kong Review of Overseas Trade (1965, 1969, 1971, 1972, 1978, 1981)

Hong Kong Sessional Papers (1885, 1896, 1897, 1899, 1901, 1902, 1911, 1924, 1927, 1935)

Hong Kong Statistics, 1947–1967 (1969)

Hong Kong Working Party on the Development of Medical Services. *Development of Medical Services in Hong Kong.* Hong Kong: Govt Printer, 1964.

Laws of Hong Kong (1964)

Papers Relating to the Foreign Relations of the United States 1922 Volume I. Washington, D.C.: Government Printing Office, 1938.

Peace and War: United States Foreign Policy 1931–1941. Washington D.C.: United States Government Printing Office, 1943.

Report on the New Territories 1899–1912 (1913)

Reports of the Harbour Master (1900–1939)

The Ordinances of Hong Kong (1938–40)

United Nations General Assembly Session 26, 27

三、報紙刊物

報紙

《人民日報》、《大公報》、《中國文物報》、《文匯報》、《民國日報》、《明報》、《香港工商日報》、《香港日報》、《國際商報》、《華商報》、《華僑日報》*South China Morning Post, The China Mail, The Chinese Repository, The Guardian, The Hong Kong Government Gazette, The Telegraph.*

特刊

《工人醫療所八週年紀念特刊》

香港崇正總會編：《崇正總會救濟難民會特刊》。香港：崇正總會，1940 年。

華僑日報編輯部：《華僑日報六十週年紀慶專刊》。香港：華僑日報，1985 年。

遠東行：《救國公債特刊》。香港：遠東行，1938 年。

年鑒

張塞主編：《中國統計年鑒 1996》。北京：中國統計出版社，1996 年。

華僑日報社編：《香港年鑒》。香港：華僑日報社，1953–64 年。

經濟導報社：《1967 年香港經濟年鑒》第一篇。香港：香港商報社，1967 年。

四、書籍

《中國簡況：香港問題的由來與現狀》。北京：新星出版社，1994 年。

《東江縱隊史》編寫組：《東江縱隊史》。廣州：廣東人民出版社，1985 年。

《習仲勳主政廣東》編委會著：《習仲勳主政廣東》。北京：中共黨史出版社，2007 年。

《連貫同志紀念文集》編寫組：《賢者不朽 —— 連貫同志紀念文集》。北京：中國華僑出版社，1995 年。

丁新豹：《善與人同：與香港同步成長的東華三院（1870-1997）》。香港：三
　　聯書店（香港）有限公司，2010年。

九龍總商會特刊編印委員會：《九龍總商會二十周年紀念特刊》。香港：九龍
　　總商會特刊編印委員會，1959年。

小林英夫、柴田善雅：《日本軍政下の香港》。東京：評論社，1996年。

工商日報編輯部：《香港華資工廠調查錄》。香港：工商日報，1934年。

中山大學學報編輯部：《孫中山研究論叢》。廣州：中山大學學報編輯部，
　　1984年。

中山大學歷史系孫中山研究室等合編：《孫中山全集》。北京：中華書局，
　　1985年。

中共中央文獻研究室編：《毛澤東文集》，卷四。北京：人民出版社，
　　1993年。

中共中央文獻研究室編：《毛澤東外交文選》。北京：世界知識出版社，
　　1994年。

中共中央文獻研究室編：《周恩來年譜：1898-1949》。北京：中央文獻出版
　　社，1998年。

中共中央文獻研究室編：《周恩來年譜：1949-1976》。北京：中央文獻出版
　　社，1997年。

中共中央文獻研究室編：《鄧小平年譜：1904-1974》。北京：中央文獻出版
　　社，2009年。

中共中央文獻編輯室編：《鄧小平年譜：1975-1997》。北京：中央文獻出版
　　社，2004年。

中共深圳市委黨史辦公室、東縱港九大隊隊史徵集編寫組：《東江縱隊港九大
　　隊六個中隊隊史》。深圳：中共深圳市委黨史辦公室，1986年。

中共廣東省委黨史研究室：《東江縱隊史》。廣州：廣東人民出版社，
　　1995年。

中共廣東省委黨史研究室：《長空英魂：紀念黃作梅烈士文集》。香港：香港
　　榮譽出版有限公司，2002年。

中共廣東省委黨史研究室編：《香港與中國革命》。廣州：廣東人民出版社，
　　1997 年。

中國史學會主編：中國近代史資料叢刊《戊戌變法》第四冊。上海：上海人民
　　出版社，1957 年。

中國史學會主編：中國近代史資料叢刊《鴉片戰爭》第四冊。上海：上海人民
　　出版社，1957 年。

中國民主同盟中央委員會編：《中國民主同盟七十年》。北京：群言出版社，
　　2011 年。

中國國民黨駐港澳總支部編印：《港澳抗戰殉國烈士紀念冊》。香港：中國國
　　民黨駐港澳總支部，1946 年。

中國勞工運動史編撰委員會編：《中國勞工運動史》第一冊。台北：中國勞工
　　福利出版社，1958 年。

中國新聞社：《香港商業錄》。香港：中國新聞社，1948 年。

中國對外貿易中心編著：《百屆輝煌，1957–2006：中國出口商品交易會 100
　　屆紀念》。廣州：南方日報出版社，2006 年。

天津市歷史博物館編：《秘笈錄存》。北京：中國社會科學出版社，1984 年。

方美賢：《香港早期教育發展史》。香港：中國學社，1975 年。

日本防衛廳防衛研究所戰史室著，天津市政協編譯委員會譯：《香港作戰》。
　　北京：中華書局，1985 年。

王中山、牛玉峰主編：中國民主黨派史叢書《中國國民黨革命委員會卷》。石
　　家莊：河北人民出版社，2001 年。

王冠之、王錫年：《香港鐘錶工業發展史》。香港：香港表廠商會有限公司，
　　1993 年。

王國華主編，蕭國健、鄧聰等著：《香港文化發展史》。香港：中華書局（香
　　港）有限公司，2014 年。

王楚瑩編：《香港工廠調查》。香港：南僑新聞企業公司，1947 年。

王溥：《唐會要》，卷七十三。台北：世界書局，1982 年。

王鳳超：《香港政制發展歷程》。香港：中華書局（香港）有限公司，2017 年。

王齊樂：《香港中文教育發展史》。香港：三聯書店（香港）有限公司，
1996 年。

王賡武主編：《香港史新編》增訂版。香港：三聯書店（香港）有限公司，
2017 年。

王韜：《弢園文錄外編》。北京：中華書局，1959 年。

王韜：《漫遊隨錄・扶桑遊記》。長沙：湖南人民出版社，1982 年。

北京兩航人員聯誼會編：《歷史榮光：「兩航」起義紀念文集（上）》。北京：
中國民航出版社，2017 年。

外交部外交史研究室編：《新中國外交風雲》第三輯。北京：世界知識出版
社，1994 年。

甘長求：《香港對外貿易》。廣州：廣東人民出版社，1990 年。

白德（Solomon Bard）著；招紹瓚譯：《香港文物志》。香港：香港市政局，
1991 年。

牟潤孫：《星島日報創刊廿五周年紀念論文集：1938–1963》。香港：星系報
業有限公司，1966 年。

何炳賢：《中國的國際貿易》。北京：商務印書館，1973 年。

何啟、胡禮垣：《新政真詮》。

余汝信：《香港，1967》。香港：天地圖書有限公司，2012 年。

余繩武、劉存寬、劉蜀永編著：《香港歷史問題資料選評》。香港：三聯書店
（香港）有限公司，2008 年。

余繩武、劉存寬主編：《十九世紀的香港》。北京：中華書局，1993 年。

余繩武、劉蜀永主編：《二十世紀的香港》。北京：中國大百科全書出版社，
1995 年。

吳志良、湯開健、金國平：《澳門編年史》，卷一。廣州：廣東人民出版社，
2009 年。

吳相湘編：《孫逸仙先生傳》。台北：遠東圖書公司，1984 年。

吳景平：《保衛中國同盟新聞通訊》。北京：中國和平出版社，1981 年。

呂大樂：《那似曾相識的七十年代》。香港：中華書局（香港）有限公司，2012 年。

宋恩榮：《香港與華南的經濟協作》。香港：商務印書館（香港）有限公司，1998 年。

宋慶齡基金會研究室編：《宋慶齡在香港，1938–1941》。北京：中國和平出版社，1989 年。

李宏：《香港大事記（公元前 214 年－公元 1997 年）》。北京：人民日報出版社，1997 年。

李金強：《一生難忘：孫中山在香港的求學與革命》。香港：孫中山紀念館，2008 年。

李後：《百年屈辱史的終結 —— 香港問題始末》。北京：中央文獻出版社，1997 年。

李彭廣：《管治香港：英國解密檔案的啟示》。香港：牛津大學出版社，2012 年。

阮元：《廣東通志》（二）。上海：上海古籍出版社，1990 年。

冼玉儀：《與香港並肩邁進 —— 東亞銀行 1919—1994》。香港：香港大學出版社，1994 年。

周去非：《嶺外代答》（三）。上海：上海遠東出版社，1996 年。

周永新：《香港人的身份認同和價值觀》。香港：中華書局（香港）有限公司，2015 年。

周奕：《香港工運史》。香港：利訊出版社，2009 年。

周奕：《香港左派鬥爭史》。香港：利訊出版社，2002 年。

季子：《中外金融大辭典》。台北：聯經出版事業股份有限公司，2014 年。

季平子：《從鴉片戰爭到甲午戰爭》。台北：知書房出版集團，2003 年。

宗道一等編著、周南修訂：《周南口述：身在疾風驟雨中》。香港：三聯書店（香港）有限公司，2007 年。

屈大鈞：《廣東新語》。北京：中華書局，1985 年。

屈月英：《我眼中的安子介》。香港：華英資訊社，1992 年。

屈志仁：《李鄭屋漢墓》。香港：香港市政局，1970 年。

東江縱隊歷史研究會等編：《克爾日記 —— 香港淪陷期間東江縱隊營救美軍飛行員紀實》。香港：香港科技大學華南研究中心，2015 年。

林天蔚、蕭國健：《香港前代史論集》。台北：商務印書館，1985 年。

邱東：《新界風物與民情》。香港：三聯書店（香港）有限公司，1992 年。

金堯如：《金堯如：香江五十年憶往》。香港：金堯如紀念基金，2005 年。

金應熙主編：《香港史話》。廣州：廣東人民出版社，1988 年。

姚啟勳：《香港金融》。香港：泰晤士書屋，1962 年。

科大衛、陸鴻基、吳倫霓霞合編：《香港碑銘彙編》第一冊。香港：市政局，1986 年。

范叔欽：《香港經濟》。新加坡：大學教育出版社，1972 年。

香港工會聯合會：《工聯會與您同行：65 周年歷史文集》。香港：中華書局（香港）有限公司，2013 年。

香港工會聯合會工人醫療所編、杜漸等錄：《李崧醫生回憶錄》。香港：香港商報，1987 年。

香港工會聯合會編著：《光輝歲月，薪火相傳：香港打工仔的集體回憶》。香港：新華書店有限公司，2008 年。

香港地方志辦公室、深圳市史志辦公室編纂：《中英街與沙頭角禁區》。香港：和平圖書有限公司，2011 年。

香港專上學生聯會編：《香港學生運動回顧》。香港：廣角鏡出版社有限公司，1983 年。

香港歷史博物館：《香港抗戰 —— 東江縱隊港九獨立大隊論文集》。香港：香港康樂及文化事務署，2004 年。

香港歷史博物館編：《李鄭屋漢墓》。香港：香港歷史博物館，2005 年。

孫揚:《無果而終:戰後中英香港問題交涉 (1945–1949)》。北京:社會科學文獻出版社,2014 年。

孫曉華主編:《中國民主黨派史》。瀋陽:遼寧人民出版社,1999 年。

師哲回憶、李海文整理:《在歷史巨人身邊:師哲回憶錄》。北京:中央文獻出版社,1995 年。

徐中約:《中國近代史》。香港:中文大學出版社,2001 年。

徐月清編:《活躍在香江:港九大隊西貢地區抗日實錄》。香港:三聯書店 (香港) 有限公司,1993 年。

烏蘭木倫主編:《邁向二十一世紀的香港經濟》。香港:三聯書店 (香港) 有限公司,1997 年。

秦孝儀主編:《中華民國重要史料初編 ── 對日抗戰時期》第三編,《戰時外交》第三冊。台北:中國國民黨中央委員會黨史委員會,1981 年。

袁求實編:《香港回歸大事記:1979–1997》。香港:三聯書店 (香港) 有限公司,1997 年。

高添強、黎健強:《彩色香港 1940s–1960s》。香港:三聯書店 (香港) 有限公司,2013 年。

區家發等:《香港大埔碗窰青花瓷窰址調查及研究》。香港:香港區域市政局,1997 年。

商志醰:《香港考古論集》。北京:文物出版社,2000 年。

張一兵:《深圳古代簡史》。北京:文物出版社,1997 年。

張小曼、周昭坎主編:中國民主黨派史叢書《中國民主同盟卷》。石家莊:河北人民出版社,2001 年。

張俊義、劉智鵬:《香港與內地關係研究》。南京:南京大學出版社,2015 年。

張家偉:《六七暴動:香港戰後歷史的分水嶺》。香港:香港大學出版社,2012 年。

張憶軍主編:《風雨同舟七十年:中國共產黨與民主黨派關係史》。上海:學林出版社,2001 年。

張雙慶、莊初昇：《香港新界方言》。香港：商務印書館（香港）有限公司，
　　2003 年。

梁上苑：《中共在香港》。香港：廣角鏡出版社有限公司，1989 年。

梁濤：《九龍街道命名考源》。香港：香港市政局，1993 年。

梁寶霖、梁寶龍、陳明銶、高彥頤合編：《香港與中國工運回顧》。香港：基
　　督教工會委員會，1982 年。

莊重文：《香港工業之成長》。香港：三聯書店（香港）有限公司，1986 年。

許地山：《許地山集》。瀋陽：瀋陽出版社，1998 年。

郭永亮：《澳門香港之早期關係》。台北：中央研究院近代史研究所，
　　1990 年。

陳大同、陳文元編輯：《百年商業》。香港：光明文化事業公司，1941 年。

陳多、蔡赤萌：《香港的經濟（一）》。北京：新華出版社，1996 年。

陳安邦、陳安國主編：《陳策將軍紀念集》。香港：邦國國際工程公司，
　　2011 年。

陳竹筠、陳起城選編：《中國民主黨派歷史資料選輯》（上冊）。上海：華東
　　師範大學出版社，1984 年。

陳佐洱：《我親歷的香港回歸談判》。香港：鳳凰書品，2012 年。

陳揚勇：《苦撐危局—周恩來在 1967》。北京：中央文獻出版社，1999 年。

陳敦德：《香港問題談判始末》。香港：中華書局（香港）有限公司，2009 年。

陳瑞璋：《東江縱隊 —— 抗戰前後的香港游擊隊》。香港：香港大學出版社，
　　2012 年。

陳翰笙主編：《華工出國史料》。北京：中華書局，1981 年。

陸詒：《戰地萍蹤》。北京：人民日報出版社，1985 年。

彭湘福主編：中國民主黨派史叢書《中國致公黨卷》。石家莊：河北人民出版
　　社，2001 年。

曾生：《曾生回憶錄》。北京：解放軍出版社，1991 年。

港九獨立大隊史編寫組:《港九獨立大隊史》。廣州:廣東人民出版社,
　　1989 年。

華潤(集團)有限公司《紅色華潤》編委會:《紅色華潤》。北京:中華書局,
　　2010 年。

馮自由:《革命逸史》。台灣:商務印書館,1969 年。

馮邦彥:《香港地產業百年》。香港:三聯書店(香港)有限公司,2001 年。

馮邦彥:《香港金融業百年》。香港:三聯書店(香港)有限公司,2002 年。

馮邦彥:《香港產業結構轉型》。香港:三聯書店(香港)有限公司,2014 年。

黃文放:《中國對香港恢復行使主權的決策歷程與執行》。香港:香港浸會大
　　學林思齊東西學術交流研究所,1997 年。

黃文放:《解讀北京思維》。香港:經濟日報出版社,2001 年。

黃光域:《外國在華工商企業辭典》。成都:四川人民出版社,1995 年。

黃鴻釗:《澳門簡史》。香港:三聯書店(香港)有限公司,1999 年。

塑膠工業月刊編:《香港塑膠、電器、電子業》。香港:世界貿易出版社,
　　1983 年。

楊式挺:《嶺南文物考古論集》。廣州:廣東省地圖出版社,1998 年。

楊奇:《虎穴搶救:日本攻佔香港後中共營救文化群英始末》。香港:香港
　　各界紀念抗戰活動籌委會有限公司、香港各界文化促進會有限公司,
　　2005 年。

楊奇:《香港概論》。香港:三聯書店(香港)有限公司,1993 年。

楊奇著、余非改編:《香港淪陷大營救》。香港:三聯書店(香港)有限公司,
　　2014 年。

楊端六、侯厚培等:《六十五年來中國國際貿易統計》。上海:國立中央研究
　　院社會科學研究所,1931 年。

葉德偉等編著:《香港淪陷史》。香港:廣角鏡出版社,1982 年。

賈楨等編:《籌辦夷務始末》咸豐朝卷七十九。北京:中華書局,1979 年。

廖柏偉、王于漸：《中小企業及香港的經濟發展研究報告》。香港：香港中華出入口商會，1992 年。

廖迪生：《香港天后崇拜》。香港：三聯書店（香港）有限公司，2000 年。

齊思和等整理：《籌辦夷務始末（道光朝）》。北京：中華書局，1964 年。

劉明達、唐玉良主編：《中國工人運動史》。廣州：廣東人民出版社，1998 年。

劉智鵬、丁新豹主編：《日軍在港戰爭罪行 —— 戰犯審判記錄及其研究》。香港：中華書局（香港）有限公司，2015 年。

劉智鵬、周家建著：《吞聲忍語：日治時期香港人的集體回憶》。香港：中華書局（香港）有限公司，2009 年。

劉智鵬、黃君健、錢浩賢編著：《天空下的傳奇 —— 從啟德到赤鱲角》。香港：三聯書店（香港）有限公司，2014 年。

劉智鵬主編：《展拓界址：英治新界早期歷史探索》。香港：中華書局（香港）有限公司，2010 年。

劉義章主編：《香港客家》。桂林：廣西師範大學出版社，2005 年。

劉蜀永、蘇萬興主編：《蓮麻坑村志》。香港：中華書局（香港）有限公司，2015 年。

劉蜀永主編：《20 世紀的香港經濟》。香港：三聯書店（香港）有限公司，2004 年。

劉蜀永主編：《一枝一葉總關情》。香港：香港大學出版社，1993 年。

劉蜀永主編：《簡明香港史》。香港：三聯書店（香港）有限公司，2016 年。

劉蜀永編著：《割佔九龍》。香港：三聯書店（香港）有限公司，1995 年。

劉潤和：《新界簡史》。香港：三聯書店（香港）有限公司，1999 年

廣東文物展覽會編印：《廣東文物》中冊，卷六。香港：中國文化協進會，1941 年。

廣東青運研究委員會主編：《香港學運的光輝》。廣州：廣東人民出版社，1992 年。

廣東省地方史志辦公室輯：《廣東歷代方志集成》。廣州：嶺南美術出版社，
　　2006 年。

廣東省社會科學院歷史研究室等合編：《孫中山全集》卷一。北京：中華書
　　局，1981 年。

歐陽修、宋祁：《新唐書》，卷四十三。北京：中華書局，1975 年。

蔡志祥：《打醮：香港的節日和地域社會》。香港：三聯書店（香港）有限公
　　司，2000 年。

蔡榮芳：《香港人之香港史》。香港：牛津大學出版社，2001 年。

蔡德麟主編：《深港關係史》。深圳：海天出版社，1997 年。

鄧小平：《鄧小平文選》，卷三。北京：人民出版社，1993 年。

鄧中夏：《省港罷工概觀》。廣州：中國科學院廣州哲學社會科學研究所複
　　印，1960 年。

鄧中夏：《鄧中夏文集》。北京：人民出版社，1983 年。

鄧開頌、陸曉敏主編：《粵港關係史：1840–1984》。香港：麒麟書業，
　　1997 年。

鄧聖時：《屏山鄧族千年史探索》。香港：鄧廣賢，1999 年。

鄭宏泰、黃紹倫：《香港米業史》。香港：三聯書店（香港）有限公司，
　　2005 年。

鄭寶鴻、佟寶銘：《九龍街道百年》。香港：三聯書店（香港）有限公司，
　　2012 年。

鄭寶鴻：《香江半島：香港的早期九龍風光》。香港：香港大學美術博物館，
　　2007 年。

魯平口述、錢亦蕉整理：《魯平口述香港回歸》。香港：三聯書店（香港）有
　　限公司，2009 年。

黎晉偉主編：《香港百年史》。香港：南中編譯出版社，1948 年。

盧權、禤倩紅：《省港大罷工史》。廣州：廣東人民出版社，1997 年。

蕭國健：《香港古代史》。香港：中華書局（香港）有限公司，2006 年。

蕭國健：《香港新界家族發展》。香港：顯朝書室，1991 年。

蕭國健主編：《油尖旺區風物志》。香港：油尖旺區議會，2000 年。

蕭蔚雲：《香港基本法講座》。香港：香港文匯出版社，1996 年。

錢亦石：《中國外交史》。上海：生活書店，1947 年。

錢鋼、胡勁草：《大清留美幼童記》（修訂版）。香港：中華書局（香港）有限
　　公司，2014 年。

薛浩然：《新界小型屋宇政策研究：歷史、現狀與前瞻》。香港：新界鄉議局
　　研究中心，2016 年。

謝永光：《三年零八個月的苦難 —— 香港淪陷時期珍貴史料》。香港：明報出
　　版社，1994 年。

謝榮滾主編：《陳君葆日記全集》卷二。香港：商務印書館（香港）有限公司，
　　2004 年。

鍾紫主編：《香港報業春秋》。廣州：廣東人民出版社，1991 年。

鄺智文、蔡耀倫：《孤獨前哨：太平洋戰爭中的香港戰役》。香港：天地圖書
　　有限公司，2013 年。

鄺智文：《重光之路：日據香港與太平洋戰爭》。香港：天地圖書有限公司，
　　2015 年。

羅金義、鄭宇碩：《中國改革開放三十年：變與常》。香港：香港城市大學出
　　版社，2009 年。

羅香林：《香港與中西文化之交流》。香港：中國學社，1961 年。

羅香林等：《一八四二年以前之香港及其對外交通 —— 香港前代史》。香港：
　　中國學社，1963 年。

譚思敏：《香港新界侯族的建構：宗族組織與地方政治和民間宗教的關係》。
　　香港：中華書局（香港）有限公司，2012 年。

關禮雄：《日佔時期的香港》。香港：三聯書店（香港）有限公司，1993 年。

嚴中平主編：《中國近代經濟史（1840–1894）》下冊。北京：人民出版社，
　　2001 年。

蘇亦工：《中法西用：中國傳統法律及習慣在香港》。北京：社會科學文獻出版社，2007年。

蘇萬興：《衙前圍——消失中的市區最後圍村》。香港：中華書局（香港）有限公司，2013年。

顧維鈞：《顧維鈞回憶錄》，卷五。北京：中華書局，1987年。

龔駿：《中國都市工業化程度之統計分析》。上海：商務印書館，1934年。

Airlie. *Thistle and Bamboo: The Life and Time of Sir James Stewart Lockhart*. Hong Kong: Oxford University Press, 1989.

Algood, G. *China War 1860, Letters and Journal*. London: Longmans, Green, and Co., 1901.

Barth, Gunther Paul. *Bitter Strength, A History of the Chinese in the United States, 1850–1870*. Cambridge, Mass.: Harvard University Press, 1964.

Bedikton Co. *Commercial and Industrial Hong Kong: A Record of 94 Years Progress of the Colony in Commerce, Trade, Industry, and Shipping, 1841–1935*. Hong Kong: the Company, 1935.

Belcher, Edward. *Narrative of a Voyage Round the World, 1836–1842*, Vol. 2. London: Colburn, 1843.

Bernard, W. D. *Narrative of the Voyages and Services of the Nemesis from 1840 to 1843*, Vol. 1 & 2. London: Henry Colburn, 1844.

Cameron N. *Hong Kong: The Cultured Pearl*. Hong Kong: Oxford University Press, 1978.

Campell, P. C. *Chinese Coolie Emigration to Countries within the British Empire*. London: P. S. King & Son, 1923.

Canning, J. *Hong Kong Education Department Annual Summary 1971–72*. Hong Kong: Government Printer, 1972.

Cantlie, J. and C. S. Jones. *Sun Yat-sen and the Awakening of China*. New York: Fleming H. Revell Company, 1912.

Carroll, John. *A Concise History of Hong Kong*. Hong Kong: Hong Kong University Press, 2007.

Catron, G. W. *China and Hong Kong, 1945– 1967*. Cambridge, Mass.: Harvard University, 1971.

Chan Lau, Kit-ching. *China, Britain and Hong Kong, 1895–1945*. Hong Kong: Chinese University Press, 1990.

Chiu, T. N. *The Port of Hong Kong: A Survey of its Development*. Hong Kong: Hong Kong University Press, 1973.

Choa, G. H. *The Life and Times of Sir Kai Ho Kai: A Prominent Figure in Nineteenth-century Hong Kong*. Hong Kong: Chinese University Press, 2000.

Chung, Sze-yuen. *Hong Kong's Journey to Reunification: Memoirs of Sze-yuen Chung*. Hong Kong: The Chinese University Press, 2001.

Churchill, W. S. *The Second World War*, Vol. 3. London: Cassell, 1971.

Collins, Charles. *Public Administration in Hong Kong*. London: Royal Institute of International Affairs, 1952.

Cooper, John. *Colony in Conflict: The Hong Kong Disturbances*, May 1967–January 1968. Hong Kong: Swindon 1970.

Costin, W. C. *Great Britain and China 1833–1860*. Oxford: The Clarendon Press, 1937.

Couling, Samuel. *The Encyclopaedia Sinic*. London: Oxford University Press, 1917.

Cradock, Percy. *Experiences of China*. London: John Murray, 1999.

Crisswell, C. and M. Watson. *The Royal Hong Kong Police, 1841–1945*. Hong Kong: MacMIllan, 1982.

Crisswell, Colin. *The Taipans, Hong Kong's Merchant Princes*. Hong Kong: Oxford University Press, 1981.

Cunich, Peter. *A History of the University of Hong Kong Vol. 1, 1911–1945*. Hong Kong: Hong Kong University Press, 2012.

Denby, C. *China and Her People,* Vol. 2. Boston, Mass.: L. C. Page, 1906.

Des Voeux, William. *My Colonial Service in British Guiana, St. Lucia, Trinidad, Fiji, Australia, Newfoundland, and Hong Kong with Interludes*, Vol. 2. London: John Murray, 1903.

Duff, Lyman P. *Report on the Canadian Expeditionary Force to the Crown Colony of Hong Kong*. Ottawa: King's Printer, 1942.

Economist Intelligence Unit, Federation of Hong Kong Industries, *Industry in Hong Kong*, London: Economist Intelligence Unit, 1962.

Eitel, E. J. *Europe in China: The History of Hong Kong from the Beginning to the Year 1882*. London: Luzac & Company, 1895.

Empson, Hal. *Mapping Hong Kong: A Historical Atlas*. Hong Kong: Government Printer, 1992.

Endacott, G. B. *A Biographical Sketch-book of Early Hong Kong*. Singapore: Eastern Universities Press, 1962.

Endacott, G. B. *A History of Hong Kong*. Hong Kong: Oxford University Press, 1985.

Endacott, G. B. *An Eastern Entrepot: A Collection of Documents Illustrating the History of Hong Kong*. London: H.M.S.O., 1964.

Endacott, G. B. *Government and People in Hong Kong*, 1841–1962. Hong Kong: Hong Kong University Press, 1964.

Endacott, G. B. *Hong Kong Eclipse*. Hong Kong; New York: Oxford University Press, 1978.

Fairbank, J. K. *Trade and Diplomacy on the China Coast: The Opening of Treaty Ports 1842–1854*, Vol. 1. Cambridge, Mass.: Harvard University Press, 1953.

Faure, David. *The Structure of Chinese Rural Society: Lineage and Village in the Eastern New Territories Hong Kong*. Hong Kong, Oxford, New York: Oxford University Press, 1986.

Feathersone, W. T. The *Diocesan Boys School and Orphanage Hong Kong: the History and Records, 1869 to 1929*. Hong Kong: Disocesan Boys' School, 1930.

Friedman, Irving S. *British Relations with China, 1931–1939*. New York: International Secretariat, Institute of Pacific Relations, 1940.

Fung, Edmund S. K. *The Diplomacy of Imperial Retreat—Britain's South China Policy, 1924–1931*. Hong Kong: Oxford University Press, 1991.

Gittins, Jean. *Eastern Windows–Western Skies*. Hong Kong: South China Morning Post, 1969.

Grantham, Alexander. *Via Ports: from Hong Kong to Hong Kong*. Hong Kong: Hong Kong University Press, 1965.

Hase, Patrick H. *The Six-Day War of 1899: Hong Kong in the Age of Imperialism*. Hong Kong: Hong Kong University Press, 2008.

Hennessy, James Pope. *Verandah-Some Episodes in the Crown Colonies, 1869–1889*. London: Allen & Unwin, 1964.

Ho, Pui-yin. *Making Hong Kong: A History of Its Urban Development*. Cheltemham: Elgar, 2018.

Holt, Edgar. *The Opium Wars in China*. London: Putnam, 1964.

Hong Kong and Whampoa Dock Co. Ltd. *A Century of Service in Hong Kong to Ships of All Flags*. Hong Kong: the Company, 1963.

J. T. *Dates and Events Connected with the History of Education in Hong Kong*. Hong Kong: St. Lewis Reformatory, 1877.

Johnston, A. R., ESQ. *Note on the Island of Hong Kong, in the Hong Kong Almanack and Directory for 1846, with an Appendix*. Hong Kong: The China Mail, 1846.

Kil, Young Zo. *Chinese Emigration into the United States, 1850–1880.* New York: Arno Press, 1978.

Kirby, S. Woodburn. *The War against Japan, Vol. I.* London: HMS Office, 2004.

Knollys, H. *Incidents in the China War of 1860.* Edinburgh: Blackwood, 1875.

Kwok, Reginald and Alvin Y. So. *The Hong Kong–Guangdong Link: Partnership in Flux.* New York: M.E. Sharpe, 1995.

Le Fevour, Edward. *Western Enterprise in Late Ch'ing China. A Selective Survey of Jardine, Matheson & Company's Operations, 1842–1895.* Cambridge, Mass.: East Asian Research Center, Harvard University, 1968.

Leach, A. J. (ed.). *The Ordinances of the Legislative Council of the Colony of Hong Kong, Commencing with the Year 1844,* Vol. 1. Hong Kong: Noronha & Co., Government Printer, 1890–1891.

Legge, H. E. *James Legge, Missionary and Scholar.* London: Religious Tract Society, 1905.

Legge, James. *The Chinese Classics, Vol. 3.*

Ljungstedt, Anders. *An Historical Sketch of the Portuguese Settlements in China; and of the Roman Catholic Church and Mission in China.* Boston: James Munroe & Co., 1836.

Loney, Robert (ed.). *The China Pilot: Chiefly from the Surveys of Captain Collinson,* Vol. 1. London: Hydrographic Office, Admiralty, 1855.

Luard, Tim. *Escape from Hong Kong: Admiral Chan Chak's Christmas Day Dash 1941.* Hong Kong: Hong Kong University Press, 2012.

Lubbock, Basil. *The Opium Clippers.* Glasgow: Brown, Son & Ferguson, 1933.

Major, John. *John Major: The Autobiography.* London: HarperCollins, 1999.

Mark, Chi-Kwan. *Hong Kong and the Cold War: Anglo American Relations, 1949–1957*. Oxford: Clarendon, 2004.

Martin, R. M.. *China, Political, Commercial and Social*. London: Madden, 1847.

Mayer, W. F., N. B. Dennys and Charles King. *The Treaty Ports of China and Japan: A Complete Guide to Open Ports of Those Countries, Together with Peking, Yedo, Hong Kong, Macao*. London: Trubner, 1867.

Mayers, W. F. (ed.). *Treaties between the Empire of China and Foreign Powers*. Taipei: Ch'eng Wen, 1966.

Miners, N. J. *Hong Kong under Imperial Rule: 1912–1941*. Hong Kong: Oxford University Press, 1987.

Miners, N. J. *The Government and Politics of Hong Kong*. Hong Kong: Oxford University Press, 1981.

Morse, H. B. *Chronicles of the East India Company Trading to China, 1635–1834*, Vol. 1. In Patrick Tuck (ed.), *Britain and the China Trade 1635–1842*. London; New York: Routledge, 2000.

Morse, H. B. *The International Relations of the Chinese Empire*, Vol. 1 & 2. New York: Paragon Book Gallery, 1900.

Ng Lun, Alice Ngai-ha. *Interactions of East and West*. Hong Kong: The Chinese University Press, 1984.

Norton-Kyshe, J. W. *The History of the Laws and Courts of Hong Kong, Vol. 1*. Hong Kong: Noronha, 1898.

Ouchterlony, John. *The Chinese War: An Account of the Operations of the British Forces from the Commencement of the Treaty of Nanking*. London: Saunders and Otley, 1844.

Patten, Chris. *East and West: The Last Governor of Hong Kong on Power, Freedom and the Future*. London: Macmillan, 1998.

Pollard, Robert T. *China's Foreign Relations, 1917–1931*. New York: Macmillan, 1933.

Remer, C. F. *A Study of Chinese Boycotts*. Baltimore: Johns Hopkins Press, 1933.

Sargent, A. J. *Anglo-Chinese Commerce and Diplomacy*. Oxford: Clarendon Press, 1907.

Sayer, G. R. *Hong Kong 1841–1862: Birth, Adolescence and Coming of Age*. Hong Kong: Hong Kong University Press, 1980.

Schiffrin, Harold Z. *Sun Yat-sen and the Origins of the Chinese Revolution*. Berkeley: University of California Press, 1968.

Smart, Alan. *The Shek Kip Mei Myth: Squatters, Fires and Colonial Rulers in Hong Kong, 1950–1963*. Hong Kong: Hong Kong University Press, 2006.

Smith, Carl T. *Chinese Christians: Elites, Middlemen and the Church in Hong Kong*. Hong Kong: Oxford University Press, 1985.

St. Joseph's College: Diamond Jubilee 1875–1935. Hong Kong: Standard Press, 1936.

Sung, Yun-wing. *The China Hong Kong Connection: The Key to China's Open Door Policy*. Cambridge: Cambridge University Press, 1991.

Szczepanik, Edward. *The Economic Growth of Hong Kong*. Westport, Conn.: Greenwood Press, 1986.

Tarrant, W. *Digest and Index of all the Ordinances of the Hong Kong Government to the Close of 1849*. Hong Kong: Noronha, 1850.

Taylor, E. S. *Hong Kong as a Factor in British Relations with China, 1834–1860*. London: School of African and Oriental Studies, London University, 1967.

Thatcher, Margaret. *The Downing Street Years*. London: HarperCollins, 1993.

Tsang, Steve. *A Modern History of Hong Kong.* Hong Kong: Hong Kong University Press, 2004.

Tse, Tsan-tai. *The Chinese Republic: Secret History of the Revolution.* Hong Kong: South China Morning Post, 1924.

Twitchett, Denis and John K. Fairbank (eds). *The Cambridge History of China.* Cambridge: Cambridge University Press, 1978.

Wang, Sing-wu. *The Organization of Chinese Emigration, 1848–1888.* San Francisco, Calif.: Chinese Materials Center, 1978.

Webb, D. S. *Hong Kong.* Singapore: D. Moore for Eastern Universities Press, 1961.

Welsh, Frank. *A History of Hong Kong.* London: HarperCollins, 1997.

Wesley-Smith, Peter. *Unequal Treaty 1898–1997: China, Great Britain, and Hong Kong's New Territories.* Hong Kong: Oxford University Press, 1998.

Wolseley, G. J. *Narrative of the War with China in 1860.* London: Longman, Green, Longman, and Roberts, 1862.

Wong, Po-shang. *The Influx of Chinese Capital into Hong Kong since 1937.* Hong Kong: Kai Ming Press, 1958.

Wright, Arnold. *Twentieth Century Impression of Hong Kong.* Singapore: Graham Brash, 1990.

Young, L. K. *British Policy in China, 1895–1902.* Oxford: Clarendon, 1970.

Yung, Wing. *My Life in China and America.* New York: H. Holt, 1909.

五、文章

期刊

安志敏:〈香港考古的回顧與展望〉,《考古》,6 期(1997 年),頁 1–10。

李軍曉:〈八路軍駐香港辦事處述略〉,載《抗日戰爭研究》,3 期(1997 年),頁 84–95。

周維平:〈香港與中國內地經貿合作的回顧與前瞻〉,《港澳經濟》,2 期(1997 年),頁 18–23。

香港古物古蹟辦事處、中國社會科學院考古研究所:〈香港馬灣島東灣仔北史前遺址發掘簡報〉,《考古》,6 期(1999 年),頁 1–17。

陳三井:〈香港《中國日報》的革命宣傳〉,《珠海學報》,13 期(1982 年 11 月),頁 79–88。

楊式挺:〈香港與廣東大陸的歷史關係〉,《嶺南文史》,2 期(1983 年),頁 12–16。

劉存寬:〈香港、舟山與第一次鴉片戰爭中英國的對華戰略〉,《中國邊疆史地研究》,2 期(1998 年),頁 73–82。

劉智鵬:〈達德學院 —— 香港可歌可泣的人文傳奇〉,《紫荊論壇》,9 至 10 月號(2016 年),頁 28–37。

Eitel, E. J. "Materials for a History of Education in Hong Kong". *China Review* 19, no. 5 (1891): 308–368.

Groves, R. G. "Militia, Market and Lineage: Chinese Resistance to the Occupation of Hong Kong, New Territories". *Journal of the Hong Kong Branch of the Royal Asiatic Society* 9 (1969): 31–64.

Leeming, Frank. "The Earlier Industrialization of Hong Kong". *Modern Asian Studies* 9, no. 3 (1975): 337–342.

Sinn, Elizabeth. "The Strike and Riot of 1884 — A Hong Kong Perspective". *Journal of the Hong Kong Branch of the Royal Asiatic Society* 22 (1982): 65–98.

Wesley-Smith, Peter. "The Kam Tin Gates". *Journal of the Hong Kong Branch of the Royal Asiatic Society* 13 (1973): 41–44.

文集

方豪：〈清末維新政論家何啟與胡禮垣 —— 兼記《新政真詮》二次重印的經過〉，載《方豪六十自定稿》下冊。台北：學生書局，1969 年，頁 2105–2118。

王正華：〈抗戰前期香港與中國軍火物資的轉運（民國 26 年至 30 年）〉，載《港澳與近代中國學術研討會論文集》。台北：國史館，2000 年，頁 393–439。

伍錫康：〈僱傭法〉，載陳弘毅等編：《香港法概論》。香港：三聯書店（香港）有限公司，2015 年，頁 583–642。

吳倫霓霞、鄭赤琰：〈香港華文教育發展與中國的關係〉，載鄭赤琰、吳倫霓霞編：《兩次世界大戰期間在亞洲之海外華人》。香港：香港中文大學出版社，1989 年，頁 169–183。

吳倫霓霞：〈歷史的新界〉，載鄭宇碩編：《變遷中的新界》。香港：大學出版印務公司出版，1983 年，頁 1–24。

香港古物古蹟辦事處：〈香港澳門五十年來的考古收穫〉，載《新中國考古五十年》。北京：文物出版社，1999 年，頁 501–524。

陳景呂：〈庚戌之役倪映典遇害真相〉，載《辛亥革命回憶錄》（二）。北京：文史資料出版社，1961 年，頁 299–301。

彭全民：〈汪鋐與「佛朗機」之緣〉，載深圳博物館：《深圳博物館開館十周年紀念文集》。北京：中華書局，1998 年，頁 191–205。

黃洪：〈香港勞工政策評析〉，載李健正等編：《新社會政策》。香港：中文大學出版社，1999 年，頁 227–247。

楊建芳：〈從考古發現看香港古代文化及其淵源〉，載蕭國健、游子安主編：《鑪峰古今——香港歷史文化講座 2012》。香港：珠海學院香港歷史文化中心，2013 年，頁 7–28。

葉農：〈明清時期香港地區的工商業及發展〉，載湯開建編：《歷史文獻與傳統文化（七）》。南昌：江西教育出版社，1999 年，頁 97–129。

廖夢醒：〈海上脫險〉，載何小林：《勝利大營救》。北京：解放軍出版社，1999 年，頁 217–219。

羅香林：〈客家源流考〉，載香港崇正總會編：《崇正總會三十周年紀念特刊》。香港：香港崇正總會，1950 年，頁 1–60。

Chan, Ming Kou. "Hong Kong in Sino-British Conflict: Mass Mobilization and the Crisis of Legitimacy, 1912–26". In Chan (ed.), *Precarious Balance: Hong Kong between China and Britain 1842–1992*. Hong Kong: Hong Kong University Press, 1994, pp. 27–57.

Lau, Chi-Pang. "History of the Hong Kong Maritime Industry before World War II". In Okan Duru (ed.), *Maritime Business and Economics: Asian Perspectives*. London: Routledge, 2018, pp. 203–217.

Ng Lun, Alice Ngai-ha. "Village Education in the New Territories Region under the Ching". In David Faure, James Hayes and Alan Birch (eds), *From Village to City: Studies in the Traditional Roots of Hong Kong Society*. Hong Kong: Centre of Asian Studies, University of Hong Kong, 1984, pp. 106–118.

六、其他

〈李漢訪談錄〉，2013 年 10 月 31 日於烏蛟騰村李漢住所。

〈烏蛟騰抗日英烈紀念碑碑文〉。

〈國務院關於公佈第三批國家級非物質文化遺產名錄的通知〉，中央政府門戶網站，2011 年 6 月 9 日，www.gov.cn/zwgk/2011-06/09/content_1880635.htm。

〈陳達明訪談錄〉，2015 年 8 月 3 日於廣州。

《寶安縣粉嶺彭氏族譜》。

《鹽道禁革經紀碑》碑文，元朗舊墟大王古廟。

侯子城：《金錢村侯氏族譜》，道光十二年（1832 年）。

陶福添續修：屯門《陶姓族譜》，1984 年。

廖翰芬：《廖氏族譜》，1929 年。

Chen, Edward Kwan-yiu. *The Electronics Industry of Hong Kong: an Analysis of its Growth*. Mss Thesis, the University of Hong Kong, 1971.

Gimson, Franklin. *Internment in Hong Kong, March 1942 to August 1945*. Manuscript, 1945.